BASTEI LÜBBE

Ottomar Ebert

# Spionage-Karussell Ost-West

BASTEI LÜBBE

BASTEI-LÜBBE-TASCHENBUCH
Band 65 062

Originalausgabe

Printed in Western Germany 1984
Einbandgestaltung: Roberto Patelli
Satz: ICS Computersatz GmbH, Bergisch Gladbach
Herstellung: Ebner Ulm
ISBN 3-404-65062-X

Der Preis dieses Bandes versteht sich
einschließlich der gesetzlichen Mehrwertsteuer

# Inhalt

# Vorwort

Namen sind Schall und Rauch.
Als Captain Jack Kennt alias Dr. Dieter Merkel, alias Willem van Tonge, alias Johannes Krebs, alias Wolfgang Henne, alias Berry Brown, alias Genosse Hauptmann Bernhard Lemke . . . etc., berichtet der Autor über seine nachrichtendienstliche Tätigkeit aus einem runden Dutzend Dienstjahren an der unsichtbaren Front.
Er beteiligte sich an Kommandounternehmen, leitete selbst eine erprobte Crew bei Missionen im gesamten Ostblock und operierte in Ostberlin, Moskau, Prag, Budapest und Bukarest. Er führte viele Einzeloperationen in diesen Staaten durch und wurde schließlich als Einzelkämpfer aufgrund seiner jahrelangen Erfahrungen in den Counterservice berufen.
Seine Counteraufgaben erfüllte er in den Ostblockstaaten, d. h. an der Quelle, in gleichem Maße wie in den USA, der Bundesrepublik Deutschland, den Beneluxstaaten, England, Tunesien und Marokko. Oft befand er sich in Situationen, wo die Filmschauspieler gern einen Stuntman nehmen, doch ein Abwehrmann hat kein Double, er muß seine Rolle allein durchspielen. Der Lohn für seinen harten Dienst ist die Genugtuung, durch seinen Einsatz mit dazu beigetragen zu haben, daß der Frieden erhalten blieb, daß die unsichtbare Front mit ihren einzelnen Opfern nicht zur sichtbaren Front mit unzählbaren Opfern und unsäglichem Leid wurde.
Ziel des Kampfes war, daß aus dem kalten Krieg kein heißer Krieg wurde und uns allen der Frieden in Freiheit erhalten blieb.

# 1.

## Captain Jack erhält einen speziellen Auftrag

»Eins eins fünf – rufen Sie direkt den Chef an . . .«
Von See her wehte ein erfrischendes Windchen und machte das Sonnenbad erträglicher. Der Juli 1968 war heiß, der Sommer wollte in nichts dem Frühling nachstehen und das sowohl meteorologisch wie politisch. In Berlin belagerten im Mai 1968 die Studenten das Schöneberger Rathaus und Verlagsgebäude, sie protestierten und randalierten – in Paris war es *Cohn-Bendit* mißlungen, die geplante Solidarisierung zwischen Studenten und Proletariat zu vollziehen; und in Europas ›Goldener Stadt‹ hatten die moskauhörigen Kommunisten unruhige Nächte, denn der ›Prager Frühling‹ wollte auch einen Prager Sommer schaffen. Nur in Ost-Berlin lief alles nach Kreml-Programm, abgesehen von einigen »unliebsamen und unbelehrbaren Leuten«, die in der Botschaft der Tschechoslowakei Blumen und Solidaritätsschreiben abgaben. Doch diese Andersdenkenden hatte man unter Kontrolle, und so war Ulbrichts einzige Sorge, das Übergreifen des Prager Bazillus auf Ostdeutschland zu verhindern.
Ein schrecklicher Alptraum für die ZK-Elite wäre ein Sieg der Sozialdemokraten in der Tschechoslowakei – der mußte unter allen Umständen verhindert werden; und so wurden die Begegnungen zwischen Ost-Berlin und Moskau immer häufiger. Die Volksarmee erhielt Urlaubssperren sowie Ausreiseverbote in die Tschechoslowakei – es herrschte höchste Alarmstufe in der Führung des Warschauer-Pakt-Systems; die Manövertätigkeit im Grenzraum der ČSSR wurde immer reger.
Captain Jack – alias eins eins fünf – aalte sich genüßlich im weichen Dünensand, seine Tochter kam mit ihrem Schwimmtier angelaufen und forderte ihren Papa auf, mit ins Wasser zu gehen. Doch gerade als sich Jack erhob, hörte

er im laufenden Musikprogramm seines Kurzwellengerätes die Morsezeichen. *Tom Jones'* Hit wurde mit eins eins fünf untermalt, und so wußte Jack, daß er in Kürze auf gleichem Weg ein Telegramm erhalten würde. Auch im Urlaub mußte ein Abwehrmann jederzeit abrufbereit sein und so hatte er die Pflicht, täglich zu bestimmten Zeiten eine bestimmte KW-Frequenz abzuhören.
Das Telegramm lautete kurz und knapp: »Eins eins fünf, rufen Sie direkt den Chef an« – direkt, d. h. über die nächste verfügbare Militärleitung, die durch Zerhacker abhörsicher war.

Jack schwang sich in seinen Wagen und fuhr zur nahe gelegenen Dienststelle der Nato-Seefunküberwachung, die von holländischen Mariners geleitet wurde. Er zückte seinen kleinen Dienstausweis, passierte den Sperrgürtel und ging ins Dienstgebäude. Kurzes Shakehands und Hallo. Zwar war er hier unbekannt, aber der Ausweis und ein Codewort legitimierten ihn und zeigten, er ist einer von uns; folglich hat er alle Rechte, um seine Pflicht erfüllen zu können. Jack rief den Chef in Frankfurt an, und der Colonel erteilte ihm die Weisungen im Klartext: Heute nachmittag findet in Karlshorst eine geheime Dienstbesprechung der Führungskräfte des Warschauer-Pakt-Systems statt – unser Mann braucht Hilfe – du fährst nach Rotterdam, dort steht für dich eine Maschine bereit, du fliegst zur Rhine-Main-Air-Base und wirst direkt vom Flugfeld zu mir gebracht. Dauer der Aktion insgesamt 5 Tage, Schlaf so gut wie keiner – Ausgleich danach 12 Tage Zusatzurlaub, das letztere zur Information für deine Familie. – Wir haben jetzt 14.00 Uhr, Beginn unserer Besprechung in Frankfurt 18.00 Uhr.
Jack fuhr zum Bungalow zurück, ein kurzes bye-bye für Frau und Töchting; und er startete nach Rotterdam, meldete sich beim dortigen Residenten und im Tower, 15.25 Uhr jagte die Maschine über das Rollfeld, um eine Stunde später auf der Base der USAF zu landen. Seine Mitarbeiterin Claudia erwartete ihn dort bereits mit dem Wagen, und 17.45

Uhr betraten sie das Besprechungszimmer des Chefs. Der Colonel begrüßte sie, erfreut über die Pünktlichkeit, und orderte über Sprechfunk die Techniker herbei. Sie brachten zwei zusammengestellte Kassetten mit: in der einen befanden sich drei Spezialkameras mit reichlichem Filmmaterial, in der anderen waren ein paar Hilfsmittel für eventuelle Konfrontation mit dem Gegner. Beide Kassetten paßten millimetergenau in ein Geheimsafe des Einsatz-PKW. Das Geheimsafe konnte nur durch eine Spezialsicherung bei einer bestimmten Motordrehzahl geöffnet werden, ansonsten war es so idiotensicher installiert, daß die üblichen PKW-Kontrollen an der Grenze weder innerhalb noch außerhalb eine bauliche Veränderung feststellen konnten. Alles war vorbereitet nach dem Grundsatz: Safety first!
Jacks Aufgabe war nun folgende: Er mußte heute abend 22.00 Uhr die Demarkationslinie offiziell am Grenzkontrollpunkt Helmstedt-Marienborn passieren (mit holländischen Papieren, einem holländischen PKW mit Claudia als Fahrerin) und mußte 22.30 Uhr am Börde-Rasthof mit seinem Double tauschen, um ungehindert im Osten operieren zu können. Das liest sich alles komplizierter, als es bei guter Planung abläuft. Jacks Double hatte die gleiche Figur und fast die gleichen Bewegungsrhythmen, so daß ein flüchtiger Beobachter auch ohne Hilfsmittel der Meinung war, es handele sich um ein und dieselbe Person. Das Double war ein langjähriger ostdeutscher Mitarbeiter, fuhr einen sowjetischen PKW von Typ Wolga (der in der ČSSR ein pracht- und kraftvolles Spezialmotörchen bekam, um schneller zu sein als seine lahmen Brüder), verfügte über einen legalen Wohnsitz mit allen anderen Notwendigkeiten. –
Während sein ostdeutscher Kamerad die seltene Gelegenheit hatte, mit Claudia nach West-Berlin weiterzufahren, stieg Jack in den Wolga um, wurde Genosse Hauptmann Bernhard Lemke und fuhr über Magdeburg-Zerbst-Wittenberg-Jüterbog-Luckenwalde nach Zossen. Dort traf Jack in einem Gartenhäuschen mit einem ranghohen sowjetischen Offizier zusammen. Sie waren im Jahre 1959 im herrlichen

Budapest durch zwei Magyarinnen miteinander bekannt geworden, hatten 1962 ein gemeinsames Wochenende in Moskau verlebt und trafen sich 1963 in der Postkutsche in Leipzig bei grusinischem Kognak wieder; da erzählte ihm Wassilie, daß er jetzt zum Stab der CA in Karlshorst gehöre und die sich öfter mal in Leipzig, Ost-Berlin oder Dresden treffen könnten – Wassilie hatte den Alarmruf an den Chef gesandt, der lautete: Schickt Jack, ich habe eine einmalige Sache, doch stehen mir nur ein paar Stunden zur Verfügung. –
Beide wußten, sie konnten sich aufeinander verlassen. Die Begrüßung war kurz aber recht herzlich, beide erwartete eine schwierige Aufgabe.

Heute, am 20. Juli 1968, um 14.30 Uhr waren in Karlshorst die Führungsspitzen der Warschauer-Pakt-Staaten zu einer Geheimsitzung zusammengekommen, Vertreter der ČSSR und Rumäniens waren nicht eingeladen worden. Thema war, die derzeitige Situation in der ČSSR und die Sicherungsmaßnahmen der Bruderstaaten zur Erhaltung des sozialistischen Regierungssystems in der ČSSR und des Friedens. – Sie kamen unter Bedingungen stärkster Konspiration im militärischen Sondersperrgebiet zusammen: *Hoffmann, Mielke* und *Ulbricht* in einem normalen, aber geschlossenen Jeep der NVA; der residierende Botschafter der SU in Prag, *Tscherwonenko,* kam in einer Art Lieferwagen der CA; ein anderer Teil hochgradiger Militärs kam in Zivil mit normalen Taxis, sie stiegen vorher aus und gingen den Rest des Weges zu Fuß. Keiner wollte und durfte auffallen und – keiner fiel auf!
Obwohl einige Journalisten des Westens vor Einfällen und Ideen sprühten, um an Neuigkeiten zu kommen, war in dieser Ecke Ost-Berlins keiner zu erblicken.
Wassilie sprach nicht viel, er sagte nur: Arme Tschechen! Die ČSSR wird besetzt, Parteichef *Dubcek* abgesetzt, Regierungschef *Cernik* und Parlamentspräsident *Smrkovsky* ebenfalls und sofort verhaftet. Anschließend so lange Okkupa-

tion, bis eine sozialistisch-kommunistische Weiterentwicklung nicht mehr gefährdet ist. Die Partei wird gesäubert. Alles geschieht nach dem Grundsatz: »Versagt die Kritik als Waffe, muß die Waffe als Kritik sprechen!«
Wassilie öffnete seinen starken Aktenkoffer und sagte zu Jack, daß er die gesamten Sitzungsprotokolle und die Okkupationsanweisungen fotokopieren müsse; alles zusammen weit über 900 Aufnahmen. Er sagte weiter, daß er Jack helfen würde.
Während Wassilie die Einzelmappen herausnahm, errichtete Jack ein vierbeiniges Spezialstativ, lud die Kameras und sorgte für helles Licht hinter den nach außen abgedeckten Scheiben. Dann wurde sorgfältig jedes einzelne Blatt dreimal fotokopiert. Einmal mit einer Art Filmkamera, die ein besonderes Objektiv besaß (die Filmpatrone hatte 1000 Aufnahmen im Minoxformat); dann mit einer Nahaufnahmekamera, die nur 100 Bilder je Patrone faßte, ebenfalls im Minoxformat, und noch einmal mit einer Mikrat-Kamera, deren Negative nur 2 x 1 mm groß waren und nur unter Mikroskop gelesen werden konnten. Diese Prozedur wurde aus Sicherheitsgründen durchgeführt, um bei irgendwelchen unvorhergesehen Ereignissen unbedingt ein Kopie zu retten.
Nach über zwei Stunden härtester Arbeit (die Hemden hatte man schon gleich zu Anfang ausgezogen, die Schulterhalfter lagen auf dem Tisch, die Waffen waren für den Fall aller Fälle mit Schalldämpfer bestückt) waren beide wie aus dem Wasser gezogen, aber der Hauptteil des Auftrages war damit auch gelungen.
Wassilie packte die Unterlagen wieder sorgfältig ein, und Jack trennte Kameras und belichtete Filme. Er packte beides in einen Spezialcontainer für den Transport. Sie trennten sich. Jack ging zu dem an anderer Stelle sicher abgestellten Wolga und fuhr los, denn 5.10 Uhr mußte er am Börde-Rasthof bei Magdeburg wieder den Doublewechsel vollziehen. Er wurde wieder der von West-Berlin im Transit reisende Willem van Tonge, der Doublepartner wieder der Genosse Hauptmann Bernhard Lemke.

Der Wechsel war vollzogen, Jack stieg zu Claudia in den Wagen, der Wolga mit ihrem bisherigen Reisepartner war schon weggefahren. Claudia ließ den Motor laufen. Als die bestimmte Umdrehungszahl erreicht war, öffnete Jack den Geheimsafe und ließ Waffen und Ausrüstung wieder darin verschwinden. Nachdem alles verstaut war, fuhren sie los. Claudia sparte nicht mit ihren süßen Reizen, als sie die Grenzkontrolle erreichten, und den diensteifrigen sozialistischen Grenzsoldaten fielen fast die Augen heraus; sie stellten nur ihre routinemäßigen Fragen mit gierigen Blicken auf das enthüllende Dekolleté und die lieblichen Oberschenkel der miniberockten Fahrerin. Ohne den Wagen verlassen zu müssen, durften sie die Fahrt fortsetzen.
Die Betonsperre wurde zurückgeschoben und der bundesrepublikanische Paß- und Zollkontrolldienst begrüßte sie und wünschte angenehme Weiterfahrt nach Holland, vor allem für das reizvolle Meisje, das sie genauso mit ihren Blicken verschlangen wie ihre östlichen Kollegen. – Auch auf diesem Gebiet lassen sich eben deutsch-deutsche Gemeinsamkeiten nicht verbergen.
Kurz vor Braunschweig fuhren sie auf einen improvisierten Feldlandeplatz und bestiegen einen bereitstehenden Helikopter, der sie nach Frankfurt brachte. Auch dort war schon alles vorbereitet, ein zahlreiches Techniker- und Übersetzerteam stand bereit. Schon nach den ersten vorliegenden Vergrößerungen stand fest: die kühnsten Erwartungen wurden bei weitem übertroffen! Vor Jacks Chef lag nicht nur der genaue Invasionsplan mit minutiösem Programm, selbst die einzelnen genauen Daten waren in geheimen Zusatzunterlagen enthalten, die die einzelnen Garnisonsbefehlshaber in den Ländern des Warschauer Paktes mit einer Öffnungssperrfrist von 25 Tagen erhalten hatten. Klar ging aus den Unterlagen die wahre Rolle *Svobodas* sowie die der Funktionäre *Kolder, Bilatz, Svestka* und der Leute um *Husak* hervor – ebenso klar ging aber auch daraus hervor, was mit den Leuten um *Dubcek* geschehen sollte.
Der Chef stellte sofort eine Verbindung zu den Staaten her.

Nach kurzem Gespräch kam der Entscheid: Sofort Kuriermaschine mit den Unterlagen in die Staaten schicken, außerdem wird in Erwägung gezogen, Ablichtungen der Originalunterlagen *Dubcek* zur Verfügung zu stellen und ein Hilfsangebot zu machen. Zu diesem Zweck muß der Informant durch eins eins fünf abgezogen werden, da sonst Rückschlüsse ganz eindeutig auf Wassilie hinweisen (seine Frau war Leiterin der Chiffreabteilung der sowjetischen Streitkräfte in der DDR). Also mußte die Familie unter diesen Umständen sofort in den Westen gebracht werden.
Für Jack und Claudia gab es nicht die erwartete Ruhepause, sondern nach kurzer Zeit der Vorbereitung begann ihre neue Mission. Die naturblonde Claudia wurde von Jack kaum erkannt, als sie in die Militärmaschine stiegen, die sie nach Kassel bringen sollte. Claudia war eine ganz andere, aber ebenso reizvolle kastanienrote Schönheit geworden. In Kassel stiegen sie in einen bereitstehenden Rover mit englischen Kennzeichen und fuhren wieder als Transitreisende über den Grenzkontrollpunkt Herleshausen nach Berlin.
Am Hermsdorfer Kreuz wurde der Doublecheck gemacht, und Jack saß, eher als er es vermutet hatte, wieder im Wolga. Eine kostbare Konterbande hatte Jack soeben aus dem Geheimsafe des Rover mitgenommen, drei Erwachsenenpässe und einen Kinderpaß mit den gültigen Visastempeln der DDR, der ČSSR, Ungarns und Rumäniens für die bulgarischen Staatsbürger, die nach ihrem Urlaub in Mitteldeutschland wieder nach Bulgarien zurückfuhren.
Jack fuhr in der Nähe von Gera eine alte Hofwerkstatt an, ein Helfer erwartete ihn schon. Stunden später fuhr er mit bulgarischen Fahrzeugpapieren und Kennzeichen zum ›Braunen Bären‹ nach Gera, um dort seinen bulgarischen Schwager mit Frau und Tochter zur Heimreise abzuholen.
Über Dresden, Prag, Bratislava, Budapest, Craiova ging es nach Sofia. Hier wurde Rast gemacht, um dann über Burgas in die Nähe von Rezovo zu fahren. In einem alten Bauernhaus wurde übernachtet und richtig ausgeschlafen, in der folgenden Nacht fuhr ein Fischerboot mit vier Personen los.

Etwa zwei Seemeilen vor der Küste ankerte eine Hochseejacht. Als sich das Fischerboot tuckernd näherte, wurde es an Bord der Jacht lebendig, und ehe die schöne Tamara beriff, was geschah, half ihr Wassilie an Bord der Jacht. Ein kurzes Händeschütteln und Schulterklopfen, das Fischerboot wurde verankert, die Jacht warf die Motoren an. Ein türkischer Wimpel flatterte im Fahrtwind. Ein paar Stunden später kam an der Küste ein kleiner Fischerhafen mit Namen Midye in Sicht. Ein Motorboot fuhr auf die Jacht zu. Der Chef hatte es sich nicht nehmen lassen, die wichtige Fracht der Jacht selbst zu begrüßen. Ein Hubschrauber brachte alle nach Istanbul, und von dort ging es mit einer Militärmaschine nach Frankfurt zur Rhine-Main-Air-Base.

Es war der 26. Juli 1968, als sie sich um 20.00 Uhr im *Intercontinental* zusammensetzten, um den gelungenen Abzug zu feiern, sozusagen mit einem lachenden Auge, weil alles trotz der schwierigen Umstände so hervorragend gelungen war, aber auch mit einem weinenden Auge, weil eine Crew ihre Arbeit einstellte, die durch die wichtigen Stellungen des russischen Paares Spitzeninformationen erhielt.
Es stellt sich die Frage, ob es sich lohnt, dieses Opfer zu bringen. Zwei Stunden später brachte eine Maschine Jack zur Fortsetzung seines Urlaubs nach Rotterdam, zur gleichen Zeit erhob sich eine Kuriermaschine und brachte Wassilie und seine Familie in die Staaten. Irgendwo zwischen New York und Frisko geht ein blonder Tankstellenbesitzer seiner Beschäftigung nach, während seine blonde Ehefrau die Verwaltung erledigt und ihre Tochter die *High-School* besucht. Keiner weiß, daß die Wiege der Frau in Leningrad und die ihres Mannes in Kiew stand – sie sind Staatsbürger eines freien Landes und leben in einer freien Welt. Daß diese Welt frei bleibt, dafür haben sie unter harten Bedingungen und mit größter Gefahr für Leib und Leben ihr Scherflein beigetragen. –

Über einen sicheren Boten wurde der Parteichef *Dubcek* über das Vorhaben der Sowjets unterrichtet. Ihm wurden die Kopien des gesamten Materials zur Verfügung gestellt. Nach einigen Tagen ließ er uns durch den Schweizer Gewährsmann mitteilen, daß er von allem Kenntnis genommen, aber in letzter Konsequenz Zweifel an der Echtheit der Dokumente habe. Er ließ durchblicken, daß er nach Beratung mit zwei engsten Mitarbeitern glaube, es handle sich dabei um hervorragend gemachtes Spielmaterial eines guten Geheimdienstes. Es sei einfach undenkbar, daß die Sowjets eine derart lange Vorausplanung einer Invasion festlegen, die sowohl die Normen des Internationalen Rechts wie die des Warschauer Paktes verletze.
Drei Tage vor der Besetzung fand ein letztes Gespräch zwischen unserem Schweizer Kontaktmann und *Dubcek* statt. Er teilte uns mit, *Dubcek* sei ziemlich rat- und fassungslos, er habe einen Anruf eines hohen Offiziers aus einem Bruderland erhalten, in dem dieselben Daten und Fakten wie in den Dokumenten auftraten, und dieser Mann habe garantiert keine Verbindungen zu westlichen Geheimdiensten. Wahrscheinlich habe er den größten Fehler seines Lebens gemacht, die Dokumente zu unterschätzen. Doch alles sei so ungewöhnlich und passe nicht in seine Erfahrungen mit der Sowjetunion.
Tatsache war, daß ein polnischer General ebenso wie ein ungarischer Oberst die verschlossene Geheime Kommandosache entgegen den Anweisungen vorzeitig geöffnet hatten. Beide hielten es für ihre Pflicht, ihre tschechischen Waffenbrüder und *Dubcek* zu informieren. Doch dieser wehrte sich mit allen Kräften gegen die bessere Erkenntnis und traf keine entsprechenden Gegenmaßnahmen.
Unter dem Tarnmantel einer Hilfsaktion der Warschauer Pakt-Staaten begann pünktlich und genau wie ein Uhrwerk die sowjetische Invasion und lief nach Plan ab. Am 20. August 1968 um 16.35 Uhr baten zwei sowjetische Maschinen um Landeerlaubnis auf dem Prager Flughafen. Es waren die fliegenden Radarstationen der Invasionsflotte, in

deren Großraummaschinen vom Typ ANT die Panzer und Spezialfahrzeuge auf ihre Landung in Prag warteten. Noch während der Landemanöver öffneten sich die Klappen der ANT, und Kampfwagen und Panzer rollten gefechtsbereits aus den Maschinen, um von bereitstehenden Lotsen in PKWs zu den strategisch wichtigen Objekten geleitet zu werden. Wie geplant, wurden gleichzeitig durch die Truppen der Warschauer-Pakt-Staaten die Landesgrenzen überschritten; moskautreue KPČ-Funktionäre besetzten bestimmte Schlüsselpositionen – die ČSSR war okkupiert. Der Traum einer Demokratie war unterbrochen, der ›Prager Frühling‹ und auch der Sommer wurden von *Väterchen Leonid Frost* mit sibirischer Härte beendet.

Jahre danach sprach unser Schweizer Gewährsmann in Constanza mit einem General der rumänischen Armee, der mit *Dubcek* freundschaftliche Verbindungen hatte, über dessen Fehlentscheidung im Juli/August 1968. Die Meinung des Generals war, Genosse *Dubcek* habe schon vor dem 20. August begriffen, daß er nicht der Spielball eines westlichen Geheimdienstes, sondern der Moskaus und seiner fünften Kolonne (zu dieser zählte er auch *Svoboda)* war. Doch hatte er Angst, seine Landsleute zum Kampf gegen die Okkupation aufzufordern. Er hatte es dem General gegenüber mit dem Geist aus der Flasche verglichen, der, einmal frei, nicht mehr zu bändigen ist; denn die Bürger der ČSSR, Intellektuelle, Arbeiter und Studenten und ihr Widerstand wären ein Fanal für den gesamten Ostblock gewesen und am Ende des harten Kampfes hätte es in den Parlamenten dieser Länder für die KP-Genossen keinen Platz mehr gegeben. Diese Entwicklung war auch den Sowjets bekannt, und sie hätten mit einem grausamen Blutbad jegliche Befreiungsversuche verhindert, ohne Rücksicht auf die gesamte Weltmeinung oder diejenige der westlichen Bruderparteien. Es gibt Situationen für die Sowjetregierung, wo die Machtfrage absoluten Vorrang hat, wo Volks- und Menschenrecht genausowenig existiert wie die Freiheit des Individuums.

Das hat die Sowjetunion 1953 in Ost-Berlin, 1956 in Ungarn, 1968 in der ČSSR und 1980 in Afghanistan bewiesen, und sie wird es immer wieder tun, wenn der Status quo gefährdet ist.

Ein Nachrichtenmann, der oft unter Einsatz seines Lebens wichtige Pläne des Gegners auskundschaftet, Informationen erjagt, an der unsichtbaren Front Erfolge erringt, kann vorzeitig die Opfer warnen; dann ist seine Mission erfüllt. Er kann sie zwar nicht zu Handlungen zwingen, er schätzt sich aber glücklich, wenn durch seinen Einsatz Menschen den Weg zur Freiheit fanden.

## 2.

# Inscha llah, du wirst Tanger erreichen

Jack hatte mit Claudia gerade einen wichtigen Auftrag in Amsterdam erledigt und wollte für eine paar Tage ausspannen, als er den dringenden Ruf seines Chefs erhielt. Nicht an der Nordseeküste sollte er frische Luft und Sonne bei Strandspaziergängen tanken, denn zum Baden war es noch zu kühl, sondern für beide war ein Flug von Frankfurt nach Torremolinos/Malaga gebucht. Für den Flug Amsterdam/Frankfurt lagen in Schiphol die Tickets bereit, es blieb ihnen noch eine knappe Stunde für Amsterdam. Was beide am meisten ärgerte, war, daß der Chef schon andeutete, der Aufenthalt in Malaga würde sich nur auf ein bis zwei Tage beschränken, dann müßten sie zu zweit in zwei PKWs weiterfahren, wohin, war den beiden noch nicht bekannt.

In Frankfurt holte sie der Chef direkt von der Maschine ab, was äußerst selten vorkam. Es war also wieder einmal brandeilig. Sie fuhren vom Flughafen direkt nach Bad Homburg in eine Villa, wo sie schon von den Technikern erwartet wurden. Diese hatten für sie wieder ein paar neue Überraschungen auf Lager. Claudia und Jack blickten sich bedeutungsvoll an; denn diese Vorbereitungen deuteten darauf hin, daß die Mission nicht leicht werden würde. Es standen ihnen also ein paar heiße Tage bevor, und mit Mittelmeergenießen würde das wenig zu tun haben. Die Techniker hatten für sie zwei Kofferradios als Sender und Empfänger auf 30 km Entfernung sowie ein paar kleine Mini-WTs für Kurzentfernung bis maximal 7 km präpariert, die die Größe einer Zigarettenschachtel hatten. Auch die Chemiker hatten ihre Zugabe bereit: Zweimal je fünf Tabletten eines Mittelchens, das einen Gegner – seinem Getränk beigemischt – für ein paar Stunden ins Land der Träume schickt. Als der Waffentechniker auch noch seine

Mitbringsel offerierte, war ihnen vollends klar, daß es sich nicht um eine Beobachtung oder Erkundung handelte.
Der Flug von Frankfurt startete bei schönem Wetter. Herrlich war der Ausblick auf die Pyrenäen und auf die Malaga vorgelagerte Sierra Nevada; die Maschine flog einen Bogen über das Mittelmeer und landete in Torremolinos. Sie wurden von einem Mitarbeiter abgeholt, der sie zu einem Haus in der Nähe der Küstenstraße brachte. Das Haus war im Araberstil gebaut und von hohen weißen Mauern umgeben. Unter einer luftigen Überdachung des Innenhofes standen ihre beiden Einsatzfahrzeuge schon bereit: ein hellgrauer Mercedes sowie ein weißer VW-Variant.
Heute konnten sie noch ein wenig bummeln, doch morgen früh mußten sie bereits um fünf Uhr starten. Spätestens gegen elf Uhr mußten sie die Autofähre von Algeciras nach Tanger erreichen, denn morgen abend sollten sie bereits für ihre Aufgabe in Marokko die Vorbereitungen treffen. So testeten sie mit einer kurzen Fahrt nach Malaga die beiden Wagen und einen Teil ihrer »Spielzeuge«. Anschließend gingen sie in Malaga gut essen und kehrten dann wieder zu ihrem Gastgeber zurück, um noch eine Mütze voll Schlaf zu bekommen. Wer weiß, dachte Jack, wann dazu wieder Gelegenheit war.
Am nächsten Morgen fuhren sie die Küstenstraße, die E 26, in Richtung Gibraltar. Ihr nächstes Ziel war, in Algeciras das Fährschiff zu erreichen. Es war Ende Februar, und die Sonne meinte es gut, so daß die Fahrt ohne Komplikationen verlief und sie ihren Zeitplan einhalten konnten. In Algeciras war der übliche Betrieb: neben Marokkanern, die vorwiegend aus Deutschland kamen, um in ihrer Heimat ein paar Tage Urlaub zu machen, gab es viele Touristen aus Deutschland und den Benelux-Staaten, die ihre Urlaubs- oder Campingreise nach Südmarokko antraten.
Jack kannte diese südliche Gegend von einigen früheren Reisen, als es in dieser Ecke nicht ungefährlich für Touristen war. Er hatte sich damals in Marrakesch aufgehalten

und war oft nach Agadir hinübergefahren: gerade im zeitigen Frühjahr eine wunderbare Route!
Nach etwas über zwei Stunden verließen sie das Fährschiff und brachten die marokkanische Paßkontrolle hinter sich. Sie trafen kurz mit dem Residenten in Tanger zusammen, der ihnen den neuesten Stand vermittelte, und dann fuhren sie die Küstenstraße über El Araich nach Al Darel Bejchdach, das vielen besser bekannt ist unter dem Namen Casablanca.
Es ist eine schnurgerade Straße, die geradezu zum Schnellfahren verführt, was aber oft zu brenzligen Situationen führen kann. Einmal sind es ein paar Ziegen, die plötzlich über die Straße zur anderen Seite schießen, oder es sind einige Kamele, die ihrer Beliebtheit wegen auf eine Straßenverkehrsordnung verzichten können. Auch ein Eseltreiber mit zwei oder drei Packtieren kann plötzlich das Bedürfnis verspüren, von rechts nach links zu wechseln; auch er wird sich nicht davon überzeugen, ob hinter ihm ein schneller Wagen naht. *»Maalesch«* (ein Wort das sehr oft gebraucht wird und unserem »macht nichts« gleichkommt): Soll der doch aufpassen, der hat doch Bremsen an seinem Wagen!
Am Stadteingang von ER-R'ABAT machten sie kurz Station und aßen in einer der zahlreichen Garküchen eine gutgepfefferte Gemüsesuppe mit viel Fleisch, *Harira* genannt, dazu aßen sie *Kuskus mit Tajin* (ein vorzüglich gewürztes Hammelgulasch mit Gemüse) und nahmen sich noch *Mehamnescha* (eine Art Blätterteigrolle, gefüllt mit frischer Mandelcreme) mit. Für alles zusammen hatten sie sechs *Dirham* gezahlt, das war wenig, wenn man damit die Preise der Restaurants verglich. Da hätte man für die Suppe schon den Gesamtpreis hinlegen müssen. Aber nicht der Preis war der Grund, die Garküchen aufzusuchen, sondern die Qualität, die Quantität und Frische der Gerichte. Hier wird alles vor den Augen der Gäste zubereitet, im Restaurant kann das mit der Suppe oder dem Gulasch schon ein paar Tage vorher geschehen sein. Natürlich muß man sich hier den Landessitten anpassen, kein Marokkaner würde einen Bis-

sen zu sich nehmen, ohne vorher den Mund gespült und die Finger, das wichtigste Eßwerkzeug, gesäubert zu haben. Das geht nicht immer ohne Geräusche vor sich und ist vielleicht der Grund, daß manche Touristen lieber Restaurants aufsuchen. Möglich auch, daß der Tourist den Alkohol vermißt, denn die Garküchen schenken nur Fruchtsäfte und Limonaden aus. Claudia und Jack hatten mit Genuß gegessen und setzten danach ihre Fahrt nach Casablanca fort.

Auf dem Motorschiff *Magdeburg* bereitete sich Harry Ebeling auf einen speziellen Landgang vor. Er stand zwar in der Musterliste als Matrose und Maschinist, doch im MfS wurde der Spezialagent als Hauptmann Erwin Runge geführt. Er beherrschte die französische und die arabische Sprache und war mit den Sitten der Orientalen bestens vertraut. Er sollte in Casablanca mit einem MfS-Mitarbeiter aus Ifni zusammentreffen, ihm neue Operativmittel und ein neuentwickeltes Funkgerät übergeben. Alle Sachen waren von Rostock auf dem Seeweg transportiert worden. Er traf sich hier nicht zum ersten Mal und kannte die Gepflogenheiten der marokkanischen Zollbeamten sehr gut, und *El hamdu li llahi* (Gott sei gelobt) hatte er immer eine Kleinigkeit, die den Zöllnern gefiel. Auch diesmal hatte er sich einige Miniaturausgaben des Korans besorgt. Sie kamen immer gut an, und last not least kann Gotteswort ja keine Beamtenbestechung sein! (Die Miniaturausgaben des Korans werden in einer Spezialdruckerei in Dresden hergestellt und sind ein begehrter Exportartikel. Sie haben nur den Nachteil, daß sie in der DDR nicht offiziell gekauft werden können. Es sind kleine Wunderwerke der Drucktechnik).

Der Mann aus Ifni war altgedientes Mitglied der KP, er war im Spanienkrieg in den Interbrigaden eine Art Kommissar gewesen und hatte kurz vor dem großen Aus von der Komintern den Auftrag erhalten, nach Spanisch-Marokko zu gehen. Am Anfang war er in Tetuan und ging dann nach Ifni. Seine Abdeckung war sehr gut, denn keiner vermutete in dem Klein- und Zuckerhändler einen gutausgebildeten Agenten. Die langen Jahre in Marokko hatten ihn geprägt, er versorgte die Nomadenstämme und das Dra-Tal mit Hutzucker, der dort lieber als Würfelzucker oder Raffinade verwendet wird. Die Marokkaner tranken sehr viel Tee mit noch mehr Zucker, das Verhältnis ⅓ Zucker ⅔ Tee ist ganz normal. Auch die Mauretanier im Wüstengebiet belieferte er und sammelte dabei politische Nachrichten. Seine Querverbindungen hatte er bis Oran und Algier sowie in Bizerta und Tunis in Tunesien. Er führte den Namen Mammud Sackcher, was soviel wie Habicht bedeutet. Sein deutscher Name war Wolfram Lunitz, und seine Wiege stand in Guben in Sachsen. Er hatte das Alter erreicht, wo er aus dem Job hätte ausscheiden müssen, aber ohne Schwierigkeiten könnte kein anderer seine Position übernehmen. Seine Nachrichten und Informationen waren immer noch sehr gut, und er selbst hatte nicht mehr den Wunsch, in Europa, speziell in Deutschland, zu leben.

Als das Motorschiff *Magdeburg* in Casablanca festmachte, verließ nach etwa zwei Stunden ein Matrose mit einer Reisetasche das Schiff. Der marokkanische Zollbeamte unterhielt sich mit dem arabisch sprechenden Matrosen sehr gern, denn es war selten, daß Europäer seine Sprache beherrschten. Als ihm der Matrose jetzt auch noch das Wort Gottes zeigte, sagte er: »*had esch-schi chazebni*« (was soviel heißt wie: ›Das gefällt mir‹, ›Das möchte ich haben‹). Der Matrose schenkte ihm den Miniatur-Koran. Harry Ebeling alias Erwin Runge wußte, von nun an konnte er bei diesem Beamten mit größter Toleranz rechnen. Er besorgte sich jetzt einen Mietwagen und fuhr dann zum Hotel *Hassan II*, von hier aus war es nicht weit bis zum *Souk* (dem Markt), wo er sich mit seinem Mitarbeiter Mammud traf. In dieser Gegend fiel ein Treff nicht auf.
Unauffällig war es auch für Jack, der Harry vom Hafen ab verfolgt hatte und nun ebenfalls durch den Souk bummelte. Harry hatte gerade Mammud begrüßt und war mit ihm zu

dem abgestellten Mietwagen gegangen, um mit ihm loszufahren. Jack war keineswegs darüber beunruhigt, denn er hatte bereits an diesem Wagen, als er in der Nähe des Hotels stand, einen Haftmagneten mit einem Impulssender angebracht. Claudia konnte mit ihrem Wagen dem Fahrzeug der beiden folgen. Jack ging nun zu seinem Wagen und nahm kurz Kontakt mit Claudia auf. Die beiden Agenten waren mit ihrem Fahrzeug auf der Küstenstraße in Richtung ER-R'ABAT unterwegs. Auch Jack folgte nun diesem Weg und dachte, daß die beiden einen Ort suchen, wo sie sich ungestört unterhalten konnten, aber dem war nicht so. Sie durchfuhren ER-R'ABAT, passierten Sla und bogen links nach Mehdija Plage ab, wo sie einen Parkplatz aufsuchten. Mammud stieg aus und verschwand. Er sah in seiner *Dscheballah* und Sandalen tatsächlich aus wie ein Einheimischer. Nach zirka einer Stunde kam er in einem alten Citroën mit tunesischem Kennzeichen zurück. Es war jener Wagentyp, der in Europa schon Seltenheitswert besitzt und außerhalb Frankreichs vor allem durch französische Krimis bekannt ist. Gefahren wurde der Wagen von einem etwa 30jährigen Mann arabischen Aussehens, der den Wagen dicht neben den Mietwagen aus Casablanca stellte. Es wurden sodann zwei Päckchen in den Citroën gebracht und im Fond verstaut. Dann wurde der Wagen abgeschlossen; und sie fuhren nun zu dritt in dem Mietwagen die Straße nach ER-R'ABAT.
Claudia und Jack sprachen sich ab und kamen zu dem Entschluß, den tunesischn Wagen ebenfalls zu kennzeichnen und zu versuchen, ihn durchzuchecken. Jack übernahm die Absicherung, er hatte seinen Mercedes direkt daneben geparkt. Der Funkimpuls des Mietwagens war nur noch ganz schwach wahrzunehmen, ein Zeichen, daß er den 30-km-Bereich schon verlassen hatte und Claudia in Ruhe arbeiten konnte. Es war nicht schwer für sie festzustellen, daß es sich bei den unter dem Rücksitzpolster versteckten Päckchen um ein Funkgerät mit dem notwendigen Zubehör handelte. Sie packte alles wieder ordnungsge-

mäß weg, dann brachten sie einen Impulsgeber an, was bei dem alten Schlitten eine wahre Spielerei war, denn da war tatsächlich noch alles aus Metall.
Dann fuhren beide wieder in Richtung Casablanca. Sie stutzten, weil sie, selbst als sie den Stadtrand erreichten, noch immer keine Signale wahrnehmen konnten. Als sie sich dem Hafen näherten, waren die Impulse äußerst schwach in südlicher Richtung zu hören. Mit Sicherheit war der Mietwagen in Richtung Safi gefahren. Sie nahmen die Verfolgung in dieser Richtung auf, und ihre Vermutung bestätigte sich.
Obwohl sie die gleichmäßige Geschwindigkeit beibehielten, wurden die Impulse plötzlich rasch lauter, was bedeutete, daß der Mietwagen wieder auf sie zufuhr. Sie handelten schnell und drehten ihre Wagen in die entgegengesetzte Fahrtrichtung, Claudia fuhr gut zwei Kilometer vor. Jack bummelte dahin, bis in seinem Rückspiegel das helle Grün des Mietwagens erschien. Er ließ sich überholen und gab Claudia über Funk das vereinbarte Zeichen, er selbst blieb in Sichtweite daran. In dem Mietwagen saßen nur noch Harry und der Tunesier, also hatte Mammud sie wieder verlassen und war auf dem Heimweg. Seine Aufgabe war es wohl nur, als Vermittler zu dienen. Das Motorschiff *Magdeburg* sollte morgen mittag wieder ablegen, und Jack war gespannt, ob Harry wieder an Bord ging. Doch die beiden fuhren jetzt wieder zum Hotel *Hassan II* und blieben einige Stunden in Harrys Zimmer.
Als Harry und der Tunesier wieder herunter ins Foyer kamen, hörte Jack noch, wie Harry sagte: *»beß ßläma, inscha llah, men hma tläta d eß ßemänat«* (Auf Wiedersehen, so Gott will, in drei Wochen). Der Tunesier antwortete: *»ncham, inscha llah«* (Ja, wenn Gott will). Dann ging Harry in sein Zimmer zurück. Claudia bewachte das Hotel, während Jack dem Tunesier folgte. Dieser ging zwei Straßen weiter in eine kleine Pension und mietete ein Zimmer bis zum nächsten Morgen. Er erhielt es, bezog es gleich und bestellte für den kommenden Vormittag elf Uhr einen Mietwagen. Jetzt sagte

Jack still vor sich hin *»El hamdu li llahi«*, denn das vereinfachte ihre Aufgabe.
Harry fuhr am nächsten Morgen um neun Uhr zum Autoverleih und gab den Wagen zurück, darauf schlenderte er zu seinem Schiff. Er hatte am vergangenen Abend noch einen Bummel ins *Busbir-Viertel* gemacht, dem ›Sankt Pauli‹ von Casablanca. Diese Zeit nutzte Jack und besuchte das Zimmer im *Hassan II.* Er sah sich das Geheimfach in der Reisetasche an und ließ zwischen den Dingen ein kleines Geschenk zurück. Dann erst machte Jack seine Siesta bis zum nächsten Morgen um acht Uhr. Der Impulssender von Harrys Wagen war entfernt, Harry war wieder an Bord des Motorschiffes *Magdeburg,* dessen nächster Anlaufhafen Cadiz war.
Claudia war schon nach Mehdija Plage vorausgefahren, und Jack folgte dem Taxi des Tunesiers. Er ließ sich direkt bis zum Parkplatz bringen, bezahlte dann den Taxifahrer und ging zu seinem Citroën. Bevor er auf die Straße nach Fes abbog, tankte er den Wagen voll, dann fuhr er über Guercif und Oujda weiter nach Maghnia, wo er die algerische Grenze passierte. Über Sidi bel Abbes ging es nach Constantine und bei Soukel Arba über die tunesische Grenze. Sie benötigten für die fast 1500 km knapp zweieinhalb Tage. Abwechselnd gingen sie mal bis auf Sichtweite heran, mal blieben sie weiter zurück, bis fast der Impulskontakt abriß, und sie fuhren wieder auf. Sie bewunderten den alten Schlitten, der bisher einen für sein Alter passablen Schnitt fuhr.
In Tunis endlich war die Jagd beendet, und Jack konnte feststellen, daß der Wagen im richtigen Stall stand. Er gehörte dorthin, denn an der Wand der Garage hingen noch zwei Kotflügel des gleichen Modells. Jack erkundigte sich, ob der »Kunde« bereits längere Zeit dort wohne, oder erst zugezogen sei. Doch die Auskunft ergab, es waren zwei Brüder: Maurice und Daniel Blanches. Ihr Vater war Franzose, ihre Mutter Tunesierin.
Der Resident in Tunis wurde unterrichtet, und Jack und

Claudia machten sich wieder auf den Weg nach Tanger. Kurz hinter Beja geschah es dann. Claudia fuhr zirka zwei Kilometer vor Jack, und ihr Tacho zeigte 140 Stundenkilometer, als plötzlich ein Junge mit einer Schafherde die Straße überquerte. Claudia machte eine Vollbremsung, ein Schaf wirbelte durch die Luft, ihr Wagen rollte, sich dreimal überschlagend, den Hang hinunter, um mit seinem Heck auf einem hervorstehenden Felsstück aufzuschlagen. Jack konnte noch rechtzeitig stoppen und raste sofort zu Claudia. Doch die robbte sich schon aus dem Trümmerhaufen und sagte nur: *»Chara, iben al scharmutta«*, womit sie sagen wollte: Scheiße, dieser verdammte Hurenbengel!
Der Bengel mit seinen Schafen hatte schon das Weite gesucht. Sie schleppten gerade Claudias Sachen zu Jacks Wagen, da das Benzin auslief. Als sie alle Dinge heraus hatten, zündete Jack den Trümmerhaufen an. Die Flammen und schwarzen Wolken mußten weit zu sehen sein.
Etwa zehn Minuten waren vergangen, da preschten drei finster aussehende Araber mit wehender Kleidung auf sie zu. Die Pferde standen förmlich auf der Hinterhand, als die Reiter ihre Pferde stoppten. Sie blickten auf den brennenden Haufen und fragten, ob der Fahrer tot sei. Jack zeigte auf Claudia und sagte: *»la, la, el hamdu li llahi, la«* (Nein, nein, gottlob – nein). Einer der Reiter fragte: *»wäsch nta almani?«* (Bist du Deutscher?) – *nham*, antwortete Jack. Der Reiter stellte sich als ein Scheich aus Kairuan vor. Er läge da unten mit seiner Kamelherde, ein Junge hätte Schafe aus Beja geholt, sei angekommen und habe von dem Unfall berichtet. Selbstverständlich müßten sie jetzt seine Gäste sein, einer der Reiter sollte ihnen den Weg weisen, während der Scheich mit seiner Begleitung im selben rasanten Tempo zurückritt.
Jack nahm als erstes noch einmal Verbindung zum Residenten auf, der den Chef über den Verlust des Wagens informieren sollte –, ansonsten sei alles o.k.! Der Resident teilte ihm mit, daß er eben erst die Nachricht vom positiven Verlauf durchgegeben habe, gewiß würde es nicht lange

dauern, eine neue Nachricht zu erhalten. Nach einer Viertelstunde kam die Antwort des Chefs: *»Maalesch«*, (Macht nichts) Hauptsache – kein Personenschaden!
Sie folgten dem vorauseilenden Reiter bis zu den Zelten. Man hatte für sie beide ein Zelt hergerichtet. Sie machten sich etwas frisch, dann wurde Jack zum Zelt des Scheichs geholt, während die Frauen Claudia in das Frauenzelt des Scheichs brachten. Jack unterhielt sich mit dem Scheich über Deutschland, und dieser öffnete eine Holzkiste und zeigte einen Ehrendolch der deutschen Luftwaffe aus dem II. Weltkrieg, mit Elfenbeingriff und Gehänge. Es war ein Geschenk der deutschen Truppen während der Besatzungszeit, auch einige Orden aus dieser Zeit hatte er wie Reliquien aufbewahrt. Sie nahmen einen ›kleinen Imbiß‹ zu sich: erst den nie fehlenden *Kuskus* mit Fleisch und Gemüse, dann eine Hühnerbrustpastete; als nächstes gab es gespickte Hammelkeule in scharfer *Chilisoße* mit Rosinen und Mandeln, dann eine Art Eierkuchen mit Konfitüre, danach Blätterteiggebäck mit Mandelpastete, frische Feigen, Orangen und Bananen. Dazu wurden wohlschmeckende Obstsäfte und Limonaden gereicht. Den Abschluß bildete starker grüner Tee mit sehr viel Zucker.
Jack war durch die Strapazen der letzten Tage hungrig und hatte tüchtig zugelangt. Das gefiel dem Scheich, der auch ein guter Esser war, so daß er resümierte: »Wem Allah gut gesonnen ist, dem schenkt er einen guten Appetit!«
Dann mußte Jack die Kamelherde des Scheichs bewundern, um sich dann zu entschuldigen, heute unbedingt weiterfahren zu müssen, da er in zwei Tagen in Tanger erwartet werde. Ein *»inscha llah,* du wirst Tanger erreichen«, und ein *»baràka llahofik* (Gott segne dich)« trennte sie. Auch Claudia wurde von den Frauen verabschiedet, und sie fuhren los. Bis zur Straße hatten sie noch das Ehrengeleit von sechs Reitern.
Jack fuhr bis zum Grenzpunkt Mehdiya Oujda weiter die alte Strecke bis Fes, von dort aus über Ksar el Kebir nach

Tanger. Sie brauchten für die Rückfahrt, die ohne Zwischenfälle verlief, knapp eineinviertel Tag.
Sie schifften sich auf der Fähre nach Algeciras ein und waren sechs Stunde später in ihrer Ausgangsbasis in Torremolinos.
Drei Tage ruhten sich Jack und Claudia aus, ehe sie wieder ihre Maschine nach Frankfurt/Main bestiegen. Der Chef war sehr zufrieden, weil die Aktion ein voller Erfolg war. Es gelang, eine wichtige, alteingespielte Außenverbindung des MfS (und damit für den Ostblock) lahmzulegen.
Empört reagierte der Kapitän der Seereederei Rostock, als auf dem Motorschiff *Magdeburg* die spanischen Zollfahnder, die *Guardia Civil,* und ein Mann vom Internationalen Rauschgiftdezernat erschienen, die den Matrosen Harry Ebeling sprechen und sein Gepäck sehen wollten. Der Matrose erschien mit seinem Seesack und der Reisetasche. Der immer noch protestierende Kapitän wurde Zeuge, wie die Rauschgiftfahnder aus der Reisetasche zwei Plastikbeutel mit je 150 g »Schnee« zutage förderten. Die Mindeststrafe in Spanien für dieses Delikt sind zehn Jahre Zuchthaus.

## 3.

# Genosse Erich und seine Aufgaben im Ruhrgebiet am Tage X

Bei den Bergleuten und Hüttenwerkern im Saarland ist Erich ein beliebter Vorname für die Jungen, und auch der Saarbrückener Angestellte R. nannte seinen Zweitgeborenen Erich. Durch die Nähe der französischen Grenze, durch die Kriege und ihre Folgen beschäftigten sich gerade die Saarländer mehr mit Politik als alle anderen Deutschen, und sie interessierten auch ihre Kinder mehr dafür.
Diese sollten aus den Fehlern der Vergangenheit lernen und den »Erzfeind« Frankreich nicht mehr bei jeder sich bietenden Gelegenheit provozieren. Sie verlangten, daß ihre Kinder sich mit der französischen Kultur beschäftigten und die Sprache des nahen Nachbarn erlernten. Erich, dessen Mutter zeitig starb, mußte für die Familie einkaufen, und er staunte immer wieder in den Geschäften, wenn die Ladenbesitzer mit ihren Kunden fließend Französisch sprachen. Aus denTelefonzellen hörte er im Vorbeigehen französische Laute, und wenn er am Sonntag mit seinem Vater spazierenging, sprach dieser oft mit Bekannten Französisch. Letzteres wohl schon deshalb, daß Erich nicht alles mitbekam, was von den Erwachsenen gesprochen wurde. Zu den Freunden seines Vaters zählten viele Sozialisten und zum Teil auch Kommunisten, die, wie er nach dem Ersten Weltkrieg, sich den Zielen Liebknechts zugewandt hatten.
Das frankophile Leben hörte mit einem Schlag auf, als *Hitler* an die Macht kam; es wurde nur noch heimlich in Freundeskreisen Französisch gesprochen. Als der II. Weltkrieg begann, sprach man nur noch deutsch und dachte nur noch national. Die anders dachten, taten das heimlich; damit verschwand die französische Sprache fast völlig. Für Erich begann der Dienst in DJ und HJ, und es kam der Tag, an dem die deutsche Armee die Grenze nach Polen überschritt,

während die Rote Armee in Ostpolen einmarschierte (wie es im Moskauer Zusatzabkommen zwischen *Hitler* und *Stalin* festgelegt worden war). Bereits am 16. September 1939 war Warschau eingeschlossen, und am 17. September floh die polnische Regierung nach Rumänien. Die Rote Armee und die Armee des Deutschen Reiches trafen sich an einer vorher vereinbarten Demarkationslinie, und das von deutschen Truppen eroberte Lemberg wurde den Sowjets überlassen. Am 6. Oktober, aus Anlaß des deutschen Sieges über Polen, hielt Hitler eine Rede und verlangte von den Westmächten ein Friedensangebot sowie die Anerkennung der deutsch-sowjetischen Besetzung Polens.
Die Westmächte lehnten ab, und so fand am 10. Mai 1940 der Angriff auf die Niederlande statt, dem nach fünf Tagen schon die Kapitulation folgte. Auf Belgien erfolgte der Angriff am 11. Mai, und das belgische Königreich kapitulierte am 28. Mai. Der gleichzeitig erfolgte Angriff auf Frankreich fand mit dem 22. Juni 1940 sein Ende.
Im Saargebiet arbeiteten jetzt gefangene Franzosen als Zwangsarbeiter. Mit diesen Leuten sollten die deutschen Volksgenossen keinen Umgang pflegen, sondern nur ihre Arbeitskraft ausbeuten. Oft war Erich Zeuge, wie sein Vater den französischen Gefangenen Kleinigkeiten zusteckte, mal ein paar Zigaretten, mal etwas zum essen, und er hörte, wie sein Vater mit anderen Kollegen davon sprach, daß es nun nicht mehr lange dauern könne, bis »der Anstreicher Schluß macht«. Doch vergingen noch einige Jahre, und alle Volksgenossen trachteten nur noch danach, zu überleben.
Als die US-Truppen mit der französischen Befreiungsarmee Westdeutschland besetzt hatten, brauchte sich Vater R. keine Sorgen zu machen. Viele Franzosen sprachen gut für ihn und Erich wurden jetzt Bücher von *Marx, Lenin, Karl Liebknecht* und *Rosa Luxemburg* gegeben, die der Vater sicher versteckt hatte. Er lernte die »Internationale« singen und trat der KP-Jugend bei.
Durch die Verhärtung der Ost-West-Lage brechen für die Kommunisten bald wieder schlechtere Zeiten an. Der

Traum, bald an die Macht zu kommen, ist bald ausgeträumt. Es kommt zu keiner Zwangsvereinigung zwischen SPD und KPD wie es in der sowjetischen Besatzungszone praktiziert wird. Die KP-Leute beginnen, ihre Jugendlichen in den Schulferien in die SBZ zu schicken. Sie sind dort in sogenannten Pionier- und Ferienlagern untergebracht, sie werden gut verpflegt (obwohl in Ostdeutschland offiziell Lebensmittel nur gegen Marken zu haben sind), sie treiben Sport und werden mit den kommunistischen Lehren vertraut gemacht.
Auch Erich verbringt das erste Mal Ferien in Mitteldeutschland und ist begeistert, als sein Landsmann *Erich Honecker* das Jugendlager besucht und den saarländischen Kindern die Hand schüttelt. Er ist von nun an überzeugt, daß das die einzig richtige Ideologie ist. Er wird Funktionär der FDJ und nimmt an Demonstrationen in Westdeutschland teil. Die FDJ sorgt für Mauerparolen, sie schreiben mit weißer Ölfarbe, die mit Heringslake angerührt wird (damit sie nie wieder abgewaschen werden kann) an die Wände der Fabriken in großen Lettern *Ami go home*. Von der Jugendorganisation wird Erich schließlich an die Karl-Marx-Universität in Leipzig zum Studium des Journalismus delegiert. Er trifft hier auf Studenten aus allen Ländern der Erde und ist begeistert vom Enthusiasmus der jungen Freiheitskämpfer. Das Nonplusultra sind für ihn die »Weltfestspiele der Jugend und Studenten« in Ost-Berlin vom 5. bis 19. August 1951 unter der Regie des Jugendführers, d. h. des Ersten Sekretärs der Freien Deutschen Jugend, *Erich Honecker*.
Kurz vor den Weltfestspielen wurde Erich nach Mülheim/Ruhr geschickt, um dort aus westdeutschen FDJlern und »Gästen« der SPD-Jugendgruppe »Die Falken« eine Abordnung für das Festival in Berlin zusammenzustellen. Sie »durchbrachen« die Grenzabsperrung der westdeutschen Polizei und des Bundesgrenzschutzes, um in Ost-Berlin »teilnehmen zu können«.
Der Grund dieses »Theaters« war: einige Bezirks- und Kreisverbände der FDJ waren in 50er oder 100er Gruppen mit

Fahnen über die Grenze marschiert. Das hatten sich die westlichen Militärbehörden verbeten und den Auftrag erteilt, keine geschlossenen Marschkolonnen über die Zonengrenze zu lassen. Dazu hieß es im Osten: »Die Polizei des imperialistischen Monopolkapitals will Jugendfreunde mit Gewalt von der Teilnahme am Festival ausschließen, doch Solidarität und alte kampferprobte Genossen helfen ihnen, den gefahrvollen Weg über die brutale Grenze in unseren friedlichen Staat zu finden!«

Die Lieder, die sie sangen, sprachen für sich: »Blaue Fahnen hoch im Blauen, sollen über Deutschland wehen« . . . »Das ganze Deutschland soll es sein, drum, Jugendfreund, stimm mit uns ein« . . . »Das siegreiche China ins Stadion zieht und die Warschauer Maurerkolonne«.

Die Gruppenleiter und einige Genossen wurden, sobald sie mitteldeutschen Boden betraten, wie Helden gefeiert und einige erzählten wahre Greuelgeschichten, was sie alles erlebt hätten. Sie fühlten sich wie Kommandeure von Partisaneneinheiten!

Tatsache ist, daß kein einziger mit Gewalt daran gehindert wurde, die Grenze von West nach Ost zu überschreiten. Anders war der Fall in umgekehrter Richtung. Da standen an allen S-Bahnhöfen und Übergängen FDJ-Kontrollbrigaden, die mit Gewalt ostdeutsche Weltfestspielteilnehmer am Besuch West-Berlins hinderten.

Auch Erich brachte seine Gruppe »zum Sieg« und wurde entsprechend belobigt. Nach diesem Bewährungseinsatz führte er sein Studium in Leipzig fort und machte vor Abschluß noch zwei Reisen in die Sowjetunion. Neben dem Studium erhielt Erich noch eine praktische Ausbildung als Schlosser. Da die KPD immer damit rechnete, wieder in die Illegalität gehen zu müssen, wurden alle in der Agitations- und Propaganda-Szene tätigen Funktionäre zweigleisig ausgebildet, so daß sie in der Zeit der Illegalität in einem Handwerkerberuf tätig sein konnten.

Erich schloß sein Studium mit Auszeichnung ab und kehrte wieder nach Westdeutschland zurück. Er wurde der Parteileitung in Düsseldorf unterstellt und als Jungredakteur für das Organ der KPD *Freies Volk* eingesetzt. Nach seiner Zeit in der Lokalredaktion widmete er sich zunehmend gesellschaftskritischen Problemen mit dem Schwerpunkt Gewerkschaftsarbeit.

Er kannte die Gewerkschaftsfunktionäre des gesamten Ruhrgebietes, da sie überwiegend aus den Reihen der KPD gestellt wurden. Das hing nicht allein damit zusammen, daß einige Spitzenfunktionäre in der Führung des Gesamt-DGB ihre Genossen nachzogen, sondern vor allem machte das die individuelle Einstellung zur ehrenamtlichen Arbeit aus. Daß die KPD-Genossen von den Gewerkschaftsmitgliedern in die Funktionärskader gewählt wurden, zeugte vom Vertrauen der Leute in sie. Der Parteiauftrag verpflichtet die Genossen, jederzeit und überall zur ehrenamtlichen Arbeit bereit zu sein, ob als Kassierer oder Betriebsvertrauensmann. Sie scheuen keine Stunden der Freizeit zu opfern, und sie setzen sich voll für die Gewerkschaftskollegen ohne Rücksicht auf die Gegenmaßnahmen der Betriebe ein. Das führte dazu, daß sie immer mit großer Mehrheit wiedergewählt wurden und die Funktionärsleiter sehr schnell nach oben gelangen konnten. Meist wußten die Arbeiter gar nicht, daß ihr Gewerkschaftsmann auch KPD-Genosse war, für sie zählte nur, daß sie von ihm gut vertreten wurden und selbst keine Minute ihrer kostbaren Freizeit zu opfern brauchten. Es nützte also nichts, darüber zu lamentieren, daß der DGB durch KP-Genossen unterwandert war, ein aktiverer Einsatz von Christen oder Nichtparteimitgliedern hätte vieles verhindern können.

Für Eingeweihte kam es keineswegs überraschend, wenn bestimmte Einzelgewerkschaften sich an politischen Demonstrationen beteiligten oder wenn sie bestimmte Grußadressen an kommunistische Tagungen etc. oder an führende KP-Funktionäre in den Ostblock schickten – die von den Genossen vorprogrammierte Zustimmung wurde dann in der gesamten Ostblockpresse als unabhängige Zustimmung einer westlichen Gewerkschaft veröffentlicht,

nicht etwa als die Meinung der Kommunisten in dieser Gewerkschaft.
Auch Solidaritätsschreiben wurden in umgekehrter Richtung verfaßt und gezielt abgesandt, auch dafür ein Beispiel: Eine Teilgewerkschaft, wie die IG Metall, beschließt einen Betrieb zu bestreiken, die KPD-Mitglieder senden die Adressen der Streikenden an die Solidaritätsabteilung des FDGB in Ostberlin, diese verteilt die Adressen an Genossen, die Familienpakete zusammenstellen und diese als Solidaritätssendung an die Streikenden schicken, die sie quasi als Privatpersonen auffordern, weiterhin stark zu bleiben und den Streik mit Erfolg zu beenden.
Es macht natürlich auf parteilose Gewerkschaftskollegen Eindruck, wenn für sie wildfremde Personen plötzlich Sympathieschreiben senden und sich mit ihren ureigensten Problemen beschäftigen. Dauert der Streik länger, werden auf gleiche Weise auch Solidaritätsbeweise von anderen Ostblockstaaten geschickt. Es bleibt nicht ohne Eindruck, wenn Personen von Ausländern mit Namen angesprochen werden, zwar in fehlerhaftem, aber herzlichem Deutsch.
Der so einmal hergestellte Kontakt wird nach Möglichkeit auch später aufrechterhalten; die Kinder werden zu Ferienlagern eingeladen, sie werden mit den Zielen der ›Jungen Pioniere‹ vertraut gemacht und werden schließlich, wenn sie nach Hause kommen, auch den Wunsch äußern, Mitglieder der Kinderorganisation der KP zu werden. Über die Kinder kommen die Eltern zur Partei, und der Kreis schließt sich wieder.
Die tatsächliche Gefahr der KP bleibt verschleiert, denn man kann sie nicht mit ihren Wahlergebnissen gleichsetzen oder mit anderen Parteien in der Zielsetzung vergleichen. Die Linie der KP, das Fernziel, ist die Errichtung der Diktatur des Proletariats, die Vollendung der Weltrevolution.

Ein Krisenjahr für die KP war vor allem das Jahr 1953, als am 17. Juni die Arbeiterdemonstranten in der DDR niedergeknüppelt wurden und sowjetische Panzer das Streben der

Arbeiter nach menschlichen Bedingungen schon im Keim erstickten. Für die überzeugten, linientreuen Genossen war das natürlich nur eine Provokation, die von imperialistischen Saboteuren angezettelt wurde. Die meisten parteilosen Arbeiter Westdeutschlands erkannten aber die wahren Ursachen, nämlich die endlose Spirale der dauernden Normerhöhung und die schlechte Versorgung der Bevölkerung. Die KPD hatte nach dem 17. Juni keine Neuzugänge; im Gegenteil, eine große Zahl von jüngeren Genossen gab demonstrativ die Parteibücher zurück oder vernichtete sie offiziell. Es kam zu ernsten Auseinandersetzungen innerhalb der Partei, und man traf Vorbereitungen für den Fall, daß die Bundesregierung die KPD verbieten würde. Es wurden sogenannte illegale Zellen für den Tag X gegründet, es wurden bei Genossen auf dem Lande Depots mit Operationsmaterialien (Transistorempfänger, Funkgeräte, Chemikalien für Geheimschreibmittel, für Filmentwicklung und für Sprengsätze und vieles andere mehr) angelegt, es wurden Kuriere für die Aufrechterhaltung der Verbindungen zur DDR, zur FKP, IKP und zur KP der Beneluxstaaten bestimmt. In Österreich und der Schweiz wurden illegale Konten angelegt, in der Bundesrepublik wurden Genossen mit Meisterausbildung (Schlosser-Zimmerer-Frisörmeister usw.) selbständig und erhielten Zuschüsse zur Errichtung eigener kleiner Firmen, in denen sie nach einem Verbot der Partei KPD-Mitglieder beschäftigen könnten. In den Parteizentralen, in Druckereien etc. wurden nur Leihmaschinen installiert, PKWs oder Lieferwagen wurden grundsätzlich nur von Privatpersonen gekauft, die nicht als Parteimitglieder geführt wurden. Das ging sogar soweit, daß im Auftrage der zentralen Parteileitung parteilose Ehefrauen oder Schwiegereltern als Wagenkäufer und Wagenbesitzer auftraten, um evtl. Beschlagnahme zu entgehen und mobil zu bleiben.

In einem waren sich führende KP-Genossen immer einig: Ihre Stärke liegt bei der guten Parteiorganisation und Parteidisziplin in der Illegalität. Als offiziell zugelassene Partei

sind die Chancen durch den äußerst geringen Wähleranteil sehr klein, man kann also nicht von einer Macht- oder Stärkeposition sprechen. In der Illegalität kann man täglich Losungen anbringen, kann täglich in vielen Städten Flugblätter verteilen, was bei neutralen Beobachtern den Eindruck erweckt, daß eine gewaltige Mitgliederzahl dahintersteht. Diesen Eindruck bei der Masse der Deutschen und im Ausland zu erwecken, ist der Sinn solcher Maßnahmen.
Erich verlebt seine Urlaube weiterhin in der DDR, und sie werden mit einer zusätzlichen Ausbildung auf verschiedenen Spezialgebieten verbunden. Zunehmend werden die Genossen auf eine eventuelle Konfrontation zwischen Ost und West vorbereitet. Es werden bestimmte Aufgaben gestellt, und sie erhalten ein bestimmtes Zuständigkeitsgebiet, in dem sie im Fall des Falles allein oder gemeinsam mit anderen, bestimmten Genossen operieren sollen. Sie werden sowohl im Objektschutz ausgebildet, wie z. B. die Verhinderung einer Sprengung wichtiger strategischer Objekte (Auto- und Eisenbahnbrücken, Tanklager, Wasser- und Elektrizitätswerke), wie auch in der Umkehrung der Verhältnisse, d. h. Sprengungen von bestimmten Objekten zur Behinderung eines feindlichen Vormarsches.
So bildete man Schwimmer und Taucher aus, die damit beauftragt werden können, schwimmende Sprengladungen an Brücken anzubringen. In Kasernen oder Flughäfen baute man an bestimmten Gebäuden oder auf Straßen, die durch die Objekte führen, Blindaussparungen ein, die ohne Gefahr scharf gemacht werden können (praktisch blinde Sprengkammern).
Für bestimmte abgeschlossene Meß- und Ventilraumbauten (in größeren Werken ist die Wasser- oder Gaszufuhr durch einen Schieber in der Hauptleitung regelbar, dieser ist meist in einem kleineren Raum untergebracht, solche Räume sind in der Regel verschlossen, weil sie nicht täglich begangen werden) hat man Schlüsseldepots angelegt, so daß für eine vorher bestimmte Person der Schlüssel immer erreichbar ist. So kann z. B. ein Genosse, der im Betrieb tätig ist, jederzeit,

ohne Gewaltanwendung, diese Räume mit einem Nachschlüssel betreten und irgendwelche Maßnehmen treffen, die beispielsweise einen Produktionsstop herbeiführen können. Jeder Chemiearbeiter weiß, was es heißt, wenn bei bestimmten Prozessen oder chemischen Reaktionen das Kühlwasser oder die Stickstoffgasanlage total ausfällt.
Man sitzt in der DDR, in Jugoslawien oder in einem anderen Ostblockstaat an drei oder mehr Urlaubstagen mit Instrukteuren zusammen, die über die neuesten Baupläne von Industrie- oder Kommunalbetrieben bestimmter Städte in der Bundesrepublik verfügen, und man spricht über Möglichkeiten, um die Kampf- und Widerstandskraft des Gegners mit Aktionen empfindlich zu treffen, die dem ausführenden Genossen nicht das Letzte abverlangen. Man erzielt mit einem Minimum an Einsatz ein Maximum an Effektivität. Der Genosse weiß, auf welches Zeichen er am Tage X oder danach und *wo* er zuzuschlagen hat. Er wird als Internationalist die ihm zugedachte Aufgabe erfüllen, sei es als Lokomotivführer, als Betriebsschlosser, als Pförtner oder als Nachtwächter.
Am 17. Juni 1956, einige Jahre nachdem man schon die Vorbereitung getroffen hat, wird vom Bundesverfassungsgericht die Auflösung der KPD angeordnet. Man durchsucht Parteihäuser, Druckereien und anderes mehr, doch die gesamten Aktionen bringen nichts, außer veralteten Karteien und reichlich Propagandamaterial. Beschlagnahmte Büromaschinen, Büromöbel mußten wieder freigegeben werden, da alle Gegenstände nur gemietet und die Eigentümer keine KPD-Mitglieder waren. Es waren Geschäftsleute, die nicht die Frage stellen, von welcher Seite sie Mieten bekommen.
Ein Teil der Funktionäre wurde verhaftet, meist aber schon nach kurzer U-Haft wieder auf freien Fuß gesetzt.
Erich saß ein halbes Jahr in Düsseldorf und amüsierte sich darüber, wie viele Rückversicherer es unter den Beamten gab. Das Motto war: »Vielleicht kommt ihr noch einmal an die Macht, dann vergeßt nicht, ich habe auch immer gut behandelt und mußte damals nur gehorchen.«
Sie boten Erich sogar an, eventuelle Post von ihm illegal zu

befördern, versorgten ihn mit Zigaretten und erzählten, wo andere Genossen sitzen. Er überstand die kurze Zeit gut, und die Partei hatte für ihn gesorgt, als er entlassen wurde. Er zog in ein möbliertes Zimmer nach Oberhausen und fand einen Job bei einem Mülheimer Schlossermeister, der ihn als Leiharbeiter zur Ruhrchemie nach Oberhausen-Holten abgab.

Durch Vermittlung kam er in die Werkstatt der Prüf- und Meßstelle des Werkes. Er wartete Meßgeräte und Diagrammschreiber und konnte sich in allen Betriebsteilen und Labors des Chemiewerkes frei bewegen. Er fand in den Waschkauen alte Genossen wieder und diskutierte viel mit ihnen. Sein Job machte es möglich, zeitlich ziemlich unabhängig zu sein; wichtig war vor allem, daß er früh in den ersten beiden Stunden die Diagrammstreifen der vergangenen vierundzwanzig Stunden abtrennte, sammelte und in die Auswertung der Prüf- und Meßstelle brachte. Hier wurden die Diagramme planimetriert, ihre Mittelwerte gezogen und bilanziert. Hatte er diese erste Aufgabe erfüllt, lag es an ihm, sich die Wartungsarbeit einzuteilen, es sei denn, durch Betriebsstörungen fielen wichtige Reparaturen an.

In der Pause las Erich im gut eingerichteten Pausenraum den *Spiegel* und die *AZ (»Andere Zeitung«*, Hamburg, linkes Blatt, herausgegeben von *Gleisberg und Gottschalk)* sowie seine kommunistische Literatur von *Fadejew, Ostrowski* bis *Korolenkow,* denn derartige Bücher hatte man bei ihm nicht beschlagnahmt. Entweder aß er Mittag in der Betriebskantine oder ging nach Arbeitsschluß in das *Europa-Lokal* in Oberhausen.

Die Verlobung mit einer SPD-Jugendvertreterin und Verkäuferin in Oberhausen ging in die Brüche, weil man politisch keine gemeinsame Basis fand. Das Mädchen Ortrud wollte nichts mehr mit der KPD zu tun haben und wußte, daß Erich weiter illegal arbeitete. Als er dann bei einem Genossen die Frisöse Helga kennenlernte, wurde trotz des Alterunterschiedes bald ein festes Verhältnis daraus, das mit einer standesamtlichen Trauung besiegelt wurde.

Sie mieteten sich in Oberhausen ein möbliertes Zimmer, das sie bald gegen eine Wohnung in dem Haus, wo schon sein Freund und Genosse Spitz wohnte, eintauschten. Er kaufte sich ein NSU-Motorrad und verzichtete nun auf öffentliche Verkehrsmittel.

Erich verfertigte Berichte und Glossen für den illegalen Parteisender, der seinen Stand irgendwo in der Bundesrepublik hatte, so sagte man jedenfalls, wenn man abends auf Sendung ging. Doch der Sendeort lag in der DDR kurz hinter Magdeburg, wenn man in Richtung Haldensleben fuhr: »Hier ist die Stimme des Deutschen Freiheitssenders 904«. Er gab neben Nachrichten östlicher Prägung in der Hauptsache verschlüsselte Meldungen für die illegalen KP-Genossen durch wie etwa: »Hallo, Karl, jede zweite Mandarine ist reif!«

Bald wurde aus dem Motorrad ein kleiner Fiat, und als das Mülheimer Neubauviertel in der Möllhoffstraße fertig war, bezog der Genosse, der inzwischen seinen Schlosser an den Nagel gehängt hatte und als Redakteur in Duisburg tätig war, eine Vier-Zimmer-Wohnung mit allem, was dazugehört.

Erichs Redaktion befand sich im Tausend-Fenster-Haus in Duisburg, und die Zeitung hieß »*Tatsachen*«, ein KPD-Nachfolgeblatt, das natürlich einen privaten Herausgeber hatte. Erich befaßte sich wieder offiziell mit seinem Genre, der Gewerkschaftsarbeit, und fehlte bei keiner Tagung oder Versammlung; im alten Kreis von Genossen wurden die Schwachstellen der Gewerkschaft und Kommunen reichlich diskutiert und die notwendigen Analysen gefertigt, die per Kurier ihren Weg zum Mekka der KP fanden.

Erich schaffte sich jetzt einen neuen Skoda-PKW an und machte mit Helga Urlaub an der Küste Mitteldalmatiens, in Split, der alten römischen Perle an der jugoslawischen Adriaküste. Zu seinem neu erkorenen Hobby gehörten jetzt Tauchen und Streckenschwimmen. Ein guter Genosse weiß zwar nie, wann, aber er weiß doch, daß er alles einmal für seine geliebte Partei verwenden kann.

## 4.

## IdK und Ostermarsch

Egon Wenke und Bert Sommerfeld griffen begierig nach dem servierten Kaffee. Sie tranken die dunkle Brühe, die ihnen Anita Breitschuh zubereitet hatte, mit sehr viel Zukker, und es machte ihnen nichts aus, wenn etwas vom Kaffeesatz mit hinuntergeschluckt wurde. Nur bei den Zigaretten waren sie etwas wählerischer. Es mußte nicht immer Karo sein, lieber griff man zur North-State. Vieles, um nicht alles zu sagen, war im imperialistischen Westen kritisch zu betrachten, doch Zigaretten bildeten die große Ausnahme. Heute war Freitag, der 23. Februar 1962, und alle Vorbereitungen zwischen der Abteilung II und III des HVA waren abgeschlossen. Es ging um die Koordinierung der Maßnahmen für den kommenden Ostermarsch in der Bundesrepublik und dem westlichen Ausland. Die Schulungen für die speziellen Instrukteure hatten schon nach der Beendigung der Auswertung des Ostermarsches von 1961 begonnen, und sie gestalteten sich in dieser Zeit etwas schwierig. Für den Westen war die Sicherungsmaßnahme, der Bau des antiimperialistischen Schutzwalls am 13. August 1961 eine unpopuläre Maßnahme. Die Parteiführung und das MfS waren sich darüber klar, daß es für die Arbeit in der BRD und in den westlichen Staaten schwer würde, die alten Positionen wiederzuerlangen. Denn der überwiegende Teil der nützlichen Idioten (wie der gute *Lenin* die unbewußten Helfer im Kampf nannte), d. h. Personen, die im öffentlichen Leben eine Rolle spielen wie Geistliche, Wissenschaftler, Professoren und Ärzte, werden zu bestimmten Äußerungen veranlaßt, die in die Ideologie der Kommunisten passen, und werden ganz gezielt als Propagandapferde eingespannt. Sie würden niemals freiwillig auf ein Angebot der Kommunisten eingehen, für sie oder für die Revolution *Lenins* oder für irgendwelche Ziele Moskaus zu arbeiten,

denn das würde ihrer humanistischen, bürgerlichen Ausbildung und Ansicht widersprechen. Wenn man jedoch zu ihnen als neutraler Diskussionspartner kommt, beispielsweise Bilder von Hiroshima und Nagasaki zeigt, von den grausamen Folgeerscheinungen des Atombombenabwurfs spricht und ihnen dann erklärt, daß man sich aus christlichen und humanen Zielsetzungen zusammengeschlossen hat, um eine Wiederholung des grausamen Vorfalls zu vermeiden, so sind sie gern bereit, ihre Solidarität zu bekunden und ihre Mithilfe anzubieten. So werden sie etwa um einen Vortrag gebeten und halten ihn in einer Kirche. Diese ist bis zu 80% von Jugendlichen besetzt, die dem Vortrag begeistert folgen, applaudieren und den Referenten durch ihre Begeisterung mitreißen. Er fühlt sich mit den Zuhörern verbunden, und aus deren Reihen kommt auch der Wunsch, er möge sich doch an einem gemeinsamen Aufruf beteiligen, der Text werde gemeinsam abgestimmt und ein Flugblatt erstellt. Sein Foto wird mit seiner Genehmigung verwendet. Kurze Zeit darauf wird eine Neuauflage des Flugblattes gemacht und eine Organisation, wie z. B. die Naturfreunde-Jugend, die Internationale der Kriegsdienstgegner, läßt ihren Vertreter mit abbilden, und ein gemeinsamer Appell wird unterzeichnet.
Bereits 24 Stunden später wird in sämtlichen Zeitungen des Ostblocks das Flugblatt im Faksimile wiedergegeben und im Begleittext wird von dem bekannten Patrioten Professor Dr. X gesprochen, der sich an die Spitze der fortschrittlichen Kräfte gestellt hat. Es hagelt Sympathieschreiben von Ost-Berlin bis Phönjang, von Moskau bis Havanna. Der Professor Doktor X, der bisher nur ein reiner ›Fachidiot‹ war, ist überwältigt von diesem internationalen Echo. Er leistet spontan einer Einladung nach Ost-Berlin Folge, wird mit allen Ehren empfangen, erhält Gesprächspartner seines Niveaus und rein zufällig ist auch ein Repräsentant der Regierung dabei. Presse, Fotos und andere Medien sind auf dem Plan, plötzlich ist aus dem bisher unpolitischen Professor ein parteiergreifender Friedenskämpfer geworden.

Seine neuen Gesprächspartner sind ja auch so harmlos und wollen nur den Frieden für die Menschheit. Daß sie die westliche Ordnung beseitigen wollen, um eine neue sozialistische Ordnung zu errichten, kommt in keiner Diskussion und in keiner Pressemitteilung zum Ausdruck. Der Professor hat eine politische Heimat gefunden. Für die Sicherheit seines demokratischen Heimatlandes jedoch ist er zum Risikofaktor geworden. Seine bisherigen Kollegen meiden ihn, da sie seine jetzige Überzeugung nicht teilen können. Er gerät in eine Isolierung und wird dadurch noch mehr in die Arme seiner ›Freunde‹ getrieben. Er ist ein ›nützlicher Idiot‹ für den Weltkommunismus geworden.

Es gibt viele Varianten dieses Spiels, ihr Opfer kann ein guter Leistungssportler sein, ein Artist, ein Schauspieler, eine Frauenrechtlerin, ein ehemaliger Politiker, Richter oder Militärangehöriger – es gibt keine Personengruppe, die dagegen gefeit ist, wenn sie nicht entsprechend zeitig über die wahren Ziele aufgeklärt wird.

Egon und Bert waren beruhigt: Die nervöse Professorin wird in Düsseldorf, Mülheim/Ruhr, Oberhausen, Wuppertal und in Essen ihre Vorträge gegen Abrüstung und für den Ostermarsch halten. Besondere Verdienste, daß es dazu kam, hatte sich der Vorsitzende der ›Internationale der Kriegsdienstgegner‹, Alois S., erworben; denn er gewann die Professorin Renate Riemeck für die Vorträge, und diese Emanze brachte genug Feuer und Überzeugung mit, um damit Jugendliche zu begeistern. Morgen sollte Alois wieder nach Ost-Berlin kommen und auch seine Werbeplakate mitbringen. Alois kannten sie schon seit Jahren, und sie waren ihm in vielen Dingen behilflich, ob nun bei der Urlaubsgestaltung oder bei der Anschaffung eines BMW V 8. Sie hatten ihn in vielen Situationen auf Zuverlässigkeit getestet.

Ihr Mitarbeiter Günther Saß hatte einen netten Bericht über den Ostseeurlaub in Bad Dobaran und Kühlungsborn gemacht, wo Alois und seine Frau sich austobten. Zu Günther hatte Alois gesagt: Weißt du, hier kennt uns niemand,

und wir können unseren Hobbys nachgehen, wie wir Lust haben, ob am FKK-Strand, bei Partys oder kleinen Ausflügen. In dem Gästeferienheim der Republik waren sehr viele ausländische Studenten untergebracht, die meist an der *Karl-Marx-Universität* in Leipzig studiert und dort im Studentenheim in der Nürnberger Straße 48, vis-à-vis vom Bayerischen Bahnhof, wohnten. (Hier waren laufend zwischen 480 und 530 Studenten untergebracht, neben solchen aus den sozialistischen Bruderländern auch sehr viele aus dem sogenannten kapitalistischen Ausland wie Franzosen, aber auch Chinesen, Südkoreaner, Araber, Perser, Thailänder und Afrikaner. Es war ein Internat mit reichlichen Sondervergünstigungen und Sonderpflichten, doch darüber mehr an anderer Stelle.)
Alle erholten sich in den privilegierten Ostseegästehäusern. Den ersten Abend saß Alois mit seiner Frau am Tisch eines persischen Studenten und seiner Pariser Freundin (Denise F. war von der FKP zum Studium für Journalistik in Leipzig delegiert), und Alois wollte dem Perser gleich seinen PKW, einen recht betagten Citroën, verkaufen, denn er hatte vor, sich in Essen den BMW V 8 zu holen. Aus dem Geschäft wurde nichts, und Alois verkaufte seinen Old-Timer anderweitig. Alle sprachen an diesem Abend dem hellen russischen Süßwein *Sotschi* zu, der mit dem westlichen *Hautes-Sauternes* verglichen werden kann. Die Hemmschwellen fielen völlig weg, und bunt gewürfelt ging man zum Nacht- und Nacktbaden in die Dünen. Alois' Frau hatte einige Male mit einem Matrosen getanzt, und beide verschwanden jetzt hinter dem Dünengras. Sie wollte die Stärke des Mastes beim Auf und Ab des Dünengrases testen; während Alois einer Studentin aus Mali bewies, daß er harte Argumente für die Völkerfreundschaft immer bereithielt.
Am darauffolgenden Morgen saß alles wieder in geordneter Reihenfolge am Frühstückstisch und genoß das kräftige Frühstück.

Jack hatte einige Versammlungen der DFU und der IdK im

Essener Saalbau *Reppekus* mitgemacht und dabei auch Alois S. gesehen. Gestern abend hatte er Nachricht erhalten, daß Alois S. den Zug nach Ost-Berlin bestiegen und im zweiten Liegewagen Platz genommen habe. Jack wollte sich diesen Berlinbesuch mal etwas genauer ansehen. Er flog mit der BEA von Düsseldorf nach Tempelhof, nahm sich ein Taxi zum Bahnhof Zoo und bestieg die S-Bahn zur Friedrichstraße. Etwa zehn Minuten später rollte der Df 105 von Essen auf dem Fernbahnsteig ein, und sein Beobachtungsobjekt stieg aus. Er ging zur Übergangsstelle für Bundesbürger und reihte sich in die lange Warteschlange ein.

Jack blickte auf die Zahl der Wartenden und wußte, daß ihm genug Zeit für einen anderen Weg bliebe. Er ging wieder zum Bahnsteig, fuhr zurück zum Bahnhof Zoo und rief von dort eine bestimmte Nummer an, der er mitteilte, daß er in 15 Minuten durch die Schleuse müsse. Er erhielt die Tarnbezeichnung ›*Juno*‹ mit der Aufforderung, vor seiner Rückfahrt sich die Tarnbezeichnung noch einmal neu geben zu lassen. (›Juno‹ bedeutete für Jack, daß er die Schleuse in der Friedrichstraße passieren konnte, wenn er dem Kontrollposten als Legitimation eine Schachtel Juno vorwies.) Jack holte sich also die Zigaretten und fuhr dann wieder mit der S-Bahn zur Friedrichstraße zurück. Dort ging er nicht die Treppen zum Übergang für Bundesbürger herunter, sondern an einem Posten vorbei in Richtung Kontrollstelle für Ausländer. Am Ende des Seitenflügels war eine geschlossene Tür mit Klingel, auf dem Kennzeichnungsschild stand »Durchgang nur für Dienstpersonal«.

Jack klingelte, ein Summton, und er konnte die Tür aufdrücken, die einen schmalen Durchgang neben einer Thekenfläche hatte, hinter der ein uniformierter Posten der Grenztruppen saß. Jack grüßte kurz mit »Guten Morgen« und im Vorbeigehen hielt er die Schachtel Juno sichtbar in der Hand. Der Posten salutierte kurz und betätigte den Summer für die Außentür. Jack befand sich nun auf der Rückseite des Bahnhofs Friedrichstraße.

Er ging links um den Bau, vorbei am *Mitropa*-Restaurant

und der Buchhandlung, durch die Unterführung und betrat die Bahnhofsvorhalle. Hier brauchte er nur einen Durchgang im Auge zu behalten, wo sein Spezi Alois herauskommen mußte. Er hatte noch gut eine dreiviertel Stunde Zeit, ehe Alois mit seiner Papierrolle und seiner Aktentasche durch die Tür kam. Er folgte ihm in Sichtweite bis zum Hotel *Adria*, wo Alois im Restaurant verschwand. Nach etwa einer halben Stunde betrat Alois mit einem Mann die Straße (der Begleiter war ca. 30 Jahre alt und 1,80 m groß). Sie bestiegen einen ›Wartburg‹-Wagen mit dem Kennzeichen IU–21–34. Sie achteten nicht auf den alten Pobeda, der ihnen bis zur Marienburger Straße folgte, wo sie im Haus Nr. 24 verschwanden.
Nach etwa drei Stunden kamen beide wieder aus dem Haus, bestiegen den Wartburg und fuhren zum Alexanderplatz. Sie bogen am *Haus des Lehrers* auf den hinteren Parkplatz ein; Alois stieg ohne Gepäck aus dem Wagen, während sein Gesprächspartner, gefolgt von dem Pobeda, zur Normannenstraße fuhr. Alois ging zur Schillingstraße und verschwand im Restaurant *Moskau*. Jack folgte ihm, gab seinen Mantel an der Garderobe ab und betrat das Restaurant. Der berühmte Zufall wollte es, daß der ›plazierende‹ Ober (in allen Gaststätten steht am Eingang sichtbar das Schild »Sie werden plaziert – Eigene Platzsuche ist unerwünscht«) ihn an das Tischchen zu Alois brachte. Jack trug an seinem Revers das kleine Abzeichen mit den ineinandergreifenden Händen von *Pieck* und *Grotewohl* (es sollte den Händedruck der KPD und SPD symbolisieren), das ›Bonbon‹ der SED. Alois trug am Revers das Abzeichen der IdK, die gebrochenen Gewehre.
Alois bestellte ein Bier, eine Fischsuppe, Schweinebraten mit Kartoffeln, Erbsen und Möhren; Jack nahm *Soljanka*, Püree mit *Stroganoff* und als Dessert Palatschinken; dazu trank er einen doppelten Kognak und Sanddornsaft.
Nach der Suppe fragte Jack sein Gegenüber naiv: »Entschuldigen Sie bitte, was ist das für ein Abzeichen, das Sie tragen?« Alois räusperte sich kurz und antwortete: »Ich bin

aus Westdeutschland, genauer aus dem Ruhrgebiet, und das ist das Zeichen meiner Organisation, der Internationale der Kriegsdienstgegner, wir sind gegen jeden Dienst und Gebrauch einer Waffe!«
Jacks freundliches Gesicht wurde ernster und sehr bestimmt, als er sagte: »Ohne Gewehr, ohne Waffe hätten uns unsere Freunde und Genossen nicht von dem Faschismus befreien können und keine Revolution wäre gewonnen. Das ließe sich fortsetzen, denn ohne Waffen würden auch die unterdrückten Kolonialvölker ihren Weg in die Freiheit nie finden, ob in Algerien, dem übrigen Afrika oder Asien.«
Da erwiderte Alois sehr bestimmt: »Genosse, ich stimme Ihnen zu und nenne Sie so, weil mein Vater auch Genosse war. Darum unterscheide ich auch zwischen einem guten Gewehr, das die Ziele des Proletariats verteidigt, das einen Besatzer bekämpft, das ein Volk von seinen Unterdrückern befreit, und ich versichere, ein gutes Gewehr, das in eine Arbeiterhand gehört, würde auch ich zur Verteidigung proletarischer Errungenschaften in die Hand nehmen, aber niemals eine Waffe, die der Zielsetzung des Imperialismus Geltung verschafft und dazu dient, Völker zu unterdrücken.«
Jack reichte spontan die Hand über den Tisch und sagte, das sei sehr gut interpretiert, diesem Pazifismus könne er seine Zustimmung nicht verweigern, er hoffe, viele seiner Kampfgefährten dächten genauso wie er. »Das werde ich heute abend meinen Genossen erzählen (womit Jack noch nicht einmal die Unwahrheit sprach –, es ist alles eine Standpunktfrage!), und ich kann versichern, unsere ganze Aufmerksamkeit wird sich auf Ihre fortschrittliche Vereinigung richten (womit er wieder nicht die Unwahrheit sagte)«.
Beide aßen mit Appetit weiter während ihres angeregten Gespräches, und Alois stimmte dem Genossen zu, daß die Volkskammer am 24. Januar recht daran tat, die Allgemeine Wehrpflicht für die DDR einzuführen, und zwar für 18 Monate; beim heutigen Stand der Waffentechnik sei das

angemessen. (Im Westen tritt Alois S. natürlich strikt für die Kriegsdienstverweigerung ein, er hat sich selbst gegen einen zivilen Ersatzdienst ausgesprochen!!)
Auf Jacks Frage, ob denn zu erwarten sei, daß viele an den Ostermärschen teilnähmen, antwortete Alois: »Wir haben mit allen fortschrittlichen Kräften Verbindung, ob sie in der DFU, der Naturfreunde-Jugend, dem DGB oder christlichen Organisationen sind. Die einzigen, die tatsächlich organisatorische Arbeit leisten, das sind wir, und ich versichere, der Ostermarsch ist bei uns in besten Händen. Wir haben auch Verbindung zu unseren ausländischen Arbeitskräften hergestellt, zu Italienern, Spaniern und Arabern, und wir tauschen unsere Erfahrungen mit den westlichen Vereinigungen in England, Belgien, Holland und Frankreich aus, auch das schwächt die Stellung des imperialistischen Lagers und dient dem Fortschritt der Menschheit.« Jack sagte, daß es eine Beruhigung sei zu wissen, im Kampf immer neue Freunde zu finden. »Es ist klar, daß wir euch unsere ganze Aufmerksamkeit schenken!« (Womit Jack wiederum die Wahrheit sagte!)
Jack bezahlte für beide mit der Bemerkung, daß er den Friedensfreunden diesen Betrag in die Operationskasse einzahlen kann. Jack verabschiedete sich, und dem Alois sah man das Erfolgserlebnis an, mit einem SED-Genossen der Hauptstadt der DDR gesprochen zu haben.
Jack ging gleich zur U-Bahn-Station Schillingstraße und fuhr zum Alexanderplatz, dort rief er von einer Telefonzelle aus eine bestimmte Nummer an und erkundigte sich nach der Tarnbezeichnung. Es war die gleiche geblieben. Er fuhr am Alex zur Friedrichstraße, ging wieder auf die andere Seite zum Diensteingang und zeigte beim Passieren seine Schachtel Juno. Der Posten, der inzwischen gewechselt hatte, salutierte, und Jack befand sich wieder auf dem S-Bahnsteig, wo seine Bahn zum Bahnhof Zoo abfahrbereit stand. Vom Zoo nahm Jack ein Taxi und erreichte nach 20 Minuten Tempelhof, wo er in das Offizierskasino ging. Der Posten am Eingang warf nur einen kurzen Blick auf seine Legitima-

tion und ließ ihn passieren. Jack teilte dem Sektionschef in Berlin mit, daß er zurück sei und mit der nächsten Maschine nach Düsseldorf fliege. Er möge bitte dafür sorgen, dort vom Chef des K. abgeholt zu werden, um die notwendigen Maßnahmen veranlassen zu können, denn sie hätten dadurch einen Vorsprung von rund zehn Stunden gewinnen können.

Jack wurde schon an der Maschine vom Chef des K 14 empfangen, und sie gingen in ein Besprechungszimmer im Flughafen. Hier wurden die Erkenntnisse zusammengefaßt und ausgewertet. Gemeinsam lachte man über das Intermezzo des »Genossen«, da Jack die Bandaufnahme mitgebracht hatte. Es wurde eine Observation des bekannten Kreises mit besonderen Schwerpunkten für zwei Tage angeordnet, denn es war sicher, daß Alois die erhaltenen Instruktionen sowie Material innerhalb kürzester Zeit nach seiner Ankunft weiterleiten oder abholen lassen würde.

Die Observation begann schon, als Alois in Bochum aus dem internationalen Zug stieg. In weiser Voraussicht, er könnte in Essen beobachtet werden, war er bereits in Bochum ausgestiegen. Doch diese Variante war durchgesprochen, und so war er von nun an immer in »Begleitung«.

Alois stand Sonntag sehr früh auf und fuhr bereits um 8.00 Uhr nach Oberhausen, wo er mit Fasia Janzen zusammentraf. Von ihr fuhr er zu Hilde Janke nach Oberhausen-Sterkrade, anschließend weiter nach Mülheim, wo er im Salon Glas mit Spitz zusammentraf. Alle diese Personen waren als ehemalige KPD-Mitglieder bekannt, sie vertrieben neben Broschüren und Flugblättern auch die illegale KP-Zeitung *»Freies Volk«*.

Am selben Tag traf er sich in Essen in der Nähe vom Bahnhof Essen-West mit einer Familie Sievers, die in ihrer Gesamtheit für die KP arbeitete. Sie waren aktive Mitglieder im DBG, die Söhne in der Naturfreunde-Jugend, und sie erhielten laufend Besuch von ostdeutschen Instrukteuren.

Der Ring war geschlossen, es waren alles Personen, die bei der Organisation und Planung des Ostermarsches und irgendwelcher anderer Protestkundgebungen in führender Position tätig waren und über vertraute Unterfunktionäre verfügten, sogenannte Agit-Prop-Leute, die die Basis entsprechend zu beeinflussen hatten.

Egon und Bert waren in der Gesamtplanung beruhigt. Der unpopuläre Mauerbau wurde durch ein Bergwerksunglück in Völklingen am 7. 2., das 300 Todesopfer forderte, sowie durch die Hinrichtung Eichmanns in Jerusalem am 31. 5. 62 überlagert. Der Blätterwald interessierte sich auch mehr für die Sturmflutkatastrophe in Hamburg und Friesland, wo ebenfalls 300 Menschenleben zu beklagen waren, alle diese Ereignisse brachten die Bevölkerung Westdeutschlands weg von der Erinnerung an den Mauerbau, und das war wichtig. Man mußte so viele Menschen wie möglich zum Ostermarsch auf die Beine bringen, und wenn die Genossen in allen Etappen die einzelnen Märsche mitmachen mußten. Auch an der Schlußkundgebung war die Beteiligung für die Genossen Pflicht, denn es mußte der Eindruck erweckt werden, daß alle Demonstranten gegen die Atomrüstung der USA, Englands und Frankreichs waren, nicht etwa, daß jemand auf die Idee kam, vor der Sowjetbotschaft in Rolandseck gegen die 50-Megatonnen-Bombe der Sowjets zu protestieren. Man hatte alle Initiatoren instruiert, wo und wieviele Protesttelegramme zu verfassen waren und an wen sie gerichtet werden sollten. Es war exakt festgelegt, wo in den einzelnen Teilen der BRD Schwerpunkte zu erzeugen waren, wo Gruppen aus England, den Benelux-Staaten und Frankreich bevorzugt eingesetzt, welche Plakate und Transparente hergestellt werden mußten, welche Parolen an den Wänden zu stehen hatten. Wichtig war: Jeder Widerstand gegen die westliche Verteidigung, jede Schwierigkeit in ihrer Rüstung, jede Verteufelung des Atoms war Sand im Getriebe des Westens und stärkte damit das sozialistische Lager!
Wie hatte *Markus Wolf* beim letzten Kampf-Meeting gesagt, und *Chef Erich* hatte dazu gelacht und genickt? »Genossen,

jeder nützliche Idiot am richtigen Ort und zum richtigen Zeitpunkt kann uns Bataillone von Soldaten ersparen, sie für andere Einsatzorte freimachen. Nützt die Eitelkeit von Wissenschaftlern, nützt das Mitteilungsbedürfnis von Geistlichen, nützt die Angst der Frauen vor dem Krieg, nützt die Naivität der Bürgerlichen – setzt sie gezielt als Waffe ein und verwendet diese Waffe für den Sieg unserer großen Sache!«

## 5.

# Von St. Moritz nach Constanza

Ehrengard G. streckte sich genüßlich im Bett aus. Heute war Sonnabend, der Wecker blieb ruhig, und sie hatte kein Bedürfnis, vor zehn Uhr das Bett zu verlassen. In der kleinen Hausbar neben dem Bett waren noch Piccolo sowie Käsestangen, Salamischeiben und Essigfrüchte zu finden. Sie öffnete das Sektfläschchen und trank erst einmal ein halbes Gläschen, das tat gut auf den nüchternen Magen. Dann öffnete sie das Päckchen Käsestangen und nahm die Wurstdose aus dem Schrank, um herzhaft in die ungarische Salami zu beißen. Herrlich, kein Chef konnte die Sekretärin anmotzen, weil sie so entsetzlich nach Knoblauch »stank«! Ein Jammer, daß ihr Boß in dieser Beziehung so penibel war.
Gerade war sie im Begriff, die nächste Scheibe Wurst zu naschen, als es bei ihr klingelte. Sie wußte aufgrund des Rhythmus gleich, daß es Renate war, die jetzt – am heiligen Sonnabend – schon um 8.30 Uhr unten stand! Ehrengard erhob sich aus dem Bett und drückte die Haustür auf. Sie blieb gleich an der Wohnungstür stehen und schaute durch den Spion. Der Fahrstuhl blieb stehen, die Tür öffnete sich, und Renate erschien. Sie war zum Glück ohne Herrenbegleitung, denn sonst hätte sich Ehrengard noch etwas überwerfen müssen, weil sie nicht das geringste anhatte. Sie schlief gern nackt und lief auch am liebsten so durch die Wohnung. In ihre Fenster konnte niemand schauen, denn sie wohnte in der obersten Etage eines einzelnstehenden Hochhauses, d. h. sie konnte sich allem ungestört hingeben: ob Sonnenbaden auf dem Balkon, Hausputz oder Make-up. Mit einem »Guten Morgen, Schätzchen«, rauschte Renate herein und schloß Ehrengard in ihre Arme.
»Das ist auch das beste, was du machen kannst, bei der

Wärme so herumzulaufen!« und schwupp – zog sie ihr Kleid aus und stand nun auch im BH und Slip da.
»Mensch, stell dir vor, um sieben Uhr hat mich der King (es war ihr Chef König gemeint, bei dem sie seit acht Jahren beschäftigt war) rausgeworfen! Er hat gestern nacht Bescheid erhalten, daß er heute in die Staaten fahren muß. Letzter Rettungsanker war wie immer sein Engel Renate, die ihm alle Unterlagen heraussuchte, und so kannst du dir vorstellen, daß ich heute morgen schon reichlich geackert habe. Ich habe seinen Aktenkoffer mit Wegweiser zusammengestellt, sein einziger Kommentar war: ›Kind, Kind, wenn ich dich nicht hätte‹. Er ist erst Dienstag früh wieder in Deutschland, also muß ich Montag total frisch sein, um alles allein schmeißen zu können. So weit, was mich angeht – aber du hast ja noch ein Sektfähnchen von gestern oder hast du durchgemacht?«
»Nein, Renate, aber ich habe gerade mit einem Sektfrühstück begonnen, und du hast mich aus diesem herrlichen Paradies gerissen!«
»Nun, Schätzchen, dann machen wir eine große Flasche auf und frühstücken weiter in deiner Heia, und alles andere kann uns den Buckel runterrutschen!» So ergriff Renate gleich die Initiative und öffnete eine Flasche *»Metternich«*, nahm sich ein Sektglas und kam zu Ehrengard ins Bett. Sie naschten Wurst und Käsestangen und schlürften genüßlich ihren Sekt. Sie hatten beide die Mitte Dreißig überschritten, fühlten sich aber in vielen Situationen noch immer wie College-Girls. Beide sahen recht passabel aus, hatten nicht geheiratet und waren auch ohne andere Verpflichtungen. Schöne Wohnungen nannten sie ihr eigen, und die Urlaube verbrachten sie meist zusammen in allen Ländern Europas. Renate stand noch einmal auf und legte ein Tonband in die Stereo-Anlage und sagte, wenn schon, dann auch nette Musik! Sie liebten Swing und Big-Band-Sound, aber auch guten alten Dixie. Renate wiegte sich zu den Blues-Klängen und sagte zu Ehrengard: »Erinnerst du dich noch an Interlaken? Da lagen wir auch mal so den ganzen Tag im Bett bei

Sekt, Whisky, Leckereien und Jazz-Musik.« Ehrengard erwiderte: »Man merkt, du wirst langsam alt, denn die Hauptsache dabei hast du vergessen. Da lag doch noch einer zwischen uns, den wir verwöhnten und der das gleiche mit uns tat! Meinst du, ich weiß nicht mehr, wie er dir half, als du dir deinen Fuß verknackst hattest?«

»Ja, es war damals ein sehr schönes Wochenende.« Renate blickte Ehrengard an, und ihre Finger griffen an deren Busen mit den Worten: »Mein Gott, bist du in Gedanken an Hannes so munter geworden, daß deine Nippels wie eine Eins stehen?« Ehrengard sagte: »Schätzchen, schau mal deine an!« und sie machte ihr den BH auf und streichelte Renates starke Brustwarzen, um sie dann mit ihren Lippen zu berühren. Sie liebkosten gegenseitig ihre Körper und küßten sich immer heißer, so daß das Fehlen von Johannes K., dem Mann aus Interlaken, gar nicht bemerkbar war. Das warme Wetter, der Sekt, der Duft ihrer Parfüms, alles trug dazu bei, daß sie alle Stellen ihrer aufgepeitschten Körper verwöhnten. Sie betrachteten sich dabei im großen Spiegel des Schrankes, bis sie schließlich erschöpft und glücklich engumschlungen einschliefen.

Noch gut 14 Tage, und sie flogen zur Schwarzmeerküste nach Constanza, wo sie das Parkhotel gebucht hatten. Ihre Vorbereitungen hatten sie schon abgeschlossen, sie freuten sich auf die Sonne, das Schwarze Meer und vor allem auf die rumänische Küche, denn die Balkankost gehörte zu ihren Lieblingsgerichten.

Auch in Ost-Berlin wurden Reisevorbereitungen getroffen. Man hatte durch einen Informanten in Rumänien die Hotelbuchungslisten erhalten. Sie waren immer rechtzeitig da, so daß sich das MfS ausreichend und rechtzeitig um die Touristen kümmern konnte und genauestens informiert war, wer, wann, und mit wem Hotelzimmer gebucht hatte. Die Playboys an der Schwarzmeerküste, die zum Teil mit bundesdeutschen Pässen ausgestattet waren und über eine ausreichende Reisekasse in unterschiedlichen Devisen verfügten, haben schon so manchen edlen Fisch geangelt und

ihn später für ihre geheimdienstliche Arbeit verpflichtet. Sie gehörten zur Elite des MfS. In der HVA, Abteilung VIII, saßen Major Erik Birnbaum und der Oberstleutnant Reiner Kugler zusammen. Sie checkten die Daten und Fakten von Renate Braun und Ehrengard Günther durch und kamen zu dem Schluß: äußerst interessant und unbedingt zu verpflichten. Ist die Lösung mit Na (Normalablauf) nicht möglich, muß es bis zu Stufe Ee (Extremeinsatz) gehen, und zwar bei beiden!
Renate ist Chefsekretärin mit allen Befugnissen, und ihr Chef hat einen Spezialzuliefererbetrieb für den Flugzeugbau, Ehrengard hat die gleiche Funktion, ihr Chef hat ein Unternehmen für spezielle Regel-, Meß- und Funktechnik im Flugzeugbau. Mit Bedacht wählte man zwei gute Spezialisten aus dem Kaderstamm, die alle Bedingungen erfüllten. Es waren der Leutnant Wolfgang Mack und der Oberleutnant Thomas Karnau. Sie besaßen zu allem Überfluß auch noch ein tadelloses Äußeres, und keiner würde darauf tippen, zwei MfS-Agenten vor sich zu haben, egal ob in London, Paris oder Tanger. Man würde eher auf einen westlichen Dienst tippen, der eine gute Auswahl solcher Leute hatte. Für Thomas wurde in West-Berlin noch ein gebrauchter Opel Rekord gekauft, der gleich das Westberliner Kennzeichen behielt und nur noch im Lager X frisiert wurde.

Jack fuhr gerade als Bernhard Lemke in einem Wolga nach Straußberg, als ihn ein Rekord mit Westberliner Kennzeichen überholte. Es war kurz vor dem Schlagbaum, der das Stadtgebiet von dem Gebiet der DDR trennte, und den Wagen aus dem Westen nicht überfahren durften. Doch der Rekord schien sich nicht verfahren zu haben, und den Griff, den der Fahrer des Wagens jetzt bei der Kontrolle machte, den kannte Jack, weil er ihn in ein paar Minuten selbst machen würde.
Der Fahrer hatte in der Hemdtasche einen kleinen Klappausweis, den er vor dem Posten öffnete. Der Schlagbaum

schnellte hoch, und der Posten winkte mit Handzeichen. Als Jack mit seinem Wolga ebenfalls einen Klappausweis zeigte, konnte der Posten sein Grinsen nicht verbergen. Wahrscheinlich nahm er an, daß beide Wagen zusammengehörten. Er sah die Rücklichter des Rekords noch vor sich und wollte gerade näher heranfahren, als die Leuchten plötzlich nach links verschwanden. Jack beschleunigte und zog durch; den Weg, den der Rekord fuhr, durften andere Fahrzeuge nicht nehmen, er führte zu einer ehemaligen Gärtnerei, die nach der Flucht seiner Besitzerfamilie vom MfS übernommen worden war.
Jack merkte sich die Nummer und fuhr zur Erledigung seines Auftrages weiter nach Straußberg. Bis 22.30 Uhr mußte er wieder seinen Double-change in Michendorf machen und mit seinem ostdeutschen Kollegen wechseln. Gestern auf dem Börde-Rasthof hatte er ihm seinen Wagen übergeben, damit er zu einem Treff nach Hannover fahren konnte. Von dort aus wollte er heute nach Michendorf kommen, und die vereinbarte Zeit mußte auf jeden Fall von beiden strikt eingehalten werden.
Als Jack in Michendorf eintraf, stellte sein Kamerad gerade Jacks Wagen ab und beide trafen die letzten Vorbereitungen für den Wechsel. Man konnte sie tatsächlich für Brüder halten. Jack ging zum Toilettenraum und der Kleidungswechsel war sehr schnell vollzogen. Er kam auch wieder als erster heraus, setzte sich in seinen Chevrolet und fuhr zum Kontrollpunkt Dreilinden. Der Posten verglich auf dem Schein die Abfahrtzeit und schaute Jack mit den Worten: »na, da hamse den schnellen Schlitten aber nicht so schnell jefahren«, an. Jack lachte und sagte, immer schön nach Vorschrift, so geht man Schwierigkeiten aus dem Weg! Der Posten grinste und gab sein O. k. für die Weiterfahrt.
Jack fuhr die Avus herunter, bog zum Kurfürstendamm ein, um zu seiner Pension in der Rankestraße zu gelangen. Am nächsten Morgen flog er zurück nach Frankfurt.

Etwa drei Tage später erfuhr Jack durch eine Checkliste, daß das Westberliner Autokennzeichen am Grenzübergang Sunbach/Braunau aufgetaucht sei, einen weiteren Tag später an der österreich-ungarischen Grenze; eine weitere Meldung kam drei Tage später aus Arad in Rumänien mit der Bemerkung, der Wagen führe in Richtung Goldküste. Im Abstand folgte ihm ein Wagen mit Aachener Kennzeichen, bei den beiden Fahrern handelte es sich um die Offiziere Thomas Karnau und Wolfgang Mack, ihres Zeichens Spezialagenten des MfS, der HVA, Abteilung VIII.

Nach einer ausführlichen Besprechung in der Sektion ordnete der Chef an, Jack und Claudia sollten die Ermittlung vor Ort durchführen. Als erstes sollten sie die Buchungslisten der Hotels an der Schwarzmeerküste durchgehen und Personen mit besonderer Bedeutung herausziehen. Claudia und Jack checkten das gesamte ihnen zur Verfügung stehende Material durch und verglichen es mit einer internen bundesdeutschen Liste über Personen, die einen bestimmten Wirkungskreis haben, der mit der Geheimhaltung tangiert. Am Schluß blieben sechs Namen übrig, unter denen sich die Sekretärinnen Ehrengard Günther und Renate Braun befanden. Durch einen weiteren Sondercheck konnte Claudia ermitteln, daß nur die beiden in Frage kamen. Zwei andere Sekretärinnen befanden sich zu diesem Zeitpunkt auf den Bermudas, eine in Kenia und eine weitere in Marokko. Der Gesamtcheck hatte sich gelohnt: Man wußte dadurch exakt, daß man die beiden Spezialisten auf die Urlauberinnen gezielt angesetzt hatte, und das erleichterte die Arbeit und ersparte viele Maßnahmen.
Claudia sagte treffend zu Jack: »Endlich einmal chancengleich!« Denn die beiden MfS-Agenten konnten sich in der Volksrepublik Rumänien (also ihrem sozialistischen Bruderland) nicht anders bewegen, als Claudia und Jack, denn ihre Aktion war keinesfalls mit dem rumänischen Geheimdienst abgesprochen. Also – zwei gegen zwei, und das stimmte beide sehr optimistisch, denn sie hatten schon unter ganz anderen Bedingungen ihre Aufgaben erledigen müssen.

Fünf Tage hatten sie Zeit, um zum Einsatzort zu gelangen, auch das war optimal.
Jack blickte etwas erstaunt die sechs bis acht Aufnahmen an, die die beiden Sekretärinnen zeigten, und meinte zu Claudia: »Die Süßen kenne ich aus der Schweiz, wir waren in Interlaken ein paar Tage im gleichen Hotel. Sie kennen mich nicht als Willem van Tonge, sondern als Johannes Krebs, aber das ist schon einige Zeit her, und ich sehe daher keine Komplikationen auf uns zukommen. Bunte Hunde gibt es ja überall.« Claudia erwiderte spöttisch, »wenn sie gewisse Spezialkenntnisse durch näheren Kontakt mit dir erhalten haben, nützen dir alle Beteuerungen nichts, daß du nicht besagter Johannes warst. Denk daran, eine Frau hat ein ganz anderes Computersystem, das viel sensibler reagiert als das männliche!«
In der Bar des Parkhotels von Constanza wurden Renate und Ehrengard eben zum dritten Mal von zwei äußerst netten Typen zum Tanzen aufgefordert; sie waren zwar jünger als sie, sahen aber sehr gut aus, berlinerten so herrlich und das wichtigste war, sie tanzten wie junge Götter. Die Cocktails in der Bar schmeckten köstlich, apropos Bar: Vorhin glaubte Ehrengard doch tatsächlich, sie hätte den Johannes aus Interlaken an der Bar mit einer attraktiven Schönheit gesehen. Aber als sie hinhörte und Teile der Unterhaltung wahrnahm, stellte sie fest, daß es sich um ein holländisches Pärchen handelte. Es saß dort unbeeindruckt von allem ringsumher, sich nur miteinander beschäftigend – obwohl manche Gesten und Bewegungen . . . das könnte glatt ein Bruder von Johannes sein!
Thomas und Wolfgang waren in Siegerstimmung, sie hatten heute, am sechsten Tag, den beiden Schönen kräftig eingeheizt und die ersten kompromittierenden Bilder waren gut geworden, die sie wechselseitig mit ihren Geheimkameras aufgenommen hatten, vor allem die von der letzten Nacht im Zimmer der beiden Süßen. Ihr Boß würde mit ihnen zufrieden sein, denn die Bilder reichten für eine Vorlage und ein Gespräch in der Bundesrepublik, und die beiden

Ahnungslosen würden sofort die Verpflichtung unterzeichnen, um alles ungeschehen zu machen. Was würden wohl sonst ihre Chefs zu diesen netten Pornos sagen!
Sie hatten ausgiebig dem süßen Wein zugesprochen und beim Hochfahren wollte sich Renate schon im Lift von ihrer Kleidung trennen. Als sie dann ins Appartement kamen, gab es für die beiden kein Halten mehr, sie zogen sich gegenseitig aus, so daß die beiden Zuschauer nur begierig zuschauen konnten, sie waren Zeuge eines netten Liebesspiels. Nur mit Mühe machten sie dabei einige unbemerkte Aufnahmen, doch dann waren sie an der Reihe. Sie wurden entkleidet, tanzten weiter miteinander und tranken den süßen Wein wie Wasser.
Als Ehrengard im Sessel saß, ihre Beine spreizte und Wolfgangs Paradestück mit den Lippen umschloß, konnte sich Renate nicht halten, ergriff den dekorativen Maiskolben, prüfte die Stärke grinsend und sah Thomas lüstern an. Sie trat auf den Sessel zu, und langsam führte sie den Penis in das Paradies der Freundin ein, was diese mit einem Lustschrei quittierte. Das gab Thomas Gelegenheit, reichlich Bilder mit seiner Armbanduhrkamera zu machen.
Bei der Auswertung des Erfolgs am nächsten Morgen war ihnen klar, daß sie ihren Auftrag im Grunde schon erfolgreich beendet hatten, denn das gewonnene Material übertraf garantiert die kühnsten Erwartungen ihres Chefs.
Sie verbrannten die hergestellten Positive wieder, und nachdem die Negative gebleicht waren, öffnete Thomas einen Tischkalender, der als Container präpariert war (d. h. der Metallsockel des Kalenders war unsichtbar aufschraubbar). Darin verpackte er die Negative sicher in Stanniolfolie.
Während Jack nicht weit von den beiden Pärchen im heißen Sand lag, war Claudia mit einer Spezialmission schnell zum Hotel gefahren. Sie wollte das Zimmer der beiden Konkurrenten abchecken. Es ging problemloser als sie angenommen hatte, denn um diese Zeit war das Hotelpersonal völlig mit sich selbst beschäftigt, die Räume waren fertig und in der Etage begegnete ihr niemand. Claudia schloß die Tür

mit ihrem Spezialschlüssel auf, schloß sie aber wieder gleich hinter sich und ließ den Schlüssel zur Sicherheit stecken. Ihre Handtasche und den Akustikwarner legte sie auf den Tisch. Sie checkte alles sehr vorsichtig durch, in den Gepäckstücken fand sie zwei Container, einer war mit Goldmünzen gefüllt, ein anderer mit 20-Dollar-Noten, ferner identifizierte sie ein Feuerzeug als Kamera. Sie beließ alles, wie sie es vorfand, denn sie suchte etwas anderes. Vierzig Minuten waren nun schon vergangen, und sie wollte schon verzweifeln, als ihr Blick auf einen Tischkalender fiel. Der gehörte nicht zur Hotelausrüstung und sie ahnte, daß er das gesuchte »*Sesam-öffne-dich*« war. Mit wenigen Handgriffen hatte sie die Sperrung des Containers beseitigt, sie entnahm die in Silberfolie gewickelten Negative, ging zum Tisch, entnahm ihrer Handtasche ebenfalls präparierte Filmnegative, tauschte nun beide Päckchen aus und verschloß den Container wieder ordnungsgemäß. Sie war sich sicher, daß sie alles hatte, was sie brauchte.
Sie verließ das Hotel und tätigte von einer Telefonzelle einen Anruf bei dem »rumänischen Kollegen«; sie leistete quasi eine Art kleiner Amtshilfe, indem sie dem aufgeregten Beamten einige Details mitteilte.
Sehr erstaunt waren Ehrengard und Renate, als sie abends allein an der Bar saßen und ihre Freunde, die sich nur eben umziehen wollten, nicht wieder erschienen – noch erstaunter waren Thomas und Wolfgang, als sie ihr Hotelzimmer betraten. Darin saßen fünf Männer. Es sah nicht so aus, als ob sie beide zu Skatrunden erwartet wurden. Ein kurzes, im gebrochenen Deutsch gesprochenes »Hände hoch, keine Bewegung, Staatssicherheit! Sie sind verhaftet«, klang ihnen entgegen und ihnen wurde von weitem ein kleiner Klappausweis gezeigt. Beide waren derart schockiert, daß sie zu keiner Erwiderung fähig waren. Statt dessen deuteten die Abwehrleute auf den Tisch, wo die Fotochemikalien lagen, die geöffneten Container mit der Gold- und Devisenreserve. Der Wortführer zeigte auf den Kalender, der ebenfalls geöffnet war, und fragte, was das für Filmmaterial sei.

Da fanden sie ihre Sprache wieder und berichteten, sie seien Genossen aus der DDR mit einem Sonderauftrag, doch hätten sie noch keine Möglichkeit gehabt, sich offiziell bei dem Bruderorgan zu melden und ihre Aktionen dann gemeinsam abzusprechen. Doch die rumänischen Abwehrleute grinsten und sagten, eine Rückfrage beim Bruderorgan MfS in Berlin habe stattgefunden, doch das MfS habe mitgeteilt, daß beide Personen in Ost-Berlin unbekannt seien. Damit erübrige sich jede Entschuldigung, das einzige, was ihre Sache etwas erleichtern würde, wäre ein Schuldgeständnis.
Ohne viel Aufsehen wurden die beiden Offiziere zu bereitstehenden Wagen gebracht, und ab ging es nach Bukarest. Dem Troß folgten auch die beiden PKWs, die die rumänische Abwehr beschlagnahmt hatte.
Wie entsetzt waren ihre Gesichter, als man sie am späten Abend zum Verhör aus der Zelle holte. Man hatte ihre Negative entwickelt und Abzüge hergestellt, nun legte man ihnen diese scharfen Bilder vor, es waren ausnahmslos Aufnahmen von militärischen Objekten, Flugplätzen, Militärfahrzeugen, Brücken und vieles andere mehr. Ein Beweismaterial, wie es sich jeder Untersuchungsrichter erhofft und wie es sich ein Staatsanwalt nicht besser wünschen kann.

## 6.

# »Mein Leipzig lob ich mir« – es ist ein »Inter-Treff« und bildet seine Agenten –

### Teil I

Peter M. rekelte sich in seiner bescheidenen Studentenkemenate auf dem Sofa, einst das gute Stück der Familie, jetzt von ihm profan geschändet, so würde es Tante Änne bezeichnen. Doch die Zeiten hatten sich gewandelt, vor ein paar Jahren diente das Sofa noch im Keller des Hauses als Ruhestätte bei Fliegeralarmen, denn die meiste Zeit der Nacht wurde im Keller verbracht. Die Obergeschosse brannten aus, damit die Betten und das übrige Inventar, und zum Ende des Dilemmas kam wieder das Sofa zu Ehren.

Peter hatte gerade durch den Gruppenleiter der FDJ erfahren, daß ihre Gruppe sich verpflichtete, 8 Tage bei einem Studenteneinsatz im VEB-Betrieb mitzumachen. Es war schon bescheiden, die wenige freie Zeit die verblieb, mußte ausgefüllt werden mit Sondereinsätzen, Aufbaustunden, Gruppenabenden und Solidaritätsmeetings. Statt weniger wurden es immer mehr, er mußte für die DSF arbeiten, und die Studentennormen wurden rasant nach oben gedreht. Schloß er sich irgendwo aus, würde er damit seinen Studienplatz aufs Spiel setzen, das durfte und wollte er nicht. Viele aus seiner Abiturientenklasse waren nicht zur Uni zugelassen worden. Der Grund waren nicht etwa mangelnde Leistungen, sondern ihre sogenannte mangelhafte gesellschaftspolitische Tätigkeit oder die falschen Eltern (denn gehörten die Eltern der sogenannten alten Intelligenzschicht an, Doktoren, Studienräte, Selbständige etc., so erhielten die Kinder a priori keinen Studienplatz, sondern sollten sich erstmal in der Praxis bewähren, z. B. im Uran-

bergbau in Aue bei der SAG, in der Landwirtschaft, um sich so erst einmal würdig für einen Studienplatz zu erweisen). Das alles führte dazu, daß immer mehr seiner Altersgenossen den Weg zur Freien Universität nach West-Berlin nahmen und nur noch einmal im Vierteljahr ihre Eltern in der Zone besuchten. Dabei hatten sie meist nur ein höhnisches Grinsen und Mitleid für ihre Kommilitonen an den Ost-Universitäten übrig.
Er hatte sich für die Naturwissenschaften entschieden, denn seine Lieblingsfächer waren Physik und Mathematik. Doch zur Zeit hatte er den Eindruck, daß die Naturwissenschaften nur zu einer Art Nebenfach gehörten und ohne Marxismus-Leninismus überhaupt nicht verstanden werden konnten. Ja, scheinbar hatten die Professoren bisher nicht alles richtig gemacht, und die großen Entdeckungen und Erfindungen deutscher und ausländischer Wissenschaftskanonen waren nur reine Zufälle. Denn nur Wissenschaftler in einer sozialistischen Welt, die auf der marxistischen Basis forschen und arbeiten, können wahre Erfolge einplanen und der Menschheit ein Paradies bescheren. Da die Russen über die sozialistische Praxis verfügen, haben sie natürlich alle Erfindungen gemacht – zum Kotzen, wenn man an diese dauernden Politabende dachte, wo ihnen von alten Genossen beigebracht wurde, daß alles Heil der Menschheit von den Russen stammte. Sie erfanden das Fahrrad, das Auto, das Flugzeug, hatten die größten Feldfrüchte und die höchsten Ernteerträge. Der Volksmund machte seine Witze über die rasanten Erfolge eines Mitschurin, der Tomaten in Kürbisgröße züchtete usw. Wie sagte man? »Schon gehört, der Professor Oberdorf liegt im Krankenhaus, er hat nach Mitschurins Vorschlägen Erdbeeren angebaut und letzte Woche fiel er beim Erdbeerpflücken von der Leiter und brach sich ein Bein!« Und über so etwas durfte in der Öffentlichkeit nicht gelacht werden, denn das wäre Verrat an der Sache des Volkes gewesen. Fazit für ihn: Schnauze halten, heucheln und immer den eifrigen, erstaunten Studenten mimen, der voller Begeisterung ist für

die Lehren der Befreier, so wie es der Refrain des Liedes ausdrückt: »Dank Dir, Du siegreiche Sowjetunion.« Und in diesem Sinne wird er auch seinen Studienplatz halten und sein Stipendium weiterbekommen.

Onkel Gerhard, ein Freund seiner Mutter und Antifa-Lehrer, will ihm einen Studienplatz in der SU besorgen, beim letzten Besuch meinte er: »Ein Jahr Lomonossow-Uni in Moskau, und dir stehen alle Türen offen.«
So vervollkommnete er sein Russisch und schrieb sich mit einem Funktionär der Komsomolzen. Auch dieser hatte ihm den Vorschlag gemacht, in der SU zu studieren und sein Praktikum dort zu machen. Ein erstes Zusammentreffen sollte in Berlin erfolgen, wenn im August die Weltfestspiele der Jugend und Studenten in Berlin stattfinden. Es soll eine gewaltige Demonstration werden, und schon seit zwei Jahren laufen die Vorbereitungen. So auch das Stalinaufgebot der FDJ – es umfaßte alles, was man gesellschaftspolitische Aufgaben nennt. Der Einsatz im VFB-Werk steht unter der Losung des weisen Stalins »Bereit zur Arbeit und zur internationalen Solidarität!« Auf dieser Art und Weise erhält der Staat Werte ohne reelle Gegenleistungen, so wie er selbst auch aus dem Nichts entstanden ist. Der Bauer ist Eigentümer der Scholle, dem Arbeiter gehört die Fabrik – doch wird der eine wie der andere schärfer ausgebeutet als je zuvor, und die Rechte, die er einst besaß sind, sind zu Pflichten geworden.
Wenn sie Arbeitseinsätze in den jetzigen VEBs machten, die vor einigen Jahren noch zu den Konzernen gehörten, wie z. B. Krupp, Siemens oder Solvay, so konnten sie vor allem bei den älteren Arbeitern wahre Lobeshymnen hören, die immer begannen: »Ja früher . . . da brauchte man keine gebrauchten Nägel grade kloppen oder mit allem improvisieren.« Fragte er den Agit-Prop-Funktionär, warum die Arbeiter, die doch alle froh sein müßten, von den Konzernketten befreit zu sein, so urteilen, meinte dieser: »Ja, das ist die Abhängigkeit und Hörigkeit, sie sind stolz Solvayaner

oder Kruppianer gewesen zu sein, weil sie nach 25 Jahren harter Ausbeutung eine goldene Uhr oder ähnliches erhielten, der berühmte Pfennig der Mark wie es BB sagt.« So der Funktionär. Die Arbeiter, auf diesen Pfennig angesprochen, äußerten sich differenzierter, sie sagten: »Ja, die Maloche wird immer mehr, doch von dem Pfennig sehen wir gar nichts!« Onkel Gerhard sagte nur, das sind gewisse Widersprüche zwischen Theorie und Praxis, die unser Staat noch klären kann und klären wird.
Onkel Gerhard trug in letzter Zeit weder Parteiabzeichen noch Auszeichnungen, doch hatte er als Dienstwagen einen neuen IFA-F 9 erhalten und verfügte über ein reichliches Mehr an Lebensmittelmarken als Otto Normalverbraucher. So ging Peter gern mit dem Onkel essen, denn das hieß dann immer reichlich Fleischportionen und meist auch etwas Besonderes. Er schien auch ein Spitzengehalt zu bekommen, auf alle Fälle gehörte er durch seine Antifa-Ausbildung zu den Leuten, die das große Sagen haben. Das Wohnungsamt wollte der Mutter ein Zimmer wegnehmen, doch Gerhard ging hin, und alles war o. k. Seine Erklärung war immer für alles die sogenannte Klassenfrage, wer – wen? Sprachen andere vom ›Spitzbart‹, so sagte er immer, der Genosse Walter . . .

Klarheit über seinen tatsächlichen Job verschaffte ihm der Solvay- und IG-Farben-Prozeß, für den die rote Hilde, wie die Benjamin genannt wurde, in ihrer Geburtsstadt das Kurhaus zum Gerichtstribunal machte. Sein Onkel nahm ihn mit zur Verhandlung, und während andere lange Prozeduren und Kontrollen über sich ergehen lassen mußten, zeigte sein Onkel nur einen kleinen Klappausweis, und sie passierten alle Sperren. Auf seine Frage, was das für ein ominöses Sesam-öffne-dich-Papierchen sei, sagte Onkel Gerhard: »Ich bin Vertreter der Arbeitermacht und -kontrolle, also Staatssicherheit. Doch darüber hast du anderen gegenüber zu schweigen. Denk immer daran, daß der Klassenfeind gerade dort ist, wo du ihn nicht vermutest.«

Peter mußte die Mitteilung seines Onkels erst verdauen, denn bei dem Wort Staatssicherheit dachte er automatisch an viele Dinge, die er bei Gesprächen der verschiedensten Leute mitbekommen hatte. Auch den Beliebtheitsgrad dieses Vereins kannte er, die Mehrzahl seiner Kommilitonen sprach mit Verachtung und Abscheu darüber. Der Begriff war synonym für Menschenverachtung, Verhaftungen bei Nacht und Nebel, Verschleppungen und Folterungen, Erpressungen und Mord. In einem konnte sein Onkel Gerhard ganz beruhigt sein: Er würde zu keinem etwas verlauten lassen über dessen Arbeitgeber, schon im ureigenen Interesse. Er kannte aus Erfahrung, wie plötzlich Gespräche von Gruppen verstummten oder das Thema gewechselt wurde, wenn sich jemand dazugesellte, der im Verdacht stand, seine Angehörigen und damit er selbst hätten eine Verbindung zur Staatssicherheit, der roten Gestapo. Man sprach dann vom Wetter oder anderen Belanglosigkeiten, denn man schnitt diese Leute, wo man konnte.

Peter hatte sich fest vorgenommen, im August auch die Westsektoren von Berlin aufzusuchen, um sich ein eigenes Bild vom anderen Teil Deutschlands machen zu können. Es überstieg seine Vorstellungskraft, in einen Laden zu gehen, um alles kaufen zu können, von der Bockwurst bis zur Fahrradkette, vom Lederschuh bis zu Südfrüchten, er kannte nur den Standardslogan des Ostverkaufspersonals: »Ham wir nich!«

Der Anfang der Semesterferien war da, und es ging zum ersten Arbeitseinsatz in den VEB-Betrieb. Es war im früheren Krupp-Werk in Magdeburg, dem SKET (Schwermaschinen-Kombinat-Ernst Thälmann).
Die ersten Tage putzten sie Ziegel aus den Trümmersteinen, und die Maurer standen quasi nach den geputzten Steinen an. Sie mußten alte Nägel aus Kistenbrettern und Schalungen ziehen und wieder geradeklopfen; dann mußten sie Maschinenteile mit Drahtbürste und Spachtel entrosten und

schließlich Kabelgräben mit Hacke und Schaufel ausheben. Alles in allem eine Knochenarbeit. Da es aber sogenannte Schwerstarbeiterverpflegung gab, konnten sie sich sattessen. Mit dem Schlafen war es schon schlechter, denn sie lagen mit 20 Mann in einem Barackenraum, und natürlich gab es jeden Abend ein bis zwei Stunden Politunterricht. Spezialthema: Vorbereitung der Weltfestspiele der Jugend und Studenten im August 1951 in Berlin. Sie wurden mit Verhaltensweisen gegenüber ausländischen Teilnehmern vertraut gemacht. Ihnen wurde verboten, die Westsektoren ohne Genehmigung der FDJ zu besuchen, um sich dort mit Verwandten zu treffen oder Einkäufe zu machen. Schon jetzt wurde ihnen mitgeteilt, an welchen Demonstrationen sie teilzunehmen hatten, zu welcher Marschsäule ihre 50er-Gruppe gehörte u. a. m. – kurz, es war, wie üblich bei derartigen Veranstaltungen, jede Stunde des Tages eingeteilt. Er faßte den Entschluß, sich trotz aller Propaganda und Vorschriften sein eigenes Bild zu machen, doch wollte er über diesen Punkt noch nicht einmal mit seiner Mutter sprechen.

Am späten Nachmittag kam Onkel Gerhard mit dem Wagen und holte ihn ab zu einem Gespräch unter Männern, wie er es formulierte. Sie fuhren aus der Stadt hinaus zu einem Wochenendhaus. Er war erstaunt, als der Onkel ihm den Schlüssel in die Hand drückte, damit er das Einfahrtstor öffnete, denn er wußte nicht, daß sein Onkel über ein derartiges Etablissement verfügte. Noch überraschter war er, als sie das Haus betraten. Alles war toll eingerichtet und blitzsauber, so, als würde es täglich benutzt. Der Onkel sagte zu ihm: »Ich kann verstehen, daß dir das alles neu ist, aber du bist alt genug, endlich mehr über mich und meine Arbeit zu erfahren. Ich habe mit meinem Chef gesprochen und sein Einverständnis erhalten, dir für die weitere Zukunft ein paar wichtige Hinweise und Vorschläge zu unterbreiten. Gleich zu Anfang laß dir sagen, das geschieht nur wenigen, und für dich sichert es gewaltige Aufstiegschancen. Wir haben deine Beurteilungen gelesen, deine Leistungen seit deiner Oberschulzeit kontrolliert. Haben mit Gruppenleitern und Funktionären über dich gesprochen und eine Kaderakte angelegt. Die Vorprüfung fiel positiv aus, und so führe ich mit dir jetzt ein Einstellungsgespräch im höheren Auftrag durch. Du wirst ab heute zum Organ gehören, deine Pflichten wahrnehmen, aber auch deine Rechte genießen.«

Peter wollte einwenden, er sei ja noch Student und . . ., doch der Onkel unterbrach ihn und sagte, höre erst zu, dann können wir über alles diskutieren.
»Du erhältst Aufgaben, die im Rahmen des Möglichen liegen. Du erhältst eine spezielle Ausbildung zusätzlich, das bedeutet sehr viel Fleißarbeit auf der einen Seite, bürgt aber auch für viel Angenehmes auf der anderen Seite. So steht dein Studienplatz in der SU bereits jetzt fest, wohnen wirst du bei einem Freund von mir. Dir stehen alle westlichen wissenschaftlichen Publikationen zur Verfügung, und zwar nicht stundenweise, sondern als direkte Arbeitsunterlagen. Wir verlangen von dir dafür äußerste Einsatzfreude und ausgezeichnte Leistungen in deinen Studienfächern, d. h. Abschluß deiner Gesamtprüfung mit hoher Auszeichnung. Du wirst, nachdem du deinen Doktor hast, eine Spezialaufgabe im kapitalistischen Ausland übernehmen, die Fäden wirst du schon zu den Weltfestspielen anfangen zu knüpfen. Die Möglichkeiten und Aufstiegschancen für dich sind bei guter Vorbereitung quasi unbegrenzt, so kannst du am besten deinen Beitrag für die große Sache leisten. Immer nach der Devise, jeder zum richtigen Zeitpunkt und jeder am richtigen Ort.«

Peter hätte viele Fragen gehabt, doch eines interessierte ihn brennend, und so sagte er zu seinem Onkel: »Ihr habt euch schon in der Oberschulzeit erkundigt? Ist man dadurch schon auf meine Person aufmerksam geworden?« Der Onkel erwiderte: »Diese Frage beweist mir deine gezielte

Überlegung, doch kann ich dich restlos beruhigen. Wir haben an allen Oberschulen, Universitäten und Ausbildungsstätten unsere Genossen vom Organ. Keiner weiß, daß sie dazugehören, aber sie haben unbeschränkte Möglichkeiten zur Erfüllung ihrer Pflicht. Sie geben nicht nur die Berichte über Schüler, Elternhaus etc., sondern kontrollieren auch die Lehr- und Ausbildungskräfte. Das machen sie nicht allein. Falls es sich als nötig erweist, haben sie genügend geschulte Helfer, die das Mosaikbild jedes Einzelnen vervollständigen können, ohne daß die betreffende Person das geringste davon erfährt. Doch was ich dir jetzt mitteilte und was dich in ein gewisses Erstaunen versetzt, wird später alltäglich für dich sein, wenn du den richtigen Einblick in unsere wichtige Tätigkeit hast. Merke dir nur eines als wichtigen Grundsatz: Uns interessiert nicht, ob jemand sogar am Pyjama noch das Parteiabzeichen trägt und den VDO in Gold bekommt, wir wollen und müssen wissen, ob er 100%oig zur Sache steht und alles dafür herzugeben bereit ist. Eine gewisse Überwachung aller ist erforderlich, getreu dem Wort Genossen Lenins: Vertrauen ist gut – Kontrolle ist besser!«

Damit öffnete der Onkel seine Tasche und entnahm ihr ein paar Unterlagen. Er überreichte Peter eine Verpflichtung und vier bereits ausgefüllte Fragebogen mit den Worten: »Da brauchst du nur noch deine Unterschrift zu leisten, wenn du diese schönen Aufgaben als fester Mitarbeiter übernehmen willst. Du erhältst neben deinem offiziellen Stipendium vom Organ eine Studienbeihilfe von monatlich 400 MDN plus 300 MDN als freies Operativgeld. Klar, daß du über dieses Zusatzeinkommen zu keinem ein Wort sagst, auch nicht gegenüber anderen Behörden. Während der Zeit in der SU erhältst du die Beträge in Rubel. Neben diesem Fixum gibt es bei guter Durchführung bestimmter Aufgaben entsprechende Prämien, spezielle Einkaufsmöglichkeiten und vieles andere.

Den Themenkreis Weltfestspiele müssen wir im Anschluß gleich vollständig durchgehen, denn die Zeit bis zum

August ist knapp, und du mußt dir eine gute Legende aufbauen, die vor allem argumentationssicher ist.«

Peter las aufmerksam die Fragebögen und den Vertrag mit der Verpflichtung durch und unterzeichnete alles. Sein Onkel hatte inzwischen die Gläser gefüllt und stieß nun mit ihm auf gute Zusammenarbeit in der Zukunft an. Dann begann er mit den Erläuterungen der Aufgaben während der Weltfestspiele.

Als erstes erfuhr Peter, daß er nicht an allen Veranstaltungen seiner Hochschulgruppe teilzunehmen brauchte, sondern er konnte sich quasi entschuldigt von der Truppe entfernen. Spitze war, er brauchte nicht heimlich in die Westsektoren zu fahren, sondern er hatte sogar die Verpflichtung und die erste Aufgabe dort zu erfüllen.

Der Onkel hatte umfangreiches Adressenmaterial für ihn, wo ostdeutsche Teilnehmer der Weltfestspiele Unterstützung erhielten und wo Vertreter des Westens mit ihnen Gespräche führen würden. Diese Unterhaltungen waren für das Organ wichtig, denn sie boten die Möglichkeit, auf einfachste Art und Weise eigene Leute in die Reihen des Klassenfeindes eindringen zu lassen; so formulierte Onkel Gerhard den Fakt. Die Vertreter des Westens würden vor allem Studenten der Naturwissenschaften ansprechen, mit ihnen Absprachen treffen für die Zeit nach dem Studium oder sie zu Werbungen anderer Kommilitonen heranziehen. So würde der Westen Milliarden-Beträge für die Ausbildung der Nachwuchskräfte einsparen und zum anderen Mitarbeiter finden, die gegenüber den Konzernen ein gewisses Dankbarkeitsgefühl hätten, das bis zur Abhängigkeit ginge.

Hier die richtigen Leute einzuschleusen sei Aufgabe des Organs, um auf diese Art und Weise an den Ergebnissen der Forschung zu partizipieren, um verlorene Ausbildungskosten mit Zinsen zurückzubekommen. Das sei moralisch und eine Verpflichtung der Vertreter der Arbeiterklasse. Er sei dazu auserwählt, eine derartige Aufgabe zu erfüllen, um damit seinem Land und dem Sozialismus, kurz dem Fortschritt der Menschheit zu dienen. Das sei eine äußerst schwierige Aufgabe, aber am Ende zähle er nach gelungener Erfüllung damit zu den Kämpfern in der ersten Reihe, die Vorbild und Leitstern für nachfolgende Genossen seien. »Es werden Jahre vergehen, ehe du Erfolge hast, aber dann bist du auch mit der Materie vertraut, daß dir keine Fehler unterlaufen können. Du wirst offiziell integriert sein, wie viele andere Genossen an der unsichtbaren Front, um dann zuzuschlagen, wenn es der Feind gar nicht erwartet. Wir sind morgen zum Chef bestellt, darum habe ich dir heute schon die Sachen zur Unterschrift mitgebracht, um morgen nur für die Aufgabe Zeit zu haben, denn sie wird dir bis ins Detail erklärt werden. Ich bin der vollen Überzeugung, du wirst die dir übertragene Aufgabe lösen und ein vorbildlicher Kämpfer des Organs werden.«

So überraschend die Sache für Peter war, so faßte er schnell den inneren Entschluß, diese Aufgabe zu übernehmen. Die Zusage, in der SU studieren zu können, war schon allein die Sache wert. Wie vieles würde sich überhaupt für ihn dadurch leichter gestalten, und die zugesagten Informationen westlicher Publikationen und vielleicht sogar ein Job in der Bundesrepublik – alles in allem mehr, als er je erwartet hatte.
Er hatte auch keine Bedenken, denn sein Onkel hatte es geschickt verstanden, ihn zu überzeugen. Die Formulierung hinsichtlich der Moral gefiel ihm besonders. Wie konnte er sich weigern, alles für den Staat, der ihm das Studium ermöglichte, der ihn in vielem unterstützte, zu tun? Er hatte das moralische Recht auf seiner Seite. Und etwas anderes kam noch dazu, wenn er an seine ehemaligen Mitschüler dachte, die an der F. U. oder in der Bundesrepublik studierten. Sie gaben an wie eine Lore Affen, auf dem Tanzboden stellten sie den nettesten Mädchen nach und hatten meist Erfolg. Sie trugen ihre dicken Kreppschuhe, Ringelsocken, Röhrenhosen und überlange Sackos mit Golffalte, sie schmissen Lagen für die Kapellen, damit diese Boggie und

Bebop spielten. Da hatten er und seine Kameraden mit ihrer normalen Kluft und dem schmalen Geldbeutel keine Chancen bei den Mädchen. Wäre gar nicht so schlecht, diesen Burschen mal eine gründliche Lektion zu erteilen. Auch die dauernde Überheblichkeit der Eltern dieser Sprößlinge: »Ach, mein Sohn oder meine Tochter studieren ja an richtigen Universitäten im Westen und haben alle Möglichkeiten, das ist doch gar kein Vergleich mit hier!« Solche und ähnliche Worte konnte man von diesen Typen laufend und überall vernehmen. Er vergaß nicht den Eindruck, den der kleine Ausweis seines Onkels bei Leuten machte, den Respekt, den die Uniformierten gleich zeigten. Er hatte es erlebt: Das bedeutete Macht, uneingeschränkte Macht. Und sein Wunsch war es geworden, einmal diese Macht auszukosten und furchtsame Blicke von Uniformierten zu sehen, die selbst eine Macht verkörpern, sich aber nicht mit der Staatssicherheit vergleichen können. Weiteres Wissen wollte er erwerben, Macht sollte man ihm geben, und er würde jede Aufgabe lösen können. Er war bereit, und mit gewisser Spannung erwartete er das Zusammentreffen mit dem Chef. Der Tag würde eine Wende in seinem Leben bedeuten, aber eine Wende zum Positiven.

Pünktlich 15.30 Uhr holte ihn sein Onkel ab, und sie fuhren wieder zum gleichen Wochenendhaus. Während sein Onkel noch schnell Kaffee kochte, hörte er einen PKW im Gartenweg, und einen Augenblick später betrat ein fülliger Endfünfziger das Wohnzimmer. Er trug eine Goldbrille, einen tadellosen grauen Anzug, und sein Onkel begrüßte ihn mit einem »Guten Tag, Willi, das ist Peter«. Der Grauhaarige begrüßte Peter mit einem kräftigen Händedruck und sagte: »Gerhard hat bereits in groben Zügen mit dir über alles gesprochen. Ich freue mich, daß du bereit bist, in unseren Reihen die dir zugedachte Aufgabe zu erledigen. Du wirst hart arbeiten müssen, aber mit Fleiß, Hingabe und unserer Hilfe wirst du das Ziel erreichen. Das Organ setzt großes Vertrauen in dich, und an dir allein wird es liegen,

das zu rechtfertigen. Du gehörst ab heute der Staatssicherheit an, konkret der Abteilung der Aufklärung. Nur gleich zu Anfang: Betrachte das ganze nicht als ein Abenteuerspiel, nachrichtendienstliche Tätigkeit ist nichts als harte, sehr harte Arbeit, und der Gegner ist zäh und intelligent. Also müssen wir noch zäher und intelligenter sein, wenn wir etwas erreichen wollen. Ein Nachrichtenmann kennt keinen Achtstundentag oder keinen Feiertag, selbst im Urlaub muß er zu jeder Stunde erreichbar und abrufbereit sein. Doch sind das alles Binsenwahrheiten, und wir wollen in medias res gehen.
Für dich gilt in der ersten Phase die Vorbereitung auf künftige Aufgaben, konkret, der Studienabschluß mit hervorragendem Ergebnis. Daneben läuft die nachrichtendienstliche Ausbildung mit einem Abschluß mit der Note 1,5 als Minimum. Ebenfalls zu der ersten Phase zählt die Kontaktaufnahme zu westlichen Konzern- und Wissenschaftsvertretern zu den Weltfestspielen in Berlin, um so eine Basis für deine spätere berufliche Tätigkeit vorzubereiten.
Phase zwei ist die Anstellung im Westen in einem Konzern oder einem wissenschaftlichen Institut, inklusive Wohnung und Familiengründung.
Phase drei ist die Aufnahme der konkreten nachrichtendienstlichen Aufgabe mit Weiterleitung der Informationen auf den verschiedensten Wegen an unser Organ.
Phase vier ist der Wechsel vom Institut in ein direktes Forschungszentrum und die Fortsetzung der nachrichtendienstlichen Tätigkeit auf höchstem Niveau. Dazu kommt die Erweiterung der persönlichen Kontakte zu Wissenschaftlern im gesamten kapitalistischem Ausland. Strikt untersagt während deiner gesamten Tätigkeit ist dir die Aufnahme von Kontakten zu progressiven patriotischen Kräften im Westen, sowie offizielle Parteinahme für diese Kräfte in irgendeiner Form, wie Ausstellungen, Versammlungen und Demonstrationen. Zu befürworten sind bei Werbungen Beitritte in sogenannte Landsmannschaften,

Heimatvereine und ähnliches, die Aufnahme in studentische Verbindungen, die auf nationaler Basis operieren und beispielsweise dem Coburger-Konvent angehören, sowie die Teilnahme an allen ihrer Veranstaltungen.
Wissenschaftliche Kongresse im westlichen Ausland, Messen und Tagungen sind ständig zu besuchen. Verbindungen zu maßgeblichen Leuten sind entsprechend aller Möglichkeiten auszubauen. Das ist in knapper Form der Abriß deiner geplanten Tätigkeit.«

Peter konnte nur feststellen, daß man an alles gedacht hatte. Bei seinen Überlegungen am Vortag hatte er nicht einen Bruchteil von alledem einbezogen. Er war Mathematiker, er konnte logisch und abstrakt denken, und er erkannte das erstemal, was für eine gewaltige Maschinerie der Nachrichtendienst war, wie weit dieser vorausplante und wie er die spezielle Aufgabenstellung programmierte. Es berührte ihn noch irgendwie anders, es war ein Gefühl, das er bisher noch nicht kennengelernt hatte, das ihn aber geradezu herausforderte. Er hatte sofort begriffen: Jetzt kommt es allein auf dich an, die Möglichkeiten für deine Zukunft als Wissenschaftler zu verwenden und bis in das kleinste auszuschöpfen. Welche Tore öffneten sich ihm mit Hilfe dieser Leute – davon hatte er nicht zu träumen gewagt, jetzt mußte er schon konkrete Handlungen dafür ausführen. Er nahm sich vor, daß in ihn gesetzte Vertrauen niemals zu enttäuschen, sondern alles zu tun, um immer zur Spitze zu gehören.

Willi nahm ein Stück Zucker, legte es auf den Teelöffel und tauchte diesen in den Kaffee. Genüßlich führte er ihn zum Mund und blickte in die glänzenden Augen Peters und sagte zu Gerhard: »Dein Vorschlag war gut und ich bin sicher, er wird seine Aufgaben mit jugendlicher Energie lösen und damit der großen Sache dienen. Weise ihn noch auf die dazugehörigen Dinge hin und besprich mit ihm den Ausbildungsplan, die Genossen kannst du dann entsprechend eurer Übereinkunft anweisen. Ich haue ab, denn ich habe gleich noch einen Treff. Also Peter, auf gute Zusammenarbeit und baldiges Wiedersehen in Berlin!«

Als Willi weg war sagte Onkel Gerhard zu ihm: »Du, das ist ein prachtvoller Genosse. Während des Krieges erhielten wir beide unsere Ausbildung bei den Tschekisten, und die war unter den damaligen Bedingungen kein Zuckerschlekken. Wir mußten uns bei Fronteinsätzen bewähren und bei Kommandounternehmen im besetzten Gebiet, d. h. im Gebiet, das von faschistischen Truppen kontrolliert wurde. In dieser Zeit mußtest du dich voll auf den Genossen verlassen können, alles andere wäre das Aus gewesen. In den ersten Nachkriegswochen trugen wir noch die Uniform der siegreichen Roten Armee und hatten vieles gemeinsam geschafft. In einem kannst du gewiß sein, ohne uns hätte es kein demokratisches Deutschland gegeben, und die DDR wäre nie gegründet worden. Damit unser Werk fortgesetzt wird und dauerhaften Bestand hat, muß deine Generation sich jetzt voll einsetzen. Euer Eifer und Mut sowie unsere Erfahrung werden der großen Sache zum Durchbruch verhelfen, egal, und wenn wir die Masse zu ihrem Glück zwingen müßten, wir haben die Macht dazu und unsere großen Freunde im Rücken.«

Die Weltfestspiele der Jugend und Studenten wurden im August in Berlin eröffnet.
Peter war mit seiner Gruppe in einem großen Mietshaus auf dem Boden untergebracht. Man hatte überall Stroh ausgebreitet, darauf kamen Decken, und das waren die Schlafplätze. Im Keller des Nebenhauses wurde auf die Abschnitte der Teilnehmerkarten die Kaltverpflegung ausgegeben; es gab ein Stück Hartwurst, Schmelzkäse und Brötchen. Er wollte gerade mit seinem Frühstück beginnen, als ihn der 50er-Gruppenleiter holte. Peter und sein Studienkamerad Erich sollten zu einer Sonderaufgabe abgestellt werden. Onkel Gerhard hatte ihm das schon vorher

mitgeteilt, daß man eine Legende schafft, damit man Zeit hat, den ganzen Tag ungestört in den Westsektoren zu verbringen. Wozu Erich abgeholt wurde, wußte er auch. Der mußte in einem Bahnhofskommando andere FDJ-ler an der Weiterfahrt in die Westsektoren hindern. (Die Kommandos gingen durch die S-Bahn-Wagen und holten zum Teil mit Gewalt Pioniere und FDJ-ler an der letzten Station der Sektorengrenze aus dem Zug.) Während Erich sich mit »uneinsichtigen FDJ-lern« am Bahnhof Friedrichstraße abplagen mußte, zog Peter eine Jacke über das Blauhemd, stieg in die westlich verwaltete U-Bahn und fuhr zum Bahnhof Zoo.

Schon auf dem U-Bahnsteig vom Bahnhof Zoo sprachen ihn zwei Pfadfinder an. Sie luden ihn ein, zum Jugendheim mitzukommen, um am Mittagessen teilzunehmen. Er ging mit ihnen zusammen hinaus und war beeindruckt von den Fassaden und dem Autoverkehr im Zooviertel. Er sah die überfüllten Schaufenster und . . . Aber da durfte er keine Vergleiche ziehen, das alles hatte ihm Onkel Gerhard längst klargemacht, bevor er überhaupt damit konfrontiert wurde. Peter ging mit seinen beiden Begleitern zu einem Jugendhaus in Charlottenburg. Dort traf er mit sehr vielen anderen Blauhemden zusammen, die sich schon Freikarten für Kinos und Theater geholt hatten und ihm sagten, wo es die Sachen gab. Seine beiden Begleiter wünschten ihm einen schönen Tag im freien Teil der Stadt und gingen wieder los. So aß er erstmal einen großen Topf der wirklich guten Suppe, trank dazu zwei Becher Milch und ging dann in den Leseraum. Der war sehr voll, denn hier lagen Bücher und Zeitschriften des gesamten Westens aus, die von den informationshungrigen Weltfestspielteilnehmern direkt verschlungen wurden. Viele Briefausgaben der Tageszeitungen wurden für andere Leser mitgenommen, ob *Telegraf, Welt* oder *Morgenpost*. Er stutzte. Neben der satirischen *Tarantel* lag die heutige Ausgabe der *Jungen Welt*. Er nahm sie zur Hand, aber außer der Kopfzeile hatte sie nichts mit dem Original gemeinsam. Es war eine Täuschungsausgabe, die

Artikel waren gegen Ulbricht, gegen die DDR und gegen den Sozialismus gerichtet. Onkel Gerhard würde sagen: Der Klassenfeind schläft nicht. Die Autoren der ausliegenden Bücher waren meist Exilrussen, wie z. B. Klimmow mit seinem „Berliner Kreml".
Peter verließ den Lesesaal, ging durch den Sportraum und stand plötzlich vor einer Tür mit der Aufschrift »Beratungsstelle für Oberschüler und Studenten aus Ostdeutschland«. Er klopfte an und öffnete, wurde aber gebeten zu warten, bis sein Vorgänger fertig war. Als man ihn kurz darauf hereinrief, saß er zwei gutgekleideten Herren gegenüber, die sich ihm als Studienräte vorstellten. Sie erkundigten sich, wo er herkam, ob er Verwandte in Westberlin oder Westdeutschland habe und wie seine Pläne für die Zeit nach dem Studiumabschluß seien. Er schilderte sein Studium, nannte seine Prüfungsnoten und sprach davon, daß er noch ein Jahr in der SU studieren würde. Sie gaben ihm eine Visitenkarte mit einer Adresse im Grunewald und baten ihn, dort unbedingt vorzusprechen, weil es für ihn von Bedeutung sein könnte. Wenn er als Mathematiker und Physiker einen guten Abschluß habe, wäre er dort an der richtigen Adresse. Dazu gaben sie ihm noch eine Empfehlung für die TU mit. Er bedankte sich und verließ das Haus.

Er wollte jetzt erst mal mit Onkel Gerhard darüber sprechen und dann erst den einen oder anderen Schritt unternehmen. Im Grunde genommen konnte er schon jetzt einen gewissen Erfolg verbuchen: Er war angesprochen worden, man hatte ihm die Adressen und die Empfehlung gegeben. Alles das gehörte schon zur Phase eins, und so war er dankbar, daß bisher alles so gut klappte. Als er sich am späten Nachmittag mit Onkel Gerhard am Marx-Engels-Platz traf und ihm berichtete, klopfte dieser ihm auf die Schulter und sagte: »Ich lasse die Adresse im Grunewald überprüfen, und dann kannst du noch heute Kontakt mit dem Mann aufnehmen. Zu deiner Information, Erich wird genauso lange von uns festgehalten, wie du zu tun hast. Es

wird ihm gesagt, daß er nichts berichten darf. Also steht die Legende, wenn du einigen unter dem Deckmantel der Verschwiegenheit erzählst, was ihr gemacht habt, und an den anderen Tagen wird dein Verschwinden als normal empfunden.« Gerhard verließ ihn kurz, und nach einer halben Stunden trafen sie sich wieder am gleichen Ort. Der Onkel hatte die Information: »Es handelt sich um den Vertreter eines Chemiekonzernkonsortiums, einem äußerst interessanten und wichtigen Mann, und Willi hat für alles grünes Licht gegeben.«
Peter fuhr wieder per U-Bahn nach Westberlin und rief in Grunewald an. Er wurde sofort mit dem Herrn verbunden, stellte sich vor und sagte, er rufe auf Anraten von Studienrat Freiberg an. Der Herr wurde sofort sehr höflich und fragte, von wo aus er anrufe. Als Peter sagte, vom Bahnhof Zoo, teilte ihm der Herr mit, er möge sich in ein Taxi setzen und zum Grunewald kommen, es würde von ihm alles erledigt werden.
Peter tat, wie ihm gesagt wurde. Als der Taxifahrer hielt, trat ein älterer Herr aus dem Haus, kam auf sie zu, sagte, Herr Marfels lasse bitten, und bezahlte den Taxifahrer. Peter wurde in den Salon gebeten und von Herrn Marfels begrüßt. Sie nahmen Platz, und Marfels begann die Unterhaltung mit allgemeinen Fragen, kam aber dann sehr schnell zu persönlichen Dingen. Ganz zufällig hatte Peter sein Abiturzeugnis und ein Testatbuch mit (ein Ratschlag von Willi!), und als Fragen nach seinen Leistungen kamen, konnte er gleich seine Worte beweisen. Marfels las aufmerksam beide Dinge und gab sie mit der Bemerkung zurück: »Die Naturwissenschaften und die Mathematik scheinen tatsächlich Ihre Domäne zu sein. Wir können mit offenen Karten spielen, und so mache ich kein Hehl daraus, daß junge Menschen, die über eine derartige Basis verfügen, bei uns gern als künftige Mitarbeiter gesehen werden. Sie machen Ihr Abschlußjahr in der SU, und mein Vorschlag ist, nach dem Abschluß des Examens und ihrer Graduierung wenden Sie sich den besseren Zukunftschancen zu

und kommen in die Bundesrepublik. Mein Freund, Professor Dr. Dr. Koch, leitet ein Institut für angewandte Mathematik in Aachen. Wenn Sie Interesse haben, so können Sie dort die mathematische Praxis für kernphysikalische Untersuchungen erwerben, um dann in einem der künftigen KFZ zu arbeiten. Sie Sie sagen, sind Sie noch acht Tage in Berlin. Geben Sie mir definitiven Bescheid, wenn Sie sich entschlossen haben, meine Vorschläge anzunehmen. Machen Sie ebenfalls eine Wunschliste für Fachbücher und Fachliteratur fertig, Sie bekommen derartige Sachen von uns unverbindlich.
Noch eines! Sooft Sie in Berlin sind und einen Besuch in Westberlin machen können, wohnen Sie selbstverständlich kostenlos in einem unserer Gästehäuser. Sie können an wissenschaftlichen und kulturellen Veranstaltungen teilnehmen, die Interessengemeinschaft der Industriebetriebe hat für derartige Angelegenheiten einen Spendenfonds, der auch Ihnen zugute kommt.« Nach einem Abendimbiß führte er Peter in die Hausbibliothek, bei deren Anblick Peters Augen immer größer wurden. Als er ein Wörterbuch für Kernphysik in fünf Sprachen sah, fragte er, ob er mal reinschauen dürfe. Marfels reichte ihm das Buch und sagte, er habe es in zweifacher Ausführung, und dieses Exemplar könnte er als das seine betrachten, quasi zur Erinnerung an ihr erstes Zusammentreffen. Kurz nach 23.00 Uhr ließ Marfels ein Taxi rufen, und Peter erhielt neben dem wertvollen Buch noch 100,00 Mark West für Fahrtkosten sowie einen neuen Termin.

Wieder in Ostberlin eingetroffen, rief er Gerhards Nummer an. Eine Viertelstunde später war dieser da, und sie fuhren zu einer Wohnung in der Schönfließerstraße, wo auch kurz darauf Willi eintraf. Der war sehr zufrieden. Er sagte zu Peter: »Als erstes merke dir: Sentimentalität ist in unserem Metier unangebracht, deine Gefühle mußt du ganz zurückhalten. Denke immer daran, du handelst für unser großes Ziel. Jene Vertreter des Westens sind und bleiben unsere

Klassenfeinde, mit ihnen gibt es keine Koexistenz, sondern nur ein »sie oder wir«! Der Kampf an der unsichtbaren Front ist hart und wird ohne Kompromisse geführt. Du hast heute deinen ersten Feindkontakt gehabt, du hast dich gut auf ihre Terminologie eingestellt und wirst auch in Zukunft keine Schwierigkeiten haben. Wichtig ist, daß dir so der Weg geebnet wird. Er erspart dir die Legenden, denn in deinen internen Personalbogen wird im Westen immer wieder stehen ›persönliche Anwerbung von Marfels Berlin-Grunewald‹, und das ist gleichbedeutend mit ›diese Person ist o. k. und für Überprüfungen tabu‹. Etwas Besseres kann einem Nachrichtenmann gar nicht passieren, es öffnet dir alle Türen. Bevor der Treff ist, werden wir noch einmal das gesamte Thema durchsprechen, denn es ist äußerst wichtig für dich, beste Vorarbeit zu leisten.«

Gut präpariert fuhr Peter zum zweiten Treff mit Marfels.
Er erhielt eine Privatadresse, um so die Kontakte zu Marfels aufrecht erhalten zu können. Antwortpost für ihn würde immer im Osten eingesteckt, das hatte ihm Marfels zugesichert, und somit war eine gute Verbindung geschaffen für den zweiten Abschnitt seiner beruflichen Entwicklung im doppelten Sinn.

Wieder in seiner Heimatstadt angekommen begann für Peter die eigentliche Präparation auf die Zukunft. Er beobachtete sich selbst in seinem Verhalten gegenüber anderen Kommilitonen, Bekannten und Sportkameraden. Er hatte ein bisher nicht gekanntes Überlegenheitsgefühl, denn er hatte seinen ersten Erfolg als Tschekist, und das hob ihn von der Masse ab: Er gehörte zu den Auserwählten, zu den Trägern der Macht. An *Lenin* bewunderte er schon früher die Intelligenz und das umfassende Allgemeinwissen, jetzt kam ein zweites Genie hinzu: *Felix Edmundowitsch Dscherginszky,* der Begründer der *Tscheka* in der SU, der tatsächlichen Machtzentrale.
Er hatte von Onkel Gerhard einen Aufsatz über Dscher-

ginszky bekommen und war begeistert über dessen Worte: »Nur wer selber Flamme ist, kann Feuer entfachen!« Das sollte für sein künftiges Leben der Leitspruch sein.

## Teil II

Genosse Herbert Streblow (alias Bodo Freygang alias Sascha) von der Messeleitung in Leipzig greift zum Taschentuch, um seine Stirn zu trocknen. Trotz der kühlen Bürotemperatur rinnt ihm der Schweiß in Strömen. Die Gründe liegen nicht in den üblichen Schwierigkeiten des kommerziellen Sektors der Messe, Hauptursache seiner Kopfschmerzen ist der politische Sektor mit seinen Bedingungen.

Da schrillen die Telefone und die Genossen der GRU und des MfS geben ihre Sonderwünsche bekannt. Doch was sind schon Wünsche – es sind klare Befehle, die diese teuren Genossen (teuer im wahrsten Sinne des Wortes) erteilen. Nicht nur, daß sie in den Messehallen ihre Leute entsprechend plaziert haben wollen, auch in den Messehäusern der Stadt fordern die Genossen immer neue Räumlichkeiten, um ungestört und gut abgesichert ihre Kontaktgespräche führen zu können.

Hier können sie im Messebetrieb unauffällig mit westlichen Messeteilnehmern, Wissenschaftlern, Geschäftsleuten und Kontaktleuten ihre Treffs durchführen und dabei nach außen die biederen Geschäftsleute mimen. Sie unterscheiden sich in nichts von ihren westlichen Gesprächspartnern; oder doch: Sie sind noch eine Spur eleganter und geschmackvoller gekleidet als diese und wissen auf der Speise- und Getränkekarte in 98 von 100 Fällen die richtige Wahl zu treffen. Ihr Benehmen ist tadellos, denn das proletarische Herz ihrer Väter muß in dieser Umgebung schweigen, und die Anzüge werden von keinem gefürchteten Bonbon geziert; kurzum, es sind die Genossen der unsichtbaren Front, die Jünger *Lenins*, die das rote Evangelium verbreiten und schützen, die die Aufgabe haben, den Klassenfeind zu schlagen uind dessen Schwäche in ihre Stärke umzuwandeln. Sie schlagen den Gegner mit dessen Eigenhilfe, wie der Judoka die Körperkraft des Gegners geschickt zu dessen Nachteilen nutzt. Die eiserne Garde des Proletariats hat eine harte Schule durchlaufen müssen, viele fühlten sich berufen, doch nur wenige wurden auserwählt.

Das Bekenntnis zur Partei nutzte hier allein nichts, hier wurden harte Kenntnisse auf allen Gebieten gefordert. Es genügte nicht in den Gesellschaftswissenschaften (Leninismus-Marxismus) Spitzennoten zu erreichen, hier wurden in Naturwissenschaften und Mathematik gleiche Höchstnoten verlangt. Waren diese Vorbedingungen erfüllt, begann das Spektrum der Ausbildung als Nachrichtendienstmitarbeiter.

Hier erhalten die Spion-Rohdiamanten, pardon!, die ›Kundschafter des Friedens‹ in spe ihren letzten Schliff, um sich auf dem internationalen Parkett lupenrein bewegen zu können. Sie werden auf den gängigsten westlichen Wagentypen ausgebildet, lernen, welcher Aperitif und welche Vorspeise zu wählen ist, wie man eine Lady zum Five o'clock tea führt und geschickt Konversation betreibt, ohne dabei Lenins Kernsätze auf den Lippen zu führen oder an die Leistungen der Arbeitsaktivisten zu denken.

Ihr Debüt geben diese ›Anfänger‹ dann meist auf einer internationalen Messe in einem Ostblockstaat, wo sie sich als westliche Messebesucher unters Volk mischen. Wer schnell zur Elitegarde zählen will, ist bemüht, schon von den ersten Auftritten auf internationaler Bühne brauchbare Ergebnisse mitzubringen; sei es durch Abschöpfung bei Unterhaltungen oder bei Direktgesprächen mit internationalen Ausstellern und Besuchern. Ihr zweites Auftreten findet auf einer Internationalen Messe im westlichen Ausland statt, in München, Köln, Paris, London oder Mailand. Haben sie auch die zweite Hürde mit Bravour genommen,

kommt die Abschlußprüfung in Klein-Paris, wie unser großer Dichter sein Leipzig bezeichnete.
Ihr großer Mentor Marcus Wolf läßt es sich nicht nehmen, sie bei den letzten Prüfungen selbst in Augenschein zu nehmen, bevor er dann die eigene Schlußauswahl trifft. Jeder seiner eifrigen Schüler oder Schülerinnen ist bestrebt, zu den Auserwählten zu gehören, denn das bedeutet für die Zukunft im KA zu sein. Das KA ist Aladins Wunderlampe für die Elite. Man reist in den Westen, verfügt über Operativgelder in harten Devisen, die sehr leger abgerechnet werden und sogar unbegrenzt sind, wenn auf der Habenseite große Erfolge zu Buche schlagen, denn abgerechnet wird vierteljährlich wie in einem kommerziellen Unternehmen. Im eigenen Lande und den übrigen Ostblockstaaten verfügt man in derartiger Position automatisch über ein unbegrenztes Ausgabenbudget, und keine Belege müssen die Kosten nachweisen. Alles wird gerechtfertigt durch die Erfolge des Einsatzes an der unsichtbaren Front.
Doch auch die weniger Glücklichen, die bei den harten Prüfungen ausscheiden mußten, haben eines erreicht: sie gehören zum Organ und somit kommen sie auch in die Kaste der Bevorzugten. Sie müssen nicht das Los der werktätigen Masse teilen. Wie ein schlechter Handwerker immer noch einen sehr guten Hilfsarbeiter abgibt, so ist ein gescheiterter Hauptagent immer noch ein guter Beobachter an der Basis, sprich Spitzel. Er übt seine Tätigkeit im Betrieb, in militärischen und paramilitärischen Einheiten, im Lehrerkollegium, im Sportteam, im Theaterensemble oder im Jugendclub aus. Er kann avancieren zum Betreuer eines IM-Teams, und bei guten Erfolgen ist ihm auch hier der Dank des sozialistischen Patriarchen gewiß. In irgendeiner Form erhalten auch sie ihren Anteil am Kuchen des schier unerschöpflichen Etats der Staatssicherheit: Sei es nun die Bezugsgenehmigung für einen PKW (auf den Otto Normalverbraucher nach Bestellung und Anzahlung 8–12 Jahre warten muß), eine größere Wohnung (die er dann für konspirative Treffs anderer Genossen zur Verfügung stellen

muß) oder die Möglichkeit, bevorzugt einzukaufen (zu günstigeren Preisen und besserer Auswahl) oder, was ein großes Sonderprivileg ist, Urlaub nach eigener Wahl; d. h. nicht dreimaliger FDGB-Urlaub im Binnenland, sondern Ostsee-Urlaub und preisgünstigere Auslandsreisen in die sozialistischen Länder. Auch besteht für ihn die Möglichkeit, nach Kuba reisen zu können, um einmal den Hauch der weiten Welt zu atmen. Es heißt, dazugehören zur Kaste und nicht auf der anderen Seite der Eisenbahnstrecke zu vegetieren. Der Wunsch vieler DDR-Bürger ist es, einmal mit dem FDGB-Schiff ›*Völkerfreundschaft*‹ internationale Häfen außerhalb der Ostblockstaaten anzulaufen.
Sie wollen nicht alle ihr Land verlassen, denn die Bindung an den eigenen Garten, das kleine Häuschen (für das einige Generationen Entbehrungen ertrugen) ist stark, doch der Wunsch nach Freiheit ist vor allem in der Jugend oft stärker als die alten Familienbindungen. Sie alle wollen einmal sich nicht als Getto-Bewohner fühlen, doch hier scheuen die Arbeiter- und Bauernfunktionäre das Risiko und haben Angst, ihr internationales Image würde weiter sinken, falls sie ihrer Bevölkerung das verbriefte Recht der Schlußakte von Helsinki zuerkennen. Somit ist die Kaste, die um ihre reichlichen Privilegien fürchten muß, auch der Stützpfeiler des totalen Staatsgebildes und trägt Sorge, daß kein Schützling das Gehege verläßt.

Der D-Zug Paris-Moskau hält in Köln, und Christel B. nimmt ihren Platz im Liegewagen ein. Sie hatte großes Glück, denn zur Vorbestellung war keine Gelegenheit mehr; es ist Wochenende, und viele nutzen die Zeit der Leipziger Frühjahrsmesse, um sich mit Verwandten und Freunden zu treffen. Hat man sich einen Messeausweis besorgt, so sind die Kontrollen nicht so streng wie gewöhnlich, und so können schon ein paar Dinge im Gepäck sein, die man nicht im Paket senden darf.
Doch Christel ist mit anderen Gedanken beschäftigt. Beim letzten Besuch ihrer Eltern hatte die Mutter ihr einige

Schmuckstücke aus dem Familienerbgut mitgegeben und ausgerechnet sie wurde aufgefordert, mit ihrem Gepäck das Abteil zu verlassen und sich in das Kontrollabteil zu begeben. Zwei weibliche Zollbeamte forderten sie auf, sich zu entkleiden, und jedes Kleidungsstück, das sie ablegte, wurde sehr genau kontrolliert. So mußte sie den BH lösen und die beiden Ringe der Mutter fielen herunter, quittiert durch ein kurzes Ah der Zollbeamtinnen.
Diese hatten auf der vorangegangenen Einsatzbesprechung durch einen Genossen einen Tip bekommen. Sie wurden aus der Zollkantine zu dieser Einsatzbesprechung geholt, doch im Büro saß nicht ihr Einsatzleiter, sondern ein Genosse in Zivil. Er gab ihnen konkrete Anweisungen, die Person Christel B. aus dem Abteil zu holen und einer Leibesvisitation mit allen Möglichkeiten zu unterziehen. Sollte die Durchsuchung erfolgreich sein, hatten sie die Aufgabe, diese Person festzunehmen und sie durch entsprechende Hinweise, wie hoch die Zuchthausstrafe bei derartigen Vergehen ist, einzuschüchtern. Das alles ist Routinealltag für die Zollbeamtinnen, ungewohnt nur, daß dieser Zivilist, vor dem ihr Einsatzleiter eine Verbeugung machte und dabei wie ein Hoteldiener wirkte, über genaue Informationen und über enorme Vollmachten zu verfügen schien .
Den ersten Teil ihrer Aufgabe hatten sie erfüllt, sie holten Christel B. aus ihrem Abteil und wurden fündig. Sie verhafteten Christel B. und stiegen mit ihr am Kontrollhaltepunkt hinter Magdeburg aus. Im dortigen Zollbüro sollten die Protokolle ausgefertigt werden und dann ging die Sache an die Staatsanwaltschaft. Doch auch hier im Zollbüro saß nicht der zuständige Abteilungsleiter, sondern wieder der Genosse in Zivil. Er war über das Ergebnis sehr befriedigt, verlangte die beschlagnahmten Schmuckstücke und die im Zug ausgefertigten Vorprotokolle. Er sprach den Beamtinnen großes Lob aus für ihre Einsatzbereitschaft, und damit waren sie wieder aus dem Büro in ihren Aufenthaltsraum entlassen. Im Flur trafen sie auf einen männlichen Kollegen,

der gerade die betreffende Person in Handschellen zum Abteilungsbüro führte. Sie blickten einander an und wußten, der Genosse vom *Stasi* hatte nun seinen Fisch im Netz, alles Weitere war nicht mehr ihr Bier. Sie hatten ihre eigenen Erfahrungen, und diese waren: Man stellt dazu keine Fragen, es gibt eine Anerkennungsprämie, und ansonsten hat man einen solchen Vorfall schnellstens zu vergessen und schon gar nicht mit einem dritten darüber zu sprechen, egal ob Zollkollege, Angehöriger oder Freund. Der Mann in Zivil, das hieß für sie absolutes Tabu, und sie fuhren gut dabei.

Christel B. war zu Tode erschrocken; es war zuviel, was auf sie einstürmte. Erst die Abschiedsszene mit ihren Eltern am Bahnhof, Mutter fragte noch einmal, ob sie auch alles gut verstaut habe. Sie selbst hatte keine Befürchtungen und wollte erst die beiden Ringe gar nicht in den BH stecken, doch ihre Tante meinte, das wäre das sicherste, da man erkennt, daß es alte Stücke sind und sie dann gewiß befragt würde. Doch Fragen hatten die beiden Beamtinnen nicht gestellt. Sie kontrollierten die beiden Mitreisenden, sahen sich dann Christels Paß an und forderten sie plötzlich auf, mit ihrem Gepäck in das Kontrollabteil zu kommen. Hier hatte sie immer noch keine Bedenken, denn sie kannte die Schikanemethoden ihrer Landsleute. Doch die beiden AZKW-Miezen forderten sie sofort zum Strippen auf, und Christel war so schockiert, daß sie keine Gelegenheit fand, die Dinge mit Geschick zu verbergen. Das Gepäck hatten sie erst danach durchsucht und noch eine Meißener Porzellanfigur und eine kleine Ölminiatur zutage gefördert. Wie hatten die beiden daraufhin zu ihr im schönsten Sächsisch gesagt? »Nu, Se wissen doch, daß Se damit gechen unsre Zollgesetze verstoßen ham'? Un das wird bei uns mit Zuchthaus bestraft. Nu, die nächsten 5–7 Jahre brauchen se sich keene Sorchen um ihr Mittachessen zu machen!« –

Oh, Gott, was war mit ihr passiert? Der Zug hielt, sie mußte auf der Rückseite aussteigen und die beiden Beamtinnen führten sie in einen leeren Raum. Ein Zollbeamter kam

hinzu, sie mußte ihre Hände ausstrecken und ein paar Handschellen schlossen sich um ihre Handgelenke mit dem netten Hinweis: »Drehen Sie Ihre Gelenke nicht, sonst schließen sich die Dinger immer enger!« Jetzt führte sie der Beamte durch einen langen Flur, und vor ihr kamen gerade die beiden AZKW-Miezen lachend aus einem Raum, in den sie nun geführt wurde. –
Vor ihr saß ein gutaussehender Typ in Zivil. Er begrüßte sie mit ihrem vollen Namen. Er sprach deutlich Berliner Dialekt, ließ als erstes die Handschellen entfernen und forderte dann den Zollbeamten auf, den Raum zu verlassen. Der Typ reichte ihr die Hand und sagte: »Na, da wird der Chef in Köln ja am Montag staunen, wenn seine persönliche Sekretärin unentschuldigt fehlt!« Sie beteuerte, daß der Schmuck und die beiden anderen Gegenstände ja Familieneigentum wären und sie keinem etwas gestohlen hätte und – und – . . . Doch der Typ zeigte nur weiter sein Lächeln, bot ihr eine Westzigarette an und sagte in ruhigem Ton: »Christel, Sie sind Staatsbürgerin unseres Staates gewesen, und nach unseren Gesetzen sind Sie es noch. Sie haben 1951 ihr Abitur in Halle gemacht und die Republik unerlaubt verlassen. Heute, neun Jahre nach Ihrem Verrat, wurden Sie auf frischer Tat bei einem Zollvergehen gestellt. Sie haben also nicht aus den Erfahrungen gelernt, sondern wollen weiter unseren Staat schädigen, und nun tun Sie erstaunt, wenn sich unser Staat schützt, gegen Leute wie Sie vorgeht und eine gerechte Strafe ausspricht. Ihr persönliches Pech ist es, in diese Mühle geraten zu sein! Sie haben eine gut dotierte Stellung, eine nette kleine Wohnung, wollten sich im Herbst einen Wagen zulegen; Sie sehen, ich bin über vieles gut informiert, doch dazu wird es nun nicht mehr kommen. Sie werden zur U-Haft nach Berlin überführt, dort wird dann das zuständige Gericht über Sie befinden. Sie werden einige Jahre nicht am Leben teilnehmen, sehr schöne Jahre, die in Ihrem Alter zählen, aber nun – Sie wollten es nicht anders!«

Christel B. war einem Nervenzusammenbruch nahe. O ja, sie kannte aus dem Bekanntenkreis ihrer Eltern viele Leute, die einige Jahre in DDR-Gefängnissen saßen – und wie kamen die zurück! In leisen Gesprächen hatte sie vom Frauenzuchthaus Hoheneck und von Bautzen II gehört, hatte von der Hölle der U-Haft in Hohenschönhausen und Magdalenenstraße gehört – das sollte ihre nahe Zukunft sein? – Doch was sprach der Typ jetzt:
»Christel, Sie sind intelligent und variabel, ich könnte Ihnen einen guten Vorschlag machen. Sie erklären sich bereit, mit unseren Staatsorganen in Zukunft zusammenzuarbeiten; Sie verpflichten sich, Aufgaben für uns zu übernehmen, sie durchzuführen; einfach, Sie werden Mitstreiter und geachtetes Glied auf der richtigen Seite der Barrikade, und alles Negative gegen unseren Staat ist vergessen. Sie können Montag wieder Ihre Arbeit aufnehmen, als sei nichts geschehen, Ihre Eltern werden keine Unannehmlichkeiten durch unsere Organe haben, kurz, Ihr Schicksal und das Ihrer Angehörigen liegt allein in Ihren Händen und ist einzig von Ihrer Entscheidung abhängig. Darum prüfen Sie meinen Vorschlag, und ich garantiere Ihnen, Sie sind in spätestens zehn Stunden in Köln und können Ihrem geregelten Leben nachgehen. Ich gebe Ihnen eine Stunde Bedenkzeit, bin aber sicher, Sie benötigen diese Zeit nicht bei Ihrer Einsicht und Vernunft!«
Ihr Hirn arbeitete wie ein Computer, jedes Wenn und Aber abwägend. Erst mal hier raus sein, dachte sie, man kann sich ja auch im Bundesgebiet einer Dienststelle offenbaren, und alles wäre o. k. – Doch als ob der Typ Gedanken lesen könne, warf er jetzt lächelnd ein: »Und im übrigen denken Sie nicht daran, wenn Sie erst wieder im Westen sind, könnten Sie sich einseitig von unserer Verbindung lösen. Denken Sie an Ihre Angehörigen, die hier leben, und an unsere Macht! Wir sind in Köln und West-Berlin genausogut zu Hause wie in Magdeburg oder in unserer Hauptstadt. Also – wenn eine Zusammenar-

beit, dann für immer und zu beiderseitigem Nutzen, denn auch wir zahlen in harter D-Mark.«
Christel B. ließ alles in Gedanken Revue passieren und gab letztlich ihre Einwilligung. Der Typ drückte auf eine Klingel an seinem Schreibtisch, und der Zollbeamte von vorhin erschien. Der Typ ordnete an, zwei Kännchen Kaffee sowie das gesamte Gepäck der hier anwesenden Dame zu bringen. Kurze Zeit darauf klopfte es, und der Zollbeamte servierte geschickt wie ein Kellner zwei Kännchen Kaffee, während ein anderer Beamter das Gepäck brachte. Nachdem die beiden Beamten den Raum verlassen hatten, führte der Typ ein kurzes Telefongespräch, in dem er seinen Gesprächspartner aufforderte, sofort mit dem Wagen vorzufahren, und das übrige wie abgesprochen zu erledigen. – Etwa 10 Minuten später betrat ein anderer Zivilist den Raum, und sagte, der Wagen sei draußen und er nähme das Gepäck schon mit. Ehe Christel B. zur Besinnung gekommen war, saß sie in einem bequemen Wolga und der Typ sagte zu ihr: »Wir fahren jetzt in ein Objekt. Dort werden wir den Vertrag fixieren, und dort werden Sie auch abgeholt, um nach Köln gebracht zu werden. Sie werden erstaunt sein, wie problemlos das alles über die Bühne geht, aber Sie können daran erkennen, wie groß unsere Macht ist.«
Sie fuhren mit dem Wagen eine Landstraße entlang, bogen nach einem Dorf in einen Waldweg ein und standen plötzlich vor einer Grundstückseinfahrt. Der zweite Typ, der bisher den Wagen fuhr, stieg aus, öffnete das Tor und fuhr den Wagen auf den Innenhof. Sie betraten das Haus und wurden von einer älteren Dame begrüßt. Der Typ sagte zu dieser: »Du, wir bleiben nicht lange, mach uns einen kleinen Imbiß für drei, und in einer Stunde sind wir wieder verschwunden.«
Sie gingen in ein Wohnzimmer, das gut bürgerlich eingerichtet war, der Typ stellte sich als Erich vor und seinen Kollegen als Karl-Heinz. Sie gaben ihr Instruktionen, wie sie sich in Zukunft zu verhalten hätte und teilten ihr mit, daß

sie sich alle drei in etwa vier Wochen in Leipzig zur Frühjahrs-Messe zusammensetzen würden, um alles im Detail zu besprechen. Jetzt würde nur ein Vorvertrag fixiert und für ihre pünktliche Rückreise gesorgt, damit der Gegner keinen Verdacht schöpfe, denn – »der Klassenfeind schläft nicht!«

Ihr wurde ein Vertrag über die Zusammenarbeit mit dem MfS vorgelegt, und im letzten Passus mußte sie sich verpflichten, über diese Zusammenarbeit mit niemandem zu sprechen oder Kontakt zu westlichen Dienststellen ohne besonderen Auftrag aufzunehmen. Für ihre Ausgaben sollte sie laut Vertrag entschädigt werden und entsprechende Prämien erhalten. Dann wurden ihr 500,00 DM übergeben mit der dazugehörigen Quittung für persönliche Ausgaben. Inzwischen öffnete der andere Typ eine Flasche sowjetischen Fünfsterne-Kognak und goß drei Gläser voll, womit der Vertrag besiegelt wurde.

Der Typ sagte ihr, sie könne sich noch im Bad frisch machen, und dann würden sie gemeinsam zu einem Wagen fahren, der sie nach Köln brächte. Christel hörte auf nachzudenken, es war einfach zuviel, was sie in den letzten Stunden erlebt hatte. Sie fuhren zu dritt in dem Wolga los, nach einer gewissen Fahrzeit kamen sie in die Nähe einer geschlossenen Feldscheune, deren Tore sich bei ihrer Annäherung wie von Geisterhand öffneten. Der Wolga fuhr hinein, ein zweiter Wagen, ein Mercedes mit Frankfurter Kennzeichen befand sich schon darin. Während Christel noch mit dem Ausstieg beschäftigt war, wurde ihr Gepäck bereits im Kofferraum des Mercedes verstaut. Das besorgte ein dritter Typ, der ihr als Gerd vorgestellt wurde und sie anschließend nach Köln fahren sollte. Draußen ertönte ein Motorengeräusch, wieder öffnete sich die Tür im Scheunentor, und eine Frau, etwa in Christels Alter, erschien und wurde als Beate vorgestellt, auch sie sollte Christel nach Köln begleiten. Kurz darauf bestiegen Christel und ihre »Crew« den Mercedes; die beiden Typen wünschten ihr mit dem jungen Paar eine gute Heimreise, sie würden zwar den

Wagen noch bis zur Grenze begleiten, könnten sich aber aus verständlichen Gründen dort nicht verabschieden. »Auf Wiedersehen in Leipzig, wir melden uns!«

Christel hatte es sich im Fond des Wagens bequem gemacht, als dieser gerade die Boerde-Raststätte und die ewig unvollendete Elbbrücke passierte. Vor und hinter ihnen war außer dem Wolga kaum ein Fahrzeug mit ostdeutschen Kennzeichen, alle führten westdeutsche und westliche Kennzeichen. Jetzt sah sie das Vorkontrollhäuschen und die Geschwindigkeitsbegrenzung, gleich kam der Kontrollpunkt Marienborn und ein unwohles Gefühl stieg in ihr auf. Sie beobachtete die Mienen Beates und Gerds, ihrer beiden Aufpasser oder Beschützer – oder sollte sie Komplizen und Kollegen sagen? Etwas in ihrem Innern sperrte sich noch dagegen. Der Wolga bog auf der Gegenfahrbahn hinter ihnen ab, denn auf dieser Spur gab es für Wagen mit Ostnummer keine Weiterfahrt. Jetzt passierten sie einen weiteren Hinweis, Schritt zu fahren und auf Handzeichen zu achten. Dann kam der Stopp durch einen Doppelposten. Dieser nahm die Ausweise und einen Laufzettel entgegen, den Nachweis, daß sie vom Kontrollpunkt Dreilinden-Drewitz, also von West-Berlin im Transit gefahren sind, ohne je die Transitstrecke zu verlassen. Und – der Posten verschwand im Kontrollhäuschen, erschien kurz darauf mit den Papieren und wünschte angenehme Weiterfahrt. Nach 20 Metern erneuter Stopp, die beiden Beamten des AZKW erkundigten sich, ob etwas zu verzollen sei. Als das verneint wurde, ging es 50 Meter weiter zum Endposten, der mit dem Handzeichen zum Schlagbaum wies. Dieser öffnete sich, und sie befanden sich auf Bundesgebiet, Kontrollstelle Helmstedt. Der westdeutsche Beamte vom Paßkontrolldienst, der nicht einmal die Papiere ansah, sondern nur fragte, ob sie vom Übergang Dreilinden kämen, machte dann seinen Strich und wünschte gute Weiterfahrt. Christel war wieder in einem freien Land, in der freien Welt und fühlte sich trotz allem nicht frei. Beate sagte zu ihr: »Du siehst, bei uns ist alles Routine, und was die Genossen planen, läuft ab wie ein Uhrwerk. Gerd gibt Stoff, und in drei Stunden bist du in Köln und kannst von dort deine Eltern anrufen, so daß sie wissen, du bist gut zu Hause gelandet. Trotz der ganzen Geschichte bist du zeitgleich mit dem D-Zug wieder in Köln, daran kannst du erkennen, was eine gute Planung ist. Du bist endlich auf der richtigen Seite, und ich beglückwünsche dich zu dieser positiven Entscheidung.« Gerd gab Stoff, und die Tachonadel pendelte zwischen 180 und 200, er fuhr sehr sicher, warf scherzhafte Bemerkungen zur Umgebung ein, als wäre es seine Aufgabe, eine Sight-Seeing-Tour durchzuführen. Beim Passieren der Porta Westfalica zitierte er Heines ›Wintermärchen‹ und kommentierte, ja, Varus sei einst steckengeblieben, aber Mielkes Räder rollen unaufhaltsam vorwärts. Als er zwei holländische LKW-Züge überholte, schwärmte er von den gepflegten Straßen in Holland, verglich sie mit Schweden, und so konnte man seinen Worten entnehmen, daß er in Europa zu Hause war und nicht nur spezielle Wald- und Feldwege in seiner Republik kannte.

Christel konnte nicht anders, sie staunte im Innern über die Selbstsicherheit dieses Stasimannes. Kannte er keine Angst, oder unterschätzte er seinen Gegner? Waren die Sicherheitsorgane der Bundesrepublik wirklich so schwach und wenig wachsam, wie es den Anschein hatte? Erschreckend für sie, wenn sie an die vollkommene Überwachung in Ostdeutschland dachte. Sie war noch nicht ganz drei Stunden bei ihren Eltern gewesen, als schon der Hausvertrauensmann das Hausbuch vorlegte und um die Eintragung ihrer Personalien bat. Dann mußte sie noch am gleichen Tage zur offiziellen polizeilichen Anmeldung. Dabei wurde sie darauf aufmerksam gemacht, daß sie das Kreisgebiet nicht verlassen durfte etc. – Und hier bei uns? Keinen Menschen interessierte es, wer bei wem zu Gast war und wie lange der Besucher bleiben wollte, warum er den Besuch machte, was er an Geschenken mitbrachte, welche Wertgegenstände und wieviel Bargeld er mitführte – alles

Fragen, über die man sich im anderen Teil Deutschlands nicht erregte, wenn sie gestellt wurden, da sie zum Alltag gehörten.
Die Überwachung des Dritten Reiches gab es in diesem Teil Deutschlands immer noch, doch sie war perfektionierter, wie ihre Eltern immer sagten. Gedanken, die sie noch lange in Anspruch nehmen würden. Im Alltag im Westen hatte sie die Politik schon völlig vergessen, oder was ihr als Politik vorkam. Sie hatte ihren Job, der sie ausfüllte, und nach Feierabend ging sie ihren Neigungen nach. Mal ein Theater- oder Kinobesuch, ein netter Partyabend oder zum Wochenende mal ein kleiner Trip zur holländischen Küste, Sonne, Meer und Sand – was kümmert man sich da um politische Dinge! Alle paar Jahre mal wählen gehen, ja, das sollte man wohl, aber ansonsten interessiert man sich eben für Mode, für den neuesten Film und für kleine Sensationen. – Doch jetzt war sie in das Räderwerk der großen Politik geraten – ohne die Absicht zu haben. »C'est la vie« sagte ihre Freundin immer, wenn etwas Unvorhergesehenes geschah. –
In der Raststäte Rhynern machten sie eine kurze Pause zu einem kleinen Imbiß. Gerd wählte Omelett mit Pfifferlingen, Beate Ragoût fin; dazu wurde ein Kännchen Mocca-Double getrunken, und dann ging es weiter. –
Christel konnte feststellen, man hatte ihr nicht zuviel versprochen. Der D-Zug sollte 18.06 Uhr in Köln-Hauptbahnhof einlaufen, und sie stand zur gleichen Zeit schon vor ihrer Haustür. Ihre Begleiter verabschiedeten sich von ihr, und sie war wieder in ihrer Wohnung.
Endlich allein und in vertrauter Umgebung! Sie konnte und wollte zur Besinnung kommen – ein erstes Fazit ziehen. Sie stellte sich die Frage, ob es irgendeine reale Möglichkeit gäbe, sich von dieser Erpressung zu befreien, denn anders konnte sie das, was mit ihr geschehen war, nicht bezeichnen. Doch so viel Varianten sie auch durchging, sie fand keinen Ausweg. Das MfS hatte einen gewaltigen Hebel in der Hand: ihre Angehörigen. Alles andere schien ihr dagegen nichtig. Ihre Eltern würden nie eine Hausdurchsu-

chung überstehen, geschweige denn etwaige Verhöre bei der Stasi, es wäre das Ende für beide. Eine Offenbarung gegenüber Bundesdienststellen kam also für sie gar nicht in Betracht. Die Leute der Staatssicherheit hatten ihr ja ihre Macht hinreichend demonstriert, hatten ihr bewiesen, daß sie im Bundesgebiet genauso operieren wie in Ostdeutschland, und sie zweifelte keinen Augenblick daran, daß diese Leute ihre Androhungen jederzeit wahr machen würden. Sie entschloß sich, sobald eine Nachricht von Ostdeutschland eintreffen würde, so zu handeln, wie man es von ihr verlangte.

Als Christel B. gestern nachmittag das Büro verließ, stand im Supermarkt plötzlich Beate vor ihr. Sie begrüßte sie wie eine gute Freundin. Jeder Fremde hätte den Eindruck gewonnen, die beiden seien ein Herz und eine Seele. Arm in Arm verließen sie den Supermarkt und gingen geradewegs in das nächste Café. Dort teilte ihr Beate mit, sie solle Freitagabend mit dem D-Zug Paris-Moskau in die DDR reisen und in Magdeburg in einen eingesetzten Sonderzug nach Leipzig umsteigen. Dort sollte sie dann in das Foyer vom Continental gehen und auf Erich oder Karl-Heinz warten. Beate überreichte ihr noch einen Umschlag mit einem Messeausweis für Leipzig (ausgestellt von der IHK-Köln) und nochmals 500,00 DM für anfallende Reisekosten. Christel mußte beides quittieren, und Beate verabschiedete sich mit der Bitte – oder besser gesagt mit dem Befehl –, Christel solle noch eine Viertelstunde im Café bleiben, nachdem sie weggegangen sei. Für Christel war das ganze wieder ein Beweis, wie sicher sich diese Leute fühlten. Ihr kam erst gar nicht der Gedanke, sich zu weigern, sondern sie gab direkt ihre Zusage zu dem Treff. Sie beeilte sich am Freitag nach Büroschluß und nahm nur ihre kleine Reisetasche als Gepäck mit. Sie hatte Glück, denn im Liegewagenabteil bekam sie noch einen zwar vorbestellten, aber nicht eingenommenen Platz. So hatte sie wenigstens Gelegenheit, bis zur Grenze sich etwas vom Tagesstreß zu erholen.

Die Kontrolle an der Grenze verlief bei allen Reisenden sehr höflich, nun – es war eben Messe, und man gab sich äußerst human. In Magdeburg angekommen, stieg sie um in den Sonderzug nach Leipzig, sie hatte dazu eine gute halbe Stunde Zeit. Der Magdeburger Bahnhof war ihr schon von früher her verhaßt, man baute und baute an den Kriegsschäden und trotzdem sah er noch immer so trostlos und grau wie in den ersten Nachkriegsjahren aus. Das einzig Bunte waren die typischen politischen Transparente auf den Bahnsteigen mit den Kampfparolen der SED. Im Messesonderzug erklang Musik vom Zugfunk, eine Novität, die man kurz zuvor eingeführt hatte. Ein weiteres Novum war, daß er planmäßig abfuhr und pünktlich 7.10 Uhr im Leipziger Hauptbahnhof einlief. Sie stieg aus und ging quer über den Bahnhofsvorplatz zum Hotel Continental. Dort setzte sie sich in den Foyerraum. Sie hatte es sich kaum bequem gemacht, als sie von Erich begrüßt wurde, der dann neben ihr Platz nahm. Er teilte ihr mit, daß sie in etwa einer halben Stunde Karl-Heinz erwarten und mit diesem in eine KW fahren würden. Da sie ja bis Sonntag Zeit hätten, alles genau durchzusprechen, wäre das die optimale Lösung. Die polizeiliche An- und Abmeldung würde ihr Mitarbeiter beim MdI auf der Fahrt erledigen, so daß sie sich um nichts zu kümmern brauche.
Karl-Heinz erschien, begrüßte sie, nahm dann ihre Reisetasche, und sie gingen zu dritt zum Parkplatz des Hotels. Hier stand ein Tatra-PKW mit Ostberliner Kennzeichen. Sie fuhren rechts am Bahnhof vorbei und hielten in einer Nebenstraße. Christel mußte ihren Messe- und Personalausweis hergeben, und Karl-Heinz verschwand mit beiden in einem Polizeigebäude. Nach kurzer Zeit erschien er wieder, und alle Formalitäten waren mit amtlichen Siegel für sie erledigt. Sie fuhren weiter auf der Straße 87 und von dort auf die A-12 in Richtung Schkeuditz. Dann ging's kurz vor dem Schkeuditzer Kreuz die Abfahrt nach Gerbisdorf hinunter. Sie bogen in eine Art Dorfstraße ein und hielten vor einem Villengrundstück.

Karl-Heinz stieg aus und öffnete die Garteneinfahrt zur Kellergarage, dort wurde der Tatra abgestellt. Von der Kellergarage gingen sie direkt in die Räume der darüberliegenden Villa. Für Christels Begriffe war die Villa prächtig eingerichtet. Erich zeigte ihr auch gleich ein Gästezimmer in der oberen Etage, wo sie untergebracht sei. Sie machte gleich von der Möglichkeit Gebrauch, sich im dazugehörigen Gästebad zu erfrischen. Nun, sie wußte, wie der Staat an diese Einzelhäuser und Villen gekommen war! Die Eigentümer mußten meist bei Nacht und Nebel flüchten und konnten dabei nur das Nötigste als Handgepäck mitführen. Alles andere Eigentum inklusive Inventar, Grund und Boden fiel dem Staat automatisch zu. Im Republiksmaßstab Millionenwerte, die ohne jedes Äquivalent einverleibt wurden. –
Christel ging dann wieder nach unten in das riesige Wohnzimmer, wo es sich die beiden Typen schon in den Ledersesseln bequem gemacht hatten. Jeder hatte vor sich eine Schreibmappe liegen, und Erich eröffnete das Gespräch. »So sieht man sich wieder, wir lernten uns vor ein paar Wochen als Feinde kennen, heute sitzen wir an einem Tisch und handeln gemeinsam für eine große Sache. Vergessen wir den negativen Grund, der uns zusammenführte, sondern werten wir Ihren Willen als eine politische Entscheidung – und wir nehmen Sie in unseren Reihen als Mitkämpferin auf. Sie haben nicht nur Pflichten zu erfüllen, sondern erhalten auch gleiche Rechte. Soweit es notwendig ist, erhalten Sie eine spezielle Ausbildung, um ihre künftigen Aufgaben für die gemeinsame Sache richtig lösen zu können. Sie bekommen eine Deckadresse, über die sie uns jederzeit erreichen können, auf postalischem Weg, vom Telegramm bis zum Paket.
Wir eröffnen auch eine Verbindung von uns zu Ihnen, wo Sie mindestens einmal in der Woche innerhalb von Sekunden von uns zu erreichen sind. Das alles ist das Arbeitspensum dieses Wochenendes in der KW. Haben Sie keine Befürchtungen, unsere Genossen Techniker standen schon

vor schwierigeren Aufgaben, haben sie aber dank ihrer jahrelangen Erfahrungen immer gemeistert.«
Christel war etwas erstaunt über das, was man ihr da soeben eröffnet hatte. Sie hatte geglaubt, die Typen stellen ihr irgendwelche Fragen zu ihrem Betrieb oder zu ihrem Chef, mit einer Ausbildung hat sie nicht im geringsten gerechnet. Erich öffnete nun seine Aktentasche und entnahm ihr eine Briefpapiermappe. Er reichte sie Christel und erklärte ihr, dieses Briefpapier solle sie in Zukunft bei postalischen Antworten benutzen. Sie fragte, aus welchem Grund, doch der Typ erklärte ihr schon: ein Bogen, der nicht äußerlich gekennzeichnet war oder sich von den übrigen 50 Blatt unterscheidet, kann als Kohlepapier zur unsichtbaren Schrift verwendet werden. So sei sie in der Lage, in offiziellen Briefen geheime Mitteilungen zu machen. Sie dürfe nur den präparierten Bogen, der als zehntes Blatt liegt, nie verwechseln.
Während Erich das erläuterte, holte er einen zweiten Briefblock hervor, der jetzt als Übungsblock dienen sollte. Christel wurde ein kurzer Text diktiert, und sie hatte anweisungsgemäß den Briefbogen unter dem präparierten Blatt auf einer harten Unterlage liegen und schrieb auf einem Blatt, das auf den Bogen lag. Sie nahm dazu einen abgeschriebenen weichen Bleistift und war nach dem Diktat auf das Ergebnis gespannt. Auf dem unteren Blatt war für sie nicht das geringste zu erkennen, und als Karl-Heinz damit in dem Nebenraum verschwand, mußte sie etwa 5–10 Minuten warten, ehe sie das Ergebnis sah. In einem leichten Braun war nun ihr unsichtbarer Text sichtbar geworden, und die beiden Lehrer waren mit ihr zufrieden. Sie sagten, Aufgabe 1 – die Herstellung einer einseitigen konspirativen Verbindung – sei damit technisch gelöst.
Inzwischen war ein neuer Mitarbeiter angekommen. Er hatte ein Tonbandgerät und eine große Tasche mitgebracht. Christel wurde er als Ausbilder für Telefonie vorgestellt – er trug ein Bonbon am Revers und eine Brille und sah im Vergleich zu den anderen, ihr bekannten Typen farblos aus.

Er stellte das Tonbandgerät auf den Tisch, entnahm seiner großen Tasche ein Kofferradio, plazierte dieses neben das Tonbandgerät, übergab ihr ein Blatt Papier und erklärte: »Sinn der Telefonie ist es, eine einseitige Verbindung über Kurzwelle herzustellen, so daß Sie kurzfristig zu einer vorher ausgemachten Zeit erreichbar sind, um verschlüsselte Mitteilungen entgegennehmen zu können.« Seine Aufgabe sei es, ihre Hörreaktion zu prüfen und sie technisch darauf vorzubereiten, Zahlen zu hören und niederzuschreiben. Die Chiffre und alles damit zusammenhängende würde ihr ein anderer Genosse erklären. Sie solle jetzt erst einmal die Bandproben hören und wenn sie meine, mitschreiben zu können, solle sie das durch Zeichen kundtun.

Er stellte das Tonband an, und sie hörte, wie eine Frauenstimme Zahlengruppen las. In mäßiger Geschwindigkeit erklang: »fünf fünf drei zwei eins – sechs drei acht neun fünf – . . . «.

Als das Band ein paar Minuten gelaufen war, gab sie ein Handzeichen. Sie wollte versuchen mitzuschreiben. Er ließ das Band zurücklaufen und drückte dann auf Wiedergabe. Sie schrieb mit und wurde gleich darauf von ihm unterbrochen. Er sagte: »Schreiben Sie die 5er Gruppen (jeweils fünf Ziffern) vertikal untereinander, so haben Sie einen besseren Überblick, wenn beispielsweise nach 30 Gruppen die Wiederholung erfolgt.«

Er begann mit dem Start. Sie schrieb mit und stellte fest, daß es verhältnismäßig einfach ging. Als er nach 30 Gruppen stoppte, fehlten ihr nur wenige Ziffern. Er ließ das Band nochmals durchlaufen, und sie konnte nach der Wiederholung ihre Lücken füllen. Das machte er nochmals, und sie war sicher, alle Zahlen richtig gehört und niedergeschrieben zu haben. Der Ausbilder verglich die Zahlen ihres Zettels mit einem Blatt aus seiner Mappe und urteilte: »Das ist schon ganz gut, denn Sie haben sich nur einige Male verschrieben. Wir sind zum Üben hier, in der Praxis müssen Sie versuchen, jeden Hörfehler auszuschalten.« Nachdem sie den Vorgang in der Wiederholung mehrmals geübt hatte, schaltete er das Radio ein und gab ihr den Auftrag, eine echte Sendung mitzuschreiben. Er stellte die Kurzwelle auf eine bestimmte Frequenz ein und teilte ihr mit, sobald das Musikstück vorüber wäre, beginne die Meldung in Ziffern. Auch hier gelang es ihr, mit geringen Fehlern auszukommen, so daß der Ausbilder mit ihrer Leistung zufrieden war.

Die schwierigste Aufgabe stand ihr aber noch bevor, denn sie mußte nun die Grundbegriffe einer einfachen Chiffre möglichst schnell erfassen, denn schon am nächsten Vormittag sollte eine sogenannte Praxisprüfung unter operativen Bedingungen durchgeführt werden.

Christel machte nun mit einem anderen MfS-Mitarbeiter Bekanntschaft, dem sogenannten Chiffre-Genossen. Er war genauso ein intellektueller Typ wie der andere Techniker. Sein Gepäck bestand aus Buchstabentabellen und Zahlentafeln, die sie an Logarithmentafeln erinnerten. Er gab eine kurze Unterrichtseinführung, in der er Christel mitteilte, daß er sie instruieren wolle, damit sie künftig Mitteilungen irgendwelcher Art an die Zentrale verschlüsselt weitergeben und erhalten könne.

Er erklärte, alle Klartexte würden nach einer Tabelle in Ziffern umgewandelt, diese wiederum nach der Additionsmethode mit einem Zusatzzifferncode verschlüsselt und dann weitergegeben. Sinn und Zweck dieser Sache sei, es einem Gegner unmöglich zu machen, den Klartext zu erfahren. Dann ging er gleich zur Praxis über, er gab ihr eine Tabelle, auf der in mehreren Reihen Buchstaben und Begriffe standen, während die oberste horizontale und erste vertikale Reihe aus Ziffern bestanden. Es war für Christel keine Schwierigkeit, ein Wort oder mehrere nach der Tabelle in Ziffern umzuwandeln. Hatte sie doch schon oft genug in Zeitungsrätseln ähnliche Aufgaben gelöst.

So konnte der Ausbilder bald mit dem zweiten Teil der Ausbildung beginnen, und der war für sie schon weit schwieriger. Sie mußte zu den gefundenen Ziffern die Tabellenzahlen addieren, doch das war es nicht, sie mußte sich daran gewöhnen, die Zehner nicht zu berücksichtigen. Das hieß beispielsweise, acht plus vier sind gleich zwei, neun plus neun sind gleich acht oder fünf plus fünf ist gleich null – für einen gewissenhaften Rechner schon eine kleine Hürde. Im Laufe des Nachmittags hatte sie auch das geschafft, inklusive der umgekehrten Methode – d. h. durch Subtrahieren – aus den Ziffern wieder Buchstaben (Klartext) herzustellen. Sie dachte über die Arbeitsweise nach und kam zur Erkenntnis, daß mit Sicherheit kein Uneingeweihter je imstande wäre, irgendeinen auf diese Art verschlüsselten Text in einen Klartext umzuwandeln und zu verstehen. Damit hatten die Ausbilder ihr nicht nur – wie beauftragt – Wissen und Methoden übermittelt, sondern sie gleichsam psychologisch in einer gewissen Sicherheit bestärkt, die einfach notwendig war, um in diesem Genre überhaupt zu bestehen.

Sie setzten sich zum Abendbrot, einer der Typen hatte den Tisch gedeckt, er dachte an alles, und sie mußte zugeben, daß die Leute zu leben verstanden. Eine gute Hausfrau hätte das Mahl nicht besser bereiten können. Zum Trinken gab es grusinischen Tee (den sie übrigens sehr gern trank, der aber leider nicht überall zu bekommen war – doch diese Leute hatten eben keine Probleme mit der Beschaffung). Karl-Heinz erwähnte, was wir hier nicht bekommen, kaufen wir im HO-Gesundbrunnen, dafür erhalten andere DDR-Einwohner Gefängnis!

Während des Essens war ihre Kölner Firma sowie ihr Chef Gesprächsstoff, und Christel konnte feststellen, daß die beiden Typen nicht nur sehr gut, sondern bis ins Detail informiert waren. Ihre Firma befaßte sich mit Vacuumtechnik und war international gut bekannt, doch man hatte ihr an keiner anderen Stelle (Internationle Messen und dergleichen) so gezielte Fragen gestellt wie hier, sei es über Kunden, Zulieferer, Betriebsangehörige oder Arbeitsprozesse. Erich öffnete seine Schreibmappe und legte einige Aufnahmen vor: es waren Fotos von Technikern und Ingenieuren ihrer Entwicklungsabteilung!

Er informierte Christel, daß gegen 20.00 Uhr Beate käme, sie beide müßten noch zu einem Treff und seien erst morgen vormittag wieder zurück. In dieser Zeit könne Christel zu jedem Foto eine Charakteristik schreiben (eine Maschine stände ihr zur Verfügung) und alles hinzufügen, was sie über die betreffenden Leute wüßte. Außerdem sollte sie zum gleichen Termin eine Aufstellung ihrer Freunde und Bekannten anfertigen und ebenfalls zu jedem eine Kurzcharakteristik niederschreiben.
Sie hatte also ein reichhaltiges Arbeitsprogramm bis zum nächsten Vormittag zu erledigen und mußte außerdem um 23.00 Uhr und morgen früh 5.30 Uhr zwei Telefoniesendungen mithören und – schreiben, die Frequenzen dazu hatten die Techniker ihr gegeben und das alles quasi als Hausaufgabe bezeichnet. Mit anderen Worten, es würde für Christel nur eine kurze Nacht werden.
Erich hatte schon Andeutungen gemacht, daß sie ja einen steuerfreien Nebenverdienst für ihre künftigen Anschaffungen gut gebrauchen könne, und beim nächsten Mal würde er ihr definitiv mitteilen, ob sie sich schon im Juni/Juli einen PKW anschaffen solle. Sie wäre dann beweglicher, und außerdem könnten dann die Treffs in Berlin durchgeführt werden. Eine gute Abdeckung wäre dann jeweils ein Treffen mit ihren Eltern in Ost-Berlin zum gleichen Zeitpunkt. Scherzend fügte Erich hinzu, natürlich ohne anschließende AZKW-Kontrolle! –
Wer den Schaden hat, braucht für den Spott nicht zu sorgen, aber es wäre doch schön, wenn sie sich ihren Eltern im Wagen vorstellen könne. Wie stolz wäre ihre Mutter, im Kaffeekränzchen erzählen zu können, Christel habe sich einen Wagen angeschafft, und sie hätten sich in Berlin getroffen. –
Sie durfte nicht darüber nachdenken, zu welchem Preis! Sie dachte an die Ölminiatur, die sie vom letzten Besuch mitgebracht hatte – sie stellte Jesus und seine Jünger dar. Sie dachte an Judas und die berüchtigten dreißig Silberlinge. Doch sehr schnell verdrängte sie diese Gedanken. Eine

Pauschalentschuldigung hatte sie parat und war darin noch bestärkt worden: die Verhältnisse im Nachkriegsdeutschland und ihre Nachwirkungen waren auch ihr zum Verhängnis geworden.
»Der Westen und seine Politik sind an so vielem schuld, selbst an seinem eigenen kommenden Untergang«, sagte Karl-Heinz in einem Gespräch, und Erich zitierte Nietzsche: »Was im Fallen ist, das Stürze!« War es eine Generalabsolution für alles, was sie tat oder in naher Zukunft tun mußte.

## 7.

## In Klein-Paris sind die Nächte lang – Film, Ton- und Fotogeräte kennen keinen Achtstundentag

### TEIL I

Die ersten ersten Januartage im Jahre 1959 in Berlin waren feucht, aber nicht kalt, so hatte Dieter statt seines Wintermantels nur einen Trenchcoat übergezogen, als er die Pension »Nürnberger Eck« in West-Berlin verließ, um sich mit Roland zu einer Arbeitsbesprechung zu treffen. Roland war sein Führungsoffizier des MfS.

Dieter studierte an der TU in Aachen und war erst 1955 aus Dessau illegal nach Westdeutschland gekommen. Er hatte sein Abitur mit sehr gut bestanden, doch erhielt er keinen Studienplatz, sondern sollte sich »erst in der Produktion bewähren«. Schuld daran war sein Elternhaus. Sein Vater war in den Flugzeugwerken von Junkers in Dessau tätig gewesen und, wie viele andere auch, Mitglied der NSDAP. 1948 wurde er durch eine zusammengesetzte Kommission von sogenannten Antifaschisten zu seiner Parteizugehörigkeit öffentlich vernommen. Ein Saal, der keine Kriegsschäden aufwies, wurde zum Gerichtstribunal umfunktioniert. Mitglieder der SED, sogenannte VVN-Leute und Mitglieder anderer kommunistischer Organisationen, sprachen Recht, jedenfalls nannten sie es so. Sie beschimpften die ehemaligen NSDAP-Mitglieder in übelster Weise, legten deren Privatleben offen und ließen Zeugen aus ihren Reihen aufmarschieren. Auf diese Weise entlud sich oft jahrelang aufgestauter persönlicher Haß, und kein Anwalt konnte den so Angeklagten helfen. Da wurden Buchhalter oder Lehrer, Wissenschaftler und Ärzte verurteilt, künftig als Hilfsarbeiter zu arbeiten. Sie mußten ihre Wohnungen räumen, ihre Möbel unentgeltlich sogenannten Opfern des Faschismus zur Verfügung stellen und vieles andere. Das waren keine

Vollblutnazis, sondern nur kleine Pg.s, sogenannte Mitläufer, denn alle Führungsleute hatten sich rechtzeitig abgesetzt oder waren inzwischen liquidiert worden.
Dieters Vater hatte Glück. Er konnte nachweisen, daß er sogenannten Ostarbeitern während der letzten Kriegsjahre materielle Hilfe zukommen ließ. Er hatte sie immer anständig behandelt, und in den letzten Kriegswochen ließ er sogar zwei Ostarbeiter in seiner Gartenlaube illegal kampieren, was bei einer Entdeckung durch die Gestapo seinen Tod bedeutet hätte. Dafür verfuhr man also gnädig mit ihm, er mußte nur seine Wohnung in Dessau räumen und in eine baufällige Baracke nach Roßlau umziehen (ohne fließendes Wasser, WC oder Gas), doch durfte er seine Möbel mitnehmen und in Roßlau als Schlosser arbeiten.
Dieter mußte täglich 8 km mit dem Fahrrad zur Schule fahren, egal ob es regnete, ob Schnee lag oder ob es glühend heiß war. Er resignierte nicht, sondern nahm alle Strapazen und Entbehrungen in Kauf, um einen guten Oberschulabschluß zu erreichen. So hoffte er leichter an einer TH oder Uni einen Studienplatz zu erhalten. Doch seine Leistungen waren keine Kriterien, sondern die einstige Parteimitgliedschaft seines Vaters wurde für ihn ein unüberwindbares Hindernis. So blieb ihm nach dem sehr gut bestandenen Abitur nur die Möglichkeit, sein Glück im Westen zu versuchen. Er hatte noch eine Patentante in Aachen, und zu ihr nahm er über eine Kusine Verbindung auf. Seine Eltern wollte er da nicht mit hineinziehen, und seine Kusine in Köthen erhielt sowieso reichlich Post aus dem Westen.
Die Tante in Aachen sicherte ihm brieflich zu, daß er in der ersten Zeit bei ihr wohnen könnte, und so traf Dieter seine Vorbereitungen. Er verkaufte seine 20 Karl-May-Bände, seine elektrische Eisenbahn und seine Dunkelkammerausrüstung, alles, ohne daß seine Eltern etwas merkten. Mitten in die Vorbereitung platzte eine Vorladung des FDJ-Kreisvorstandes. Erst wollte er nicht hingehen, sondern sich gleich in den nächsten Zug nach Berlin setzen, doch dann überlegte er, es sei besser für seine Eltern, wenn er den

Termin wahrnähme und dadurch erführe, was man von ihm wolle.
Punkt 11.00 Uhr erschien er im Hause des FDJ-Kreisvorstandes, einer ehemaligen Filiale der Dresdner Bank. Er wurde in einen Raum gerufen, wo er vier Personen gegenüber stand. Sie hatten seine Personalunterlagen und sein Studienplatzersuchen vor sich liegen. Sie sprachen ihn mit Jugendfreund an und teilten ihm höflich, aber bestimmt mit, daß ein Studienplatz für ihn jetzt noch nicht frei sei. Sie hatten für ihn zwei Alternativen, die eine: ein Jahr in der Landwirtschaft produktiv arbeiten, dann Besuch der Ingenieurschule in Dessau mit dem Studium für landwirtschaftliche Maschinen: die andere: zwei Jahre Produktionsarbeit bei der DSAG-Wismuth in Aue und anschließend Physikstudium an der Universität in Dresden mit Abschluß eines Radiologen und gleichzeitiger Verpflichtung, in das Werk der DSAG zurückzugehen. Man wollte ihm für seine Entscheidung zwei Tage Zeit lassen. Er wußte jedoch, gewitzt durch derartige frühere Konferenzen, daß man eine schnelle Entscheidung von ihm wollte, und so begann er, in der eingeübten Terminologie seine Phrasen zu dreschen. Er dankte für das große Vertrauen, das man in ihn setzte, und erklärte, daß seine Entscheidung selbstverständlich für die zweite Alternative gefallen sei, da er in der Zusammenarbeit mit den Freunden die große Zukunft sähe. Nickende Zustimmung bei den Genossen für seine vernünftige und schnelle Entscheidung, ein Zeichen, daß er die Wichtigkeit des Augenblicks begriffen habe etc. etc . . .
Für Dieter war einzig und allein wichtig, daß er bestätigt fand, keinerlei Verdacht erregt zu haben. Damit hatte er für seinen Fluchtplan Zeit und Sicherheit gewonnen.
Am Freitagvormittag, den 29. April 1955 war es soweit, er hatte seinen kleinen Koffer und eine Aktentasche gepackt und beides in einer Gartenlaube deponiert. Er verließ das Haus mit seiner GST-Jacke und sagte seiner Mutter, er müsse für die GST nach Halle fahren und käme wahrscheinlich erst Sonntagabend zurück. Er hatte seine Abzeichen

angelegt (Sportabzeichen, Abzeichen für gutes Wissen und die Mitgliedsabzeichen für den DS und für die DSF, so daß seine Mutter sagte, du siehst wieder aus wie ein Pfingstochse). Er wußte, im Zug nach Berlin sind Kontrollen, aber in dieser Aufmachung hatte er Ruhe und gleichzeitig schweigsame Mitreisende. So kam es, daß die Zugkontrolle sein Gepäck gar nicht sehen wollte, während sie bei anderen Mitreisenden sogar den Inhalt der Brieftaschen kontrollierte. In Berlin-Ostbahnhof angekommen, stieg er um in die S-Bahn und fuhr zur Friedrichstraße. Dort ging er zum Zimmernachweis und bat um eine Schlafstelle. Er erhielt eine Adresse in der Seitenstraße der Stalin-Allee bei einer sehr alten Dame.
Dieter belegte das Zimmer bis Montag, bezahlte auch gleich und erledigte die Eintragung in das Hausbuch. Dann zog er sich als erstes um und trug jetzt einen grauen Anzug und ein weißes Sporthemd. Als er so in die Küche der alten Dame trat, sagte diese: »Na, Jung, so gefällste mir ville besser als vorhin, un wenn de die Klamotten rübber bringst, fahr mit de U-Bahn, und liebber eenmal öfter, det fällt am wenichsten uf.« Als er ein erstauntes Gesicht machte, winkte sie nur ab und sagte, »wenigstens einer meiner Gäste haut jede Woche ab, und ich kann das verstehen, ich wünsch dir alles Gute!« Mit einem wissenden Lächeln braute sie ihren Kaffee weiter.
Dieter nahm seine Aktentasche und ließ den Koffer noch bei der alten Dame. Er fuhr mit der U-Bahn zum Bahnhof Zoo. Dort erkundigte er sich bei der Polizei, wo er sich als Zonenflüchtling zu melden habe. Die Polizisten zeigten sich sehr hilfsbereit und teilten ihm mit, die Aufnahmestellen hätten erst morgen früh wieder auf, doch würde er einen Zettel von ihnen erhalten, mit diesem müsse er sich im Heim der Arbeiterwohlfahrt in Neukladow melden. Dann hätte er ein Bett und Verpflegung, doch müsse er sich dort bis 22.00 Uhr gemeldet haben. Dieter ging schnell noch einmal zum Bahnhof Zoo, gab seine Tasche als Handgepäck auf und fuhr zurück in den Osten, um seinen Koffer zu

holen. Eine gute Stunde später saß er mit Koffer und Aktentasche im Bus nach Gatow und fuhr zum Heim der Arbeiterwohlfahrt nach Neukladow.
Im Heim angekommen, legte er seine Papiere und den Zettel der Westberliner Polizeiwache vor. Der Heimleiter, ein Herr Wolter, trug die Personalien ein und zeigte ihm anschließend sein Bett mit Spind in einem Vier-Bettenraum. Danach bekam er ein paar Scheiben Brot mit einer Portion Butter und Magerquark, sein erstes Essen in West-Berlin! Nachdem er gegessen hatte, schloß er seinen Spind ab und ging im Gelände des Heimes spazieren. Es war eine herrliche Landschaft am Ufer des Havelsees, und er kam schnell mit anderen Jugendlichen ins Gespräch. Sie waren schon ein paar Tage da und erklärten ihm, was er als nächstes in den kommenden Tagen zu tun hatte, um sein Notaufnahmeverfahren zu erhalten.
Als erstes schrieb er noch am selben Abend an seine Tante nach Aachen und gab seine derzeitige Adresse an. Als er eine Briefmarke kaufen wollte, sagte ein Betreuer zu ihm, er müsse sowieso nach Tempelhof und würde den Brief dort einstecken, dann wäre er schon am kommenden Nachmittag in Aachen. Auch an seine Eltern schrieb er zwei Briefe, einen offiziellen über die Wohnanschrift in Roßlau, und einen inoffiziellen an seine Kusine in Köthen. Im offiziellen Brief drückte er sein Bedauern aus, seinen Eltern nicht mitgeteilt zu haben, wo er hinfährt, doch sei das Maß durch die FDJ-Konferenz nun voll, und mit 18 Jahren könne er nach dem Gesetz machen, was er wolle. Im anderen Brief schrieb er, wie weh ihm das alles tue, doch könne er nicht anders handeln und wolle ihnen für die Zukunft alle Schwierigkeiten abnehmen.
Montag frühstückte er bereits sehr früh und saß halb acht schon im Bus, um zur offiziellen Meldestelle zu fahren. Er erhielt den sogenannten Laufzettel für den ärztlichen Dienst, die Schirmbildstelle und die Sichtungsstellen, und er sammelte seine ersten Stempel. So pendelte er täglich zwischen Neukladow, dem Kaiserdamm, der Kuno-Fischer-

Straße und den Messehallen hin und her, bis er seinen Abflugschein erhielt und im DRK-Wohnlager Tempelhof auf seinen Abflug ins Bundesgebiet wartete.
Es war ein großer Tag für ihn, als er mit vielen anderen Jugendlichen in der BEA-Maschine nach Hannover saß. In Hannover wurden sie mit Bussen abgeholt und nach Sandbostel bei Bremervörde gebracht. Hier war ein großes Flüchtlingsjugendlager; und alles war mit deutscher Gründlichkeit organisiert. Es gab Beratungsstellen der einzelnen Bundesländer uind die Vermittlungen waren unkompliziert, denn Arbeitskräfte, vor allem Facharbeiter, wurden überall gesucht.
Auch Dieter erhielt schnell seine Zuweisung für Aachen, und ehe er sich's versah, saß er im Zug zu seiner Tante. Es war kaum ein Monat vergangen. Die Tante holte ihn erfreut vom Bahnhof ab und zeigte ihm nicht ohne Stolz das Mansardenzimmer, das sein künftiges Domizil sein sollte. Dieter war froh, die erste Sprosse der Leiter hatte er erklommen! Es gab zwar viele Hindernisse, aber es hatte sich gelohnt, denn seinem Studium stand nun nichts mehr im Wege.
Mutter und Vater hatten ihm einen inoffiziellen Brief geschrieben, und besonders aus Vaters Zeilen konnte er dessen Stolz entnehmen, daß sein Junge diesen Weg gegangen war. Vater sprach ihm Mut zu und bedauerte nur, daß er nicht die Möglichkeit habe, ihn materiell zu unterstützen. Dieter war glücklich, daß seine Eltern seinen Schritt billigten und daß er sich nun keine Vorwürfe zu machen brauchte, seine Eltern nicht vorher entsprechend eingeweiht zu haben.
Dieter meldete sich in Aachen bei den entsprechenden Stellen, und so konnte er seine Immatrikulation für das Herbstsemester vornehmen – ohne irgendwelche politischen Bedingungen. Auch einen Job hatte er schnell gefunden. Als er bei der Studentenvermittlung angab, daß er schon Kinofilm vorgeführt hatte, wurde er an einen Aachener Kinobesitzer überwiesen, der eine Kraft von 18.00 bis

23.00 Uhr suchte. Er nahm sofort an und erhielt pro Stunde 6,00 DM. Er war stolz wie ein König, als er nach einer Woche Arbeit 150,00 DM bar auf die Hand bekam. Es war kein leichter Job, aber mit dem Geld konnte er viele nötige Dinge erwerben, denn es fehlte ja an allem.
In der ersten Woche kaufte er sich einmal ein paar gute Schuhe und Körperpflegemittel, auch schaffte er sich ein Postsparbuch an und nahm sich fest vor, monatlich einen bestimmten Betrag einzuzahlen, um für besondere Situationen einen Notgroschen zu haben. Sein Job machte ihm riesig Spaß, denn die Filme kannte er alle noch nicht, und die Arbeitszeit empfand er als sehr günstig. Wenn er morgens aufstand und mit dem Frühstück fertig war, hatte er sich ein festes Wiederholungspensum aufgestellt; Bücher hatte er zum Teil geschenkt bekommen, und so hatte er die Gewißheit, daß er voll in sein Studium einsteigen konnte.
Nach einem Monat machte er sogar schon einen Sonntagsausflug nach Brüssel, für ganze 20.00 DM fuhr ein Bus um 8.00 Uhr in Aachen ab und war 22.00 Uhr wieder zurück. Wie herrlich unkompliziert war ihm diese Grenze vorgekommen! Bisher war er noch niemals ins Ausland gereist, und er hielt es für unmöglich, daß man so einfach von einem Land ins andere reisen kann. Wie kompliziert war dagegen schon eine Reise von Dessau nach Berlin, von Dessau nach Aachen ganz zu schweigen – es war schwierig geworden, von Deutschland nach Deutschland zu fahren.
Viele Kommilitonen hatte er schon gesprochen, darunter auch einige Ausländer. Es war alles so anders, als er es erwartet hatte. Die Kommilitonen hatten ganz andere Probleme, als gesellschaftskritische oder politische Anliegen zu diskutieren. Wenn die Studenten arbeiteten, dann ausschließlich für ihre private Kasse und nicht, um sozialistische Punkte in einem Staatswettbewerb zu erreichen! Er hatte keine Bedenken mehr, das Leben gefiel ihm so, wie es war, und er war überzeugt, unter diesen Bedingungen sein Ziel zu erreichen.

Zwei Jahre war Dieter nun schon voll im Studium. Er hatte immer noch seinen Job als Kinovorführer. Da er sparsam war, war auch seine Rücklage gestiegen, und er hatte sich eine tolle Bude eingerichtet. Als er mit seinem Kinobesitzer sprach, bot ihm dieser zwei Leerzimmer in einem seiner Häuser an, die hatte er sich nett renoviert und ganz nach seinem Geschmack eingerichtet. Er hatte einen Mietvertrag abgeschlossen und war nun stolzer Besitzer einer Zweizimmerwohung. Viel Freizeit investierte er jetzt, um alles nach seinem Geschmack auszubauen und einzurichten. Er war sehr glücklich, in verhältnismäßig kurzer Zeit das alles geschafft zu haben, ohne daß darunter sein Studium zu leiden hatte.
Am Donnerstag, dem 19. April 1958, wurde in Brüssel die Weltausstellung eröffnet. Dieter hatte ein paar Tage frei und freute sich sehr, dieses Schauspiel miterleben zu dürfen. Er hatte ein paar Sonntage seinen Filmvorführkollegen vertreten und somit ein paar Tage frei. In Brüssel hatte er eine billige Pension gefunden und war dort ganz in seinem Element. Er genoß es, die Sehenswürdigkeiten betrachten zu können; er schrieb Karten an seine Eltern, Verwandte und Bekannte, kurz – er fühlte sich als kleiner Globetrotter.
Als Dieter nach Aachen zurückkam, erwartete ihn eine unangenehme Überraschung. Trotz verschlossener Wohnungstür lag auf seinem Wohnzimmertisch ein an ihn adressierter Brief ohne Absender. Ehe er den Brief öffnete, ging er noch mal zur Wohnungstür, doch sie wies keinerlei Spuren einer gewaltsamen Öffnung auf. Er schaute in seinen Schränken nach, sein Bargeld war vollständig da, seine Unterlagen und Papiere ebenfalls, doch konnte er feststellen, daß sie nicht in der Reihenfolge lagen, wie er sie eingeordnet hatte, oder, besser gesagt, gewohnheitsmäßig ablegte. Er öffnete den Brief und mit einem Schlag kam die Erkenntnis für ihn, wer der spezielle Briefbote war.
Fünf mit Schreibmaschine geschriebene DIN-A4-Seiten erinnerten ihn daran, daß er mit seiner Flucht aus Dessau nicht nur seinen Staat, sondern auch seine Familie schmäh-

lich verraten habe. Doch sei die DDR stark genug, seine Handlungsweise zu verkraften, ob das auch für seine Eltern zuträfe, sei mehr als fraglich, denn der Gesundheitszustand seiner Mutter habe sich sehr verschlechtert, und sein Vater baue zusehends ab. Man könne zwar seinen Eltern eine Besuchsreise in die Bundesrepublik nicht gestatten, doch würde ihm garantiert, daß er jederzeit einen Besuch in der DDR machen könne, ohne daß seine Handlungen durch die Staatsanwaltschaft geahndet würden. Als Gegenleistung erwarte man von ihm einen lückenlosen Bericht bis zum heutigen Tage (inkl. seine Lageraufenthalte, Ansprachen etc.). Man sei zwar über vieles informiert, doch wäre eine Überprüfung zur Schaffung einer Vertrauensbasis unerläßlich. Ausdrücklich wurde ihm untersagt, irgendwelche Verbindungen zu westdeutschen oder alliierten Dienststellen aufzunehmen oder diesen den Brief zur Verfügung zu stellen. Schon die Zustellungsart des Briefes müsse ihn über die unbegrenzten Möglichkeiten der DDR aufklären und diene somit gleichzeitig als Warnung, unüberlegte Schritte zu unternehmen. Dieter wurde eingeladen, am Vorabend des 1. Mai nach Ost-Berlin zu kommen und sich ab 22.00 Uhr im Foyer des Hotels *Newa* aufzuhalten – sämtliche Auslagen würden ihm erstattet. Außerdem würde er Gelegenheit haben, bei einem zweiten Besuch mit seinen Eltern zusammenzutreffen. Ein Flugticket mit Hin- und Rückflug Düsseldorf-Berlin-Tempelhof werde ihm in den nächsten Tagen zugestellt.

Dieter überlegte fieberhaft, welche Möglichkeiten ihm blieben. Er hatte keinen Freund oder Bekannten, mit dem er sich über seine Situation aussprechen könnte – oder doch? Bei seinem ersten Besuch in Brüssel hatte er am Tisch im »Gouden Leeuw« zufällig mit einem westdeutschen Journalisten zusammengesessen. Sie waren ins Gespräch gekommen, als er sich etwas zu Mittag bestellen wollte und es zwischen ihm und dem Kellner zu Verständigungs-

schwierigkeiten kam. Sein Gegenüber erklärte dem Kellner, was er bestellen wollte und stellte sich danach vor.
In der weiteren Unterhaltung sagte ihm der Journalist auf den Kopf zu, daß er gebürtiger Mitteldeutscher und zwar Anhaltiner sein müsse. Es stellte sich sogar heraus, daß er Dieters Heimatstadt genau kannte, das Theater, die Tennisplätze etc., und so blieben sie über drei Stunden zusammen. Der Journalist führte ihn zu zahlreichen Sehenswürdigkeiten und gab dazu seine Erklärungen. Es zeigte Dieter, daß der Journalist die Hauptstadt und die Probleme des Landes genau kannte. Auch über den Ostblock hatten sie gesprochen, und es war für Dieter klar, daß dieser Journalist im Gegensatz zu vielen seiner Berufskollegen in den sogenannten Ostfragen sehr gut Bescheid wußte und vor allem sehr sachlich an die Dinge heranging. Als sie sich trennten, gab ihm der Journalist seine Visitenkarte.
Als Dieter über seine Situation nun nachdachte, kam ihm diese Begegnung wieder in den Sinn. Er hatte von Anfang an Vertrauen zu diesem Mann und so beschloß er, ihn in Essen anzurufen und mit ihm möglicherweise einen Termin zu vereinbaren. Gewiß hatte dieser genug Erfahrung, um ihm in der schwierigen Lage einen Rat zu erteilen.
Seine Hoffnung erfüllte sich. Sein Anruf war erfolgreich, und nach einigen vorsichtigen Andeutungen Dieters über den Zweck des Anrufes sagte der Journalist, es sei besser, sie würden sich nicht in Aachen oder Essen treffen, sondern Dieter solle nach Jülich fahren und dort im Café Schilling auf ihn warten.
Dieter verließ die Telefonzelle und ging zurück zur Wohnung, um von dort aus auf Umwegen zur Bushaltestelle zu gelangen, denn sein Bekannter hatte ihm geraten, nicht direkt zur Haltestelle zu gehen. Nun, derartige Sachen hatte er schon in seiner GST-Zeit und als er seine Flucht vorbereitete, üben müssen, also versuchte er so gut wie möglich einen eventuellen Verfolger abzuhängen. Als er allein in den Bus nach Jülich einstieg, war er sicher, daß er keinen Anhang hatte. Das Café fand er ziemlich schnell und so

setzte er sich an einen freien Tisch und bestellte ein Glas Tee.
Etwa eine Viertelstunde war vergangen, als der Journalist das Café betrat und ihn am Tisch begrüßte. Nachdem er Platz genommen hatte, schilderte Dieter die Sache mit dem Brief und seine Ratlosigkeit. Der Journalist fragte ihn, ob man schon früher versucht habe, mit ihm oder seinen Eltern Kontakt aufzunehmen. Er erzählte Dieter, daß es für die Mitarbeiter des MfS keine Schwierigkeit sei, in Wohnungen im Westen einzudringen, ehemalige DDR-Bewohner zu erpressen, oder diese in ihre schmutzigen Geschäfte einzubeziehen. Es gehöre zum Alltag dieser Leute, die Angst als Hauptwaffe einzusetzen, um irgendwelche staatspolitischen Ziele zu erreichen. Der Brief sei quasi eine Anwerbung für das MfS: künftig aktiv mitzuarbeiten. Seine Eltern dienen als Geiseln und so ist das Risiko für die Staatssicherheit, daß der Betroffene zu westdeutschen Dienststellen geht, gleich Null, denn er fürchtet in erster Linie für seine Angehörigen in der DDR Repressalien. Letzten Endes natürlich auch für sich selbst, also eine Schraube ohne Ende! Denn hat der Betroffene erst einmal angefangen, für das MfS zu arbeiten, verstößt er gegen die Gesetze der Bundesrepublik, macht sich also strafbar und ist somit zusätzlich erpreßbar.
Der Journalist sagte ihm, daß er einen guten Bekannten habe, der mit dieser Materie vertraut sei, und wo er auch hundertprozentig sicher sein könnte, daß nichts in andere, sprich falsche Hände geriete und er kein Sicherheitsrisiko eingehe, sich auch nicht strafbar mache. Sie würden jetzt gemeinsam hinfahren, und Dieter würde erfahren, wie er sich künftig zu verhalten habe.
Der Journalist nahm ihn mit nach Düsseldorf, stellte dort den Wagen auf einen Parkplatz hinter der Kö ab und ging mit Dieter in das Park-Hotel. Eine Dame trat auf sie zu, begrüßte sie wie alte Bekannte, nannte dem Journalisten eine Zimmernummer und sagte, daß sie hier unten bliebe. Der Journalist klopfte an die Tür eines Appartements, und

Dieter wurde einem Mann vorgestellt, der sich Hartwig nannte.

Der Essener Journalist hatte also schon diesen Mann informiert, bevor sie sich in Jülich trafen. Dieter konnte nicht anders, er hatte auch zu diesem Hartwig gleich vom ersten Augenblick an Vertrauen. Sehr erstaunt war er jedoch, als Hartwig seine Schreibmappe öffnete und ihm erklärte, daß er alle Unterlagen über ihn und sein Elternhaus habe, gleichfalls seine Unterlagen über die Befragungen in Berlin nach seiner Flucht.

Nachdem er Dieters Brief gelesen hatte, sagte er, es ergeben sich einige Möglichkeiten, aber jede ist verbunden mit künftiger nachrichtendienstlicher Arbeit. Es sei die Frage, ob Dieter dazu die notwendige nervliche Kraft und überhaupt den Willen habe, aktiv mitzuarbieten. Es ist der härteste Job, in die Rolle eines Doppelagenten zu schlüpfen. Gerade das MfS ist ein sehr ernst zu nehmender Gegner, den man niemals unterschätzen dürfe. Es vereine in sich nicht nur die deutsche Gründlichkeit ehemaliger *Canaris*- und *Gehlen*-Ausbilder, sondern in seinen Reihen stehen unzählige Leute, die Zeit ihres Lebens unter konspirativen Bedingungen leben mußten und von der *Tscheka* ausgebildet wurden. Sie spielten also nicht Konspiration, sondern lebten ständig mit ihr, um zu überleben. Also kein leichtes Spiel oder Abenteuer – sondern sehr harte Arbeit, Entbehrungen und äußerste Disziplin. »Entscheiden Sie sich dafür«, fuhr der Mann namens Hartwig fort, »können wir Ihnen jede erdenkliche Hilfe geben, aber – und das möchte ich betonen – wir können ihnen keine Garantie geben, daß alle Missionen problemlos verlaufen und Sie keine Konfrontation haben.«

Hartwig machte dann Dieter den Vorschlag, mit seiner endgültigen Entscheidung bis zum nächsten Treff zu warten und sich erst einmal seine Variante der künftigen Arbeit anzuhören.

Dieter sollte die Flugtickets gebrauchen und zu dem Treff ins Hotel *Newa* gehen. Soweit es möglich sei, würde er dabei durch andere, ihm unbekannte Leute observiert und abgesichert. Er solle auf die Angebote der Gegenseite eingehen, solle aber seine Bedenken äußern, daß er noch einige Jahre studieren müsse, ehe er einen Abschluß habe, daß er durch seinen Job über wenig Freizeit verfüge und daß er sich nicht vorstellen könne, tatsächlich positive Arbeit zu leisten. Ihm fehle jede Ausbildung in diesem Metier; natürlich wisse er jetzt, mit seiner Flucht einen großen Fehler begangen zu haben, aber nun müsse er sich erst einmal selbst beweisen . . . und vieles andere. Die Antworten solle er nach seiner Rückkehr gut analysieren und darüber eine schriftliche Ausarbeitung machen. Zu dem Journalisten könne er volles Vertrauen haben, denn Hartwig und er seien jahrelange Freunde und sie hätten schon in vielen schwierigen Situationen gut zusammengearbeitet. Mit diesen Worten verabschiedete sich Hartwig und ließ Dieter mit dem Journalisten zurück.

Dieter hatte natürlich nun sehr viele Fragen. Da der Journalist zum Kühlschrank ging und eine Flasche Bourbon mit der Bemerkung herausnahm, es sei sowieso alles bezahlt und »wir können uns bedienen«, hielt Dieter seine Neugier nicht mehr zurück. Seine erste Frage war, ob die Zusagen des Herrn Hartwig bindend seien und ob er glaube, daß er die zweiseitige Aufgabe auf längere Sicht und unter solch schwierigen Verhältnissen durchstehen könne. Der Journalist erklärte ihm, daß es allein an ihm und seinem Verhalten, an seiner klaren Linie, seiner Intelligenz und einem gut arbeitendem Gedächtnis liegen würde. Von seiner Offenbarung würde nichts bekannt werden, und offizielle Dienststellen brauche er nicht anzulaufen, sondern könne sich ganz normal so verhalten, als würde er nur nach den Weisungen des MfS handeln.

Trotzdem müsse er auch gewappnet sein, daß das MfS versuchen würde, ihn eines Tages zu prüfen. Beispielsweise würden sie Fragen wie diese stellen: »Warum hast du nach deinem Rückflug letztesmal diese oder jene westdeutsche oder alliierte Dienststelle kontaktiert? Warum hast du

Unterlagen entgegen unseren Weisungen an das BfV weitergegeben? Wieviel hat dir beim letzten Mal die Westseite für die Informationen bezahlt?«
In solchen Situationen muß man cool bleiben und harte Nerven beweisen, denn sie können nur das wissen, was man selber ihnen mitteilt. Es ist unmöglich für sie, ständig so viele Leute im Einsatz zu haben, um laufend einen Mitarbeiter zu beschatten.
Dieter stellte noch sehr viele Fragen, doch der Journalist blieb ihm keine Antwort schuldig, er suchte keine Ausflüchte und beschönigte nichts.
Als sie sich nach weiteren zwei Stunden trennten, war Dieter um einen Sack voll Erfahrungen reicher geworden und hatte seine innere Ruhe wiedergefunden. Er würde so handeln, wie es der erfahrene Journalist und der Herr Hartwig ihm geraten hatten; er würde sein Gedächtnis gut trainieren, um diese harte Aufgabe bewältigen zu können. Er machte sich keinerlei Illusionen, denn er wußte, daß es kein Abenteuer oder Spiel war. Es konnte sehr hart enden, hatte ihm der Journalist gesagt, es könne Liquidation oder Zwangsarbeit bedeuten. Doch er hatte sich zum Ziel gesetzt, seinen Eltern zu helfen, und das konnte er nur auf diese Art.

Am Sonntag, dem 20. April 1958, klingelte bei Dieter der Eilbote und brachte ihm einen DIN-A5-Umschlag, der in Hannover abgesandt war. Sein Inhalt waren Flugtickets nach Berlin und zurück sowie drei Hundertmarkscheine. Dabei lag nur eine Briefkarte mit den Zeilen: »Sehr geehrter Herr Dieter Alt, wie vereinbart erhalten Sie hiermit Ihre Flugtickets und den Restbetrag. Mit freundlichen Grüßen . . .« Darunter eine unlesbare Unterschrift. Die Flugscheine waren, wie im Brief angekündigt, auf seinen Namen gebucht, er hatte also die ›Tickets zur Hölle‹ in der Hand, der er einmal für immer entronnen zu sein geglaubt hatte!
Er machte sich auf den Weg zur Telefonzelle und rief den

Journalisten in Essen an. Der sagte ihm, daß sie am 22. d. M. zusammenkommen würden, um alles nochmals genau zu besprechen, damit sich nicht a priori Fehler einschleichen.
Dieter wurde am 22. April an einer vorher vereinbarten Stelle von dem Journalisten abgeholt. Etwas erstaunt war Dieter, daß der Mann heute einen Diplomat V 8 mit Stuttgarter Kennzeichen fuhr und nicht den ihm bekannten Rekord 1900 mit Essener Kennzeichen. Sie fuhren diesmal nach Köln und stiegen in der Nähe des Doms aus. Sie ließen den Wagen auf dem Parkplatz stehen und gingen zum Bundesbahnhotel am Bahnhof.
Auch hier kam ihnen im Foyer wieder die tolle Frau (wie Dieter meinte) entgegen. Sie begrüßte beide recht herzlich, und sie fuhren zum Appartement, wo sie mit Hartwig zusammentrafen. Die Begrüßung war auch für Dieter sehr kameradschaftlich, und er mußte ehrlich gegen sich selbst sein und feststellen, ein Angstgefühl hatte er nicht mehr. War es nun die unbändige Wut auf die Roten oder der Drang, sich selbst zu beweisen – die anfänglichen Bedenken waren verschwunden. Zurück blieb nur der Wille, sich mit ganzer Kraft der neuen Aufgabe zu widmen. Die Zusammenkunft dauerte etwa zwei Stunden, dann brachte ihn der Journalist zum Hauptbahnhof und sagte ihm beim Abschied, daß er ihm die Daumen drücke und keinerlei Bedenken habe.
Am 30. April 1958 fuhr Dieter mit dem Zug nach Düsseldorf, nahm am dortigen Bahnhof ein Taxi und ließ sich zum Flughafen bringen. Um 19.00 Uhr ging er zum Abfertigungsschalter und saß 20 Minuten später in der startenden Turboprop-Maschine nach Berlin. Er dachte an seinen ersten Flug, den er drei Jahre zuvor in umgekehrter Richtung gemacht und der ihm die ersehnte Freiheit beschert hatte. Die Stewardessen servierten einen kleinen Bordimbiß, und als er anschließend noch einen Kaffee trank und eine Zigarette rauchte, schwenkte die Maschine schon zum Anflug ein. Er erkannte unter sich das Messegelände und

den Funkturm, dann ging die Maschine tiefer, er sah den Friedhof und die Positionslichter, dann setzte die Maschine auch schon auf und rollte aus.
Er stieg die Gangway hinunter zur Abfertigung. Wie hatte er das Gebäude immer bestaunt, wenn er als Junge einmal nach Westberlin fahren durfte. Jetzt war er andere Dimensionen gewöhnt, und so imponierte ihm zwar immer noch die Größe, aber er bestaunte diesen Zweckbau nicht mehr. Er ging zur Bushaltestelle, sah das Luftbrückendenkmal, das die Berliner ›Hungerkralle‹ getauft hatten, und fuhr dann mit dem Bus zum Bahnhof Zoo. Es war jetzt kurz vor 21.00 Uhr, also gerade die rechte Zeit, sich in die S-Bahn zu setzen und in den Ostsektor zu fahren.
Im Bahnhof Friedrichstraße stieg er aus und bummelte am Friedrichstadtpalast vorbei zum *Newa*-Hotel. Oft genug hatte er den Weg auf dem Stadtplan gemacht, so daß es ihm war, als gehöre diese Strecke zu seinem täglichen Spaziergang. Da war auf der linken Seite endlich das *Newa*-Hotel. Von seinem Eingang konnte man in den Westsektor schauen; nun, vielleicht beobachteten ihn von dort ein paar wachsame Augen und drückten ihm die Daumen. Er betrat das Hotel und nahm im Foyer Platz. Er blickte auf den grauhaarigen Alten an der Rezeption, der gerade ein Telefongespräch führte und dabei dienerte, als stände ein Staatsmann vor ihm. Noch während er sich köstlich über das Getue dieses Menschen amüsierte, trat ein breitschultriger großer Mann an ihn heran und sagte: »Guten Abend, Dieter. Ich freue mich riesig, daß du pünktlich bist. Mein Name ist Roland, und Siegfried wird auch gleich erscheinen, er parkt nur noch den Wagen. Ich schlage vor, wir essen im Restaurant erst einmal eine Kleinigkeit und fahren dann zu Sigis Oma. Als Jugendfreunde sagen wir ja du zueinander, nicht wahr?«
Auch der nun erscheinende Siegfried begrüßte Dieter wie einen alten Bekannten, und sie gingen gemeinsam zur Restauration. Die Kellnerin legte ihnen die Karte vor, aber Roland bestellte gleich. »Ich schlage vor, wir nehmen als

Vorsuppe Soljanka, als Hauptgang Stroganow mit Püree und als Dessert Palatschinken sowie ein Kännchen Mocca-Double; zur Eröffnung bringen sie uns drei Flaschen Budweiser!«
Dieter überdachte seine Situation und mußte an die Worte Hartwigs und des Journalisten denken. Sie hatten diese Szene schon im voraus geschildert, hatten ihm gesagt, daß niemals ein Gesprächspartner allein auftaucht, daß es von einem öffentlichen Lokal anschließend in eine KW oder ein Objekt geht, um dort in aller Ruhe das eigentliche Vorhaben zu besprechen. Für Dieter war es ein sicheres Zeichen, daß die beiden seine Lage ganz richtig eingeschätzt hatten. An ihm lag es nun, den Weisungen, die er in Düsseldorf und Köln erhalten hatte, zu folgen, und gefühlsmäßig war ihm klar, den richtigen Weg eingeschlagen zu haben. Er wird die beiden *Stasi*-Leute nicht unterschätzen, er wird wachsam sein und vor allem sein Denkvermögen gebrauchen.
Sie tranken das guttemperierte Budweiser Bier und begangen danach, die Soljanka zu löffeln, während die Unterhaltung über allgemeine Dinge geführt wurde. Es sah so aus, als hätten sich alte Bekannte zu einem netten gemeinsamen Abendessen getroffen. Ein Außenstehender hätte niemals den Eindruck gewonnen, daß die drei sich erst eine knappe Stunde zuvor kennengelernt hatten. Dieter konnte seine Rolle gut mitspielen und er gewann bald die nötige Sicherheit, sich ganz natürlich zu geben. Nach dem Essen, das wirklich reichhaltig war und wunderbar schmeckte, tranken sie ihren Mokka, und Roland ließ sich die Rechnung bringen. Als sie sich vom Tisch erhoben und dem Ausgang zustrebten, meinte Dieter an einem der Nebentische die tolle Lady aus Düsseldorf und Köln gesehen zu haben, aber um keinen Verdacht zu erregen, wollte er sich nicht umdrehen.
Vom Ausgang des Hotels gingen sie gemeinsam zum Parkplatz, wo sie einen grünen IFA-F 9 mit Ostberliner Kennzeichen bestiegen. Sie fuhren zur Stalin-Allee, bogen am Café Warschau in die Fruchtstraße ein und parkten dort den

Wagen. Durch eine Nebenstraße gingen sie zum Lieferanteneingang vom *Haus Budapest*. Roland zog einen Schlüssel heraus, öffnete die Tür und sie waren im Hausflur der Fruchtstraße 43. Sie benutzten nicht den Fahrstuhl, sondern stiegen die Treppen zur zweiten Etage hoch und klingelten an der linken Wohnung, wo der Name *Teich* auf dem Türschild stand. Eine ältere Frau öffnete die Tür und begrüßte alle drei recht herzlich.
Dieter hatte dabei das Gefühl, sehr genau gemustert zu werden. Sie war eine Urberliner Type und sagte, »Kaffee habe ich euch schon gekocht nach dem Hausrezept ›ville Kaffee, wenig Wasser‹, und Kompott bringe ich euch auch noch.« Sie betraten ein geschmacklos eingerichtetes Wohnzimmer, an dessen einer Wand ein riesiges Bild von *Ernst Thälmann* hing (mit Kampfmütze und Uniform des RFB), sowie ein Wald- und Wiesendruck im Lieschen Müller-Stil. Dieter suchte noch nach einem Porträt vom ›Spitzbart‹, aber der hing gewiß im Schlafzimmer. Er hätte sich nicht träumen lassen, einmal aus einer Wohung in der Stalin-Allee auf das Café Warschau zu blicken. Vor zwei Jahren glaubte er, das sei alles unwiderruflich vorbei.
Der Kaffee war eingeschenkt, und Oma Teich brachte das ›Kompott‹, das sich als eine Flasche russischer Wodka mit kleinen Wassergläsern entpuppte. Roland schenkte sie voll, blickte Dieter an und sagte: »Stoßen wir an auf eine gute und fruchtbare Zusammenarbeit im Kampf gegen den Imperialismus und für den Frieden! Unsere Feinde sind die gleichen, und es ist gut, daß du aus deinen Fehlern in der Vergangenheit gelernt hast und entschlossen bist, nun an der einzig richtigen Seite zu kämpfen!«
Sie tranken die Gläser aus, und Roland öffnete jetzt seine Aktentasche. Er entnahm ihr einen DIN-A4-Schreibblock, griff zum Kugelschreiber, wandte sich an Dieter und sagte: »Ich werde dir jetzt ein paar Fragen zu deinem Personalbogen stellen, du wirst heute nacht hier schlafen und noch einige Ergänzungen dazu niederschreiben, wenn wir weg sind. Morgen früh kommt dann noch ein Genosse mit, der

dir einige technische Unterweisungen erteilt, sie sind nun mal in unserer konspirativen Arbeit unerläßlich und sie geben dir auch die nötige Sicherheit im Feindgebiet.«

Dieter argumentierte, daß ihm doch jegliche Ausbildung fehle und daß er sich nicht vorstellen könne, als kleiner Student dem mächtigen MfS irgendwelchen Nutzen zu bringen.

Roland erwiderte darauf, daß Dieter sich von der Vorstellung befreien müßte, er wäre aufgrund seiner geringeren Ausbildung nicht in der Lage, wichtige Arbeit für das Organ zu leisten. Das wäre eine klare Selbstunterschätzung, denn wenn an einem hochentwickeltem Motor ein kleines, unscheinbares Rädchen fehle, drehe er sich nicht mehr, und so müsse sich Dieter als das kleine bewußte Rädchen betrachten. Es ist allein ohne Wert und Bedeutung, aber integriert nimmt es eine hohe Wertstufe ein! Er würde Aufgaben erhalten, die für ihn lösbar seien und könnte sich dann immer intensiver qualifizieren; mit wachsenden Aufgaben würde auch seine Bedeutung wachsen.

Dieter nickte zustimmend und äußerte seine Bereitschaft, alles für ihn mögliche zu tun, um das in ihn gesetzte Vertrauen in der Zukunft nicht zu enttäuschen. Siegfried, der bisher geschwiegen hatte, fügte hinzu, so und nicht anders hatten wir auch deine Reaktion erwartet, denn du bist intelligent genug, die Erfahrungen der Geschichte und deine eigenen zu bewerten und damit die richtige Basis für deinen Einsatz zu schaffen. Mit unserer Unterstützung und deinem aufrichtigen Willen bist du in der Lage, wichtige Aufgaben zu erfüllen und ein guter Kämpfer an der unsichtbaren Front zu werden. Du kannst mit deinen Eltern jederzeit zusammenkommen, nur darfst du ihnen niemals über deine Zusammenarbeit mit uns berichten. Darum raten wir dir auch, dich erst bei unserer nächsten Zusammenkunft mit deinen Eltern in Berlin oder Leipzig zu treffen. Als Legende könntest du ihnen sagen, daß du öfters in die Humboldt-Uni zur Bibliothek mußt, um bestimmte Bücher und Dokumentationen einzusehen, die für deine Studienar-

beit sehr wichtig sind. Allgemein gibt es viele Personen – Studenten, Lehrer, Professoren und Wissenschaftler –, die aus diesem Grunde unsere Hauptstadt besuchen, und somit gibt es keinen Grund für Dritte, an deinen Worten zu zweifeln; sie können dir sogar als Legende im Westen dienen, sollte man dich nach Gründen deiner Reisen in die DDR fragen. Du siehst, wir haben uns erfahrungsgemäß zu allem Gedanken gemacht und werden dich überall unterstützen.«
Rolands Fragen betrafen vor allem die einzelnen Stationen seiner sogenannten Republikflucht, wie z. B. die Befragungsstellen der alliierten und deutschen Geheimdienste in West-Berlin, die einzelnen Aufenthaltslager und Durchgangsstationen, die Dauer seiner jeweiligen Aufenthalte. Seine ausführlichen Antworten wurden von Roland sorgfältig notiert. Dieter dachte an sein Gespräch mit Hartwig und dem Journalisten, beide hatten ihm eingeschärft, alle diese Fragen recht ausführlich zu beantworten, denn das seien längst keine Geheimnisse mehr, da der *Stasi* genügend Leute als Flüchtlinge getarnt in den Westen schickte, um alle Stationen genau zu erkunden. Die Befragung würde nur dazu dienen, die Auskunftsbereitschaft und Ehrlichkeit Dieters zu überprüfen und je ausführlicher er diese Fragen beantworte, um so schneller stelle er die notwendige Vertrauensbasis für die Zusammenarbeit her.
Inzwischen war es 2.00 Uhr geworden, und Siegfried mahnte zum Aufbruch. Sie wünschten Dieter eine gute Nacht und baten, er möge ganz früh am Morgen noch die Ergänzungen fertig machen. Wenn er irgendwelche Wünsche habe, solle er das der Oma ruhig sagen oder sich selbst etwas aus der Küche holen. Sie zeigten ihm noch Bad, Toilette und Küche; dann verließen sie die Wohnung.
Dieter ging als erstes in die Küche, machte sich noch einen Kaffee und rauchte eine Zigarette, bevor er anfing, die Ergänzungen zu schreiben. Auch hier wandte er seine ganze Sorgfalt an, denn er wollte die Leute in seinem ureigensten Interesse nicht enttäuschen. Als er die Arbeit

beendete, war es bereits halb fünf Uhr morgens. Doch fühlte er keine Müdigkeit, er war nicht zum Schlafen nach Berlin gekommen. Er machte sich eine gute Gedankenskizze zur Wohnung und dachte an die geforderten großen W's, wie es der Journalist formuliert hatte. Dieter war innerlich zufrieden, die erste Begegnung mit den *Stasi*-Leuten so gut durchgestanden zu haben. Er dachte noch einmal an das Gesicht der tollen Lady und war sich jetzt fast ganz sicher, daß es tatsächlich ihr Gesicht im *Newa*-Restaurant gewesen war.

Plötzlich bekam er Hunger. Er war an nächtelanges Arbeiten gewöhnt, jedoch aß er dann reichlich zwischendurch, trank starken Kaffee, rauchte Zigaretten und fühlte sich dann wieder frisch. Er ging in die Küche und schaute in den Kühlschrank, in dem ein großes Stück durchwachsener Speck und Eier lagen, außerdem fand er Fleisch- und Heringssalat und im Schrank eine Bratpfanne.

Wie von zu Hause gewohnt, hatte er sich schnell ein kräftiges Nacht-Morgenmahl aus Speck und Eiern zubereitet, nahm dazu noch zwei Butterbrote und einen Teil der Salate. Nach dem Essen fühlte er sich wieder top und setzte seine Arbeit mit Ergänzungen zur Universität und zum Alltag fort. Das sollte zwar erst das Nachmittagspensum sein, aber es machte ihm jetzt direkt Spaß, gleich alles zu erledigen. Als es 7.00 Uhr war, klopfte die Oma und sagte: »Morgen, Dieter, immer noch fleißig Schulaufgaben machen? Ich hole jetzt gleich frische Schrippen und dann gibt's Frühstück, wenn die beiden erscheinen. Es ist ja prima, daß du dir selbst was zu futtern gemacht hast, das zeigt, du fühlst dich hier wohl, und das gefällt mir.«

Das gefiel nicht nur der Oma, denn rein zufällig kam sie mit Roland und Siegfried vom Bäcker zurück, sie klopften ihm auf die Schultern und waren des Lobes voll, als sie seine Schulaufgaben in Augenschein nahmen.

Sie frühstückten alle drei zusammen, während draußen Fanfarenstöße und Trommeln erklangen. Die Wecktrupps für den 1. Mai waren unterwegs, an den Feiertag hatte

Dieter gar nicht mehr gedacht, obwohl die Transparent- und Fahnenflut bei seiner Ankunft unübersehbar war. Die Oma klopfte und holte Roland zum Telefon. Erst nach 10 Minuten kam dieser zurück und sagte zu Siegfried, der Gerd käme mit dem Ausbildungsgenossen in einer halben Stunde. Dem Ausdruck und dem Tonfall konnte Dieter entnehmen, daß das Erscheinen Gerds wohl nicht zum Alltag gehörte, doch stellte er keine Fragen. Er hörte kein Klingeln oder Klopfen, die Zimmertür öffnete sich, und ein grauhaariger, etwa 50jähriger Mann im dunkelbraunen Anzug betrat den Raum. Er begrüßte alle drei mit Handschlag und blieb vor Dieter mit den Worten stehen: »Habe schon gehört, du hast die ganze Nacht gearbeitet, laß es dir nicht zur Gewohnheit werden, denn du wirst deine Nerven brauchen – auch noch für manche arbeitsreiche Nacht! Aber ich bin zufrieden . . .«
Mit einer Bewegung drehte er sich zu Roland und ließ sich die Ergänzungen geben. Er überflog sie schnell und sagte: »O. k., du mußt auch in Zukunft an alle Einzelheiten denken, egal, worüber du berichtest, immer grundsätzlich alles! Niemals selbst beurteilen, was wichtig oder unwichtig ist, selektiert wird allein bei uns. Du berichtest nur.«
So schnell und überraschend er gekommen war, verabschiedete er sich auch wieder, und Roland begleitete Gerd hinaus, wahrscheinlich, um mit ihm noch ein paar Worte zu wechseln.
Als er ins Zimmer zurückkam, lachte er Dieter an und sagte: »Das war eben Gerd, unser Boß, ein prächtiger Genosse, aber für heute war er bei uns gar nicht eingeplant. Der Genosse von der Technik frühstückt draußen noch, er wird dann eine Stunde mit dir arbeiten, Fragen zur Person stellt er nicht, er wird dich nur technisch unterweisen, wir verziehen uns solange zur Oma und lassen dich allein.«
Der Ausbildungsgenosse war Anfang 30 und ging sofort in medias res. Er holte einen DIN-A4-Block heraus, dazu ein paar lose Blätter und Tabellen, und sagte, er habe die Weisung, Dieter mit unsichtbarer Schrift vertraut zu

machen, um eine reibungslose Nachrichtenübermittlung zu gewährleisten, und zwar zweiseitig, d. h. einmal im Gebrauch unsichtbarer Schrift und einmal in der Lesbarmachung. Mit diesen Worten holte er einen Schulkolbenfüller aus einem Etui, drückte ihn Dieter in die Hand, nahm eine Zeitung und diktierte Dieter ein paar Zeilen, die dieser auf ein Blatt Papier schreiben mußte. Es war für ihn ungewohnt, zu schreiben und doch keine sichtbare Schrift auf das Papier zu bringen. Nachdem er etwa sechs Zeilen geschrieben hatte, unterbrach ihn der Ausbilder und zeigte ihm den Vorgang der Sichtbarmachung des Schriftbildes.
Er tränkte einen Wattebausch mit einer klaren Lösung und feuchtete damit vorsichtig das Papier an, im gleichen Augenblick wurde die Schrift sichtbar und Dieter mußte feststellen, daß er mit den letzten beiden Zeilen ineinandergeraten war. Doch scheinbar war der Mann mit ihm zufrieden, denn er sagte zu ihm, in der Praxis sähe es so aus, daß man ein Linienblatt oder ähnliches unterlege und damit ein Übereinanderschreiben vermeide, wichtig sei, daß man innerhalb der Zeile ein Überschreiben verhindere.
Dann machte er ›seinen Schüler‹ vertraut mit dem unsichtbaren Schreiben zwischen hand- und maschinegeschriebenen Briefzeilen, sowie bei Mitteilungen auf Post- und Ansichtskarten. Er erklärte ihm, daß dieses Verfahren durch Wahl der chemischen Zusammensetzung sicher sei gegen Routinekontrollen des Gegners. Als er Dieters Miene sah, erklärte er, es gäbe bei der Postkontrolle sogenannte routinemäßige Überprüfungen mit UV- und IR-Strahlengeräten. Bei diesen Untersuchungen werde die Reaktion der Flüssigkeit auf das Papier in der Faserschicht sichtbar gemacht, und man könne die scheinbar unlesbare Schrift lesen, was jedoch bei dieser chemischen Zusammensetzung unmöglich sei. Dann gab er Dieter einen Bogen und einen Spiegel und erklärte ihm, der Spiegel sei als harte Unterlage gedacht, um ein Durchdrücken beim Schreiben zu vermeiden, auch andere Glas- oder Metallplatten seien dafür geeignet.

Die zu beschreibende Seite wird auf den Spiegel gelegt, darauf kommt der imprägnierte Bogen, auf diesen wiederum ein Blatt, auf das mit weicher, stumpfer Bleistiftspitze der Text geschrieben wird. Der imprägnierte Bogen ist ebenfalls mit einer UV- und IR-strahlensicheren Lösung behandelt und kann wie normales Durchschlagpapier genutzt werden.
Dieter probierte auch dieses Verfahren und mußte zugeben, daß auf dem Bogen, wie er ihn auch drehte und wendete, nicht das geringste zu erkennen war. Nun nahm der Ausbilder eine Kerze, entzündete sie und schwenkte den Bogen darüber; nach einigen Minuten konnte Dieter seine eben noch unsichtbare Schrift in hellbraunen Buchstaben lesen. Dieter mußte nun auch diese Sichtbarmachung probieren, dabei ging beim ersten Versuch ein Bogen in Flammen auf, er war zu nahe an die Flamme gekommen, doch der zweite und dritte Versuch gelangen. Der Ausbilder erklärte ihm, daß er statt offener Flamme z. B. auch die Platte des Elektroherdes nehmen könne, indem er zwischen Elektroplatte und Bogen ein Stück Alu-Folie lege. Er gab Dieter eine Ampulle mit einer Lösung, die als Haarwäsche einer bekannten westlichen Kosmetikfirma etikettiert war, sowie zwei imprägnierte Bogen von dem D.-Mittelpapier. Wie er die Dinge zu transportieren habe, würden ihm die beiden anderen Genossen mitteilen.
Damit war für Dieter die erste Lektion bei einem Ausbilder des MfS beendet. Dieser verabschiedete sich, und Roland und Siegfried kamen wieder in das Zimmer. Lachend meinte Siegfried, »du bist ja trotz des Pensums noch frisch, nun dafür erhältst du auch eine Nachtzulage!« Siegfried öffnete seine Aktentasche und holte eine Schreibmappe heraus, er zeigte auf die beiden imprägnierten Bögen, die vom selben Fabrikat waren, und sagte: »Pack die beiden hier mit rein, aber merk dir die Seitenzahl gut, damit du sie zu Hause nicht verwechselst, die Ampulle mit der Lösung packst du in deine Kulturtasche, je offener etwas versteckt wird, um so sicherer ist es immer!«

Als nächstes holte er einen Quittungsblock heraus und füllte einen Betrag von 1500,00 DM (BDL) aus. Er gab Dieter 1200,00 DM und sagte, 300,00 DM hätte er ja bereits mit den Flugscheinen erhalten. Der Gesamtbetrag sei für Auslagen und für verlorengegangene Erholungszeit gedacht. Als Dieter fragte, was das BDL bedeuten solle, wurde er von Roland aufgeklärt, BDL heiße Bank Deutscher Länder, im Gegensatz zu MDN = Mark Deutscher Notenbank, womit die DDR-Währung gemeint sei.

»Doch gleich noch etwas«, fuhr Siegfried fort, »unterschreibe bitte nicht mit deinem Namen, sondern nur mit Herbert. Wir haben dich nicht umgetauft, aber ein Deckname ist nun mal notwendig in unserem Metier, und du wirst ab heute als Herbert geführt. Wenn du Briefe an uns schreibst, eine Anschrift erhältst du auch noch, so unterzeichne sie mit Herbert, das gleiche gilt, wenn du die Oma oder die Zentrale anrufst, niemals melde dich mit deinem Namen. Der nächste Treff ist Freitag, der 6. Juni, dann kannst du wieder die Abendmaschine nehmen und am Sonntag zurückfliegen. An dem Wochenende wirst du auch wieder viel arbeiten müssen, denn der nächste Ausbildungsgang erwartet dich dann. Wenn du von Tempelhof kommst, so fahre mit der S-Bahn vom Bahnhof Zoo bis zum Alexanderplatz, dort steigst du aus und gehst um das Centrum-Warenhaus herum. Hinten auf den Parkplatz stehe ich dann, und erwarte dich um 22.00 Uhr. Wir bringen dich jetzt zur S-Bahn Marx-Engels-Platz, und du kannst in den Westsektor rüberfahren. Mach noch einen Bummel durch West-Berlin, denn deine Maschine fliegt ja erst 18.00 Uhr. Wir wären noch hier essen gegangen, aber durch den Feiertag ist bei uns alles überfüllt, also bekommst du noch einen Fünfziger extra und genehmigst dir eine gute Mahlzeit.«

Sie verabschiedeten sich von Oma Teich und fuhren zum Marx-Engels-Platz. Roland drückte ihm noch eine S-Bahnkarte in die Hand, dann ein kurzes Shakehands, und Dieter-Herbert ging zur S-Bahn.

Er fuhr bis Zoo, stieg aus, um von hier aus einen kleinen Bummel über den vielgerühmten Ku-Damm zu machen. Seine Aktentasche ließ er in der Gepäckaufbewahrung, um unbeschwerter laufen zu können. Er blickte in die Schaukästen der Amüsierlokale, sah sich die Auslagen der Geschäfte an und ging in ein Eßlokal nahe der Kaiser-Wilhelm-Gedächtnis-Kirche. Für Berlin hatte er sich immer schon begeistert und auch dieser kleine Bummel zog ihn ganz in den Bann der einmaligen Stadt. Er bestellte sich ein Bier und dazu ein uriges Eisbein mit Sauerkraut und Erbspüree. Er fand es wunderbar, hinter der verglasten Terrasse zu sitzen, während die Menschen und Autos vorüberströmten und sein Blick auf dem »hohlen Zahn« ruhte, wie die Berliner die Ruine der Gedächtniskirche liebevoll nennen. Das Essen schmeckte ihm, und als er auf die Uhr blickte, wußte er, es ist Zeit, die Tasche abzuholen und zum Flughafen zu fahren. Dort angekommen ging er zur Paßkontrolle und zur Abfertigung; bald saß er in der Maschine und hörte die Aufforderung, sich anzuschnallen.
Eine Stunde Flugzeit, und die Maschine setzte in Düsseldorf auf. Er war wieder in Westdeutschland und in einer guten Stunde in seiner Wohnung. Er nahm sich ein Taxi und fuhr zum Hauptbahnhof Düsseldorf. Gerade als er das Taxi verlassen hatte, hörte er seinen Namen, und als er sich umschaute, sah er hinter dem Taxi den Wagen des Essener Journalisten.
Zu Dieters Erstaunen saß am Steuer des Wagens die ›tolle Lady‹. Er stieg ein, beide begrüßten ihn freundlich und der Journalist sagte ihm, sie würden ihn gleich nach Aachen bringen, doch zuvor wollten sie noch in das Park-Hotel fahren, wo Hartwig auf sie warte.
Als sie das Appartement im Park-Hotel betraten, begrüßte Hartwig Dieter sehr herzlich und gratulierte ihm, die erste Mission erfolgreich beendet zu haben. Dieter schilderte seinen Berlinaufenthalt, vergaß auch nicht hinzuzufügen, daß er beim Verlassen des *Newa*- Hotels geglaubt habe, die Fahrerin hätte an einem der Nebentische gesessen. Hartwig

und der Journalist lachten ihn an und warfen sich Blicke zu. Hartwig sagte: »Eins zu null für Sie; es war keine Einbildung, der Sie aufgesessen sind, sondern es war tatsächlich unsere Mitarbeiterin Claudia, die Ihren Treff observierte. Hier sind übrigens ein paar Aufnahmen mit Ihren interessanten Gesprächspartnern.«
Dieter erkannte Roland und Siegfried, und machte ein erstauntes Gesicht, als der Journalist sagte, das sei keine Hexerei, sondern nur das Produkt modernster Technik, verbunden mit dem Können einer guten Abwehrmitarbeiterin! Dieter übergab an Hartwig die nachrichtendienstlichen Hilfsmittel, die er in Ost-Berlin erhalten hatte, und Hartwig sagte lachend zu ihm, »der Einfachheit halber werden wir die gleichen Mittel auch für unsere konspirativen Kontakte verwenden, dann brauchen Sie sich nicht noch umzustellen auf jede einzelne Firma.«
Als Dieter seinen nächsten Trefftermin als 6. 6. nannte, meinte Hartwig, »dann haben wir genügend Zeit zum ›Schularbeiten machen‹ und können für heute zu Ende kommen. Möglicherweise überprüft das MfS, wann Sie Ihre Wohnung betreten und ob Sie Besuche empfangen. Also für heute fine, verhalten Sie sich ganz normal, und sollte irgend etwas Außergewöhnliches passieren, eine Nachricht von drüben etc., so rufen Sie in Essen an und setzen sich mit meinem Kollegen in Verbindung. Ansonsten treffen wir uns am Sonnabend, dem 10. Mai, wieder hier in Düsseldorf; Claudia wird sie um 9.00 Uhr an der Bushaltestelle in Aachen abholen. Übrigens zur Information: ein Besuch Ihrer Wohnung während Ihrer Abwesenheit hat nicht stattgefunden. Rein routinemäßig haben wir sie rund um die Uhr bewacht, hätte ja möglich sein können, daß man Ihre Abwesenheit ausnutzen wollte!«

Dieter bemerkte erstaunt, daß er jetzt vielen Dingen Aufmerksamkeit schenkte, die ihm früher gar nicht aufgefallen waren. Er beobachtete jetzt weit intensiver, in Gedanken erstellte er Personenbeschreibungen von Leuten, mit denen er ein Gespräch führte, nahm Eigentümlichkeiten besser wahr, kurz, er achtete genau auf seine Umwelt und hätte am Abend noch genau beschreiben können, wer morgens vor ihm an der Kasse im Supermarkt stand. Automatisch merkte er sich Kfz-Kennzeichen von Wagen, die in der näheren Umgebung seines Hauses parkten. Das alles war ein Ergebnis seiner neuen Tätigkeit im zweitältesten Gewerbe der Welt. Er hatte jetzt quasi drei Universitäten, auf denen er ein großes Vorlesungspensum bewältigen und seine Testate erwerben mußte. Die TH-Aachen war für ihn dabei die einfachste und angenehmste Ausbildungsstätte, hier konnte er einen Fehler machen, ihn aber zu gegebener Zeit erkennen und korrigieren. Das war bei den anderen Universitäten nicht möglich, eine Korrektur gab es dort nicht. Man mußte von Anfang an bestrebt sein, jeden möglichen Fehler zu vermeiden. Das schärfte seinen Geist immer mehr, denn er wußte, daß er anders kein Examen ablegen konnte, und einen anderen Weg, sich die Freiheit zu erhalten, gab es auch nicht.

Am Sonnabend, dem 10. Mai 1958, stand er am ausgemachten Treffpunkt nur wenige Augenblicke, als auch schon der Diplomat V 8 auftauchte und Claudia die Tür öffnete, um Dieter einsteigen zu lassen. Burschikos begrüßte sie ihn und sprach dann sofort, zum Armaturenbrett gewandt: »Alles an Bord, passiere 0–2 in zirka zwei Minuten.« Eine Stimme gab ihr Antwort: »O.K. Claudia, ich folge euch langsam und bleibe in Sicht- und Hörweite.« Claudia erklärte, daß Jack, der Journalist aus Essen, die Treffbeobachtung und die Absicherung übernommen hätte. Dieter solle versuchen festzustellen, in welchem Wagen Jack ihnen folgte. Er blickte nach hnten und sah drei Wagen, die ihnen folgten: eine Mercedes-Limousine, ein Lieferwagen und ein amerikanischer Straßenkreuzer, ein Oldsmobile. Er versuchte den Fahrer auszumachen, den er suchen sollte. Das Oldsmobile überholte jetzt den Lieferwagen, blieb kurz hinter dem Mercedes, überholte auch diesen und fuhr jetzt direkt hinter ihnen, doch zu seiner Enttäuschung war der Typ am Steuer nicht der Journalist. An der nächsten Kreuzung bogen sie rechts ab, das amerikanische Schlachtschiff fuhr weiter geradeaus, der Mercedes und der Lieferwagen folgten ihnen, doch konnte er die gesuchte Person immer noch nicht ausmachen. An der nächsten Kreuzung bemerkte er, daß nur noch ein älterer Opel-Kapitän hinter ihnen war. Claudia lächelte und fragte: »Nun, immer noch nicht den Richtigen gefunden? Aber es bleibt ja noch etwas Zeit bis Düsseldorf.« Dieter tippte auf den Mercedes, der hinter dem Lieferwagen fuhr, doch sollte sich seine Vermutung nicht bestätigen. Denn als Claudia in das Parkhaus des Kaufhofs in Düsseldorf fuhr, entstieg der Journalist dem Lieferwagen einer Reifenfirma. Er trug einen Overall, der die gleiche Reklame wie die Wagenfläche hatte.

Claudia ging mit Dieter zum Aufzug des Kaufhofes, und sie fuhren zum Erdgeschoß. Sie verließen das Gebäude, gingen zur gegenüberliegenden Straßenseite, um dort einen Seiteneingang zu betreten. Nichts wies darauf hin, daß das der Eingang zum Industrieclub war, und Dieter war erstaunt, als er erfuhr, welchen historischen Boden er betreten hatte. Aus dem Geschichtsunterricht war ihm dieses Haus ein Begriff, er dachte an Hitlers Rede in diesem Club vor den Industriellen, die ihm den Weg zur Macht eröffnete.
Claudia ging mit ihm in die zweite Etage, vorbei an einer Bar, und sie erreichten einen Saal, durch dessen zweiten Eingang sie – überraschend für Dieter – zum Lift des Parkhotels gelangten. Sie fuhren zwei Stockwerke höher und gingen zu einem Appartement, wo ihnen nach kurzem Klopfzeichen Hartwig öffnete. Dieter wurde hier einem

neuen Mitarbeiter vorgestellt, dessen Aufgabe es war, einen Detektortest vorzunehmen. Dieter war etwas betroffen, traute man ihm nicht? Wieso sollte er mit dem Lügendetektor geprüft werden?
Doch Hartwig erklärte ihm, das sei nur ein Reaktionstest. Die Mitarbeiter würden in kürzeren Zeitabständen routinemäßig diesem Test unterzogen, ohne Rücksicht auf Stellung und Person. Der Mitarbeiter würde ihnen etwa 15 Fragen stellen, einige mit ihnen sogar vorher durchgehen und mit dem Aufzeichnungsgerät ein Diagramm erstellen.
Der Detektormann erklärte ihm den Ablauf des Testes und stellte einige Beispielfragen. Er erkundigte sich, ob Dieter irgendwelche Antibiotika oder Alkohol zu sich genommen habe, und sagte ihm, daß er in dem Fall, wenn Fragen kamen, die er nicht mit ja oder nein beantworten könne, er »stopp« sagen solle, um sie zu unterbrechen.

Dieter mußte sich in einen Sessel setzen. Hinter ihm auf einem Tisch stand das Gerät, von dem zahlreiche Leitungen und Schnüre abgingen. Seine Handflächen wurden mit Kontaktfett eingecremt, bevor um seine Hände die Kontaktmanschetten gelegt wurden. Sein Brustkorb wurde mit Drähten überspannt, und einige Kontakte mit Pflaster auf seiner Haut befestigt. Dann wurde eine Nullprobe vorgenommen, und der Check begann: Sie sind in Dessau geboren? Trinken Sie gern Bier? Lieben Sie die Naturwissenschaften? Besuchen Sie oft Nutten? Beuschen Sie regelmäßig die Vorlesungen? Sind Sie im Auftrag des MfS in die Bundesrepublik gekommen? Sind Sie ein Säufer? Nehmen Sie Rauschgifte?
In dieser Art wurden Dieter zweimal 15 Fragen gestellt, und der Mitarbeiter erklärte danach den Test für beendet. Dieter wurde von den Kontaktverschnürungen befreit, der Diagrammstreifen wurde herausgenommen und mit Datum und Uhrzeit versehen. Der Mitarbeiter verschloß den Detektor, der äußerlich einem ganz normalen Aktenkoffer glich, und verabschiedete sich.

Hartwig erklärte ihm, daß dieser Test sporadisch aus Sicherheitsgründen angewendet würde. Dieters erste Reaktion war die Frage: »Arbeitet der Osten auch mit einem Detektor, um meine Treue zu testen?« Doch Hartwig verneinte das und erklärte ihm, daß der Osten das noch auf konservative Art mache, zum Beispiel durch überraschend gestellte Schockfragen während einer normalen Unterhaltung beim Treff. Wenn die Konkurrenz zu zweit sei, müßte er mit einer derartigen Testbefragung rechnen.

Dieter fertigte nun schnell ein paar genaue Skizzen der Wohnung in der Fruchtstraße an und machte dazu Personenbeschreibungen von Roland, Siegfried und der Oma Teich.
Jetzt kam auch Jack, der Journalist, ins Appartement. Zu Dieters Überraschung holte Jack den Diagrammstreifen des Detektor-Checks aus seiner Tasche und sagte: »O.K. Dieter, so und nicht anders habe ich mir Ihre Reaktion vorgestellt. Sie bestätigt Ihren Willen, ehrlich für die Sache zu arbeiten.« Jack erklärte ihm die Bedeutung der unterschiedlichen Fragen und des gesamten Checks. Nach diesen Ausführungen war Dieter von der Wichtigkeit einer derartigen Prüfung für alle Mitarbeiter überzeugt, ja, es beruhigte ihn, daß man auch hier im Westen den Feind nicht vergaß oder gar unterschätzte.

Jack hatte sich nun an den Tisch gesetzt und erkundigte sich nach Dieters fotografischer Praxis, mit welchen Kameras er arbeitete, und vieles andere mehr. Er zeigte ihm eine Minox-Kamera und erklärte ihm die Funktions- und Arbeitsweise. Er zeigte ihm die kleinen Negative und fügte dann hinzu: »Für viele Situationen ist dieses kleine Wunderwerk deutscher Technik aber noch zu groß und in der Handhabung zu umständlich.« Bei diesen Worten streifte er seinen Jackettärmel hoch und zeigte auf seine ganz normale Armbanduhr mit Datumanzeige. Er erklärte: »Diese Uhr erfüllt zwei Funktionen, nämlich die einer normalen Uhr und die einer Kamera.« Als er Dieters skeptischen Blick sah, streifte er die Uhr ab, breitete ein Papiertaschentuch aus, legte die Uhr darauf und erklärte ihm die verschiedenen Funktionen. Er drückte leicht auf das Zifferblatt entgegen dem Uhrzeigersinn, und Dieter sah jetzt keine Datumsanzeige mehr, sondern ein Loch im Zifferblatt, und erst, als er genauer hinsah, erkannte er eine feine Glaswölbung. Jack erläuterte: »Das ist ein Spezialobjektiv, mit dem man sowohl Nahaufnahmen von 34 cm Entfernung wie auch Aufnahmen von 3 m Abstand machen kann, das hängt damit zusammen, daß das Uhrenglas auch ein speziell geschliffenes optisches Glas ist. Man kann bei guten Lichtverhältnissen (60 er-Glühbirne) eine DIN A 4-Seite aufnehmen, die dann unter Mikroskop lesbar ist, wie auch eine Personenaufnahme bei schlechteren Lichtverhältnissen, die beliebig vergrößert werden kann. Es kommt dabei auf den Spezialfilm an, der extremen Anforderungen gewachsen ist. Beides zusammen, Objektiv und Spezialfilm, ergeben das Maximum an Leistung. Im Vergleich gegen diese Kamera ist die Minox eine billige Taschenbox. Mit einer Filmscheibe können 15 Aufnahmen gemacht werden, denn im Gegensatz zu normalen Kameras, in denen Rollfilme verwendet werden, benutzt man hier eigens dazu hergestellte Filmscheiben, die bei jedem Auslösen automatisch weitertransportiert werden.« Jack drehte an der Bodenplatte der Uhr und legte damit die Einlegeplatte für den Film frei. Er demonstrierte, wie wenige Handgriffe genügten, um die Kamera funktionsbereit zu machen. Er zeigte ihm eine entwickelte Negativplatte mit den dazugehörigen Vergrößerungen, und Dieter konnte nur noch staunen. Mit bloßen Augen sah er die kaum stecknadelgroßen Punkte auf der Platte, er konnte es nicht begreifen, daß das vergrößerungsfähige Negative sein sollten. Als er sagte, daß derartige Miniaturen ja auch leicht zu verbergen und zu transportieren seien, antwortete Jack: »Die Dinger können sogar mit einer normalen Post- oder Ansichtskarte versandt werden. Man löst den Flm von der Trägerschicht, zum Beispiel mit

Aceton, die hauchdünnen Blättchen werden dann mit einer Speziallösung gebleicht. Sie finden unter einer Briefmarke bequem und unnachweisbar Platz. Der Empfänger löst sie von der Marke, packt sie ins Entwicklerbad und hat somit wieder vergrößerungsfähige Negative. So kann man auf einer normalen Ansichts- oder Postkarte bis zu 100 DIN A 4-Seiten mit geheimen Informationen versenden, ohne ein großes Risiko einzugehen. Aber über die speziellen Dinge, wie Entwicklung, Bleichung, Wiedersichtbarmachung und den Versand sprechen wir ein andermal, heute will ich nur die Kamera erklären und ein paar Probeaufnahmen machen lassen.«

Nachdem Dieter die Armbanduhrkamera im Trockentraining ausprobiert hatte, durfte er sie nunmehr scharf laden, um eine Filmplatte zu testen. Jack hatte zu diesem Zweck einige Tabellen und Skizzen, ein paar maschinenbeschriebene DIN A 4-Seiten und einen Zeitungsartikel ausgebreitet, die als erste Versuchsobjekte dienen sollten. Dieter arbeitete mit Begeisterung und versuchte, bei aller Konzentration die Hand so ruhig wie möglich zu halten, um jede Unschärfe durch Bewegung zu vermeiden. Jack hatte inzwischen aus seinem Aktenkoffer Pinzetten und ein paar kleine Dosen genommen, in denen sich chemische Flüssigkeiten befanden und bereitete alles zur Entwicklung von Dieters Probeaufnahmen vor. Dieter war auf das Ergebnis gespannt. Jack deckte über das Entwicklerdöschen einen dunklen Schal, nahm unter diesem den Film aus der Kamera und steckte ihn in die Entwicklerflüssigkeit. Nach 8 Minuten nahm er das Tuch weg, und Dieter, der alle Handlungen mit Spannung verfolgte, konnte nun schon erkennen, wie sich die kleinen schwarzen Punkte herausbildeten. Jack wässerte das Filmblättchen, danach kam es für ein paar Minuten ins Fixierbad, dann erneute Wässerung und anschließend ein Bad in reinem Alkohol. Nun legte er das entwickelte Filmblättchen auf den Objektträger eines kleinen Mikroskopes und stellte die Optik ein. Als er fertig war,

lud er Dieter ein, ebenfalls durchzusehen. Welch erhebendes Gefühl für Dieter, als er beim ersten Blick deutlich Buchstaben erkennen konnte! Sie stammten von den DIN A 4-Schreibmaschinenseiten, auch die Negative der Tabellen waren deutlich, und er selbst fühlte sich ob des Erfolges zufrieden. Sie wiederholten das Ganze noch einige Male, denn Jack machte ihm klar, wie wichtig ein vollständiges Beherrschen der Kamera für künftige Aufgaben war. Von Mal zu Mal klappte es besser, und als Dieter die letzten Negative unter das Mikroskop schob, wiesen sie keine Schönheitsfehler mehr auf. Jack sagte zu Dieter, daß er bei den kommenden Treffs mit dem MfS die Möglichkeit habe, von der Kamera Gebrauch zu machen, wenn er sich beispielsweise in einer KW allein befände und Material zu seiner Spionageausbildung erhalten habe. Wenn er irgendwelche Geräte erklärt bekäme, so könne er diese Augenblicke festhalten und dokumentieren. Auf diese Weise bekäme man einen guten Einblick in die Arbeitsmethoden des MfS bei der Ausbildung und Anleitung seiner westlichen Agenten.
Dieter nützte die Wochenenden bis zum 6. Juni noch zu vielen Übungsaufgaben und wurde so mit der Armbanduhrkamera gut vertraut. Eine Woche vor seinem zweiten Treff im Osten kamen alle drei noch einmal in Düsseldorf zusammen, und Dieter erhielt weitere wichtige Instruktionen für sein Verhalten gegenüber den MfS-Leuten.

Nach einem guten Flug fuhr er von Tempelhof mit dem Bus zum Zoo und stieg dort in die S-Bahn zum Marx-Engels-Platz, ging von dort zum Parkplatz und sah den IFS-F 9 mit Siegfried. Dieser ließ Dieter einsteigen, und sie fuhren direkt zur Fruchtstraße in die Wohnung der Oma Teich. Siegfried sagte: »Hoffentlich bist du gut ausgeruht, denn es liegt wieder ein arbeitsreiches Wochenende vor dir. Morgen früh um 6.00 Uhr kommt ein Ausbilder, der unterweist dich in Telefonie, und ein anderer bringt dir die notwendigen Anfangskenntnisse der Chiffrierung bei. Du siehst, volles

Programm, denn Sonntag willst du dich ja zu Mittag mit deinen Eltern treffen. übrigens ist ein Tisch für euch schon im Café Warschau von uns bestellt.«

Dann fragte Siegfried, ob er zufällig ein oder zwei Paßbilder mithätte. Dieter sagte ihm, daß er eigentlich seinen Eltern und seiner Cousine die Bildchen geben wollte, aber das könne er auch beim nächsten Mal erledigen. Siegfried nickte und erklärte ihm: »Wir machen dir einen einwandfreien Personalausweis und eine Fahrerlaubnis, denn wenn dauernd dein Name in den Fluglisten auftaucht, könnte man erstens sehr schnell irgendwelche Verdachtsmomente gegen dich haben, und zweitens archiviert man von Leuten die Flüge für einige Jahre. Es ist unnötig, sich in eine derartige Gefahr zu begeben. Wir haben für dich eine Person, die tatsächlich existiert, beruflich sehr viele Flugreisen unternimmt und gegen jeden Verdacht von Seiten der Konkurrenz gefeit ist. Ihr seht euch ähnlich und habt fast das gleiche Alter, besser geht es gar nicht. Schon deine nächste Reise kannst du auf diesen Namen buchen.« Siegfried zeigte ihm Fotografien und einen DPA, der in Oberhausen ausgestellt war, und holte einen anderen DPA heraus, der auf den gleichen Namen mit gleicher Nummer ausgestellt nur ohne Paßbild war. Jetzt holte er noch ein kleines Tintenfäßchen: »Original-Behördentinte von Oberhausen. »An diesem Beispiel siehst du, auch eine einfache Putzfrau kann wichtige Arbeit für uns leisten, noch dazu, wenn sie Genossin ist und grundsätzlich von ihrem Arbeitgeber unterschätzt wird. So mancher Dienstsiegelabdruck, manche Tinte, Stempelfarbe westlicher Behörden ist durch gute Genossen besorgt worden, denen man seitens der Dienstbehörde gar nicht zutraut, eine wichtige Arbeit für uns zu leisten. Schau, Pförtner, Putzfrauen oder Hausmeister können uns alles besorgen, vom Schlüsselabdruck über das Dienstsiegel bis zu Original-Blankoformularen und Briefköpfen. Die Genossen erhalten ihren Parteiauftrag, sind verschwiegen und wissen, daß sie sich damit in die Reihe

der Friedenskämpfer einfügen, die uns Kundschaftern die sichere Basis zur Arbeit gibt. Hör dir doch mal die Überheblichkeit an, mit der mancher Abteilungsleiter über das beschäftigte Personal spricht, wenn er im Kittel oder in der Kombination herumläuft. Das trifft auch auf fast alle Haushalte bei der Beurteilung des Dienstpersonals zu. Nicht über die dienstbaren Geister, sondern über die Naivität der Dienstherren haben wir hier schon oft herzhaft lachen können; wenn Minna oder Johann die nötige Ehrerbietung und Respekt zeigt, läßt die Gnädige alles liegen, genau wie ihr Herr Gemahl im Arbeitszimmer. So brauchen Minna und Johann nur gut zu fotografieren, für die Arbeitsbesprechung oder die Abendparty Wanzen unterzubringen, und beide ersetzen ein Team von Kundschaftern an der unsichtbaren Front. Während des Vaterländischen Krieges haben es unsere Freunde vorexerziert. Bei so manchem überheblichen Goldfasan oder arischen Schwarzuniformierten war das Dienstpersonal der vertraute Mitkämpfer für die Genossen der Tscheka.
Das war nur eine kleine Einfügung, weil du ja der Meinung warst, du könntest für das Organ keine wesentliche oder wichtige Arbeit leisten. Du unterschreibst jetzt den Ausweis und die Fahrerlaubnis, dann bringt unser Techniker deine Fotos mit dem Prägesiegel und Ausweisplomben an, und dein Deckausweis ist lupenrein für höchste Ansprüche. Für den Transport erhältst du einen Spezialcontainer, den du auch gleichzeitig zu Hause als Dauerdepot verwenden kannst.«
Während er noch mit Dieter sprach, klingelte es, und Roland kam herein. Er begrüßte beide mit den Worten: »Das Spielzeug habe ich bekommen und gleich mitgebracht, haben die Genossen astrein hingekriegt!« Er öffnete seine Tasche und holte ein flaches Päckchen heraus. Es war in Geschenkpapier eingepackt. Vorsichtig öffnete er das Papier, entnahm einen Karton, in diesem war ein Schreibtisch-Adressenregister im DIN A 5-Format. Es war geschmackvoll mit schwarzem Saffianleder bezogen, die

Bodenplatte hatte eine Filzschonmatte, auch ein Kassenbon aus dem KadeWe war vorhanden. Roland gab ihn Dieter mit den Worten: »Bewahr ihn gut auf, er ist der Beweis, daß du das Ding heute im KadeWe gekauft hast.« Nun legte er das Adressenregister so ab, daß der Filzboden nach oben kam, nahm eine Nadel zur Hand und stach etwa ein Zentimeter von der rechten oberen Ecke entfernt in den Filzboden, das gleiche wiederholte er an der linken Ecke und ein leises, metallisches Klicken war zu hören. Eine kleine Drehbewegung des Adressenregisters, und der Boden konnte abgenommen werden und gab einen Hohlraum frei, in dem mit Leichtigkeit Ausweise, Geld oder ähnliches untergebracht werden konnten. »So etwas nennt man nachrichtendienstliches Hilfsmittel, genau ausgedrückt ist das ein Transport- und Depotcontainer. Du kannst erkennen, wie wichtig selbst bei diesen Kleinigkeiten die dazugehörige Legende ist. Solltest du in Tempelhof oder Düsseldorf in eine Gepäckkontrolle kommen, ich weiß, so etwas ist bei euch äußerst selten, aber es könnte trotzdem mal sein, so hast du ein originalverpacktes Geschenk für einen Bekannten mit dem dazugehörigen Kassenbon, und es wird gar nicht erst der Verdacht aufkommen, das Ding könnte noch eine andere Bedeutung haben. Da wir nun gerade mal dabei sind: Hier hast du noch einen Transportcontainer für die Chiffreunterlagen, die du morgen von dem Genossen bekommst.« Er gab Dieter einen Kopierstift mit farbiger Kappe. Dieter sah darin nur einen normalen Kopierstift der Firma Staedtler und konnte nichts Außergewöhnliches feststellen. Roland nahm den Stift wieder in die Hand, legte mit leichtem Druck den Zeigefinger auf die Farbkappe und drehte mit der rechten Hand den Bleistift einige Male. Die Kappe war ein Metallbolzen mit Gewinde, und der Innenraum des Kopierstiftes war ausgehöhlt. Er sah Dieters erstauntes Gesicht und sagte: »Ja, unsere Genossen Techniker haben viele verschiedene westliche Markenprodukte getestet – auf Holzbeschaffenheit, Stabilität, Gewicht etc. –, und nur die besten Produkte, das heißt die für unseren

Verwendungszweck besten, werden dann für diese Zwecke benutzt. So greift ein Rad in das andere und schafft für den Kämpfer an der unsichtbaren Front die notwendigen Arbeitsmittel, die ihm helffen, seine wichtigen Aufgaben zu lösen. Es ist ein äußerst interessantes und unerschöpfliches Gebiet und reicht von kleinsten Produkten, wie zum Beispiel dem Kopierstift, bis zum Großprodukt, wie einem LKW-Zug, der im Transitverkehr in das westliche Ausland fährt.«

Die beiden MfS-leute weideten sich sichtlich an Dieters erstauntem Gesicht, und so gab auch Siegfried noch eine Story zum besten. Er erzählte, daß sie z. B. in der Stadtnähe von Hannover einen TBK brauchten, der ohne große Schwierigkeit innerhalb kürzester Zeit unauffällig entleert und belegt werden könnte. Als man einem Spezialisten verschiedene Fotos vorlegte, stellte er, auf eine Wegtafel weisend, die Frage, wie stark das Material des Hinweisschildes sei, ob es Holz oder Metall usw. wäre. Er entwickelte seinen Plan, das Hinweisschild entsprechend zu präparieren, um es dann als TBK zu verwenden. Der Vorschlag wurde akzeptiert, man wechselte eines Nachts das Hinweisschild mit einer genauen Nachbildung aus, äußerlich war für Uneingeweihte nicht das geringste erkennbar – so wie am Kopierstift oder dem Adressenregister –, doch der Adept wußte, wo und wie er handeln mußte und legte in Sekundenschnelle einen Hohlraum von fast 450 ccm frei, der mit Material belegt werden konnte. Der TBK war leicht zugänglich für einen ausgewachsenen Mann, schnell zu öffnen und zu schließen und war fünf Jahre lang allen Anforderungen gerecht geworden. »Stell dir mal vor, wieviel vertrottelte, überhebliche und naive Bundesbürger täglich an dem Baum mit dem Hinweisschild vorbeispazierten, ohne den blassen Schimmer zu haben, welche wertvolle Ladung es ihren sonst so neugierigen Augen verbarg. Soll der Bundesbürger uns Komunisten ruhig für beschränkt und dumm halten, für primitiv und weltfremd, er kommt uns mit diesem Urteil und seiner Gesinnung nur entgegen, er erleichtert uns die Arbeit und schaufelt somit eifrig weiter an seinem eigenen Grab.«

Die Flasche Wodka, die sie während der angeregten Unterhaltung geleert hatten, schärfte Dieters Sinne mehr und mehr, und während er nach außen hin der ruhige, staunende Zuhörer blieb, erfaßte ihn innerlich ein starker Wille, diesen überheblichen *Stasi*-Leuten durch seine Arbeit einen Denkzettel zu verpassen, ihnen gewissermaßen die Grenzen ihrer Leistung aufzuzeigen. Gewiß nicht jetzt, nicht heute oder morgen, aber der Tag würde kommen, wo er sagen konnte: Ich habe euch bewiesen, daß eure Macht und euer Einsatzgebiet nicht unbegrenzt sind, daß die westliche Freiheit und Kultur dem Terror, der Unmenschlichkeit, dem Sozialismus und Kommunismus überlegen sind.

Punkt sechs erschien der Ausbilder und begann seinen Unterricht. Dieter hatte sehr schnell begriffen, worauf es ankam, und so schrieb er schon sehr bald die vom Band tönenden Zahlengruppen lückenlos mit. Er hatte ein gutes Gefühl für Rhythmus, ihm machte die Sache Spaß, und schnell ging der Ausbilder vom Tonbandgerät zum Radio über und Dieter schrieb die ersten Live-Telefonie-Sendungen mit. Da er oft abends die Kurzwelle einschaltete, hatte er sich früher gewundert, welchen Zweck die Zahlendurchsagen hatten, er hatte sie in Russisch, Deutsch und Englisch gehört, aber nun war für ihn dieses Rätsel gelöst. Er hatte erfahren, daß diese Zahlengruppen immer verschlüsselte Nachrichten und Anweisungen für Agenten bedeuteten. Sie wurden rund um die Uhr durchgesagt, gleich, ob Sonntag oder Feiertag. Bald sollten auch für ihn entsprechende Anweisungen durch den Äther kommen, ihm kurzfristig irgendwelche Aufträge erteilen oder bestimmte Informationen geben. Nachdem er die Live-Sendungen auch fehlerfrei niedergeschrieben hatte, gab ihm der Ausbilder einige Sendeplanbeispiele und teilte ihm mit, er sehe bei ihm keine Schwierigkeiten. Da er sich mit einer natürlichen rhythmi-

schen Begabung sehr schnell auf Geschwindigkeiten einstellen könne, würde er sogar den Vorschlag machen, ihn auch für Telegrafiesendungen vorzubereiten.
Der Ausbilder verließ das Zimmer und telefonierte mit der Zentrale und meldete, daß das vorgeplante Pensum erreicht sei. Dann verabschiedete er sich von Dieter und verließ die Wohnung. Kurze Zeit darauf traf Roland mit einem neuen Ausbilder ein und sagte zu Dieter, daß er ihm im Chiffreunterricht den gleichen Erfolg wie bei der Telefonie wünsche.

Der Chiffreausbilder machte ihn vertraut mit der Umwandlung von Buchstaben und Wortbegriffen in entsprechende Zahlengruppen, die durch die Additions- und Subtraktionsmethoden noch einmal zusätzlich verschlüsselt werden. Zu diesem Zweck hatte er entsprechende Filme mit Zahlengruppen mitgebracht. Er erklärte Dieter, daß dieser ähnliche Unterlagen bekäme, mit denen er dann Nachrichten verschlüsseln und chiffrierte Meldungen in Klartext umwandeln könne. Zudem würde er feste Termine erhalten, an denen er Nachrichten von der Zentrale erhalte. Für Dieter war es nicht schwierig, auch dieses Pensum zu bewältigen. Schon in seiner GSF-Zeit mußten sie mit Zahlenchiffren arbeiten, und so war das für ihn kein absolutes Neuland und er konnte sich schnell wieder hineinfinden. Roland war dabeigeblieben und witzelte von vorzeitiger Sollerfüllung. Ursprünglich war für diese Ausbildung noch der Nachmittag eingeplant gewesen, doch kurz nach zwölf hatte Dieter alle Aufgaben erfüllt und beide Genossen sagten, das sei Klasse.

Nach einem Mittagessen, an dem auch Siegfried teilnahm, fuhren sie wieder in die Wohnung. Dort öffnete Siegfried seine Tasche und entnahm einen Umschlag mit einem DPA und einer Fahrerlaubnis, beides übergab er Dieter. Die Fotos waren jetzt originalgetreu geheftet und gesiegelt. Es war schon ein seltsames Gefühl, sein Bild zu sehen und dabei einen anderen Namen zu lesen. Er sollte Fritz Elsholz

heißen, in Berlin geboren sein und in Oberhausen in der Grenzstraße wohnen. Die Fahrerlaubnis war auf den gleichen Namen vom Straßenverkehrsamt Oberhausen ausgestellt. Roland hatte inzwischen das Adressenregister wieder ausgepackt und den Hohlraum geöffnet. Siegfried holte einen weiteren Umschlag aus der Tasche, zahlte DM 2 000,– auf den Tisch und erklärte: 500,– Mark sind Reisekosten, 500 Mark für erforderliche Anschaffungen, die restlichen 1 000 Mark sind eine Operativgeldreserve. 1 500 stecken wir mit den Ausweisen zusammen in den Containerraum, den Rest kannst du in der Tasche haben.«
Roland faltete das Geld und legte es mit dem DPA und der Fahrerlaubnis in den Containerraum, ließ den Boden einrasten. Dann nahm er das Seidenpapier, packte das Adressregister in den Karton und diesen schlug er in das Geschenkpapier ein, machte fachgerecht eine Zierschnur darum – besser hätte das eine Verkäuferin nicht machen können – dann kam noch eine KadeWe-Tüte hinzu, und die Tarnung war perfekt. Jetzt nahm Roland den Bleistift zur Hand, öffnete ihn und schob langsam die Filmrollen mit den Zahlen- und Chiffreunterlagen hinein. Die vier Röllchen verschwanden spielend im Bleistift, und nachdem Roland die Metallkappe wieder vorsichtig eingeschraubt hatte, war rein äußerlich nichts vom Inhalt des Bleistiftes zu bemerken, weder beim Schütteln, noch beim Gebrauch, auch das Gewicht stimmte mit dem eines normalen Bleistifts überein.

Roland fragte Dieter, ob er schon Urlaub gemacht habe oder ob er sich für drei Wochen im Oktober frei machen könnte. Er sollte eine Funkerausbildung erhalten, der Genosse von der Telefonie hätte ihn vorgeschlagen.

Dieter sollte dann irgendeine Urlaubsreise vortäuschen, beispielsweise nach Dänemark. Freunde und Bekannte würden dann von dort Ansichtskarten in gewissen Zeitabständen erhalten, so daß jeder Uneingeweihte meine, Dieter sei in Dänemark, während er eine Funkausbildung in Berlin absolvierte. Dieter überlegte und sagte: »O.K., ich bin damit einverstanden, nur habe ich Bedenken, in der vorgegebenen Zeit von drei Wochen das Pensum zu schaffen.«

Da lachten beide und Siegfried sagte: »Da gehe ich jede Wette ein, daß du sogar weit vor der Zeit das geforderte Pensum beherrschen wirst. Unsere Ausbilder haben ein untrügliches Gefühl und reiche Erfahrung.

Wenn sie den Vorschlag machen, einen Mann auszubilden, so ist das genausogut, als ob man dich auf Herz und Nieren geprüft hat. Da haben wir überhaupt keine Bedenken. Die einzige Schwierigkeit besteht in der Abdeckung deiner Abwesenheit, aber da werden wir uns etwas einfallen lassen. Auf alle Fälle richte dich auf den Oktober ein. Zum Beispiel vom 2. bis 25. 10.. Natürlich erhältst du für die Ausfallzeit ein entsprechendes Äquivalent, doch darüber brauchen wir gar nicht erst zu reden, das ist eine Selbstverständlichkeit. Der nächste Trefftermin ist voraussichtlich der 13. Juli, endgültigen Bescheid erhältst du per Funk, und kommen wirst du dann als Fritz Elsholz. Deinen eigenen Personalausweis läßt du selbstverständlich zu Hause. Die technischen Fragen haben wir damit im großen Umfang geklärt. Ich hole dich wieder am Parkplatz vom Marx-Engels-Platz ab.

Doch nun laß uns zu deinen persönlichen Dingen kommen. Deine Eltern treffen morgen früh 10.00 Uhr am Bahnhof Lichtenberg ein, das heißt, du müßtest von hier nach Lichtenberg gebracht werden. Ich hole dich also kurz nach 9.00 ab. Deine Reisetasche mit den Containersachen bringe ich gleich heute abend noch zur Gepäckaufbewahrung vom S-Bahnhof Friedrichstraße. Dort ist sie sicher vor Neugierigen, denn wir haben dort einen alten Genossen. Du bist dann ohne belastendes Gepäck, außer dem Blumenstrauß und den Geschenken für deine Eltern.«

Kurz nach 9.00 Uhr wurde Dieter abgeholt und zum Bahnhof Lichtenberg gebracht. Dieter war sehr gespannt auf das erste Wiedersehen mit seinen Eltern. Die Zeit der Trennung hatte ihn im Gegensatz zu vielen anderen Altersgenossen reifen lassen, ihn zum Mann gemacht. Er hatte ein sehr selbstsicheres Auftreten, das ihn selbst hier im Osten nicht verließ. Im Gegenteil, er stand ja auf der richtigen Seite der Barrikade und zählte damit quasi zum Machtapparat. Er fürchtete keine Vopo- oder Zollkontrolle auf der Ostseite. Sollte er damit konfrontiert werden, so würde er den diensthabenden Offizier verlangen und ihm eine gewisse Telefonnummer sagen. Dann würde er ohne Kontrolle passieren können. Siegfried verabschiedete sich direkt vor dem Bahnhof Lichtenberg bis zum nächsten Treff und gab Dieter noch 200,– MDN, damit dieser Taxi und Essen bezahlen konnte. Im Gegensatz zum Westgeld wollte er diesen Betrag nicht quittiert haben. Er legte Dieter auch nahe, den Restbetrag seinen Eltern oder dem Genossen an der Gepäckaufbewahrung zu übergeben, auf keinen Fall aber in den Westen mitzunehmen.

Drei Jahre sind eine lange Zeit und Dieter mußte feststellen, daß vor allem seine Mutter sehr gealtert war. Sie sah ihn an und sagte: »Gut schaust du aus, mein Junge, und hast so schicke Kleidung an. Nun glaube ich, daß es dir gutgehen muß.«
Vater sagte nur: »Gott sei Dank, Dieter, daß sich Mutter nun selbst überzeugen kann.
Sie hat immer geglaubt, du wolltest sie mit deinen Briefen nur beruhigen. Ich habe immer gesagt, der Junge ist aus unserem Holz geschnitzt und geht in der Fremde nicht unter. Der Junge weiß seinen Grips zu gebrauchen, sonst hätte er diesen Schritt nicht unternommen.«

Dann ging Dieter mit seinen Eltern wie vorgesehen essen und anschließend in den Zoo. Dabei erzählte er von seinem Alltag, schilderte den Tagesablauf, das Leben auf der Uni und fügte geschickt die Legende ein, in der Humboldt-Uni Quellenstudium zu betreiben, daher sei er öfter in Ost-Berlin. Auch daß er die Anschaffung eines Gebrauchtwagens noch in diesem Jahr eingeplant habe, sagte er. Ehe sie sich besannen, war die Zeit des Abschieds herangekommen und sie brachen auf zum Bahnhof Lichtenberg. Die Eltern versicherten, daß sie gern die Fahrt wiederholen würden, um mit ihm ein paar nette Stunden zusammen zu sein, und sie freuten sich schon auf das nächstemal.

Dieter mußte sich nun sputen, er bekam ein Taxi und ließ sich direkt zum Bahnhof Friedrichstraße bringen. Er eilte zur Gepäckaufbewahrung. Eine Frau nahm seinen Gepäckschein entgegen, ging um die Ecke, und ein hinkender älterer Reichsbahner brachte seine Tasche an. Er übergab diese Dieter mit den Worten: »Geh schon vor, ich komme sofort hinterher, damit du keine Schwierigkeiten hast.« Als Dieter ihn erstaunt ansah, flüsterte der Mann ihm zu: »Die Genossen haben oben am Bahnsteig heute schon öfter Razzia gemacht, doch wenn ich dich begleite, wissen die fremden Genossen Bescheid, daß du sauber bist. Den Auftrag habe ich von Siegfried.« Bahnpolizei, Vopos und AZKW hatten den Bahnsteig abgeriegelt, und nur die kontrollierten Personen durften die S-Bahnwagen betreten. Der alte Reichsbahner grinste ihn an, tippte vor den Vopos an den Mützenschirm und ging mit Dieter durch die Absperrung, ohne daß die geringsten Anstalten gemacht wurden, sie anzuhalten. Der Alte flüsterte Dieter zu: »Also verschwinde im Abteil, und mach's gut bis zum nächstenmal.«
Dieter dachte an Siegfrieds Worte von dem zuverlässigen alten Genossen, und er hatte wieder einmal den Beweis für die unumschränkte Macht dieser Leute in Ostdeutschland. Tatsächlich nur hier?

Wieder in der Maschine nach Düsseldorf sitzend, zog Dieter ein erstes Resümee des Wochenendes, dachte an seinen Gepäckinhalt und das viele Neue, das er in der kurzen Zeitspanne gelernt hatte. Es war tatsächlich so, wie es ihm die Mitarbeiter der Geheimdienste beider Seiten geschildert hatten: Es war eine sehr, sehr harte Arbeit.

Montag morgen ging er zur üblichen Zeit aus dem Hause und wurde pünktlich am vereinbarten Treffpunkt von Jack abgeholt, der diesmal einen Diplomat V 8 mit Münchener Kennzeichen fuhr. Als Dieter eingestiegen war, fragte ihn Jack, ob er sein Spielzeug vollständig mitgebracht hätte und wieviel es sei. Dieter erzählte von den beiden Containern mit den Chiffreunterlagen, Ausweisen und den Aufträgen. Jack sagte: »O.K., dann fahren wir heute etwas weiter.« Er griff zu einer Art Mikrofon, dessen Kabel zu einem großen Koffer auf dem Rücksitz führte, und begann in Englisch zu rufen: »Here is calling 115, hello, HQ 6.« Er wiederholte das noch einige Male. Gleichzeitig mit dem Aufleuchten einer roten Kontroll-Lampe am Mikrofon erklang eine weibliche Stimme: »Hello, 115, just a moment please!« Nach ein paar Minuten leuchtete das Signal wieder auf, und sie erkundigte sich nach der Nachricht. Jack sagte: »We arrive PH in BH between 10 and 10.30.«
Er wiederholte das zweimal und ein O.K. bestätigte den richtigen Empfang. Sie fuhren mit 180 auf der Autobahn Köln-Frankfurt, bei Idstein verließen sie die Autobahn, durchfuhren einige kleinere Orte, um dann in Bad Homburg in der Nähe einer Parkanlage den Wagen abzustellen. Wie Jack ihm erklärte, seien auf der anderen Seite der Parkanlage das berühmt-berüchtigte Spielcasino von Bad Homburg und die Tennisanlage. Dieter könne jetzt einen etwa einstündigen Spaziergang machen, dann würden sie sich an dieser Stelle treffen. Er ließ sich von Dieter die Container und die Armbanduhrkamera mit ein paar Erklärungen geben und verschwand mit dem Wagen wieder in Richtung Schnellstraße.

Er richtete es so ein, daß er nach einer Stunde Spaziergang wieder am Parkplatz war, wo kurz darauf auch Jack eintraf. Dieser erklärte ihm, sie würden den Wagen hier stehenlassen, um gemeinsam zum *Parkhotel* zu gehen, wo Claudia und Hartwig sie schon erwarten würden.

Der Portier des Parkhotels, das war also das PH, grüßte Jack wie einen Dauergast des Hauses, und an der Rezeption wurde ihm mitgeteilt, daß die Herren von Herrn Winkler im Besprechungszimmer erwartet würden. Dort wurden sie von Claudia und Hartwig herzlich begrüßt. Zu Dieters Erstaunen lagen auf dem Tisch schon ein paar Positive in DIN A 4- und DIN A 5-Format. Es waren die Probeaufnahmen, die Dieter in Ost-Berlin geschossen hatte. Hartwig folgte seinem Blick und sagte: »Ganz gute Aufnahmen, wenn man die Umstände bedenkt, unter denen sie gemacht wurden, und daß Sie quasi die ersten im direkten Missionseinsatz sind.« Die beiden Ausbilder der Staatssicherheit waren sehr gut getroffen, und Dieter war echt begeistert über die Spitzenleistung der Miniaturkamera.
Claudia öffnete den Aktenkoffer und entnahm vier Pakete mit DIN A 5-Positiven. Es waren die Abzüge der Chiffrefilme und Tabellen, die im Bleistiftcontainer verborgen waren. Dieter war überrascht. Die Entwicklung der Mikroaufnahmen hatten ihn schon in Erstaunen versetzt, aber die Abzüge des gesamten Chiffrematerials ließen ihn an Wunder glauben. Jack blickte ihn an und sagte schmunzelnd: »Ja, unsere Techniker erledigen Unmögliches sofort, es gibt genug Situationen, wo sie für ähnliche Dinge größeren Umfangs noch viel weniger Zeit haben, und trotzdem gibt es bei ihnen kein ›es geht nicht‹, oder ›wir schaffen es nicht‹. Sie wissen, daß von ihrer Schnelligkeit und Genauigkeit die Sicherheit des Nachrichtenmannes abhängt, und so geben sie ihr Äußerstes. Sie verfügen natürlich über die beste und neueste Technik, die sie zum größten Teil selbst entwickelt haben aufgrund ihrer erstklassigen Ausbildung und ihrer jahrelangen Erfahrung. Sie haben einen Teamgeist, von dem ein Sportclub nicht mal zu träumen wagt.«

Hartwig erklärte Dieter, daß in Zukunft seine Empfangszeiten nach Sendeplan abgehört würden, und sollte er eine Nachricht von der Konkurrenz bekommen, sei auch Jack darüber informiert.

Inzwischen hatte Claudia die Gläser gefüllt, und Hartwig machte den Vorschlag, daß sie sich in Zukunft duzen sollten. Er erhob sein Glas mit den Worten: »Also Dieter, auf gute Zusammenarbeit in der Crew und auf ein gutes Gelingen der Gesamtaktion!«
Der Zimmerkellner klopfte und brachte auf einem Wagen ein Mittagessen. Als er den Raum betrat, lagen nur neutrale Geschäftspapiere und Pressemitteilungen auf den Tischen, und Hartwig zeigte Dieter eine Grafik und sprach von kommenden Umsatzsteigerungen in dieser und jener Region, während Claudia die mitstenografierende Sekretärin mimte. Die Schauspielerei ging gekonnt über die Bühne, während der Kellner den Tisch deckte. Dieter spielte mit, als sei es eine täglich sich wiederholende Szene, die durch lange Proben in Fleisch und Blut übergegangen war.
Während des Essens sprachen sie über die Vorschläge, die das MfS Dieter bezüglich der Funkausbildung in Berlin gemacht hatte. Hartwig meinte, daß Dieter selbstverständlich diese Ausbildung mitmachen solle, denn erstens würde er sich damit eine gute Ausgangsposition für die Zukunft schaffen, und zum anderen würde er damit einen erstklassigen Einblick in die Arbeit des MfS bekommen.
Dieter hatte nach seiner Rückkehr von Berlin noch eine schriftliche Übersicht fertiggestellt und dabei alles beachtet, angefangen von Siegfrieds PKW-Kennzeichen, den Gesprächen und Hinweisen, bis zur Begegnung mit dem alten Parteiveteran bei der Reichsbahn und den Razzien im S-Bahnhof Friedrichstraße. Dazu hatte er noch einige Ergänzungen in den Personenbeschreibungen gemacht, sowie einen Bericht über das Gespräch mit seinen Eltern. Er wurde für seinen Fleiß gelobt, und sie sprachen über die kommenden Aufgaben und Termine.
Dieter erhielt auch noch einen Ausgleichsbetrag und fuhr anschließend mit Jack wieder zurück nach Aachen.

Dieter hatte im 40-m-Band der Kurzwelle gerade ein wenig gesucht und schnell eine Stimme gefunden, die Zahlen-

gruppen durchgab. Er griff zu Papier und Bleistift und schrieb mit, auch die Wiederholung schrieb er noch einmal neu mit und verglich danach beides. Mit Genugtuung stellte er fest, daß er keinen Fehler gemacht hatte. Wenn es später mit den Morsezeichen genauso gelänge, konnte er zufrieden sein und alle gestellten Aufgaben erfüllen.
Am kommenden Sonntag erwartete er seine erste Sendung, deren richtigen Empfang er mit einer Postkarte zu bestätigen hatte. Dazu hatte man ihm eine sogenannte private Anschrift in Ost-Berlin gegeben. Es war eine Hildegard Klaus in Berlin 0 24 in der Marchlewskistraße, dort sollte er auch hinschreiben mit dem D.-Mittel, wenn er irgend etwas Besonderes hatte.

Am Sontag saß er 8.10 Uhr vor dem Radio und schaltete die bestimmte Planfrequenz ein. Er hörte die Musik, die mit »Dora« untermalt war. Den richtigen Sender hatte er also. Auf die Sekunde genau brach die Musik ab und eine weibliche Stimme ertönte: »33564/ 14 33564/64; 25183/32/06 25183/ 32/06.«
25183 war seine erste Kenn- und Rufnummer, ihm galt also das zweite Telegramm. Der erste Querstrich sagte ihm, daß er 32 Zahlengruppen á 5 Ziffern zu erwarten hatte, die Zahl hinter dem zweiten Querstrich gab ihm an, daß seine Sendung in 6 Minuten begann.
Er konnte alle Zahlen gut mitschreiben, verglich sie in der ersten Wiederholung, schaltete dann auf die zweite Planfrequenz und hörte nochmal eine Wiederholungssendung. Er konnte keinen Fehler finden. Er nahm seinen Film mit den Additions-Subtraktions-Ziffern und schrieb diese Zahlengruppen unter die eben gehörten. Dann subtrahierte er, nahm nun die Chiffretabelle zur Hand und wandelte die erhaltenen Ziffern in Klartext um: »ermittle Bewohner des Hauses Flügelstraße 36 in Düsseldorf – fotografiere das Haus, erstelle Lageskizze – nimm teil an der Tagung für Wasseraufbereitung im Haus der Technik in Essen – Informationsmaterial mitbringen – Trefftermin 01.08. bei Oma«

Dieter nahm eine Ansichtskarte und bestätigte darauf den Erhalt der Funkmitteilung an die Ostberliner Deckadresse. Auf dem Weg zur Post rief er auch gleich Jack an und bestätigte diesem, daß er alles gut empfangen und entschlüsselt habe. Jack teilte ihm mit, daß sie sich am vereinbarten Ort am Freitag treffen, um alles abzusprechen.

Bei ihrem Treff wurde ein kurzer Arbeitsplan vorgelegt, damit Dieter alle gestellten Aufgaben erledigen konnte, um so seine Ostberliner Auftraggeber nicht zu enttäuschen. Er führte die Ermittlungen in Düsseldorf durch, machte ein paar Fotos sowie die Lageskizze. In Essen nahm er im Haus der Technik an der Tagung für Wasseraufbereitung teil und hatte sich mit dem angebotenen Informationsmaterial gut versorgt. Als er am 1. August wieder nach Ost-Berlin fuhr, war seine Collegemappe gut gefüllt. Er rief von Friedrichstraße Oma Teich an und teilte mit, daß er in einer halben Stunde dort sei.

In der KW Fruchtstraße begann er sofort mit der Ausarbeitung seiner Aufgabenergebnisse. Als Siegfried kam, hatte er alles geschrieben und sortiert. Siegfried war begeistert von den Unterlagen der Wasseraufbereitungstagung, sortierte gleich einige Prospekte heraus und sagte zu Dieter: »Da gibt es gleich neue Arbeit für dich, denn du wirst uns ein paar Porzellanfilterkerzen besorgen. Unter irgendeiner Legende kannst du sie telefonisch bestellen und selbst abholen, dann bringst du sie beim nächsten Treff mit. Ein paar Buchbestellungen mußt du auch bis zum Oktober erledigen.« Sie sprachen über die HdT-Tagung, und Siegfried stellte einige Fragen, die Dieter zeigten, daß sein Gegenüber auch diese Materie beherrschte. Kurze Zeit später traf auch Roland ein, und sie unterhielten sich über die Funkausbildung im Oktober und Dieters Legende.

In Absprache mit Hartwig und Jack machte Dieter den Vorschlag, er würde sich eine Fahrkarte nach Kopenhagen

holen auf seinen Namen, dann von dort auf seinen Decknamen in den Zug von Kopenhagen nach Ost-Berlin steigen. In Dänemark würde er einige Ansichtskarten an westdeutsche Freunde schicken und nach der Ausbildung dann wieder über Kopenhagen nach Aachen zurückfahren.
Sein Vorschlag wurde akzeptiert, und so konnte er die notwendigen Buchungen vornehmen. Dieter erhielt 3 000 DM als sogenanntes Operativgeld; das diente auch der Reisevorbereitung. Roland sagte ihm, daß er darauf achten sollte, den Originalausweis im Container zu transportieren. Das Adressenregister sei recht unauffällig und könnte immer mitgeführt werden. Er würde eine Nacht in der Fruchtstraße schlafen und dann außerhalb Berlins in einem KO wohnen. Je nachdem, wie er das Pensum bewältigt hätte, sei auch der Plan in den letzten Tagen der Ausbildung unter operativen Praxisbedingungen zu arbeiten, d. h. Sendungen würden von Dresden oder Leipzig gemacht. Nach erfolgreichem Abschluß erhielte er noch in diesem Jahr ein Funkgerät und ab 1959 würde er dann zum Einsatz kommen. Dieter strahlte beide an und sagte: »Nun, an mir soll es nicht liegen, ich werde mein Bestes geben, um das gesteckte Ziel zu erreichen!«
Sie brachten Dieter zum Alexanderplatz und verabschiedeten sich bis zum Oktober.

Bei herrlich warmem Wetter wurde Dieter von Claudia in Aachen abgeholt und sie fuhren wieder nach Düsseldorf, wo sie von Jack und Hartwig erwartet wurden. Dieter schilderte ihnen seine neuen Aufträge, die er erhalten hatte, sowie die Planung der Funkausbildung. Hartwig und Jack nickten sich dabei zu, ohne die Schilderung zu unterbrechen. Hartwig sagte dann: »Es ist genauso, wie wir es von ein paar Fällen kennen, und wir können entsprechende Vorbereitungen treffen. Interessant, daß die Konkurrenz so scharf auf die Keramikfilterkerzen ist. Die sind durch die Armee getestet worden und man stellte fest, daß sie sogar atomverseuchtes Wasser trinkfähig machen. Man kann also

nicht nur bakteriell verseuchtes Wasser keimfrei machen. Ich nehme an, die ostdeutschen Experten wollen die Dinger nachbauen und brauchen zu diesem Zweck einige Testkerzen. Auf alle Fälle interessant, die Bestellerliste durchzukämmen, denn sie werden sich kaum bei der Beschaffung auf eine Person beschränken.
Gut, daß sie die Reiseroute über Kopenhagen akzeptierten. So haben wir noch genügend Zeit zur Vorbereitung und werden dich auch mit einigen technischen Dingen ausstatten, um die Arbeit zu erleichtern.«

Dieter hatte bis zum Oktober ein reichliches Arbeitspensum zu bewältigen: Er erhielt eine weitere Ausbildung an einer Spezialkamera, lernte Schlüsselabdrücke auf verschiedene Weise herzustellen und erhielt ein Reisenecessaire mit mehreren Spezialcontainern. Er konnte beide Seiten des Necessaires verwenden, sowie beide Haarbürsten und den Rasierpinsel. Alles hatte einen Hohlraum, in dem er eine Menge Dinge unterbringen konnte, um auf alle Eventualitäten vorbereitet zu sein. Mit gewisser Spannung wartete er auf die Ausbildung in Ost-Berlin. Er hatte schon Jack und Hartwig gefragt, ob man ihm nicht eine Vorausbildung im Funken vermitteln könnte, doch beide hatten das spontan abgelehnt mit der Begründung, daß man sich Eigenheiten angewöhnen und sich somit leicht verdächtig machen könnte. Er müsse vollkommen unbefangen an die Sache herangehen.

Am Freitag, dem 3. Oktober 1958 war Dieter früh um acht schon in Kopenhagen. Sein Zug nach Ost-Berlin fuhr gegen 15.30 Uhr, und so hatte er genügend Zeit, einen Stadtbummel zu machen, Ansichtskarten zu kaufen und zu schreiben. Dann mietete er einen Baderaum im Bahnhof, wo er seine Originalausweise und Papiere im Container verstaute und steckte seine Deckausweise in den Anzug. Er war nun der Fritz Elsholz aus Berlin, der seinen festen Wohnsitz in Oberhausen hatte und einen Ferientrip durch Dänemark unternahm. Jetzt könnte ihn jemand mit Dieter ansprechen, er würde nicht reagieren, das hatte er genauso geübt, wie die Daten zum jetzigen Namen.

Das Eisenbahnfährschiff beeindruckte ihn sehr, und soweit es erlaubt war, machte er sich mit allem vertraut, was zum Schiff gehörte. Gegen 22.00 Uhr war Dieter alias Fritz in Berlin–Friedrichstraße eingetroffen und sah seinen alten humpelnden Reichsbahner, der ihn grüßte und sagte: »Genosse, folge mir man, der Sigi ist unten!« Er ging ihm durch einen Dienstausgang nach, und statt einer Kontrolle nahm ihn Siegfried dort in Empfang. Sie fuhren zur KW Fruchtstraße. Dieter übergab die Dinge, die ihm aufgetragen waren, und Siegfried zeigte ehrliche Freude, daß Dieter alles beschafft hatte. Er übergab ihm auch noch ein paar vordatierte Ansichtskarten von Dänemark, die sollten entsprechend den Daten dort auch abgesandt werden. Das besorgte Siegfrieds Abteilung. So war für Außenstehende Dieter in der gesamten Zeit in Dänemark.

Punkt 7.00 Uhr am anderen Morgen klingelte es bei Oma, Dieter schnappte seine Reisetasche und ging hinunter zum Hinterausgang. Siegfried erwartete ihn an der Tür und sie gingen zu einem schwarzen Tatra-PKW, in dem der Ausbilder saß. Siegfried machte beide mit den Worten bekannt: »Das ist Fritz, der westdeutsche Patriot. Das ist Helmut, dein Ausbilder. Ich schlage vor, ihr sagt du zueinander.«

Sie fuhren Richtung Flughafen Schönefeld, kurz vor dem Abzweig zur Autobahn war eine Straßensperre der Vopo, denn Ost-Berlin und die Zone waren nicht eins. Jeder wurde kontrolliert, der von Berlin raus- oder nach Berlin reinfuhr, ein Relikt vom alliierten Sonderstatus des gesamten Berlin.
Dieter sah, wie Siegfried einen kleinen Klappausweis an einer Schnur hervorzog, ihn kurz an die Scheibe hielt, und sofort gab der Posten salutierend den Weg frei, während bei anderen Wagen die Ausweise sämtlicher Insassen überprüft

wurden. Sie fuhren am Flughafen vorbei, und vor ihnen lag das Schönefelder-Kreuz. Etwa 20 km hinter dem Kreuz fuhr Siegfried direkt von der Autobahn herunter auf einen Feldweg und auf diesem vorbei an einer Kaserne VA bis zum Ort Blankenfelde. Sie bogen in einen Waldweg ein – hier standen überall Villenhäuser mit Vorgärten und Umzäunungen, das machte alles einen sehr sauberen Eindruck – ein Abzweig im Waldweg brachte sie auf den Dürerweg, und genau an der Nummer 100 hielten sie. Es war ein riesiges Eckgrundstück mit einem großen Bungalow mitten im Garten. Etwa 30 m davon lagen ein zweites Häuschen und eine Garage. Ein etwa 50 Jahre alter Mann öffnete die Garteneinfahrt, und Siegfried fuhr durch bis zur Garage. Sie stiegen aus und gingen in den Bungalow. Der Alte hatte inzwischen das Gartentor geschlossen und kam ebenfalls in die Diele. Siegfried sagte: »So Rudi, das sind die beiden Gäste für die kommenden drei Wochen. Biete ihnen nicht zuviel von deinem Selbstgebrauten an, denn die Jungens sollen vor allem arbeiten.« Siegfried zeigte Dieter ein Arbeitszimmer, einen Wohnraum, der mit allem ausgestattet war, vom TV bis zur Supermusiktruhe, das Badezimmer und ein großes Schlafzimmer mit den Worten: »Ich hoffe, du fühlst dich hier wohl. Offiziell ist das eines unserer Gästehäuser der Regierung. Wenn du irgend etwas brauchst, Rudi versorgt dich mit allem. Ich muß jetzt wieder abhauen und hole Helmut heute abend gegen 21.00 Uhr ab. Ihr habt also gut 12 Stunden, und ich wünsche dir viel Erfolg.«

## TEIL III

Dieter hatte es sich im Wohnzimmer bequem gemacht und das Ostfernsehen eingeschaltet. Es brachte eine mittelmäßige Verfilmung des Buches von Ostrowski »Wie der Stahl gehärtet wurde«, einen Sowjetfilm mit deutschen Untertiteln.

Das Buch hatte er vor Jahren gelesen, denn es gehörte zur Schul- und FDJ-Pflichtlektüre und so verzichtete er darauf, sich den Film bis zum Schluß anzusehen, sondern schaltete auf das West-TV um und amüsierte sich über die ›Feuerzangenbowle‹ mit Heinz Rühmann. Es entspannte ihn herrlich, und so konnte er mit frischen Kräften darangehen, um seine Hausaufgaben zu beginnen.
Er hörte sich erstmal einen Teil des Tonbandes an, spulte zurück, nahm einen Zettel zur Hand und begann mit dem Niederschreiben der Morsezeichen. Es dauerte nicht allzulange, und er hatte auf seinem Papier die Ziffern der 150 Zahlengruppen stehen. Er wiederholte dasselbe, besserte einige Hörfehler aus, anschließend war er mit sich zufrieden. Er hatte an größere Schwierigkeiten geglaubt, doch die Methode, in der er unterrichtet wurde, war optimal. Es waren erfahrene Ausbilder und sie hatten sich zur Aufgabe gemacht, nicht nur einen Stoffplan durchzugehen, sondern sie stellten sich ganz auf den Schüler ein, erkannten seine Schwachstellen und waren bestrebt, gar nicht erst den Gedanken aufkommen zu lassen, man könnte das geforderte Pensum nicht schaffen. Das war taktisch klug, und der Schüler gab automatisch alles, um das in ihn gesetzte Vertrauen zu rechtfertigen.
Helmut hatte das Funkgerät und Zubehörteile in eine große Stahlkassette gepackt, ihm aber den Schlüssel anvertraut. Nur die einfache Stanze und ein Magnetband hatte er mit den Worten in die Schreibtischschublade gelegt: »Wenn du Zeit hast und mit dem Band fertig bist, kannst du dich schon mal mit der Stanze vertraut machen.«
Dieter hatte Lust und Zeit, denn er wollte die Gesamtausbildung so schnell wie möglich gut bestehen, einmal um zu beweisen, daß er mit Leib und Seele dabei war, und zum anderen hatte Hartwig ihm garantiert, daß man für ihn eine Sonderaufgabe nach erfolgreicher Beendigung des Ausbildungsteils habe. Dem Funker stehen immer bestimmte Schlüsselpositionen offen. Dieter nahm die zigarettenschachtelgroße Stanze und öffnete sie, um ein Stück

Magnetband einzufädeln. Dann begann er mit der Taste die ersten Ziffern als Morsezeichen zu lochen. Für einen Punkt mußte er einmal drücken, für einen Strich dreimal ohne Leertaste, nach der gesamten Ziffer drückte er die Leertaste zweimal, nach der Fünfer-Gruppe dreimal.
Er hatte sich ein Magnetbandstück von ca. 50 cm abgeschnitten und erkannte nun, daß er darauf nur ein paar 5er-Gruppen unterbringen konnte, er wollte aber ein Telegramm von 30 Gruppen anfertigen. Er fädelte also den Anfang der Spule ein und stanzte dann 30 5er-Gruppen durch und schnitt erst beim Endzeichen ar ab. Er wiederholte das ganze gleich noch einmal mit anderen Ziffern und stellte dann noch ein drittes kürzeres Band mit 15 5er-Gruppen fertig, bevor er ins Bett ging.
Am Morgen stand er schon um 7.00 Uhr auf und konnte feststellen, daß sein Betreuer Rudi schon für ihn den Frühstückstisch gedeckt hatte. Frische Brötchen und eine große Kanne Kaffee unter einer Wärmehaube, drei gekochte Eier, Wurst, Honig und selbstgekochte Erdbeermarmelade standen auf dem Tisch, daneben lag das neue ND und die Vossische Zeitung, also ein Service wie im Grandhotel! Dieter frühstückte in aller Ruhe, und kurz nach 8.00 Uhr sah er am Einfahrtstor einen EMW, den Rudi gerade einließ.
Dieter ging zur Garage und begrüßte Helmut; den Fahrer kannte er noch nicht, doch stellte sich dieser selbst als Günter vor. Dieser öffnete den Kofferraum und zeigte Helmut ein Blaupunkt-Autoradio und sagte, den baue ich jetzt ein, der hat einen tadellosen Empfang. An Dieter gewandt erklärte er, »die Marke wirst du ja kennen, wir beziehen so etwas aus dem HO-Gesundbrunnen«. Als er Dieters verständnisloses Gesicht sah, lachten beide und Helmut sagte, daß bestimmte technische Geräte und Engpaßmaterialien im Westsektor, im nahen Ortsteil Gesundbrunnen gekauft werden. Darum sagen sie in Anspielung auf die Handelsorganisation alle nur: »muß im HO-Gesundheitsbrunnen beschafft werden!« Nach dieser Erklärung lachte Dieter

natürlich mit und ging mit Helmut ins Haus, während Günter mit dem Einbau des Radios begann.
Als Dieter Helmut den Zettel mit den aufgenommenen Ziffern zeigte und dazu noch die vorgestanzten Magnetbänder, war dieser des Lobes voll für seinen Fleiß. Er holte den Ablaufteil des Funkgerätes aus der Kassette, hörte die Bänder ab und sagte: »Karascho, Dieter, da hast du nicht den kleinsten Fehler drin, das hatte ich als unser heutiges Tagespensum vorgesehen, aber da du im Eigenstudium so fleißig warst, können wir gleich mit der folgenden Aufgabe beginnen und zu den Ziffern bis Null übergehen. Sie sind quasi das Reziprok der Ziffern 1–5, und ich bin sicher, du kapierst den Rhythmus genauso schnell.«
Helmut nahm die Simulatortaste, Dieter setzte sich die Kopfhörer auf und die neue Lektion begann mit den Ziffern 6–0. Wie am Anfang mit der Ziffer 2 und 3 verhörte sich Dieter einige Male mit der Ziffer 7 und 8, doch als es Mittag war, hatte er nur noch sehr wenige Fehler in den Testaufgaben, und Helmut war mit ihm sehr zufrieden. Punkt halb eins rief Rudi sie zum Essen, an dem auch Günter teilnahm. Er sagte, daß er seinen Einbau beendet hätte, sie könnten sich gleich von dem guten Klang überzeugen.
Sie ließen sich alle drei Rudis Mittagsmahl schmecken, es gab für jeden ein paar Schweineschnitzel, Rotkraut und Kartoffeln, zum Nachtisch saure Dickmilch mit Zimt und Zucker, danach noch einen starken Kaffee und alten grusinischen Kognak. Auch Günter, der Fahrer, trank seine drei Gläser.
Helmut übte mit Dieter noch bis 16.00 Uhr mit gemischten Ziffern von 1–0, und Dieter gab sich große Mühe, so wenige Fehler als möglich zu machen, so daß sein Ausbilder mit ihm voll zufrieden war. Am Schluß des Tages gab er ihm die Frequenz des Übungssenders und ein paar Sendezeiten, die Dieter im Laufe des Abends abhören sollte. Danach verabschiedete sich Helmut und fuhr mit Günter nach Berlin zurück.
Dieter nahm seinen Übungsblock und wählte die Übungs-

frequenz, um seine ersten Funksprüche aufzunehmen. Er machte die Feststellung, daß er um so besser mithalten konnte, je schneller das Tempo des Übungssenders war. Bei der langsamen Wiedergabe schlichen sich bei ihm eher Fehler ein; ob das normal war?
Als er am nächsten Morgen Helmut seine gemachten Erfahrungen schilderte, bestätigte dieser die Richtigkeit von Dieters Feststellung. Es sei tatsächlich so, daß man sich leichter auf eine höhere Geschwindigkeit des Gebers einstellen kann, man würde dann nicht in den Fehler verfallen, die Ziffern gedanklich zu wiederholen, denn dadurch entstünde die Gefahr, den Anfang der neuen Ziffer zu verpassen und so einen Kettenfehler zu machen. Dieter übte wieder bis zum Mittag und danach war das Funkgerät wieder Übungsobjekt. Er war mit seinen Leistungen selbst zufrieden und es schmeichelte ihm, daß Helmut ihn laufend lobte.
Als er nun unter Anleitung seines Ausbilders das erste Mal den Sendeset aufbaute, war er ganz in seinem Element. Er erhielt eine Sendefrequenz und suchte in der Tabelle die vorgeschriebenen Antennen- und Gegengewichtlängen heraus und steckte sie entsprechend, dann stellte er die sogenannte Grobabstimmung ein und koppelte die Glühbirne dazwischen, um die Feinabstimmung zu machen.
Sie übten das noch einige Male, und Dieter gewann zunehmend an Fingerspitzengefühl. Helmut teilte ihm mit, daß sie in zwei Tagen die erste praktische Übungssendung vom Objekt nach einem entsprechenden Übungssendeplan machen wollten. Er gab Dieter einen Sendeplan und dieser stellte fest, daß jeder Tag im Monat eine genau tabellierte Zeiteinteilung mit Kennziffern hatte. Jeder Funker im operativen Einsatz erhielt einen derartigen Jahressendeplan und konnte so zu jeder Zeit die Zentrale unter der ihm zugeteilten Frequenz erreichen. Gleichzeitig hatte er für die Wiederholungssendung eine Zweitfrequenz – also ein kompletter Verbindungsplan, mit dem er im Bedarfsfalle innerhalb kürzester Zeit seine Nachricht an die Zentrale

geben konnte und vor ihr entsprechende Weisungen bekam. Helmut gab dafür ein Beispiel: Dieter erhielt z. B. eine wichtige Information am Abend des 10. Dezember zwischen 20.00 und 22.00 Uhr. Er beschließt danach, mit der Zentrale Verbindung aufzunehmen und verlangt eine Weisung für sein weiteres Verhalten. Er gibt also 22.45 Uhr eine chiffrierte Funknachricht an die Zentrale, erhält von der Zentrale 22.50 Uhr die Bestätigung, daß sein Funkspruch über einen Kurzwellenempfänger angekommen ist; um 23.00 Uhr erhält er die Bestätigung, daß sein Führungsoffizier verständigt ist, und um 23.15 Uhr bekommt er die chiffrierte Weisung des FO's für seine Arbeit. Zwischen Information und entsprechender Weisung ist also eine knappe Stunde vergangen. Auf diese Art können z. B. militärische Übungen (Nato-Alarm etc.) gemeldet werden, Polizeieinsätze, Demonstrationen, kurzum alles, wo es auf schnelle und schnellste Weitergabe der Information ankommt und auf die entsprechende Anleitung der Weiterverfolgung der Information. Helmut ergänzte: »Da wird z. B. für eine bestimmte Garnison in Niedersachsen eine Nachtübung für 21.00 Uhr angesetzt, wir erhalten durch einen Kundschafter die X-Zeit um 20.15 Uhr, die Zentrale und der FO entscheiden sich für die sofortige Weitergabe der Meldung über den Deutschen Soldatensender, und die Bundeswehrsoldaten erhalten um 20.30 Uhr bereits in ihrer Musiksendung den Zeitpunkt des Alarms für ihre Kaserne. Da ist der Überraschungseffekt im Eimer, und zum andern zeigt es gleich, daß wir als Feind schneller informiert sind, als die Ausführenden! So etwas läßt die Wehrmoral schnell herabsinken, schwächt also die Kraft des Feindes und stärkt damit die Position des Friedenslagers. So lassen sich noch x Beispiele anführen, sowohl auf militärischem wie technischem Gebiet, sei es nun eine Panne im Betrieb, ein plötzlicher Streik, ein Unfall oder ähnliches. Je schneller wir die Information erhalten, um so schneller können wir darauf mit unseren Maßnahmen reagieren.«
Nach dieser kurzen, aber sehr informativen Abschweifung gingen sie in ihrem Tagespensum weiter, und Dieter gelang

es immer schneller, die geforderten Einstellungen zu meistern. Gegen 18.00 Uhr wurde Helmut mit einem PKW abgeholt, und nach dem Abendessen nahm sich Dieter noch einige Male das Funkgerät vor. Er simulierte einige Sendungen nach dem Plan. Dann suchte er den Übungssender und nahm einige Telegramme auf. Er tat damit schon wieder mehr, als man von ihm verlangte, aber es machte ihm sehr viel Spaß und er hatte dabei immer sein großes Ziel vor Augen. In aller Ruhe nahm Dieter am Abend mit seiner Armbanduhrkamera zwei Filme auf: Funkgerät und Zubehör. Er machte es sehr genau mit Zentimetermaß zum Größenvergleich etc. Er fotografierte auch die Sendepläne und verbarg die belichteten Filme in einem dazugehörigen Container. Er war mit seiner Ausbeute bisher sehr zufrieden und freute sich schon auf den Tag der Auswertung mit seinen Crewkameraden.

Am nächsten Morgen wurde Helmut von Siegfried gebracht. Dieser kam herein und begrüßte Dieter mit den Worten: »Mensch, du übertriffst dich selbst mit deinen Leistungen! Ich soll vom Boß die besten Grüße bestellen und dir ausrichten, daß er mit deiner Leistung zufrieden ist.« Dieter sagte, daß es ihm viel Spaß mache und daß er hoffe, weiter so gut zu lernen wie bisher, um auf diese Weise bessere Einsatzmöglichkeiten zu haben. Siegfried teilte ihm mit, daß der Boß am Freitag mitkäme, um mit ihm zu sprechen. Am Samstag solle er dann voraussichtlich nach West-Berlin fahren und ein paar Einkäufe tätigen.

Das kam Dieter gerade recht, heute war Donnerstag, und so wußte er, was er zu tun hatte. Er würde heute abend noch einen Brief mit GH fertigmachen und eine Skizze des Objekts, das sinnigerweise den Decknamen »Wald« trug (er hatte gehört, wie Rudi sich früh am Telefon mit den Worten meldete: »Ja, hier ist der Wald, ich hätte gern mal den Genossen Roland!«), dazulegen und per Luftpost und Einschreiben an Jack senden. Dann würden seine Leute Bescheid wissen, wo er ist und wie die Ausbildung verläuft. Heute vormittag nahm Helmut das Funkgerät und öffnete den Verschlußdeckel, um Dieter mit der inneren Bestükkung vertraut zu machen. Die Senderöhre, die benutzt wurde, war made in USA, im Verstärkerteil überwog der Name Philips. Als Helmut Dieters überraschtes Gesicht sah, schmunzelte er und erklärte: »Weißt du, wir verwenden für unsere Geräte nur die Spitzenerzeugnisse des internationalen Marktes. Aber sei beruhigt, das macht der Gegner umgekehrt auch, zum einen sind die Geräte dadurch störungsunanfälliger und zum anderen gibt es für unsere Leute im Ausland keine Ersatzteilprobleme. Diese Teile sind in allen Radiogeschäften vorrätig oder können dort beschafft werden.« Helmut demonstrierte, welche Stellen durch allzu starken Stoß anfällig sind und wie dadurch Defekte entstehen, geortet und beseitigt werden können, mit Lötkolben und Schraubenzieher kann ja schon jeder Junge umgehen.

Nach diesem kurzen Abriß bereitete Dieter seine erste direkte Übungssendung vor, die für 16.00 Uhr und 18.00 Uhr programmiert war. Er stanzte ein Band mit 20, und eins mit 30 Gruppen, drehte es probeweise durch den manuellen Geberteil und mußte die Antenne und das Gegengewicht entsprechend der Lage des Empfängers ausrichten. Er hatte ein wenig Lampenfieber, denn es war ja sein Debüt im offenen Äther, als er 16.05 Uhr das Band zweimal abfuhr und auf der Reservefrequenz 16.11 Uhr wiederholte (d. h. er mußte in ein paar Minuten ein neues Sendequarz aufstekken, Antenne und Gegengewicht ändern, die Grob- und Feinabstimmung machen); 16.15 Uhr erhielt er die Vorbestätigung über Kurzwellenempfänger, daß sein Funktelegramm empfangen war, 16.20 Uhr den Bescheid über Kurzwelle, daß sein Funkspruch fehlerfrei verstanden worden war.

Helmut hatte nur die Aufsicht geführt und gratulierte ihm jetzt mit Handschlag zu seinem Erfolg, nicht ohne zu erwähnen, daß Dieter zu den fünf schnellsten Schülern von über 100, die er ausgebildet habe, gehöre. Mit seiner 18.00-Uhr-Sendung hatte er den gleichen Erfolg, und als Siegfried gegen 19.00 Uhr kam, um Helmut abzuholen, war er schon über das Ergebnis informiert. Er klopfte Dieter mit den Worten auf die Schulter: »Na, Sonnabend gießen wir einen auf die Lampe im Tokayer-Keller vom Budapest, du hast es verdient!«

Dieter bereitete am Abend seinen Brief an Jack vor. Es wurden ungefähr anderthalb DIN-A4-Seiten inclusive der Skizze des derzeitigen konspirativen Objektes und die Möglichkeiten der Observation für Dritte, sowie über eine Treffmöglichkeit in nächster Nähe. Dieter hatte schon mehrmals am Tage einen Spaziergang in der nahen Umgebung gemacht, auf Vorschlag von Siegfried hatte er dazu auch Rolf, den Schäferhund, mitgenommen, zu dem er vom ersten Tage an ein gutes Verhältnis hatte. Roland schickte ihm einen Sportdress und Laufschuhe, damit er seine Privatkleidung bei den Waldspaziergängen schonen konnte, und so hatte er die nähere Umgebung schon ausgiebig durchstreift und ein paar Aufnahmen des Objektes von verschiedenen Seiten gemacht. Er hatte einen Schlüssel zum hinteren Gartentor bekommen, damit er nicht zum Haupttor heraus mußte, so konnte er sich recht unauffällig und ungezwungen benehmen, denn mit dem ausgewachsenen Schäferhund und dem Sportdress fragte ihn keiner der zahlreichen VP-Streifen nach dem Ausweis. Im Gegenteil, sie grüßten ihn wie einen alten Bekannten, denn der Sportdress hatte das Dynamo-Emblem sowie die weinrote *Stasi*farbe und wurde nur an Mitglieder ausgegeben.
Dem Objekt am Dürerweg 100 gegenüber war die Villa von VP-Oberst Lehmann, der die Tagespassierscheine für westliche Besucher vom MdI unterzeichnete. Rechts neben dem Objekt hatte eine alte Dame mit dem Namen Tänzer ihren Bungalow und gleich bei seiner Ankunft hatte Rudi zu Dieter gesagt, er solle diese alte Reaktionärin und Faschistin nicht grüßen; sie habe nur Westverwandte, die ihr sogar das Hühnerfutter schickten, und beschäftige eine Putzfrau, die auch beim Pfaffen putze, sie sei noch ein Relikt der Vergan-

genheit und man habe sie bisher nicht entfernen können, da die Verwandten im Westen einflußreiche Positionen in der Kirche hätten. Doch seien ihre Tage hier gezählt. Wenn sie Besucher erhielte, so würde sie ein Taxi zur Stadt nehmen, denn Westdeutsche oder Westberliner erhielten für dieses Sperrgebiet keine Einreise.
Links neben dem Objekt war ein Kiefernwald, die Stämme waren zur Harzgewinnung eingeschnitten und hatten Auffangtöpfe, die laufend entleert wurden. Das war im gesamten Ostblock üblich, um Devisen beim Import von Harzen für die Farbindustrie einzusparen. Die Lage des Objektes war sehr verborgen, trotzdem konnte man schnell mit einem Fahrzeug den Berliner Ring erreichen, sowie über Schleichwege auch die Autobahnen.

Gerd, der Boß, kam mit Siegfried und Roland um 9.00 Uhr, und es wurde ein gemeinsames zweites Frühstück eingenommen. Der Boß lobte den Fleiß und die Initiative Dieters und sagte, daß er ihn für eine Sonderaufgabe eingeplant habe, wozu die Foto-, Chiffre- und Funkausbildung unerläßlich sei, die Ergebnisse seiner Ausbildung seien aber bisher so gut, daß das in ihn gesetzte Vertrauen nicht enttäuscht werde.
Als nächstes solle er sich einen gebrauchten PKW kaufen, zu diesem Zweck erhalte er für den Kauf, Anmeldung, Steuern und Versicherungen 4000,00 DM West. Er denke an einen Ford oder Opel, die von der Maschine her ziemlich robust seien im Vergleich zu anderen Typen. Sie seien vor allem im Anzug schnell, und das könne zeitweise ein entscheidender Faktor im operativen Einsatz sein. Zum anderen solle er ein geeignetes Depot für ein Funkgerät anlegen, entweder im Haus in Aachen oder in einem geeigneten Gebiet außerhalb des Hauses, z. B. in einer Gartenlaube oder ähnlichem. Er solle dazu einige Überlegungen anstellen und eigene Vorschläge machen, denn im Dezember könnte er das Funkgerät aus einem TBK in der Bundesrepublik entnehmen und in sein Depot bringen; ab Januar 1959 solle er dann voll einsatzfähig sein.

Innerlich machte Dieters Herz einen Luftsprung, eine Etappe seines Zieles hatte er dann erreicht! Äußerlich aber blieb er nachdenklich und fragte, ob er denn dann schon fähig wäre, seine Aufgaben lösen zu können. Doch Gerd sagte nur, »in unserem Genre lernt der Mensch nie aus und ist nie fertig, doch du hast in verhältnismäßig kurzer Zeit viele Fähigkeiten unter Beweis gestellt und bei deinem Fleiß und deiner Einsatzbereitschaft mußt du an neue Aufgaben herangeführt werden. Der Mensch wächst mit seinen Aufgaben, entscheidend ist einzig und allein der Wille, und den hast du uns bewiesen«.
Morgen solle er zwei Briefe nach West-Berlin mitnehmen und in verschiedenen Postämtern per Einschreiben absenden, die Adressen müsse er sich merken und in West-Berlin auf die Umschläge schreiben, dann solle er auf dem Rückweg noch ein paar Knopfzellen und einige andere Kleinigkeiten mitbringen. Er solle sich Zeit nehmen und erst gegen 19.00 Uhr wieder im S-Bahnhof Friedrichstraße sein. Dort würde er von Siegfried abgeholt, um unkontrolliert passieren zu können, auch auf dem Hinweg würde er direkt auf den S-Bahnsteig gebracht. Zum anschließenden kleinen Abendessen würde er viel Spaß und Abwechslung im Tokayer-Keller finden, das sei eine verdiente Entspannung, denn die beiden nächsten Wochen bedeuteten wieder harte Arbeit.

Anderthalb Stunde später fuhr der Chef wieder mit Roland los, und Siegfried blieb nur noch bis zum Mittag bei Dieter, so daß er den Rest des Tages für sich hatte. Gegen 19.00 Uhr mußte er noch einmal eine Probesendung funken, und zwar ganz allein. So nahm er nach dem Mittagessen Rolf an die Leine und machte einen ausgedehnten Waldspaziergang bis zur Kaserne der NVA-Grenztruppen in Blankenfelde . . . Es war herrliches Wetter, und Dieter durchforschte die gesamte Umgebung und war über drei Stunden unterwegs. Als er zum Objekt kam, spielte Rudi in der Veranda Schach mit einem Mann mittleren Alters (es war der ehemalige

Fahrer Wollwebers, des in die Verbannung geschickten Ministers der *Stasi,* wie ihm Rudi abends beim Grog erzählte), der Dieter kurz grüßte und dann wieder auf das Schachbrett blickte, um seinen nächsten Zug zu machen.

Dieter ging hinein und setzte sich an den gedeckten Abendbrottisch; er hatte vom Spaziergang einen kräftigen Appetit mitgebracht, und so langte er zu und trank zum Essen grusinischen Tee mit Rum. Dann ging er ins Arbeitszimmer und machte um 19.08 Uhr seine Sendung; 19.30 Uhr wußte er, daß auch die erste Alleinsendung o. k. war. Er schrieb in aller Ruhe noch eine weitere Mitteilung an Jack mit Geheimtinte und verbarg sie im Container. Es kam ihm gelegen, daß er zwei Briefe in West-Berlin einwerfen sollte (die beiden Adressen hatte er schon für Jack aufgeschrieben; es handelte sich dabei um einen Dr. Becker in Jülich und eine Christel Bührig in Köln, er wußte nur, daß die Informationen rechtzeitig in der Bundesrepublik ankommen müßten), so brauchte er nicht um eine Ausrede verlegen zu sein, wenn er während seines West-Berlin-Besuches vom *Stasi* beschattet werden sollte.
Er hatte keine Bedenken, einen Schatten abzuhängen, jedoch wußte er, wie oft der Zufall eine Rolle spielte, und der hätte dann in einem Postamt ergeben, daß er einen Einschreibebrief abgesandt hatte. Dazu war er jetzt durch den Auftrag legitimiert.

Am Sonnabend früh wurde er kurz nach 8.00 Uhr von Siegfried abgeholt. Der gab ihm 500,00 DM, die beiden Briefumschläge, ein Muster der Knopfzelle, und brachte ihn zum S-Bahnhof Friedrichstraße. Unterwegs erklärte er ihm, daß er sich nicht mit Handschlag oder durch Gesten auf dem S-Bahnsteig von ihm verabschieden solle. Abends sollte er sich so einrichten, daß er um 20.00 Uhr mit dem S-Bahnzug von Wannsee in Friedrichstraße ankäme; er stände am Zeitungsstand. Auch dann solle er einfach ohne Begrüßung Siegfried folgen. Siegfried parkte den IFA-9 am

Johannishof, Dieter war schon am Hotel *Adria* ausgestiegen und hatte seine Geschwindigkeit so eingerichtet, daß sie zusammen den Diensteingang am S-Bahnhof Friedrichstraße erreichten. Siegfried ging durch und legitimierte sich gegenüber dem wachhabenden Grenzsoldaten. Ohne Kontrolle folgte ihm Dieter auf den S-Bahnsteig, setzte sich in den bereitstehenden Zug, die Türen schlossen sich und ab ging die Fahrt nach West-Berlin.
Am Bahnhof Zoo stieg Dieter aus, ging in den Keller und mietete sich einen Waschraum. Dort adressierte er in aller Ruhe die Briefe und machte seinen Brief an Jack fertig. Er pilgerte ein Stück die Augsburger Straße hoch und stieg gegenüber vom Café Kranzler in den Bus nach Tempelhof. Am Flughafen angekommen, ging er zum BEA-Büro und erfragte einige Flüge, um dann direkt zum Postamt im Flughafen zu gehen.
Dort gab er den Einschreibebrief für Dr. Becker nach Jülich und seinen Einschreibebrief an Jack auf. Danach fuhr er wieder in Richtung Charlottenburg, stieg am Wittenbergplatz aus, bummelte durch das KadeWe, um von dort aus den zweiten Brief auf der Post aufzugeben. Am Tauentzien suchte er ein Café auf, bestellte sich ein Kännchen Mokka und las den Tagesspiegel. Als er die Toilette aufsuchte, vernichtete er den Einlieferungsschein seines Briefes an Jack und war damit wieder »sauber« für die Rückfahrt.
Er machte sich nun daran, die Knopfzellen zu beschaffen. Mehrmals konnten die Händler nichts mit seinem Muster anfangen, doch verwies ihn ein Radiogeschäft an ein Studio für Hörgeräte, die würden derartige Batterien im Angebot haben. Er besuchte das Studio und erhielt alles, was er benötigte. Mit dieser Erfüllung dieses Auftrags hatte er alle Pflichten in West-Berlin erledigt.
Nach dem ausgiebigen Mittagessen und einem Kinobesuch bummelte er noch durch das Zooviertel und war wie vereinbart um 20.00 Uhr auf dem S-Bahnsteig Friedrichstraße. Er sah Siegfried und folgte ihm durch die Kontrollstellen bis zum Parkplatz, erst hier begrüßten sie sich. Im Wagen

übergab er die Knopfzellen und die Einschreibezettel. Sie fuhren vom S-Bahnhof zur Stalin-Allee, parkten dort den Wagen am Café *Warschau* und gingen hinüber zum Restaurant *Budapest*, wo sie schon von Roland erwartet wurden In aller Ruhe genossen sie eine hervorragende Abendmahlzeit, um sich im Anschluß in den Tanz- und Barkeller eine Treppe tiefer zu begeben. Sie sprachen gemütlich dem Wein zu, tanzten und scherzten mit munteren ›sächsischen Mäuschen‹, bis sie schließlich gegen 3.00 Uhr aufbrachen, und die beiden ihn zum Objekt nach Blankenfelde zurückbrachten. Siegfried hatte sich als Fahrer bei den Getränken nicht im geringsten zurückgehalten, aber Dieter wußte ja, daß der *Stasi*-Ausweis bei einer Verkehrskontrolle jede Alkoholfahne ›geruchlos‹ macht.

Dieter duschte sich heiß und kalt ab, kochte sich einen kräftigen Kaffee, setzte sich bequem in den Klubsessel und dachte über den Abend nach. Er war sich darüber im klaren, daß es keinesfalls nur seiner Leistungen wegen heute abend zu diesem Saufabend gekommen war. Es war vorher eine Legende ausgemacht worden, mit der gegenüber den Tanzpartnerinnen operiert werden sollte – bei den Gesprächen, während des Tanzens oder an der Bar. Dieter hatte sich auch bei steigendem Alkoholkonsum strickt an die Vorschriften gehalten. Er hätte seinen Kopf gewettet, daß mindestens zwei der süßen Partnerinnen, die öfters mit ihm tanzten oder an der Bar saßen, Mitarbeiterinnen der gleichen Firma waren, sprich: *Stasi-Miezen*. Bei zartem Schenkeldruck und tiefer Einsicht sprachen sie ihn auf seine gutsitzende Kleidung an, wollten sich mit ihm in Zossen oder Schönefeld treffen, was auf Dieter alles ohne Eindruck blieb. Nicht, daß er ein Kostverächter war, aber er wußte, was von seinem richtigen Verhalten an diesem Tage abhing. Frauen und Alkohol bildeten einen zusätzlichen Test für seine Sicherheit und damit für seine künftigen Einsatzmöglichkeiten. Da duldete er keine Abstriche, Frauen konnte er jederzeit haben, da war er nicht auf Ost-Berlin angewiesen. Und wenn er trinken wollte, hatte er, soviel wie er brauchte; also kein Grund, dafür irgend etwas auf's Spiel zu setzen!

Am Sonntag nach dem Frühstück nahm Dieter Rolf und machte mit ihm einen ausgedehnten Spaziergang. Als er durch den Genshagen nach Rangsdorf ging, hatte er im Wald ein nettes Erlebnis. Rolf hatte er frei laufen lassen, plötzlich hörte er ein zorniges Bellen und Knurren. Als er durch die Büsche ging, stand er vor der Ursache: drei schlotternde Volksarmisten wagten keine Bewegung vor dem funkelnden Gebiß des ausgewachsenen Schäferhundes. Dieter rief Rolf heran und widerwillig gehorchte der Hund auf das Kommando »Fuß«, denn er hatte Uniformierte in sein Herz geschlossen und hätte allzu gern die Festigkeit ihres Uniformtuches geprüft. Zu den Volksarmisten gewandt sagte Dieter: »Nur keine Angst, Genossen, der Klassenfeind fletscht die Zähne noch mehr!« Der truppführende Unteroffizier sagte: »Genosse, vor dem Klassenfeind hätten wir nicht stillgestanden!« Lachend verdrückten sich die drei in die Büsche. Dieter berichtigte für sich die Worte des Unteroffiziers und sagte vor sich hin: Ihr hättet nicht, ihr habt stillgestanden, Genossen!

Sonntag abend 22.00 Uhr und Montag früh 1.30 Uhr mußte Dieter noch zwei Funksendungen machen, doch bereiteten die ihm keine Schwierigkeiten. Montag kam Helmut erst zu Mittag, er hatte vorher seine Verspätung telefonisch angesagt.
Um so überraschter war Dieter, als Helmut ihm mitteilte, sie würden bis Mittwoch die Kenntnisse vertiefen und die neue Stanze und den neuen Geber durchexerzieren, denn Freitag bis Montag würde er mit Roland von verschiedenen Orten operative Sendungen machen müssen. Eine Art Abschlußprüfung unter gefechtsmäßigen Bedingungen, wie Helmut sich so bildlich ausdrückte.
Er erklärte, daß Dieter zu bestimmten Zeiten über Kurzwelle Anweisungen von der Zentrale erhält, wann und

unter welcher Frequenz er seine Sendungen zu machen hat, so dürfe ihm kein Hörfehler unterlaufen, denn sei die Zeit oder Frequenz falsch, würden seine Sendungen nicht empfangen werden und es gäbe Minuspunkte. Die Reiseroute wäre Magdeburg, Gera, Dresden und Leipzig. In Magdeburg, Gera und Leipzig würden sie übernachten, in Dresden nur aus einer KW senden und dann weiterfahren.
Roland würde morgen früh kommen und mehr über den Ablauf berichten. Dieter dachte daran, daß er nur noch über fünf Filmscheiben verfügte, er mußte sie recht gut einteilen und durfte keine mehr im Objekt vergeuden.
Doch schon am nächsten Tag war er diesbezüglich eine Sorge los, denn Roland teilte ihm mit, daß er am Donnerstag nachmittag noch ein paar Sachen in West-Berlin erledigen müsse. Dieter hatte von Jack die Adresse einer älteren Dame in West-Berlin in der Flensburger Straße bekommen; er mußte unbedingt versuchen, am Donnerstag seine Filmreserve aufzufüllen, vorausgesetzt, er konnte in der Zeit auch die anderen Aufträge erledigen. Er sollte gegen 13.00 Uhr rüberfahren und um 19.00 Uhr von West-Berlin zurückkommen; in knapp sechs Stunden mußte sich einiges machen lassen.
Die Arbeit mit der neuen Stanze war um ein vielfaches leichter, denn er brauchte nicht mehr Punkt für Punkt auszustanzen, sondern stellte nur die Zahlen auf einer Walze ein und hatte dann mit einem Druck den Lochstreifen plus Zahlenabstand gestanzt (für das gleiche Ergebnis mußte er die Taste der alten Stanze 12–15mal drücken).
Der neue Geber brauchte nicht mehr manuell gedreht zu werden, sondern wurde mit einem kleinen Kipphebel elektrisch betrieben, das ging schneller und vor allem gleichmäßiger. Helmut sagte ihm, in etwa zwei Jahren werden alle Funker mit einem Magnetbandendlosgeber ausgerüstet, der jetzt z. Zt. schon im Testeinsatz ist. Das Ding hätte zwar den Preis von 5 TV-Geräten, doch sei es technisch auch das Non plus ultra für die folgenden Jahre. Vielleicht würde er dieses Gerät in der kommenden Woche, wenn sie noch ein

paar Sendungen in Berlin machen, kurz mitbringen, um Dieter den Fortschritt demonstrieren zu können.
Am Donnerstag kam Roland kurz nach 11.00 Uhr und holte Dieter ab, um ihn zum S-Bahnhof Friedrichstraße zu bringen. Dieter hatte noch einen Einschreibebrief an besagten Dr. Becker abzusenden und eine postalische Einzahlung von 500,00 DM an Christel Bührig zu machen; außerdem sollte er noch 30 Knopfzellen einkaufen, aber bei verschiedenen Händlern. Bereits um 12.00 Uhr war Dieter am Bahnhof Zoo, er hatte über 1000,00 DM erhalten, um alles erledigen zu können.
So zögerte er nicht lange, nahm ein Taxi und ließ sich vom Zoo zu dem Hörstudio fahren. Er kaufte dort 10 Knopfzellen, nahm ein anderes Taxi und ließ sich zum Rosenthaler-Platz bringen, von dort ging er zu Fuß zur Flensburger Straße. Er hatte Glück, es war kurz nach 13.00 Uhr, und die alte Dame empfing ihn. Er stellte sich als Jacks Freund vor, schilderte mit knappen Worten seine Situation und teilte ihr mit, was er dringend benötige. Er sagte, er könne gegen 17.00 Uhr noch einmal vorbeikommen, ob es möglich sei, bis zu diesem Zeitpunkt die Dinge zu beschaffen. Die alte Dame lächelte vielwissend und sagte: »Junger Mann, lassen sie sich durch mein Alter nicht täuschen. Wir haben Dinge schon sehr schnell erledigen müssen und noch schneller erledigt! Kommen Sie um 17.00 Uhr, und es wird alles o. k. sein!«
Beruhigt ging Dieter zurück zum Rosenthaler Platz, nahm ein Taxi und fuhr zum Flughafen Tempelhof. Er suchte die Post dort auf und sandte den Brief an Dr. Becker ab. In der Ladenstraße fragte er am Schalter und hatte Glück: er konnte auch hier 10 Knopfzellen erwerben. Es war 14.30 Uhr, und er hatte schon fast seine gesamten Aufgaben erledigt. Er nahm jetzt den Bus, fuhr zum Wittenbergplatz und besorgte hier die restlichen 10 Knopfzellen. In der weiteren halben Stunde erledigte er die Überweisung an Frau Bührig; außerdem nahm er noch ein Branchenverzeichnis mit und schrieb 6–7 Namen von Hörgeräte-Verkaufsstellen oder Studios heraus, um sie Roland zu geben.

Kurz nach 15.30 Uhr ging er zur Bushaltestelle und fuhr zum Rosenthaler Platz, um wieder die alte Dame aufzusuchen. Als er klingelte, öffnete ihm die alte Dame mit lächelndem Gesicht und bat ihn hereinzukommen. Sie sagte ihm, daß die Sachen gegen 16.00 Uhr eintreffen würden und er somit seinen Termin einhalten könne. Um so erstaunter war er, als es kurz nach 16.00 Uhr klingelte und er in der Diele Jacks vertraute Stimme hörte, die zu der alten Dame sagte: »Es war purer Zufall, daß ich in Frankfurt war und gleich die nächste Kuriermaschine chartern konnte. So landete ich schon kurz nach 15.00 Uhr in Tempelhof.«
Mit einem freundlichen Hallo trat er ein und begrüßte Dieter. »Dir brennt der Schuh«, sagte er, »ich habe aber reichlich Spielzeug mitgebracht, wie lange hast du noch Zeit?«
Dieter erlärte, daß er um 19.00 Uhr im S-Bahnhof Friedrichstraße sein müßte und Jack erwiderte, ich wollte, wir hätten in allen Fällen soviel Zeit! Dieter erklärte, was in den kommenden drei Tagen geplant ist und Jack fragte ihn, ob er schon die Sendefrequenzen hätte, der Techniker würde danach fragen. Dieter gab ihm die Frequenz des Übungssenders und teilte ihm mit, daß er auf diesem stationären Sender die Frequenzen für die jeweilige Sendung erhält, die dritte und vierte Zahlengruppe gibt jeweils die Sendezeit, die fünfte die Frequenz an.
Jack bedankte sich für die ersten Aufnahmen, sie seien ganz o. k., auch die Adressen wären hochinteressant. Die werte Dame sei Chefsekretärin in einem Spezialbetrieb für Vacuumtechnik, und der Dr. sei Atomphysiker im Forschungszentrum Jülich. »Doch darüber sprechen wir bei unserem nächsten Treff im Westen ausführlich.«
Dieter teilte ihm mit, daß er heute nochmal einen Brief und eine Geldüberweisung abgesandt habe. Jack packte jetzt einige Dinge aus und erklärte Dieter: »Die Filme sind hier in dem Kaugummipäckchen, und zwar in dem festsitzenden Streifen, die anderen sind normal eßbar, du kannst sie also anbieten. Für die belichteten Filme hast du ausreichend

Containerraum, doch bitte wage nicht zuviel, denke daran, daß unser Gegner nie unterschätzt werden darf. Merke dir vor allem gut, ob ihr die Autobahn auf offiziellen Abfahrten verlaßt oder ähnlich wie nach Blankenfelde inoffiziell herunterfahrt. Bei den konspirativen Objekten ist alles von Bedeutung: Schlüssel, Keller, besondere Räumlichkeiten, die Lagerskizze vom KO Blankenfelde ist einwandfrei und sehr nützlich. Wenn ihr unterwegs tankt, achte auf die Gutscheine.« Sie besprachen noch einige technische Dinge und dann brachte Jack Dieter gleich zum Bahnhof Zoo. Es war 18.30 Uhr und so blieb für ihn genug Zeit, den entsprechenden Zug zu wählen, um 19.00 Uhr in der Friedrichstraße zu sein. Sie verabschiedeten sich herzlich, Jack teilte ihm noch mit, daß er mit der normalen Linienmaschine nach Düsseldorf zurückfliege und sehr froh sei, daß alles so gut geklappt habe.

Dieter löste eine S-Bahnkarte am Automaten und ging zum Bahnsteig. Es war kaum Betrieb um diese Zeit, und so hatte er die paar Fahrgäste schnell überblickt. Als der Zug in Friedrichstraße einlief, sah er schon Roland am Zeitungskiosk. Als er ausstieg, ging Roland bereits in Richtung Dienstausgang die Treppe herunter, und Dieter folgte ihm. Sie fuhren gemeinsam zum Objekt, Roland blieb gleich im Wagen, um zurückzufahren. Während der Fahrt hatte er Dieter informiert, daß sie morgen bereits um 8.00 Uhr vom Objekt abfahren müßten, ihre erste Station wäre Gera.
Dieter bereitete sich gut vor, verstaute die Funkanlage in einem Spezialkoffer, den Helmut mitgebracht hatte, und somit war er für die kommenden Tage gerüstet. Rudi klopfte bei ihm und hatte eine große Pfanne mit Rührei und Pilzen auf den Tisch gestellt, dazu frisches Roggenbrot und Tee mit Rum. Dieter machte ihm den Vorschlag, gemeinsam zu Abend zu essen, und so holte Rudi bereitwillig Teller und Teeglas, um mit dem Genossen zu futtern. Er erzählte, daß er aus Gelsenkirchen stamme, seine Frau aus Ostpreußen, und daß sie z. Zt. noch zur Kur sei. Aber nächste

Woche, wenn Dieter von der Reise zurück ist, sei seine Amanda wieder da und dann gäbe es ein prima Essen, denn kochen könne sie ganz hervorragend!
Dieter machte ihm das Kompliment, daß es ihm bisher immer gut geschmeckt habe und die fehlende Frau gar nicht aufgefallen sei. Sie sprachen noch über politische Geschehnisse während des Krieges, und Rudi gab ein paar Storys zum besten. So verklönten sie fast drei Stunden, und die Flasche Rum hatte nur noch eine Neige. Rudi klopfte seinem Zuhörer auf die Schulter und sagte: »Gute Nacht, Genosse, es ist gut, wenn man im Alter weiß, daß unser Kampf in den richtigen Händen ist! Ich wollte, ich wäre gesund und noch mal so jung und hätte die Kampfmittel wie ihr; ich würde es den imperialistischen Verbrechern schon zeigen, wo Barthel den Most holt!« Ideologisch so gut aufgerüstet, war es ein Genuß für Dieter, ins Bett zu gehen. Um 7.00 Uhr saß er schon mit Rudi am Frühstückstisch und die frischen Brötchen mit selbstgekochtem Johannisbeergelee und die ungarische Salami schmeckten genauso lecker wie der kernige Knochenschinken, dessen Scheiben so dick wie Brot geschnitten waren. Der Kaffee war stark, ergo wurde der Tag gut begonnen. Roland erschien schon kurz vor acht und langte auch noch einmal zu, Punkt 8.30 Uhr verließen sie das Objekt und machten sich auf die Reise zum operativen Funktraining. Dieter war optimistisch, mit gutem Ergebnis zurückzukommen.
Sie fuhren gleich aus dem Waldweg wieder inoffiziell auf die Autobahn, und Roland erzählte ihm, daß ein Arbeitskommando von ihnen derartige wilde Abfahrten hinter Büschen auf Feldwegen etc. laufend befestige, um so eine sichere Abfahrt zu gewährleisten. Auf diese Weise kann man leicht ungeliebte Beobachter abhängen, denn diese würden sich, wissen sie den Wagen vor sich, erst wieder kurz vor der nächsten Abfahrt heranwagen. Als Dieter einwarf, diese Sicherheitsmaßnahme sei doch für das MfS gar nicht notwendig, erwiderte Roland: »Du glaubst nicht, wie viele Wagen für die Konkurrenz hier im Einsatz sind!

Die haben alle ihre Legende und sind ad hoc nicht zu überführen, da ist die beste Devise eben Vorsicht in jeder Situation, also strengste Konspiration!«
Sie überholten viele westliche LKW und PKW, die sich im Transit von und nach Berlin bewegten. Sie befanden sich jetzt auf der E 6 und fuhren Richtung Hermsdorfer Kreuz, wo sie auf die E 63 Richtung Gera abfahren wollten. In der Autobahnraststätte vom Hermsdorfer Kreuz legten sie eine kleine Rast ein, aßen einen saftigen Wildschweinbraten mit Butterpilzen und tranken dazu Radeberger Pils. Roland erzählte, da hier viele Transitreisende Rast machen, haben die immer noch ein paar Besonderheiten im Gegensatz zu den normalen Stadtgaststätten. Zu Abend essen wir im *Braunen Bären,* wo auch unsere Zimmer bestellt sind, die schlappen 20 km schaffen wir in einer halben Stunde. Wenn du um 21.00 Uhr deine Sendung gemacht hast, werden wir uns einen schönen Abend machen. Ich habe Brand wie eine Bergziege und auch Lust, wieder mal zünftig mit einer Sächsin zu tanzen, also auf zur letzten Etappe!
Vom Hermsdorfer Kreuz bogen sie auf die E 63 ab und bogen in die Abfahrt Gera ein. In der Stadtmitte hielt Roland vor der VP-Verwaltung und sagte zu Dieter: »Ich werde mal eben den administrativen Kram erledigen, dann wissen die Genossen, daß wir da sind, und wir haben unsere Ruhe.«
Während Rolands Abwesenheit inspizierte Dieter kurz das Handschuhfach; es war nur ein Minoltankheft mit Kraftstoff- und Ölgutscheinen darin. Unter Rolands Sitz fand er einen Befehlsstab, wie ihn die Verkehrspolizei verwendet, fein säuberlich praktizierte er die Dinge wieder an den Platz, wo er sie entnommen hatte. Er ahnte, wozu die Sachen waren, hatte doch Jack bei einer rasanten Fahrt von Frankfurt nach Köln auch urplötzlich eine blaue Blinklampe mit Magnetfuß auf das Dach gestellt, um eine Strecke mit Geschwindigkeitsbegrenzung zügig durchfahren zu können, da der Zeitdruck zu groß war. Ohne diese gewissen Sonderrechte kommen eben die Kämpfer an der unsichtba-

ren Front auf beiden Seiten nicht aus. Im Osten gibt es den schönen Slogan: »Bei uns sind vor dem Gesetz alle gleich – nur einige sind eben gleicher.« Roland kam zurück und sagte im Ganovenslang: »Alles paletti, die Genossen spuren und unser fröhliches Wochenende kann beginnen.«

Sie fuhren in Gera zum Hotel *Brauner Bär*. An der Rezeption dauerte es kaum eine Minute, und Roland hatte die Schlüssel. Ein dienstbeflissener Helfer erkundigte sich nach dem Gepäck, um es nach oben zu bringen. Sie bezogen Appartements im altdeutsch-herzoglichen Hotelspezialstil (so in der Art: »Gnädige Frau, wir haben für Sie das Fürstenzimmer reserviert.«) Aber immerhin gab es fließendes kaltes und lauwarmes Wasser und große Fenster, die für Dieters Aufgabe eine Erleichterung waren. Es gab zwei Steckdosen, also brauchte er keine Hilfsmittel anzuwenden, um den wichtigen Saft zu bekommen, Materialien und Werkzeug zu derartigen Zwecken gehörte zur Standardausrüstung eines Funkers, denn er kann in Situationen kommen, wo es keine Steckdose im Zimmer gibt.
Nachdem sie die Sachen gut verstaut hatten, zogen sie sich um und gingen in den Speiseraum zum Abendessen. Sie richteten es so ein, daß sie kurz vor 21.00 Uhr wieder in ihrem Zimmer waren. Sie schlossen von innen ab, Dieter öffnete den Spezialkoffer, stellte das Batterieradio mit den sieben Wellenbereichen (auch ein westliches Produkt), davon drei Kurzwellenbereiche, auf das Nachtschränkchen und baute die Funkanlage auf dem Couchtisch auf. Er rollte die Antenne aus und befestigte sie mit Klemmen an den Fenstervorhängen, prüfte die genaue Spannung und glich die Schwankungen am Vorgeber aus, und nach knapp drei Minuten machte er die erste Nullkontrolle. 21.00 Uhr erhielt er über Kurzwelle den Auftrag, in 10 Minuten auf einer vorgegebenen Frequenz seine Sendung abzufahren. Er suchte aus dem Frequenzkasten die Sendequarze heraus, steckte sie auf den Sender, machte eine Vorkontrolle und fuhr 21.10 Uhr die Sendung ab. 21.15 Uhr erhielt er die

Vorbestätigung und 21.21 Uhr wußte er, daß sein Funkspruch fehlerfrei empfangen worden war. Dieter dachte insgeheim, hoffentlich nicht nur in der Zentrale in Ost-Berlin! 21.30 Uhr hatte er die Anlage wieder abgebaut und ordnungsgemäß verstaut. Roland hatte die ganze Zeit kein Auge von ihm gelassen und sagte jetzt: »Dieter, es ist eine Freude, dir bei dieser Tätigkeit zuzusehen, du handhabst die Dinge, als würden sie schon jahrelang zu deinem Metier gehören. Ich kann nur sagen Klasse, du kannst sehen, wie recht der Ausbildungsgenosse hatte, als er dich zur Funkausbildung vorgeschlagen hat. So, und jetzt mache ich mit dir einen gemütlichen Abendbummel, denn bis früh um 6.00 Uhr haben wir ja Zeit, und wie ich festgestellt habe, würde es genügen, wenn wir um 5.55 Uhr wieder in unserem Zimmer sind!«
Ihre erste Stippvisite führte sie in ein kleineres Tanzcafé, in dem ein Klavierspieler und ein Stehgeiger zur Unterhaltung der Gäste spielten, doch sie konnten mit ihrer drittklassigen Wiedergabe von Operettenmelodien niemanden zum Tanzen animieren. So tranken Roland und Dieter eine Tasse Kaffee und einen doppelten Kognak und verließen die Schlummerdiele. Sie zogen weiter zur HO-Tanzgaststätte. Hier stand schon ein Teil der Gäste im Gang und wartete auf frei werdende Plätze. Ein Barquintett forderte zum Tanz auf und spielte ›Rundfunktitel‹ (eine Umschreibung für Westschlager, denn diese sollten nicht gespielt werden, aber Titel, die der DDR-Funk als Schlager brachte, durften von den Kapellen gespielt werden) und so war auch die Tanzfläche voll besetzt. Roland ging zum Oberkellner und fragte nach seinem »bestellten Tisch für zwei Personen« – ein Zwanziger wechselte den Besitzer, und der Oberkellner besann sich, daß er in der Eile den Tisch vergessen hatte, er würde das aber sofort erledigen. Ein kleiner Tisch wurde direkt in der Nähe der Kapelle aufgestellt und die Herren wurden gebeten, Platz zu nehmen. Roland bestellte eine Flasche sowjetischen Sekt und fragte scherzhafterweise, ob er noch genug davon in der Kombüse habe, worauf der

Oberkellner in reinstem Sächsisch erwiderte, drei Stück seien noch vorhanden. Die Antwort von Roland war: »Die restlichen zwei auch für uns kalt stellen, sie sind hiermit gekauft!«
Gemütlich stießen sie das erste Glas an und blickten in die Runde. An manchen Tischen saßen nur Frauen, von 17 bis zu dem Alter, wo es der gute Anstand verlangt, nicht mehr die Zahl der Jahre zu nennen; teilweise tanzten auch Frauen miteinander. Dieter hatte eine nette Maid drei Tische weiter erspäht und sagte zu Roland, daß er bei der nächsten Runde die kleine Schwarzhaarige auffordern wolle. Als die Band nach kurzer Pause wieder begann, ging Dieter los und forderte die Schöne auf. Eine freundlich nickende Zusage, und sie begannen ihren Tanz. Der schwarze Engel mit den Glutaugen tanzte leicht wie eine Feder –, aber kein Laut kam über seine Lippen. Dieter wollte ein kleines Gespräch beginnen, doch blieb es beim Monolog und einem verführerischen Lächeln. Dieter meinte, daß das schwere, süße Parfüm gut zu dem Typ passe. Etwas später wußte er, daß der Name des Duftwassers ›Moskauer Nächte‹ war und daß seine gute Tänzerin eine Russin war. Sie gehörte zu den Angestellten der DSAG-Wismuth und damit quasi zur Besatzungsmacht. Mit ein paar Brocken russisch, gemischt mit deutsch und englisch, klappte die Verständigung immer besser, und als Dieter sie zur Bar einlud, ging sie mit und trank einen Wodka und einen Cocktail.
Dann tanzten sie wieder, und er war hingerissen von ihren Augen und ihren Bewegungen, doch soviel er seinen Charme und seine Verführungskünste spielen ließ, sie zeigte ihm die Grenze und machte deutlich, daß er sie nicht überschreiten durfte.
Rolands Partnerin war aus Altenburg mit ihrer Freundin da, und nach dem Aufsuchen der Bar waren sie schon zum Du übergegangen. Sie machte ihm den Vorschlag, wenn hier Schluß sei, sollte er doch mitgehen zur Bar des Hotels *Brauner Bär*, denn dort sei bis 5.00 Uhr früh Betrieb und außerdem würde sie dort mit ihrer Freundin wohnen.

Roland sagte zu, erwähnte aber nicht, daß er mit Dieter auch dort wohne. Bei der Damenwahl kam die andere Altenburgerin sofort und forderte Dieter auf. Er sah, wie die Russin, die sich gerade erheben wollte, sich mit vorwurfsvollen Augen wieder setzte.
Die rothaarige Altenburgerin fragte Dieter, ob er denn nicht die »Freundschaft« ein wenig übertreibe, oder ob er sich beruflich mit den Russkis gut stehen müßte. Er lachte, verneinte das und sagte mit zwinkernden Augen, normalerweise brauche er keine Sprache, um seine Wünsche kundzutun. Sie drückte sich an ihn und sagte, es wäre ja schlimm, wenn die uns auch noch die wenigen Tänzer wegschnappen würden. Dieter lud auch das rote Feuer zur Bar ein und nach dem zweiten Wodka sagte sie: »Du, ich heiße Inge und schlage vor, wir sagen du zueinander – meine Devise ist: Lebe heute, morgen ist es vielleicht schon zu spät; und ich würde mir Vorwürfe für jeden Tag machen, an dem ich versäumt habe, mit einem netten Partner zusammengewesen zu sein.« Sie tanzten auch den nächsten Tanz zusammen. Als er an Roland vorbeitanzte, sagte dieser zu ihm: »Dieter, wir trinken noch das dritte Fläschchen aus, und gehen dann mit den beiden zur Bar im *Braunen Bären,* da soll es erstklassig sein und wir wollen den angebrochenen Vormittag noch genießen. Komm, tanz du mal mit Lilo, ich nehme die Inge.«
Lilo sprach ihn sofort mit Dieter an und schnurrte los: »Du, was hast du denn an den Russenmattkas gefressen? Die Inge verschlingt dich schon den ganzen Abend mit den Augen, und du zeigst gar keine Reaktion! Was meinst du, wie riesig die sich freut, wenn du mitkommst.« Dieter versprühte seinen ganzen Charme, drückte Lilo beim langsamen Walzer an sich und ließ seinen Schenkel zwischen die ihren dringen. Sie reagierte prompt und sagte, gefallen wird es dir im *Braunen Bären,* und wenn die Stimmung in der Bar nicht so ist, wie wir es wünschen, nehmen wir zwei Flaschen Wodka mit hoch und machen eine süße Party zu viert bei Radiomusik.«

Roland verschwand mit Dieter, erinnerte ihn an die Legende und äußerte sich mit den Worten: »Dieter, die Sache ist karascho, die beiden sind scharf wie Nachbars Lumpi, sehen auch nicht schlecht aus, da müssen wir einfach solidarisch sein und ihnen mit unseren Tröstern sozialistische Hilfe leisten. Ich habe das Gefühl, daß du die Sendung am frühen Morgen allein starten mußt, dein Spannemann liegt dann in Essig oder in Gelee, aber ich bin sicher, du Satan wirst auch die Situation in den Griff bekommen und beiden Teilen gerecht werden, sowohl der Zentrale wie auch den Weibern.«
Dieter erwiderte: »Weißt du, Roland, ich sage einfach, ich muß um 5.30 Uhr zu unserem Wohnquartier und Bescheid geben, daß wir erst später kommen, und nach der Sendung komme ich einfach wieder zurück ins Appartement.«
Sie gingen also zu Fuß durch das hügelige Alt-Gera, küßten sich und fummelten ein wenig. Inge und Lilo überzeugten sich, daß die Herren alles bei sich hatten; diese revanchierten sich auf ähnliche Weise. Als sie im *Braunen Bären* ankamen, schaute Roland in die Bar und holte die drei nach. Er hatte abermals auf seine Art für ein nettes Plätzchen gesorgt, und so hatten sie in einer kleinen Nische einen Tisch erhalten, wo sie so gut wie ungestört waren. Sie blieben bei sowjetischem Sekt und bestellten eine Schlemmerplatte für vier Personen. Sie tanzten im Wechsel mit den beiden Mädchen. Nach einer guten Stunde verschwanden die beiden Mäuschen für einige Zeit, um sich im Zimmer frisch zu machen; das war für Roland und Dieter noch einmal die Gelegenheit, ihren Schlachtplan für die nächsten Stunden abzustimmen. Roland sagte, daß Dieters Plan mit dem kurzen Verschwinden gut sei. Sie hatten gerade ihr ausführliches Gespräch beendet, als die beiden wieder erschienen.
Sie hatten sich umgezogen und trugen beide süße Hemdblusenkleidchen. Wie Inge berichtete, hatte Lilo als Modistin beide Kleider selbst entworfen und genäht. Mit einem schelmischen Lächeln verriet Lilo, auch die netten Taschen

sind meine Idee, »die dürft ihr später noch genauer untersuchen!« Als Lilo auf dem Barhocker saß und Dieter neben ihr stand, ließ er ganz sachte seine linke Hand in die nette Tasche gleiten, und er fühlte die nackte weiche Haut ihres Oberschenkels mit dem Strumpfansatz. Sie lachte ihn an und flüsterte: »Schön weit die Täschchen und ganz unauffällig, gelle?« Sie lachte und trank ihren Cocktail aus. Dieter streichelte die Haut und forschte nach weiteren verborgenen Stellen; und das kleine Spiel machte beiden Spaß. Als Dieter kurz zu Roland hinüberschaute, stellte er fest, daß Inge ihm gleichfalls den Vorzug der Taschen erklärte.
Nach dem nächsten Tanz bezahlten sie, nahmen zwei Flaschen Sekt und eine Flasche Zubrowka mit und gingen zum Appartement der süßen Mädchen nach oben. Inge und Lilo zündeten zwei Kerzen an und löschten das Licht, sie hatten, als sie sich umzogen, schon alles vorbereitet und auch aus den Matratzen der Betten eine Sitzcouch mit Liegeflächen gemacht. Sie stellten im Radio gute Tanzmusik ein und so tanzten sie nun weiter.
Roland und Dieter hatten ihre Jacken ausgezogen und die Krawatten abgelegt, mangels Gläsern tranken sie alle vier den Sekt aus Kaffeetassen und zwischendurch Zubrowka aus dem Wasserglas. Die Stimmung wurde immer lockerer, verklemmt waren alle vier sowieso nicht. Als Dieter hinter Inge stand, ließ er seine Hände in ihre Taschen gleiten und streichelte die weiche Haut. Sie flüsterte ihm zu: »Warte Schatz, wir haben noch eine Überraschung für euch, setzt euch beide mal auf die Couch!« Als Roland und Dieter sich setzten und die Tassen füllten, öffneten die Mädchen im Rhythmus der Melodie die Gürtel der Kleider und die Unterteile flogen auf das Bettgestell, die Oberteile verknoteten sie geschickt und was sie jetzt trugen, offenbarte mehr als es verbarg. Sie trugen Strapse und hatten statt eines Slips ein schwarzes Chiffontuch durch den Strapsgürtel drapiert, es war ein entzückender Anblick! Roland rief ihnen zu, das Oberteil habe viel zuviel Stoff, den müßten sie schonen, ehe ihm männliche Finger Schaden zufügten. Die

Süßen lachten und befreiten sich gegenseitig von der kleinen Oberhülle. Sie kamen zur Couch getänzelt, um ihre Partner zum Tanz aufzufordern.
Plötzlich rief Inge: »Eure Kleidung ist unfair! Wir haben noch zwei Seidentücher, mit euren Gürteln ergibt das ein prächtiges Kostüm in diesen gutgeheizten Räumen. Wir verschwinden nochmal kurz im Bad, und wenn wir wieder erscheinen, wollen wir euch im Bantu-Kostüm sehen.«
Roland und Dieter zogen sich rasch aus und hängten sich die Seidentücher wie eine Schürze in den Gürtel, die Süßen kamen wieder herein und waren von diesem Anblick begeistert, und während sie weiter mit ihren Bantus tanzten, begannen ihre Finger zu fühlen, ob die Seidentücher sich auch gut den Konturen anpaßten. Der Erfolg war, daß den beiden Boys auch gut stand, was sie trugen. Zärtlich zog Dieter Inges Chiffontuch weg und legte das kleine Wäldchen frei; mit einem leichten Stöhnen beantwortete Inge das Spiel von Dieters Händen. Lilos Lippen hielten das bei Roland umschlossen, was ihre Hände vorher befühlt hatten; und die süßen Sächsinnen schwelgten im Sex mit ihren starken Partnern, bis die erste süße Erschöpfung alle vier auf der improvisierten Lagerstatt ruhen ließ. Es war über verschiedenen Liebesspielen 5.30 Uhr geworden, und Dieter flüsterte Inge zu, daß er in einer knappen Stunde wieder zurück sei, er müsse sich im Quartier melden, danach hätten sie dann den ganzen Vormittag für sich. Inge antwortete: »Aber bitte, bitte, komm so schnell wie möglich wieder!« Dieter zog sich an und ging zum Appartement eine Etage tiefer, um seine Sendung zu machen; zwar hatte sich sein Alkoholspiegel beträchtlich gehoben, aber Dienst ist Dienst und Sex ist Sex.
Er baute schnell die Anlage auf, stellte das Kurzwellengerät ein und notierte die Frequenzzahl. Er jagte die Sendung heraus, erhielt die Bestätigung und die Aufgabe war erledigt. Jetzt ging er an Rolands Kollegmappe, öffnete sie vorsichtig und durchforschte sie. Er fand einen Personalausweis mit Rolands Bild auf den Namen *Günter Grellt,*

geboren am 5. 7. 1932 in Allenstein, wohnhaft in Dresden, Thälmannstraße 27 – dazu eine Fahrerlaubnis auf den gleichen Namen. Dieters Armbanduhr trat in Tätigkeit, und er fotografierte alles, was eben möglich war. Dann verstaute er die Sachen wieder ordentlich und schloß alles gut ab, um dann wieder eine Etage höher zu gehen. Er schloß leise auf, denn vorhin hatte er abgeschlossen und den Schlüssel mitgenommen. Als er das Appartement betrat, kam Lilo ihm schon entgegen und umschlang ihn mit ihren Armen. Inge kam von hinten, öffnete seine Hose, und beide zogen ihn aus. Dann zogen sie ihn auf die Couch und verwöhnten ihn und sich mit ihren heißen Lippen. Der hervorstehende Erfolg wurde diesmal sofort von Lilo genutzt, und Inge schaute mit gierigen Augen zu. Sie ließ sich als Ausgleich durch Dieters fleißige Hände verwöhnen, bis sie sich schließlich mit ihren Lippen Klein-Roland zuwandte, um den ›großen Roland‹ wieder zu erwecken. Sie leisteten alle vier noch gute Teamarbeit, bis sie endlich erschöpft einschliefen.
Doch Dieter markierte nur Schlaf. Er hatte sich eine harte Aufgabe vorgenommen. Rolands Jacke und Hose lagen ganz in seiner Reichweite, und so rollte er sich langsam und vorsichtig aus der Umarmung Lilos auf den Boden, robbte sich mit der Jacke zum Bad und schloß die Tür hinter sich. Er entnahm der Jacke Rolands den Dienstausweis des MfS, der auf den Namen *Roland Günther,* Hauptmann des MfS, geboren am 3. 2. 1931 lautete. Des weiteren fand er einen Dauerpassierschein für den Flughafen Berlin-Schönefeld und eine Militärfahrerlaubnis auf den gleichen Namen. Dieter fotografierte alles mehrmals und verstaute die Dinge wieder in Rolands Jackett. Er öffnete die Badetür leise und sah, daß die Schlafenden die gleiche Stellung beibehalten hatten. Dieter legte vorsichtig die Jacke zurück, dann schaltete er das große Licht an und fotografierte einige Male die Schlafenden. Von Roland machte er gesondert einige Aufnahmen, löschte das Licht wieder und legte sich zwischen Lilo und Inge, glücklich, unter derartigen Umständen seine

Pflicht erfüllt zu haben! Er hoffte inständig, daß diese Fotos genausogut würden wie die vorher gemachten, denn ihm war bewußt, wie wichtig derartige Aufnahmen sind.

Als sie wieder im Wagen saßen und auf der E 63 nach Dresden fuhren, sagte Roland zu Dieter: »Das war eine Nacht der Abwechslung, aber als du uns allein gelassen hattest, fielen sie beide über mich her und machten mich restlos fertig. Danach ist bei mir der Film gerissen, aber alle Achtung, du hast dich prima geschlagen und vor allem dabei deine wichtigste Aufgabe nicht vergessen.«
Dieter dachte im stillen: Oh, ja, wie recht du in diesem Falle hast, nur muß ich da noch ein paar Tage warten, ehe ich das Ergebnis weiß! Er war natürlich mit Recht stolz darauf, daß er einen aktiven Vollprofi, wie es Roland war, in einem derartigen Zustand auf die Platte bannen konnte. Sie fuhren nach Dresden-Oschatz in eine Drei-Zimmerwohnung, von der Roland die Schlüssel hatte. Es war inzwischen 14.00 Uhr geworden, und 15.00 Uhr hatte er Sendetermin. Dieter hatte die Anlage schnell sendebereit, das war jetzt schon Routine für ihn, und Roland sagte, wenn diese Sendung auch klappt, können wir schon kurz nach 16.00 Uhr wieder starten und sind heute abend schon in Magdeburg.
In Magdeburg angekommen, mußte Roland sich wieder bei der Magdeburger Dienststelle melden, sie bekamen ein Hotelzimmer in der Rogätzer, Ecke Speicherstraße zugewiesen. Hier waren die Häuser in den obersten Etagen vom Krieg her noch zerstört und nicht wieder aufgebaut. Gegenüber der Unterkunft war ein ehemaliger Betrieb der Krupp-Kruson-Werke, er war wohl während des Krieges das Ziel der Bombenangriffe gewesen. In der nächsten Parallelstraße war die ehemalige Kaffeefabrik *Kathreiner,* die jetzt den Namen *Röstfein* am Schornstein trug und ein VEB-Betrieb war.
Es war eine fast unbelebte Ecke und ebenso ungemütlich, die Zimmer waren sehr groß, mit Erkern, aber auch sehr kühl, denn die Zentralheizung funktionierte nicht, und ein

kleiner Kanonenofen in der Zimmerecke hatte Mühe, sich selbst warm zu halten. Nun, es machte ihnen nichts weiter aus, die erste Sendung mußte Dieter um 3.00 Uhr starten, die zweite 6.00 Uhr, und so verstauten sie ihre Sachen gut und fuhren in die City zum Abendessen. Sie fuhren über den ehemaligen Breiten Weg, den Boulevard von Magdeburg. Dort stellten sie ihren Wagen ab und gingen zum *Ratskeller*, einem alten und sehr nett eingerichteten Restaurant.

Man saß an Eichentischen, die Wände waren mit Malereien verziert, die die Erlebnisse des Doktors *Eisenbart* illustrierten. Mit dem Bier hatten sie Glück, denn es gab Pilsener Urquell in Flaschen. Sie aßen Wiener Gulasch mit Klößen und Letscho (ein ungarisches Paprika-Tomatengemüse) und schlossen mit Palatschinken ab.

Anschließend machten sie noch einen kleinen Bummel durch das Cityviertel und fuhren nach Hause, denn es war eine kurze Nacht. Sie hauten sich hin, Dieter stellte den Wecker auf 2.45 Uhr, und Punkt 3.00 Uhr ging er auf Sendung. Auch hier klappte es gut und Dieter ließ die Anlage gleich für 6.00 Uhr aufgebaut und legte sich wieder hin. Roland schnarchte ruhig weiter, und auch Dieter war wieder im Reich der Träume. Nach seiner 6.00-Uhr-Sendung stellte er den Wecker auf 8.00 Uhr, dann frühstückten sie und gegen 9.00 Uhr fuhren sie ab nach Leipzig, wo nachmittags um 17.00 Uhr die nächste Sendung startete. Sie wohnten dort in einem Objekt am Stadtrand.

Roland erzählte, das Haus habe einem Industriellen gehört, der sei bei Nacht und Nebel verschwunden, und so habe man alles gleich voll übernommen. Während der Messe seien oft Gäste hier aus dem kapitalistischen Ausland, der Besitz liege nicht auf dem Präsentierteller, sei günstig zu erreichen und hinterließe einen guten Eindruck auf alle Besucher. Dieter konnte das nur bestätigen, denn die Räume waren sehr geschmackvoll eingerichtet. Jeder hatte sein Schlafzimmer, ein großes Badezimmer mit Dusche, Wanne und drei Waschbecken, separate Toiletten, die

Küche hatte einen großen Nebenraum und eine Vorratsnische. Nachdem sie ihre Sachen ausgepackt hatten, brühte Dieter erst einmal eine Kanne Kaffee auf, und sie aßen dazu Stollen, Streusel- und Apfelkuchen, der für sie bereitstand. Dann sagte Roland, er müsse nochmal kurz weg, Dieter solle es sich gemütlich machen, auf Klingelzeichen nicht reagieren und Telefon nur abnehmen, wenn der von ihnen vereinbarte Rufablauf erfolgte.
Dieter inspizierte während Rolands Abwesenheit das gesamte Haus, machte einige Aufnahmen und Schlüsselabdrücke. Er stellte dabei fest, daß die Fenster und Türen mit einer Warnanlage versehen waren und fand auch in den Hirschgeweihen versteckte Kleinmikrofone; er entdeckte ferner zwei TK-5 Geräte von Grundig mit sehr vielen Bändern. Noch während seiner Inspektion hörte er das Telefon einmal läuten, dann eine Minute Pause und dreimaliges Läuten, dann eine Minute Pause; er hob beim nächsten Klingeln den Hörer ab, denn das war ihr vereinbartes Zeichen. Er meldete sich mit einem Hallo.
Roland war am anderen Ende und teilte ihm mit, daß er erst in 1½ Stunden kommen würde, Dieter solle sich schon mal das Abendbrot machen, TV schauen oder einfach schlafen. Dieter setzte nun mit größerer Ruhe seine Inspektion fort und machte mit seiner Kamera zahlreiche Aufnahmen. Erst skizzierte er die Wohnung mit genauen Maßen auf mehreren großen Blättern, fotografierte diese Skizzen ebenfalls und verbrannte anschließend die Originalblätter. Dann öffnete er ein Glas mit Würstchen und aß gleich in der Küche sein Abendbrot. Danach nahm er sich die Bänder vor und hörte, was darauf war, dreiviertel der Bänder waren unbespielt, der Rest hatte Musik und Gespräche aufgezeichnet, doch waren sie allgemeiner Natur. Dieter hatte 17.00 Uhr seine Sendung mit Erfolg gemacht und ließ alles gleich für die 23.00-Uhr-Sendung stehen. Bisher war er mit den Ergebnissen in jeder Beziehung zufrieden, und er hoffte, auch seine Crew wird bei der Auswertung keinen Grund zur Klage haben.

Als Roland zurückkam, machte er Dieter die Mitteilung, daß sie schon morgen als letzte Etappe Wernigerode anlaufen würden, dort noch einmal übernachten, und dann zurück nach Blankenfelde fahren sollten. Der Boß habe mit ihm telefoniert und sei sehr zufrieden mit seiner Arbeit, das ›sehr‹ würde der Boß äußerst selten verwenden, und er hätte sich darüber genauso gefreut, wie Dieter jetzt. Dieter freute sich vor allem auf Wernigerode und das Harzgebiet, das er noch nicht kannte.

In Wernigerode wohnten sie im Gasthaus *Zur Post* und ihr erstes Mittagessen verzehrten sie im idyllischen *Ratskeller* von Wernigerode. Es ist ein wunderbarer Fachwerkbau, sehr gepflegt, wie fast alle Häuser in dem Harzstädtchen, ein Gegensatz zu den Großstädten wie Magdeburg oder Leipzig, wo schon Fassadenputz Seltenheitswert hat.
Hier, im Gasthof *Zur Post*, mußte Dieter sich den Saft tatsächlich mit Krokodilklemmen von der Lichtleitung holen, denn weder im Zimmer noch im Bad war eine Steckdose. Aber auch diese Lage meisterte Dieter, und jagte pünktlich seinen ersten Funkspruch heraus. Abends gingen sie noch einmal im Haus der *Vier Jahreszeiten* tanzen. Viele weibliche Kurgäste warteten hier auf eine nette Tröstung, doch heute wollten sie sich nur gut unterhalten, denn in Blankenfelde und Berlin stand ihnen noch eine harte Woche bevor. So tranken sie nur zwei Flaschen Wein und lagen um 1.00 Uhr schon allein in ihren Betten, um bis 7.00 Uhr auszuruhen. Gegen 8.00 Uhr frühstückten sie und fuhren zurück nach Blankenfelde, wo sie Rudi zu Mittag begrüßte. Seine Frau Amanda war inzwischen von der Kur zurück und hatte schon leckere Rouladen zubereitet.
Gegen 15.00 Uhr kamen Helmut und Siegfried, und es wurde eine Auswertung der Funkreise vorgenommen. Der Ausbilder beglückwünschte Dieter zu dem erstklassigen Ergebnis und teilte ihm mit, daß der Chef angeordnet habe, Dieter gleich auch an dem neuesten Geber auszubilden, damit er in Zukunft auf alles vorbereitet war. Er hatte die

letzte Entwicklung gleich mitgebracht, damit Dieter sich am Abend schon einmal mit dem Gerät vertraut machen konnte. Das Ding hatte ungefähr die Größe einer kleinen Handrechenmaschine und sah auch so aus, es gab eine Tastatur von 1–0, einige Sondertasten und eine Endlosbandkassette für das Magnetband.
Noch während er sich den Geber ansah, dachte Dieter daran, daß er heute abend ein interessantes Fotoobjekt habe. Sie aßen die reichlich bemessene Mahlzeit, und Amanda war erfreut, daß es allen geschmeckt hatte.
Am Abend machte Dieter die Aufnahmen von dem Geber und den dazugehörigen Instruktionen. Als Helmut am nächsten Morgen mit der Ausbildung begann, dauerte es nur kurze Zeit, und Dieter hatte die Bedienung voll im Griff. Es wurde keine Stanze mehr benötigt, man tippte die Zahlengruppen und die Abstände auf das endlose Kassettenband und konnte dieses dann über den Sender abspielen – ohne manuelle Bedienung. Das Gerät war erstklassig, wenn er es mit den bisherigen verglich. Weniger Zeitaufwand, und vor allem sicherer und schneller! Die Kassette lief pro Sendung viermal ab, und es war nur jeweils ein kurzer Pfeifton zu hören, seine Ausbilder hatten also in keiner Weise übertrieben, als sie ihm vor einiger Zeit das Gerät schilderten.
Am nächsten Tag wurde er von Siegfried abgeholt und sie fuhren zu einer KW in der Marienfelder Straße am Prenzlauer Berg. Diese befand sich in einem Hinterhaus; Siegfried gab Dieter den Schlüssel, drehte die Sicherungen ein und verabschiedete sich mit den Worten: »Sieh dich hier gut um, ich bin bis 15.00 Uhr zurück, mach du inzwischen die Sendungen. Gegen 18.00 Uhr fahren wir rüber zur Schönfließer Straße und in der dortigen KW schläfst du heute nacht und machst deine Nachtsendungen. Wenn das Pensum geschafft ist, wird noch eine letzte Zusammenkunft morgen abend im KO Blankenfelde stattfinden, und übermorgen kannst du abends in Kopenhagen das *Tivoli* unsicher machen, du hast tatsächlich gute Arbeit geleistet!«

Dieter war stolz, daß er alles so gut geschafft hatte und so machte er sich gleich nach Siegfrieds Abwesenheit an die Arbeit. Er skizzierte die KW, machte abermals Schlüsselabdrücke und fotografierte. Er hatte nur noch zwei Filmscheiben, die wollte er sich für die letzte KW aufheben. Zwischendurch machte er noch zwei Sendungen, und nach Siegfrieds Rückkehr starteten sie zur Schönfließer Straße.
Es war ein Eckhaus, und die Wohnung lag im zweiten Stock, unter ihr befand sich eine Polizeiwache. Dieter packte sofort seine Sachen aus, denn schon eine halbe Stunde nach seiner Ankunft mußte die erste Sendung starten.
Auch hier lief alles ohne Schwierigkeiten ab, und Siegfried ließ ihn wieder allein in der KW zurück, um ihn am nächsten Morgen nach Blankenfelde zu fahren. Dieter war noch sehr fleißig und erledigte sein Vorhaben in der Wohnung, die einer Familie Nieswandt gehörte, die aber z. Zt. im Urlaub war, was Dieter aus Briefen entnehmen konnte, die er bei seiner obligaten Kontrolle gefunden hatte.
Am kommenden Morgen kamen Siegfried und Roland, und sie fuhren zum Objekt nach Blankenfelde. Eine halbe Stunde später traf dort der Boß ein, gratulierte Dieter zu seiner guten Arbeit und wünschte für die Zukunft viel Erfolg. Schon im Dezember solle er sein Funkgerät für den operativen Einsatz in der Bundesrepublik erhalten. Jetzt, nach seiner Rückkehr, solle er den PKW kaufen. Als Prämie erhalte er für seine beispielhafte Leistung 2000,00 DM, für den Verdienstausfall 1500,00 DM plus Fahrtkosten, sowie 4000,00 DM für den PKW. Er drückte Dieter nochmals die Hand, trank ein Gläschen Wodka mit ihm und verschwand wieder. Roland und Siegfried klopften ihn auf die Schulter und sagten: »Hast du prima gemacht, bleib weiter so!«
Am selben Abend saß Dieter im Zug nach Kopenhagen. Alle Dinge hatte er gut verstaut; was besonders wichtig war, befand sich in sicheren Containern und so ließ die Spannung nach. Beim monotonen Geräusch des Zuges

schlief er fest ein. In Kopenhagen angekommen, rief er Jack an und meldete sich zu seiner Crew zurück.

## Teil IV

Nach seiner Ankunft in Aachen hatte Dieter seine Sachen ausgepackt, nachdem er die Wohnung kurz durchcheckte. Seine Merkzeichen mit den Haarverstecken waren alle o. k., ergo hatte sich in seiner Abwesenheit niemand in seiner Wohnung »umgesehen.« Äußerst behutsam öffnete er seine Container und entnahm ihnen das unentwickelte belichtete Filmmaterial. Er hatte fleißig gearbeitet, und so war sein gesamter Ausbildungsurlaub mit seiner Armbanduhrkamera fixiert. Wenn nur 30% der Aufnahmen gelungen waren, könnte er äußerst zufrieden sein, denn oft mußte er die Fotos unter sehr ungünstigen Bedingungen schießen. Er verpackte alles in ein lichtgeschütztes Etui, denn Jack würde die Dinge gleich abholen, um alles entwickeln und kopieren zu lassen.
Heute abend schon wollten sie sich in Düsseldorf treffen, um eine Vorauswertung vorzunehmen. Dieter war sicher, daß er seine Crew in keiner Weise enttäuscht hatte, denn schon die Zwischenergebnisse waren so gut, daß er eine große innere Befriedigung verspürte. So ging er dann mit einem guten Gefühl zum vereinbarten Treffort, um Jack das Material zu übergeben. Diese kurzen Übergabetreffs waren inzwischen zur Routine geworden, und der Materialwechsel klappte sehr schnell. Jack teilte ihm kurz die Treffzeit für den Abend mit.

Schon auf der Rückreise hatte Dieter sich Notizen zum zeitlichen Ablauf seiner Expedition in Sachen Funkausbildung gemacht; aus diesen Hieroglyphen konnte nur er sich herausfinden. Jedes Zeichen und jede Farbe hatte für ihn eine erkenntliche Bedeutung, das erleichterte ihm die fällige

schriftliche Ausarbeitung, die er wie immer sehr genau verfassen wollte. Er dachte vor allem daran, wie wichtig auch Kleinigkeiten waren. Beispielsweise hatte er Stadtpläne von allen Orten bekommen, in denen sie bei ihren operativen Einsätzen kurze Visiten machten, und sehr genau hatte er sich die Straßen gemerkt, in denen sein Begleiter die Genossen aufsuchte –, so z. B. in Gera die Rudolf-Diener-Straße 4 und die Walter-Rathenau-Straße Nr. 88 in Magdeburg, oder in Leipzig Am Dittrichring Nr. 24: die sogenannten Bezirksverwaltungen des MfS. Diese hatten, je nach Größe des Bezirkes, 250–380 Mitarbeiter, die ihre Jobs hauptberuflich ausübten. Rechnet man nun nach der stehenden Faustregel pro Mitarbeiter nochmals 5–10 IMs, so kommt man auf die stattliche Zahl von 1500–4000 Leuten pro Bezirk, die für das MfS tätig sind. In diesen Zahlen sind weder die Volksarmee noch die Volkspolizei (MdI) sowie MfS-arbeiter, die direkt der Zentrale in Ost-Berlin unterstehen, zahlenmäßig erfaßt. Ihre Namen werden nicht von den Bezirks- oder Betriebsleitungen (wie z. B. bei der SDAG-Wismuth) erfaßt. So ist es selbstverständlich, daß Meldungen über bestimmte Vorfälle in mehrfacher Ausführung zur Zentrale gelangen und diese in der Lage ist, einen Vorfall lückenlos zu rekonstruieren und sich ein objektives Bild machen zu können. Das Vertuschen eines geringen Vorfalles könnte für alle offiziellen und IMs schwere Vertrauenseinbußen haben. So ist keiner gewillt, ein Risiko einzugehen.
Ein kleines Beispiel: Der Funktionär Mahsur von der SED-Kreisleitung hatte eine häusliche Auseinandersetzung mit seiner Frau. Er geht in ein Lokal, trifft dort einen Genossen, der in der Bezirksverwaltung tätig ist, und nach ein paar Gläschen beklagt er sich über die derzeitige Misere zu Hause. Er führt das auf die ewigen Versammlungen und Schulungen zurück. Da er das nicht gerade flüsternd von sich gibt, könnte einer der anderen Gäste oder der Kellner etwas mitbekommen haben; Grund genug für den offiziellen Mitarbeiter der Bezirksverwaltung, über den Genossen

Funktionär Mahsur sofort eine Niederschrift anzufertigen und diese an die Zentrale zu senden. Weiß er, ob nicht einer der anderen Gäste, der Kellner oder der Wirt, ein IM ist! Ein IM, der nur der Zentrale untersteht und ebenfalls einen Bericht über das eben Gehörte verfaßt. Vielleicht hätte er aus persönlichen Gründen nichts über die Sache berichtet, da der Funktionärsgenosse ein alter Schulkamerad von ihm ist; aber die Ungewißheit zwingt ihn einfach dazu. Denn sollte sein Vorgesetzter von dritter Seite erfahren, daß er der Gesprächspartner des Funktionärs war, so wäre seine unbedingte Zuverlässigkeit in Frage gestellt und das wäre gleichzusetzen mit dem Verlust der Seele eines Christen!

Dieter skizzierte alle Vorgänge zeitlich und örtlich, so daß er für seinen Gesamtbericht eine gute Konzeption hatte, wenn er seine gemachten Fotos dazu einordnete. Für die umfangreiche Dokumentation hatte er eine Woche Zeit bekommen, dann mußte sie so erstellt sein, daß sie keine Frage mehr offen ließ. Somit dachte Dieter an alle Dinge, das fing z. B. mit der Kleidung seiner Kontaktleute an, mit dem Fahrzeug, das sie benutzten, die Art ihrer Notizbücher, ihre Akten- und Collegetaschen, Lokale, die aufgesucht wurden, bis zu zeitweisen kleinen sichtbaren Verletzungen der Haut (Schnittwunden bei der Rasur – Schnittverletzungen der Finger), Einflüsse von Chemikalien (Salpetersäure oder Entwicklerflüssigkeit), bevorzugte Speisen, Getränke und Genußmittel (Marken der Zigaretten, der Spirituosen), die jeweilige Stimmung der Kontaktleute (Nervosität, Erschöpfung), ihre Gesprächsthemen aus der privaten Atmosphäre (Sportgespräche, Lieblingsvereine, Spitzensportler, Filmstars, TV, Theater, bevorzugte Frauentypen) – alles Dinge, die oft bei einer Unterhaltung einfließen, die man bei zufälligen Begegnungen entdeckt und die natürlich ohne Schablone zu Tage treten, wenn man mit der betreffenden Person über einen längeren Zeitraum zu jeder Tages- und Nachtzeit zusammen ist. Dieter verfügte über eine gute Ausgangsposition und hatte seinen

Kontaktmann und Führungsoffizier ja nun in fast allen Situationen erleben können.
Die Vertrauensbasis, die Dieter sich zu diesen Leuten aufgebaut hatte, ließ sie die Grundregel jedes Nachrichtendienstes im allgemeinen (und des Ostens im besonderen) total vergessen. Ihr Verhalten zeigte sie von einer Seite, wo sie nur beweisen wollten, daß sie über der Allgemeinheit standen; also im Grunde eine besondere Klasse in der sogenannten klassenlosen sozialistischen Gemeinschaft darstellten.
Dieter fieberte der Besprechung am Abend entgegen, denn er war gespannt, wie viele der Fotos sich auswerten ließen, die er unter diesen extrem schwierigen Bedingungen gemacht hatte. Er war pünktlich um 18.00 Uhr am vereinbarten Treffort. Augenblicke später rollte Jacks Diplomat vor ihm aus, und er stieg ein. Jack lachte ihn voll an und sagte: »Einfach herrlich! Wir haben uns schon begeistert deine Schnappschüsse angesehen, sie auf das richtige Format gebracht und sogar die Marke der Armbanduhr Rolands erkannt. Eine nicht alltägliche Sache, einen MfS-Führungsoffizier in einer derartigen Situation betrachten zu können! Du kannst dir ja vorstellen, daß Hartwigs Erwartungen ziemlich hochgeschraubt waren, doch das Ergebnis verschlug ihm trotz seiner reichen, jahrelangen Erfahrungen fast die Sprache.«
Dieter fragte dann, ob die Aufnahmen der Ausweispapiere ebenfalls gelungen seien und erhielt die Antwort, daß die Techniker ihr übriges getan hätten, um aus den vorhandenen Negativen das beste zu machen. Es sei fast alles auswertbar, doch solle er sich überraschen lassen: Selbst die Herren Techniker, die sonst immer zu meckern hätten, wären mit den Fotos zufrieden und hätten Ausschnittsvergrößerungen angefertigt. Sie würden auch noch zahlreiche Fragen an ihn stellen, denn die neuen Funktionen des Funkgeberkomplexes kennen sie noch nicht aus der Praxis.
»Was meinst du, wie die den Dezember erwarten, wenn du das erste Funkgerät von den Genossen erhalten sollst! Du

siehst, du wirst erwartet wie das Christkindchen von den braven Kindern.«
Inzwischen waren sie in Düsseldorf angelangt, und als sie ihren Wagen im Parkhaus abstellten, blinkte hinter ihnen die Lichthupe eines VW's auf, in dem Claudia die Absicherung übernommen hatte. Zu seiner Schande mußte Dieter gestehen, daß er während der Fahrt die Absicherung nicht bemerkt hatte.
Claudia begrüßte beide und ging mit ihnen zum Parkhotel. Recht herzlich wurde er von Hartwig begrüßt, der ihm sofort mitteilte, daß er mit der Fotoausbeute mehr als zufrieden sei. Rund 240 auswertbare Fotos unter diesen Bedingungen sind eine erstklassige Leistung; ohne Zweifel kann man dazu sagen, der Einsatz habe sich mehr als gelohnt, nicht nur für jetzt, sondern auch für die nahe Zukunft.
Hartwig ließ sich im Beisein von Jack und Claudia in groben Zügen die Funkausbildung und die Operationsfahrten schildern, stellte einige Zwischenfragen und ging dann zu den Fotos über. Die Aufnahmen waren schon vorsortiert, numeriert und mit einem freien Legendenblatt versehen. So begannen sie mit der Auswertung der technischen Bilder von der Funkanlage und den einzelnen Hilfsmitteln. Hartwig sagte, daß in cirka einer Stunde zwei Funktechniker einträfen, die Dieter ein paar gezielte Fragen zu den Geräten stellen wollten, und er sei sicher, daß er ihnen alle offenen Fragen beantworten könne. Dieter sah sich nun erstmalig die Aufnahmen des Funkkomplexes an. Sie waren klar und scharf, und sämtliche Beschriftungen waren sehr gut lesbar, dito die Zahlen- und Skaleneinteilungen. Auf der Sendequarzreihe war jede Frequenzzahl gut lesbar und die Bilder, die die geöffneten Geräteteile zeigten, ließen jede Kabelverbindung und Lötstelle erkennen. Beim Anblick seiner Arbeit hätte er sich selbst auf die Schulter klopfen können. Er erkannte, wie wichtig die zahlreichen Übungen waren, die Handhabung der Armbanduhrkamera richtig zu beherrschen. Auf den Legen-

denzetteln machte er jeweils eine Kurznotiz, um später genaue Angaben zu machen, wenn die beiden Spezialisten eintreffen würden.
Dann sichteten sie die Aufnahmen der KWs und der KOs, von seinem jeweiligen Aufnahmepunkt in diesen Objekten machte Dieter einen Richtungsstrich auf der Grundrißskizze. Auch ein Ortsfremder mußte sich genau orientieren können, es mußten alle Zugangswege genauso klar erkennbar sein wie die möglichen Fluchtwege.
Ein Outsider wird sich fragen, warum und wozu? Nun, eine kurze Erklärung: die sogenannten KWs und KOs werden zu Messezeiten (während der Frühjahrs- und Herbstmesse) und Internationalen Tagungen (Ärzte-, Wissenschaftler-, Interparlamentarier-Kongresse) als Kontaktquartiere für Geschäftsleute, Wissenschaftler oder, wie wir sagen, für IP (important persons) genutzt. Hier ist ein ungestörtes Gespräch garantiert, hier kann man den Gast mit kleinen Aufmerksamkeiten bei guter Laune halten (mit einem oder mehreren netten und gefälligen Mädchen, oder, ganz nach Wunsch, auch mit ebensolchen Knaben); man hat die Möglichkeit, durch gutversteckte und hochempfindliche Mikrofone und Filmkameras Momente festzuhalten, die man zum gegebenen Zeitpunkt als Erpressungsmaterial nutzen kann. Ob es nun gilt, einen Geschäftsmann oder Industriellen zu Abschlüssen zu bewegen oder einen Wissenschaftler zur Offenbarung bestimmter Forschungsergebnisse zu zwingen –, vieles kann mit ein paar intimen Fotos oder Tonbändern erreicht werden. Außerhalb der Saison werden diese Objekte (im offiziellen Sprachgebrauch meist als Gästehäuser der Regierung, des Messeamtes, der Handwerkerinnung oder der Studentenschaft bezeichnet) vom MfS (und auch vom KGB) als Ausbildungsstätten für Spione (pardon, ich meine natürlich Kundschafter des Friedens, Kämpfer an der unsichtbaren Front) und Instrukteure genutzt; z. B. Mitglieder westlicher Gewerkschaftsverbände, linksgerichteter Parteien oder Gruppierungen.
Erhält nun ein westlicher Abwehrmann neben Fotografien

und genauen Zeichnungen auch noch die Schlüssel des Objektes, so besteht für ihn und seine Crew die Möglichkeit, spurensicher in das Objekt einzudringen, dort entdekkungssichere Minisender zu installieren, um an geschützter Stelle in einiger Entfernung des Objektes Tonbänder von Gesprächen des MfS mit seinen Kontaktleuten mitzuschneiden, quasi als Prophylaxe für Maßnahmen des Gegners. Natürlich müssen diese kleinen nachrichtendienstlichen Hilfsmittel sofort wieder entfernt werden, da in bestimmten Abständen die Objekte durch Sicherheitsspezialisten des MfS überprüft werden, die vor allem dafür Sorge zu tragen haben, daß von den Gästen keiner etwas Derartiges hinterlassen hat; immer getreu der Devise *Lenins:* »Vertrauen ist gut, Kontrolle ist besser!«

Wie nett ist es für einen Abwehrmann, wenn z. B. ein vom MfS auf diese Art angesprochener Industrieller nach Westdeutschland oder Belgien zurückgekommen ist und die Tonbänder seiner Gespräche mit dem *Stasi* sind schon vor ihm da! Der Abwehrmann trifft mit ihm zusammen und stellt ihm einige interessante Fragen nach dem Wie? Warum? Wo?, und er zeigt ein paar Aufnahmen des Objektes von innen und läßt dazu als Untermalung das Tonbandgerät ablaufen. Erst ein sehr erstauntes Gesicht, dann eine Pause und dann die überstürzte Frage: »Sie wissen alles?«, und letztendlich die schriftliche Offenbarung des Opfers, das nun doch froh ist, nicht mehr erpreßbar zu sein; oder das erklärt, bereit zur Mitarbeit zu sein, um auf diese Weise den tückischen Gegner zu bekämpfen und mit seinen eigenen Waffen zu schlagen. Letzteres ist zwar nicht alltäglich, doch schon oft praktiziert worden. Es zeigt uns jedenfalls, wie wichtig es ist, die konspirativen Objekte des Gegners genau zu kennen und diese Kenntnis wiederum entsprechend zu nützen.

Hartwig zog lachend die nächste Bildmappe heran mit den Ablichtungen der Ausweispapiere des Tschekisten Roland.

Sie waren gut geworden, trotz der schlechten Bedingungen und des hohen Alkoholkonsums. Nun kamen ein paar pikante Aufnahmen, die wirklich erstklassig ihre Objekte wiedergaben. Lilo und Inge in ihrer Erschöpfung reizvoll liegend mit dem MfS-Führungsoffizier. Alles, was der schöne Roland anhatte, war die Armbanduhr und diese zeigte die sechste Morgenstunde: dieser nette Gag war gar nicht beabsichtigt! Ein paar sehr gelungene Aufnahmen, die sich zu einem späteren Zeitpunkt als sehr wertvoll erwiesen.
Claudia schaute sich die Mädchen mit gleichem Interesse an wie sie Roland betrachtete und kommentierte: »Nun, Dieter, zumindest war das eine willkommene Abwechslung im Funkverkehr, wenn die Antennen gut ausgerichtet waren und das Gegengewicht stimmte!«
Inzwischen waren die beiden Funktechniker angekommen, die ihre eigenen Abzüge mitgebracht hatten, zu denen sie Dieter nun gezielte Fragen stellten. Fast alle operativen Übungssendungen von Dieter hatten sie mitgeschnitten, nicht nur in Westdeutschland, sondern auch in den Funküberwachungszentralen der anderen europäischen Länder. Sie waren über die technische Reichweite und die klare Wiedergabe nicht erstaunt, denn sie wußten, daß die Techniker auf der Gegenseite ebenfalls Spitzenkräfte sind und außerdem mit keinerlei Materialengpäßen zu tun haben, wie sie öfters die Industrie des Ostens trifft. Bei diesen Geräten haben sie das erreicht, was sie sich in zivilen Branchen so gern wünschen, nämlich Weltniveau. Ein Terminus übrigens, den *Ulbricht* zu jeder Zeit und Stunde seinen Genossen vorbetete.
Eine gute Stunde war Dieter mit beiden Technikern allein, dann zogen sie befriedigt von dannen, denn in ein paar Wochen konnten sie am Original ihre Neugier stillen, nämlich dann, wenn Dieter seine erste Funkstation vom MfS erhalten würde. Die Stelle, wo das Funkgerät deponiert werden sollte, kannte er schon genauestens aus Bild- und Kartenmaterial, das ihm Roland im Objekt Blankenfelde gezeigt hatte.

Die Kartenskizzen hatte er in aller Ruhe fotografiert, die Stelle war direkt bei Hannover in einem kleinen Wäldchen bei Ricklingen, an dessen Anfang sich die Restauration »Waldschlößchen« befand, wonach der Depotort auch genannt wurde (TBK-Waldschlößchen). Der TBK konnte von drei Stellen angelaufen werden, einmal vom nahegelegenen Friedhof über Waldschlößchen, einmal von der direkt danebenliegenden Esso-Tankstelle und dann von einem Nebenweg des Waldes. Der Beleger konnte beispielsweise seinen LKW oder PKW ganz in der Nähe parken und ohne Gefahr das Kompaktpaket deponieren und gut abdecken. Der Entleerer oder Abholende kann ebenso gefahrlos das Depot entleeren und den TBK korrekt verlassen. In der Regel werden diese Verstecke von der gleichen Aufklärungsgruppe über mehrere Jahre hindurch für den wechselseitigen Transport von Nachrichtenmitteln benutzt. Einmal für Funkgeräte, Sabotagemittel (z. B. für spezielle Zuschlagsstoffe als »Betonweichmacher« auf chemischer Basis: eine pulverisierte Spezialmischung verhindert an bestimmten Stellen im Betonguß einer Begrenzungswand, einer Munitionslagerwand, das vollständige Abbinden der Betonmischung, ohne daß das sichtbar wird. Lange Zeit danach kann man die betreffende Stelle mit leichten Hilfsmitteln wie Spachtel, Taschenmesser oder Schraubenzieher ohne Lärm freilegen. So kann man beispielsweise durch Versorgungskanäle eine Art Einmannloch stemmen und auf diese Weise in Sperrgebiete wie Kasernen, Flugplätze oder Atomkraftwerke gelangen, wenn das zu irgendeinem Zeitpunkt erforderlich wird, um irgendwelche Aktionen zu starten. Durch die gleichen Zuschlagsstoffe ist es auch möglich, die statische Festigkeit von tragenden Pfeilern oder Druckwänden bei Brücken oder Kanälen lange vor der Höchstbelastung zu reduzieren oder ganz zu beseitigen) oder für Waffen, so daß die Mitarbeiter einer Gruppe über die entsprechenden Decknamen des TBK informiert sind und bei Benachrichtigung zur Belegung und Entleerung nur der Code fällt, z. B.: »Waldschlößchen vom

12.–14. 1. unbedingt aufsuchen« – und alles läuft nach Programm ab.

Die Funkgeräteteile sind 100%ig gegen Witterungseinflüsse und Erdfeuchtigkeit geschützt, so daß sie unter Umständen wochen- oder monatelang im Versteck bleiben können, ohne Schaden zu nehmen. Dieter brauchte also nur, wenn er über Funk die entsprechende verschlüsselte Anweisung erhielt, den TBK aufzusuchen und die Funkanlage zu entnehmen, um sie zu seiner persönlichen Ablage zu bringen. Hatte er das getan, gab er eine Nachricht an die Zentrale, und der TBK Waldschlößchen wird wieder als einsatzbereit kenntlich gemacht. Man vermeidet durch diese Übernahmeart, daß der Funker oder Spion mit dem Gerät selbst über die Grenze geht, denn die Gefahr ist zu groß, daß er bei einer alltäglichen Routinekontrolle entdeckt wird und somit Funker und Gerät verloren wäre. Die einzige tatsächliche Gefahr für diese TBKs ist neueren Datums, da die Terroristen ähnliche Walddepots haben und jeder Pilzsucher bemüht ist, einen Sucherfolg zu melden. Mit Gewißheit sind einige der entdeckten Erd- und Walddepots, die in letzter Zeit der RAF angelastet wurden, in Wirklichkeit Verstecke von Kämpfern der unsichtbaren Front; doch nicht immer sind die Zeiten so beunruhigend für TBK-Aufsucher wie jetzt.
Nachdem die Techniker sie wieder verlassen hatten, fuhr Dieter in seinem Bericht fort. Sie gingen die einzelnen KWs durch, in denen er sich aufgehalten hatte, und Hartwig lobte immer wieder die Genauigkeit von Dieters Angaben. Auch die Schlüssel der einzelnen Objekte waren inzwischen nach seinen Abdrücken gefertigt worden, die Techniker hatten damit keinerlei Schwierigkeiten. Für die Haus- und Wohnungstür in der Fruchtstraße hatte Dieter schon selbst die nachgefertigten Schlüssel ausprobiert, und sie paßten genau. Bei nächster Gelegenheit wird in Magdeburg, Leipzig und Dresden ein Spezialist ihres Teams sich Eingang in die verschiedenen Objekte verschaffen, diesmal ohne ein

paar »Geschenke« zu hinterlassen, diese werden erst zur entsprechenden Zeit deponiert.
Der Spezialist wird vor allem die Schlüssel testen und die Sicherungsanlagen überprüfen. Falls es dann zu einem Zeitpunkt notwendig ist, können einem anderen Mitarbeiter die Schlüssel als getestet übergeben werden, womit eine Panne vermieden wird. Nur durch gutes Zusammenarbeiten können Erfolge erzielt werden, und da sind auch Kleinigkeiten von Bedeutung. Man muß beispielsweise wissen, wo sich Lichtschalter und Sicherungen befinden; man muß wissen, ob die Zimmertüren nach innen oder außen, rechts oder links geöffnet werden, ob das Telefon mehrere Steckdosen hat, etc., etc.
Ein Mitarbeiter, der die KW oder das KO nie betreten hat, muß in der Lage sein, sich aufgrund der Aufnahmen, der Skizzen und der Beschreibungen sofort beim Betreten der Objekte zurechtzufinden, als sei er schon x-mal in diesen Räumen gewesen. Er erhält beispielsweise im operativen Einsatz den Auftrag, in sehr geringer Zeit Minisender oder ähnliches zu installieren. Er kann nun diese kurze Zeit nicht verwenden, um erst den günstigsten Ort zur Deponie herauszufinden. Er muß wissen: Wenn ich das Wohnzimmer betrete, gehe ich rechts zur Wand und deponiere einen Minisender am Rahmen des Ölgemäldes; einen anderen bringe ich im Schlafzimmer hinter der Frisierkommode an, die an jener Stelle steht; denn eine halbe Stunde später treffen schon die Gäste des Hauses ein. Bis dahin muß der Mitarbeiter schon die ersten Sprechproben gemacht und die Wohnung wieder verlassen haben, um zu seinem Helfer zurückzukehren, so daß beide den Mitschnitt der stattfindenden Gespräche anfertigen können. Das kann in einem Lieferwagen geschehen, der gegen Einsichten geschützt ist, das kann in einer in der Nähe liegenden Wohnung oder in einem passenden Hotelzimmer geschehen. Nach dem Gespräch oder der Party ist es wieder genauso wichtig, schnell zu sein, um bestimmte Spuren (Fingerabdrücke, Zigarrettenkippen usw.) von Personen zu sichern, die über-

führt werden müssen. Denn die Betreuungspersonen derartiger Objekte erscheinen meist erst am kommenden Morgen, um die Zimmer wieder zu reinigen, Geschirr abzuwaschen usw., so daß Zeit zur Beweissicherung bleibt. Niemals übernehmen die MfS-Mitarbeiter derartige Reinigungsaufgaben. Selbstverständlich wird das Objekt zur gleichen Zeit optisch überwacht, während der Kamerad darin seine Aufgabe erledigt, so daß er sicher sein kann, daß alle Gäste das Haus verlassen haben und von außen keiner das Objekt aufsuchen will.

Jack erzählte einmal eine nette Episode, die er mit Claudia im Einsatz bei einem Objekt am Schwielow-See in Friedrichshöhe erlebt hat. Es ist in der Nähe von Caputh, wo Einstein einst seine Segeljacht und sein Haus hatte, das von Ostdeutschland als Museum in seinen Urzustand versetzt wurde, um an den Wissenschaftler zu erinnern.
Das Objekt wurde im Gegensatz zu anderen von einem Ehepaar betreut, das in den dreißiger Jahren stand. Beide waren hauptamtliche Mitarbeiter des MfS. Der Ehemann hatte durch Überarbeitung einen Betriebsunfall erlitten und sich dadurch ein Herzleiden zugezogen, so daß er nur noch eine derartige Aufgabe übernehmen konnte. Nach genauen Informationen war der Ehemann für drei Wochen zur Kur in Bad Liebenstein, und die Frau hatte täglich bis 17.00 Uhr Dienst in der HVA. Das Objekt war also in dieser Zeit ohne Aufsicht. Wir hatten zuverlässig Kenntnis davon erhalten, daß ein Kontaktgespräch mit einem belgischen Geschäftsmann stattfinden solle. Am Freitag erhielten wir den Auftrag, diese Begegnung in allen Phasen zu observieren und Beweismaterial zu beschaffen.
Jack und Claudia hatten den ostdeutschen Einsatzwagen vom Typ Pobjeda in einem Grundstück unserer Leute in Beelitz untergebracht, hatten Fahrräder, Decke und Picknickkörbchen geschnappt und waren nach Friedrichshöhe gefahren. Es war ein wunderschöner Augusttag und so fielen die fröhlichen Radwanderer nirgends auf. Auf einer

Wiese in der Nähe des Objektes breiteten sie ihre Decke aus und machten es sich äußerlich bequem. Jedem Betrachter wäre an dieser Idylle nichts Bemerkenswertes ins Auge gefallen, es sei denn, der süße, knappsitzende Bikini Claudias, der mehr offenbarte als verdeckte. Doch das äußerlich so verspielt wirkende Picknickpärchen hatte eine harte Aufgabe zu erfüllen.
Jack mußte, abgesichert durch Claudia, im Objekt zwei Minisender und eine Spezialkamera unterbringen. Es war mittags 13.00 Uhr, und Jack betrat durch den hinteren Garteneingang, den er aufschloß, das Objekt. Durch die Waschküche im Keller, die er ebenfalls mit einem Nachschlüssel öffnete, stieg er in den Wohnteil des bungalowartigen Hauses hinauf und begann die Minisender zu installieren. Die Sprechproben verliefen positiv und selbst Flüstern im Zimmer des Hauses konnte Claudia draußen am Empfangsgerät einwandfrei verstehen. Gerade als Jack an die schwierigste Aufgabe, die Installation der Kamera gehen wollte, sah Claudia den Sportwagen vom Typ Wartburg der Ehefrau auf dem schmalen Wiesenweg kommen. Sie machte Jack sofort Mitteilung über den WT und warnte ihn. Bis die Frau das Gartentor erreichte, aufschloß und den Wagen in die Garage gesetzt hatte, blieben Jack ca. 2–4 Minuten; zu kurz, um die Kamera zu installieren und unbemerkt das Objekt zu verlassen. So teilte er Claudia kurzentschlossen mit: »Alles aufnahmefähig lassen, nicht mehr sprechen, ich bleibe im Objekt, bis sich ein günstigerer Moment ergibt, achte auf alle Leute und behalte den Anfahrtsweg im Auge!« Dann schloß Jack die Bodenplatte der Treppe zur Waschküche, nahm seine Tasche und begab sich hinter die große Lederklubgarnitur, die vor einer breiten Fensterbank stand. Hier hatte er liegend genug Schutz vor einer Entdeckung, denn die breite Ledercouch würde wohl kaum von der Frau verrückt werden und der hintere Teil der Rückenlehne schloß mit der Fensterbank genau ab, so daß zwischen Wand und Couchrücken ein uneinsichtbarer Raum blieb. In der einen Ecke stand eine große Rund-

funk-Plattenspielertruhe, zur anderen Seite eine zweisitzige Ledercouch, die Jack nach dem Aufsuchen des Versteckraumes wieder davorgezogen hatte. Jack verfolgte konzentriert alle Geräusche; er hörte, wie die Frau den Wagen in die Garage setzte, nahm die Schritte zur Haustür und das Öffnen derselben wahr und hörte dann schon die singende Stimme der Frau:
»Das machen nur die Beine von Dolores!«
Er hörte, wie sie ihre Tasche auf den Tisch stellte, zum Telefon ging und wählte. Sie sprach mit einem »Hansi« und erzählte ihm, daß der Boß erst wieder gegen 18.00 Uhr im Büro sei und sie somit zwei Stunden Zeit für ihn hätte. »Die Wärme, der herrliche Sonnenschein«, sagte sie, nun, ihr sei schon den ganzen Tag danach, und er müsse sofort kommen, denn richtig Geilsein wäre schlimmer als Hunger! Sie würde schon alles vorbereiten.
Jack war zufrieden, also keine Programmänderung, nur eine Verzögerung seiner Aufgabe um ein paar Stunden. Claudia, die über die Sender alles mithören konnte, war dadurch informiert und wußte, daß die Störung begrenzt war und nicht den Erfolg ihrer Arbeit fraglich machte.
Die schöne Sonja, so hieß die lüsterne Ehefrau, bereitete sich nun auf den Besuch des Freundes vor. Sie stellte das Tonbandgerät an, ging ins Schlafzimmer und zog sich aus. Jack vernahm, wie sie ins Bad ging und duschte, was ihm Gelegenheit bot, sich in eine günstigere Position zu bringen. Nun konnte er unter dem Sofa fast den gesamten Raum im unteren Drittel überblicken. Nachdem das Geräusch der Dusche vorüber war, vergingen einige Minuten und er sah Sonja ins Zimmer kommen. Sie trug hochhackige Sandaletten und dunkle Nylons, die von Strumpfbändern gehalten wurden. Um ihre Taille hatte sie einen breiten schwarzen Ledergürtel gebunden, und ihre blonden Haare fielen ihr offen über die Schulterpartie. Sie summte die Melodie vom Tonband mit, öffnete den Wohnzimmerschrank, entnahm ihm zwei Schnapsgläschen und eine Flasche russischen Wodka. Bevor sie die Flasche auf den Tisch stellte und die

Gläser füllte, trank sie ein paar kräftige Züge aus der Flasche, die sogar Jack Achtung abverlangten. Aus ihrer Tasche nahm sie ein Päckchen, legte Aufschnitt auf einen Teller, ging in die Küche und kam mit einer Schale Gurken zurück. Jetzt entnahm sie ihrer Tasche einen Kosmetikbeutel, zog den Lippenstift heraus, malte sich ihre Lippen nach, und Jack staunte: auch die Brustwarzen erhielten einen Klecks Farbe! Sie griff zum Parfumflakon, betupfte ihre Ohrläppchen, die Hals- und Busenpartie, die Innenseiten der Schenkel und auch ihr erwartungsvoller Schoß wurde gut bedacht. Für Jack war der Anblick der Vorbereitungen köstlich und quälend zugleich, er hätte ansonsten kein Mann sein dürfen. Doch Dantes Hölle sollte erst noch richtig für ihn geöffnet werden.

Sonja nahm noch einmal einen kräftigen Schluck aus der Flasche und holte aus dem Schrank ein Päckchen Fotos. Sie setzte sich in den Sessel und betrachtete die Aufnahmen. Dann stellte sie einige Fotos an die Flasche und Gläser und flüsterte vor sich hin. Sie stöhnte leise, während sie ihre Schenkel spreizte und ihre Finger mit Hingabe die richtigen Stellen suchten und verwöhnten. Jetzt stand sie – ohne das Spiel zu unterbrechen – auf, ging erneut zum Schrank, öffnete eine Schublade und entnahm ihr eine dickere Kerze. Sie kehrte zum Sessel zurück, legte ein Bein über die Armlehne und verwöhnte sich mit dem handlichen Ersatz weiter. Oh, armer Jack!

Jetzt hörte er das Geräusch eines Wagens. Auch Sonja erhob sich, trippelte, sich weiter verwöhnend, zur Tür und empfing ihren Hansi mit den Worten: »Komm rein, Süßer, ich halte es nicht mehr aus.« Er sagte: »Oh, Sonja, du siehst prächtig aus, den ganzen Weg habe ich an dich gedacht und mir ausgemalt, wie mein scharfes Miezchen mich empfängt.« Mit einem: »So empfange ich dich«, – setzte sie sich in den Sessel zurück und trieb ihr süßes Spiel weiter. Hansi zog sich aus und trat zum Sessel. Er trank ein Glas Wodka, während Sonjas Lippen schon das Glied umschlossen, auf das sie so sehnsüchtig gewartet hatte. Sie setzten den netten

Zeitvertreib in ungeahnten Varianten fort, und Jack mußte ruhig, Gewehr bei Fuß, liegen blieben, ohne sich an dem interessanten Kampf beteiligen zu können. C'est la vie!

Noch gut zwei Stunden währte das Spiel, dann gingen beide unter die Dusche, und Jack hatte Gelegenheit, seine Lage etwas zu verändern. Plötzlich hatten sie es sehr eilig, wegzukommen, denn Hansi sprach davon, daß er noch einen Treff habe. Wie Jack diesem Dialog entnehmen konnte, gehörte also auch dieser Hansi der führenden Klasse in der klassenlosen Gesellschaft an. Sonja erwähnte noch: »Schade, daß wir zum Wochenende das Haus besetzt haben. Du hättest Betty mitbringen können, und wir hätten uns bis Montag ein nettes Wochenende gemacht, denn nächste Woche kommt Uwe zurück, dann haben wir wieder seltener Zeit für uns.«
Nachdem Jack allein war, machte er erst einmal ein paar kräftige Kniebeugen, um wieder voll bewegungsfähig zu werden. Claudia meldete sich über den WT und sagte, daß sei ein interessanter Mitschnitt geworden, die Mikroanlage sei gut plaziert, so daß selbst das Flüstern deutlich vernehmbar, alles andere auch o. k. sei. Jack installierte nun die Spezialkamera auf der oberen Fläche des Kachelofens, der fast bis unter die Decke reichte. Der obere Abschlußsims hatte aufgesetzte, durchbrochene Zierkacheln und mit einer Plastebasis brachte er das Gerät in die günstigste Lage. Er stellte die lautlose Zeitschaltuhr ein, auf diese Weise würde die Kamera ab Samstag 17.00 Uhr alle sechs Minuten bis etwa 24.00 Uhr eine Aufnahme machen. Dann schaltete sie sich automatisch aus. Am darauffolgenden Montag könnte er die Kamera spurlos entfernen und ihr gespeichertes Bildervolumen stand zur Auswertung zur Verfügung.
Noch immer hing Sonjas Parfum im Raum, obwohl sie die Spuren ihrer Miniorgie vollständig beseitigt, sogar die benutzten Gläser und Teller gesäubert hatte. Jack ging zum Schrank, öffnete die Schublade, hob, wie vorhin Sonja, den Besteckkasten an und holte den Briefumschlag mit den

Schulbildchen heraus. Er betrachtete die Aufnahmen, es waren nette Hartpornos, wie sie in Schweden an jeder Ecke erhältlich sind, aber in beiden Teilen Deutschlands gesetzlich für die Masse verboten waren. Sorgfältig legte Jack alles wieder an seinen Platz und ging den Weg zurück, wie er das Haus betreten hatte. Ein paar Minuten später lag er wieder bei Claudia auf der Decke und sie bereiteten sich für die Rückfahrt vor. Der Platz, den sie sich ausgesucht hatten, eignete sich hervorragend für die Observation des Objektes, und sie hatten am kommenden Tage hier ihre Aufgaben mit guten Ergebnissen erfüllen können.
Damit beendete Jack seine Erzählung, Claudia nickte herzhaft lachend dazu und sagte, nun, eintönig oder langweilig sind zwei Attribute, die es in unserem Metier nicht gibt und starke Nerven muß man in allen Situationen genauso unter Beweis stellen wie große Geduld. Die Besprechung wurde erst gegen 24.00 Uhr beendet, und Jack brachte Dieter nach Aachen zurück.
Die Gesamtauswertung war sehr erfolgreich und die gewonnenen Erkenntnisse würden in der Folgezeit noch manche Früchte tragen. Dieter hatte in den nächsten Tagen die Aufgabe, sich einen gebrauchten PKW zu kaufen. Hartwig hatte ihm vorgeschlagen, einen Opel der Mittelklasse zu nehmen und so schaute Dieter sich bei den Gebrauchtwagenhändlern um. Ein beiger Opel-Rekord 1700 hatte es ihm angetan, und er machte eine zufriedenstellende Probefahrt. Für 3700,00 DM hatte er schließlich den Vertrag unterschrieben. Einen Tag später waren die Formalitäten erledigt, und Dieter machte seine erste Fahrt im eigenen Wagen! Wie vereinbart, schickte er einen Brief mit Geheimtinte an die Zentrale, wo er die Daten und Kennzeichen seines PKWs verschlüsselt mitteilte. Vier Tage später erhielt er die Anweisung, am kommenden Sonntag einen Sichttreff in Hannover durchzuführen, um anschließend den TBK Waldschlößchen aufzusuchen.

Jack vereinbarte mit ihm einen Treff, und sie sprachen

bezüglich der Observation dieser Begegnung alles ab. Am folgenden Tage machten sie einen Ortstermin in Hannover. Auf dem Parkplatz, wo Dieter seinen Wagen abstellen sollte, wurde der am besten geeignete Platz gewählt. Er bot von einem in der Nähe liegenden Haus die Möglichkeit, mit einer Teleobjektiv-Kamera gute Bilder zu machen, auch konnte der Ort des Sichttreffs vor dem bekannten Café Kröpke in Hannover, von einem zugängigen Büroraum vollständig beobachtet werden. Auf dem Weg zum TBK konnte ein geschlossener Lieferwagen der Firma Continental-Gummi abgestellt werden, aus dem sogar ein paar gute Nahaufnahmen möglich waren. Die umfangreichen Vorbereitungen waren notwendig, da Dieter den Mann nicht kannte, der mit dieser Spezialaufgabe betraut war, seine Absicherung während der TBK-Aufsuche zu übernehmen. Der Mann würde keinen Sprechkontakt mit ihm aufnehmen, sondern ihn nach dem durchgeführten Sichttreff bei Kröpke bis zum Aufsuchen des TBKs und der anschließenden Rückfahrt beschatten. Er würde dann der Zentrale Mitteilung machen, ob der betreffende Mitarbeiter des MfS (Dieter) von irgendeiner Seite beobachtet wurde oder ob alles normal verlaufen war. Es war daher für Jacks Crew sehr wichtig, keinen Anlaß zur Beanstandung zu geben. Ein Kontakt zwischen Dieter und der Crew im Operationsraum Hannover durfte nicht stattfinden, erst auf der Rückfahrt war das möglich.

Am nächsten Tage fuhr Dieter nach Hannover und stellte Punkt 11.00 Uhr seinen PKW auf dem vereinbarten Parkplatz ab, ging zum Hauptbahnhof und erwarb am Kiosk die Ausgabe des Wochenmagazins *»Time«*, das Erkennungszeichen. (Seine Kontaktperson sollte die »VDI-Nachrichten« nur während des Sichttreffs bei Kröpke tragen.) Er spazierte weiter zur ersten Telefonzelle an der Hauptpost. Als Zeichen, daß der Treff zur vereinbarten Zeit stattfand, hatte seine Kontaktperson im Telefonbuch über die Seitenzahl mit dem heutigen Datum (der 26'ste = Seite 26) drei rote

Punkte mit einem Faserstift gemacht. Als Merkmal, daß Dieter dieses Zeichen aufgesucht hatte, verband er die Punkte mit einem Kugelschreiber und setzte zwei Punkte unter die Zahl. (Diese Sicherheitszeichen werden bei Treffs, TBK-Entleerungen und Belegungen gemacht, um bei einer Konfrontation mit dem Gegner den Weg des Zusammenstoßes nachvollziehen zu können. Hat ein Mitarbeiter das Vorzeichen aufgesucht, wird aber, bevor er zum Treffpunkt kommt, verhaftet, so kann die Zentrale jederzeit kontrollieren und weiß, daß unser Mann auf dieser Teilstrecke überfällig ist.

Nun bummelte er an zwei Kinos vorbei, wo er sich die ausgehängten Filmbilder ansah und ging dann weiter zum Café Kröpke. Er überquerte die Straße und betrachtete mit scheinbar größtem Interesse die auf dem Gehweg eingelassene große Messingwindrose mit bestimmten Städte- und Kilometerangaben. Sein *Time*-Magazin hatte er gut sichtbar in der linken Hand. Ein großer Mann im grauen Kamelhaarmantel zeigte ein gleich großes Interesse für dieses Stück Gehweg. Er wechselte seine VDI-Nachrichten von der linken in die rechte Hand, schritt über die Straße und betrachtete die Auslagen eines Porzellangeschäftes. Dieter ging ebenfalls über die Straße und stieg dann in den Bus, der ihn nach Ricklingen brachte. Dort angekommen, ging er von der Bushaltestelle zur Telefonzelle am Friedhof, auch hier fand er das vereinbarte Zeichen und wanderte nun den Weg am Ausstellungsgarten einer Steinmetzfirma vorbei zum Waldschlößchen. Er passierte einen VW-Kombi von Continental-Gummi und ging in das kleine Waldstückchen, von dem er eine größere Tankstelle rechter Hand sehen konnte. Nach ca. 50 m stand eine Bank mit viel Buschwerk und ein Ahornbaum, der von Efeu umwachsen war und dadurch jetzt zur Winterzeit noch grün wirkte. 5 m von dieser Bank entfernt ging Dieter zum Baum, als wollte er sein Wasser abschlagen, nur den Absicherer sah er in einiger Entfernung scheinbar unbeteiligt weitergehen. Er griff nach unten, schob das Laub etwas zur Seite und steckte eine mit Folie

und Tesafilm verpackte Dose in seine Manteltasche. Er verteilte das Laub wieder mit den Füßen, knöpfte seinen Mantel zu und setzte nun seinen »Waldspaziergang« fort, bis er wieder zum Waldschlößchen gelangte. Er fuhr mit dem Bus zurück und suchte den Parkplatz auf. Hier traf er kurz vor seinem Wagen noch einmal den Absicherer, der jetzt demonstrativ seine Zeitung knickte und in der Manteltasche verschwinden ließ. Das war das Zeichen: »Meine Observation ist beendet, du kannst deinen Heimweg antreten, alles o. k.!«
Dieter fuhr auf der Autobahn Hannover–Köln bis zur Raststätte Rheda-Wiedenbrück durch, parkte dort seinen Wagen und ging eine Kleinigkeit essen. Er bat eine nette Blondine, am Tisch Platz nehmen zu können, was diese mit einem freundlichen Nicken zuließ. Auf seine Bitte schob sie ihm die Speisekarte zu. Er fand darin einen Zettel mit den Worten: »Alles o. k. morgen 15.00 Uhr D-dorf, Parkhaus!« Er bestellte beim Ober einen kleinen Imbiß; in der Zeit brach die Blondine schon auf und verabschiedete sich mit einem freundlichen »Guten Tag«. Es war Claudia, und er wußte nun, daß die Aktion erfolgreich beendet war. Nach dem Essen fuhr er nach Aachen, stellte seinen Wagen vor dem Haus ab und ging in seine Wohnung.
Pünktlich fuhr Dieter am kommenden Tag nach Düsseldorf und stellte seinen PKW im Parkhaus vom Kaufhof ab. Er hatte sich schnell an seinen mobilen Untersatz gewöhnt, Fahren machte ihm Spaß, und Jack hatte ihm schon mitgeteilt, daß er über kurz oder lang einen Schleuderkursus mitmachen würde, um vor gewissen Überraschungen sicher zu sein. Während er noch im Begriff war, den Wagen abzuschließen, kam Claudia mit einem Kapitän, der ein Stuttgarter Kennzeichen trug, und sie gingen zusammen hinüber zum Parkhotel. Jack wartete dort schon im Appartement. Er hatte das Bildmaterial von gestern, die Bilder seines Kontaktmannes waren sehr gut, und Jack sagte ihm, er solle sich genauestens die Kleidung einprägen, denn mit 99%iger Sicherheit würde Roland von ihm beim nächsten

Treff eine genaue Personenbeschreibung des Absicherers verlangen. Auf diese Weise könne er wieder zusätzliche Pluspunkte auf seinem Konto sammeln. Er machte sich also schnell ein paar Notizen zur Kleidung und zum Gesicht usw . . . So war er für alles gewappnet, denn regulär hatte er den Mann ja nur zweimal gesehen, einmal vor dem Café Kröpke und zum Abschluß auf dem Parkplatz. Sonst war die Entfernung zu weit, um alle Details feststellen zu können.
In der Dose, die Dieter dem TBK in Hannover entnommen hatte, befand sich eine Minox-Kamera mit einigen Leerfilmen »Adox KB 14«, sowie die Anweisung, sich mit der Kamera vertraut zu machen. Jack klärte mit ihm noch einige technische Fragen ab. Nach zwei Stunden verabschiedeten sie sich, und Dieter fuhr zurück nach Aachen.

Der große Tag für Dieter und die Funktechniker der Crew sollte in zwei Tagen sein. Dieter hatte am Mittwoch, dem 17. Dezember 1958 die Funknachricht erhalten, daß er am Sonnabend, dem 20. 12. ab 20.00 Uhr das Gerät im TBK Waldschlößchen abholen könne, der nächste Treff in Berlin sei am Freitag, dem 3. Januar 1959. Er solle für das Wochenende ein Zimmer in der Pension Nürnberger Eck in der Nürnberger Straße in West-Berlin bestellen und mit seinem PKW kommen.
Dieter hatte sich mit Jack kurz getroffen, und sie hatten für Samstag den Marschplan festgelegt. Er sah so aus: Dieter sollte am Sonnabend nach Hannover fahren und abends allein den TBK entleeren, die Sachen in seinem Wagen unterbringen, anschließend demonstrativ langsam in die City fahren, seinen Wagen am Hauptbahnhof abstellen und dort in das Restaurant im ersten Stock gehen, wo ihn Claudia erwarten würde. Er solle wieder als Fremder auftreten und an ihrem Tisch Platz nehmen. Wird von Jacks Seite keine Beobachtung festgestellt, d. h. wenn bis 21.30 Uhr keiner der Crew im Restaurant auftaucht und Claudia mit diesem Mann den Tisch verläßt, so wird Jack auf der Auto-

bahn Hannover–Köln das Gerät am ersten Parkplatz übernehmen und nach Frankfurt fahren, um damit den Funktechnikern das Gerät übergeben zu können. Dieter wird dann von ihm am Sonntag in Aachen abgeholt, und sie fahren in Jacks Wagen zu einer KW in Bad Homburg, wo er mit den Technikern alles besprechen kann.

Dieter fuhr Sonnabend mittag von Aachen ab und war gegen 18.00 Uhr in Hannover. Er hatte zwischendurch Rast gemacht und war sehr langsam gefahren. Er machte noch einen kleinen Stadtbummel durch die City, bevor er nach Ricklingen fuhr. Er richtete sich so ein, daß er kurz nach 20.00 Uhr seinen Wagen am Friedhof abstellte und mit einer Falttasche zum TBK ging. Mit ein paar Handgriffen hatte er die Abdeckung entfernt und die drei einzelnen Päckchen in die Falttasche gesteckt. Sorgfältig deckte er wieder alles ab und ging zum Wagen zurück. Er verstaute die drei Päckchen, die aus Sicherheitsgründen miteinander durch einen Bindfaden verbunden waren (das sollte verhindern, daß irgendein Teil einer zusammenhängenden Belegung im TBK verblieb!) in einer Umhängetasche im Kofferraum. Jetzt fuhr er wieder zur Innenstadt und gab ein Telegramm auf der Hauptpost an die Deckadresse in Ost-Berlin mit dem Text: »Liebe Hildegard, eintreffe morgen kurz nach 20.00 Uhr, dein Hans-Georg«, auf. Es wurde im Klartext verfaßt und sollte bestätigen, daß das Funkgerät in Dieters Händen und alles gut verlaufen war.

Nachdem Dieter das Telegramm abgesandt hatte, ging er ins Bahnhofrestaurant in die erste Etage und fand schnell Claudias Tisch. Er bat Platz nehmen zu dürfen, und sie spielte ihre Rolle genauso gekonnt wie immer. Er bestellte sich ein gutes Abendessen, trank vorher ein Glas Martini und hatte nun gut eine Stunde Zeit, bis er das Restaurant wieder verlassen konnte. Er war fest überzeugt, daß keiner kam, um Claudia vorher abzuholen. Kurz nach halb zehn verließ er die gastliche Stätte, ging zu seinem PKW und fuhr

zur Autobahn. Am ersten Parkplatz machte er Rast. Vor ihm stand ein schwerer Chevrolet mit einem Münchener Kennzeichen. Als er seine Tür öffnete, ging auch die Tür der Limousine auf. Jack kam auf ihn zu mit den Worten: »Alles ohne Komplikationen verlaufen, wir haben keinerlei Beobachtung festgestellt. Belegt wurde der TBK übrigens schon gegen 16.00 Uhr nachmittags. Ein ostdeutscher LKW-Zug von ›*Deutrans*‹ hatte hinter der Tankstelle am Waldschlößchen geparkt, und während der eine Fernfahrer sich mit dem Personal unterhielt, hat der andere scheinbar die Ladung überprüft und verschwand schnell zu dem Baum, um das Funkgerät abzulegen. Er ist während dieses Vorganges fotografiert worden und morgen werden wir uns die Aufnahmen näher betrachten.«
Dieter hatte inzwischen die Tasche herausgenommen und Jack packte sie unter den rechten Vordersitz. Dann machten sie für den kommenden Tag noch einen genauen Treffpunkt aus, und Jack schwang sich wieder in den Chevie und brauste davon. Dieter startete ebenfalls und war kurz nach Mitternacht wieder zu Hause.

Sonntag mittag ging Dieter zum Treffpunkt und sah schon Jacks Chevie. Sie fuhren nach Köln und auf die E 5, die sie bei Camberg-Idstein verließen, um nach Bad Homburg zu fahren. In der Seitenstraße des Kurparks drückte Jack Dieter einen Schlüssel in die Hand. Dieser öffnete eine Garageneinfahrt. Sie gingen dann in die Villa, und Jack teilte ihm mit, daß die Techniker in etwa einer Stunde kämen. Sie hätten fast die ganze Nacht durchgemacht und seien über den Erfolg begeistert, das könnte er sich gar nicht vorstellen. Die Dinge waren alle einwandfrei verpackt, die Funk- und Wartungsunterlagen lagen auch dabei, besser konnte es nicht sein!
So kamen denn auch die Techniker mit einem entsprechenden Hallo und lobten Dieter für die guten Bilder, die er während seiner Ausbildung von dem Gerät gemacht habe. Dadurch waren sie nicht allzu überrascht gewesen, auch

seine Schilderungen der Reichweiten trafen alle zu. Der Geberteil sei tatsächlich das Nonplusultra, Funkfehler scheiden aus und durch die enorme Bandgeschwindigkeit wäre es nur mit gut ausgestatteter Technik möglich, den Pfeifton der Morsesignale aufzunehmen, die dann aber auch nichts nützen, da sie doppelt chiffriert sind. Vor allen Dingen sei der Geber recht unempfindlich trotz seiner hohen Präzision. Sie entnahmen ihrer Tasche die drei Styroporpäckchen, und Dieter setzte im Nu die Gerätesektion zusammen und war somit operativ sendebereit.
Jack sah, daß jeder Griff bei ihm saß. Es machte Spaß zuzuschauen, wie Dieter richtig in seinem Element war. Die Techniker teilten ihm mit, daß sie den Geber vollkommen demontiert und alle Teile kopiert hätten. Einige ließen sich durch neue Entwicklungen in den Staaten und Japan sogar noch zur Verkleinerung des Ganzen austauschen, mit anderen Worten: Sie würden das Gerät noch verfeinern und dann kopieren. Ehe die offizielle Funkindustrie ähnliche Neuentwicklungen herausbringen könne, würden wohl noch ein paar Jahre vergehen.

Die Techniker hatten mit Dieter eine Sendung nach den USA geplant und dafür eigene Sendequarze mitgebracht. Sie sagten, ein Sendequarz hat für den Herstellenden gewisse Eigenheiten, die er heraushören kann, ähnlich wie die Rhythmen eines Funkers jedem Fachmann erkennbar sind wie eine Schlagermelodie.
Jack erinnerte an den Angriff auf Pearl Harbor, als die Funker der japanischen Flotte (Flugzeugträger und Schlachtschiffe) weiter im Heimathafen blieben und täglich ihren Funkverkehr durchführten, während ihre Schiffe sich schon Tausende von Meilen vom Hafen in Richtung Pearl Harbor bei absoluter Funkstille bewegten. Der US-Navy-Abhördienst, der den Funkverkehr der japanischen Funker täglich abhörte, war sich völlig sicher, daß sämtliche Schiffe im Heimathafen lagen. Erst kurz vor Beginn der Angriffsaktion flog man die Funker auf ihre Schiffe. Eine Kleinigkeit,

für Laien kaum verständlich, aber ausschlaggebend für das Gelingen des japanischen Unternehmens, denn im anderen Falle hätte der Navy-Abhördienst sofort die eigene Flotte gewarnt.

Dieter tippte die verschlüsselte Meldung (48 Zahlengruppen à 5 Ziffern) in die Bandkassette, überprüfte die Zahlen und ging eine Minute später auf Sendung; alle anderen waren interessierte Zuschauer. 10 Minuten später empfing ein Funktechniker über sein KW-Empfangsgerät (es hatte 8 KW-Bänder, die sehr weit gespreizt waren) die Bestätigung aus den Staaten. Er sagte zu Dieter: »Das ist o. k., eine Zigarrenkiste, die zu meiner Heimatstadt Atlanta reicht, davon hat mein Daddy im Zweiten Weltkrieg nur träumen können! Er mußte sich als Intellegenceman noch mit einem großen Koffer herumplagen und hatte nicht die Garantie, eine gleiche Leistung aus seinem Kasten hervorzuzaubern.« Jetzt wiederholten sie das gleiche Spiel, nur wurde diesmal keine Netzspannung benutzt, sondern eine ganz normale Autobatterie als Energiequelle. Die Verstärker der Gerätesektion und der Energieteil wurden entsprechend umgeschaltet und wieder jagte Dieter seine 48 Zahlengruppen durch. Es gab den gleichen Erfolg wie mit der Netzspannung, denn 10 Minuten später erhielt der Funker die nächste positive Bestätigung und ließ sein »alles o. k.« ertönen. Mit einer vollgeladenen Autobatterie lassen sich 3–4 derartige Funksprüche bestens absetzen (mit einer Motorradbatterie 1½). Doch sind die operativen Einsatzfunksprüche nur halb so lang, also kann man dann 7–8 Funksprüche loswerden. Die Sendeanlage ist so stark, daß sie während der Sekunden, wo aktiv gesendet wird, sämtliche TV- und Radiogeräte der Nachbarschaft stört, egal, ob MW, LW oder UKW, es ist ein schriller Pfeifton zu hören, im TV fällt das Bild zusammen, doch sind es sehr kurze Störungen, die Outsider für gewöhnliche Unterbrechungen halten. Dieter nahm die Anlage auseinander, verstaute alles in den Kassetten, die in seiner Schultertasche Platz fanden. Denn nun nahm er das Gerät mit nach Aachen, um jederzeit einsatzbereit zu sein. Die Techniker hatten ihre Arbeit erledigt und ihren Wissensdurst gestillt. Eine Stunde später waren Jack und Dieter schon auf dem Rückweg nach Aachen und waren glücklich, in der kurzen Zeit soweit vorangekommen zu sein.

Dieter hatte in West-Berlin die Pension Nürnberger Eck angerufen und ein Zimmer für das Wochenende vom 3.–5. Januar bestellt. Wie ihm die Inhaberin mitteilte, hatte er Glück, da ein Dauergast einen verlängerten Neujahrsurlaub machte und somit sein Zimmer frei war. Er wußte, daß es wieder ein arbeitsreiches Wochenende in Berlin geben würde; und Roland hatte ihm auch mitgeteilt, daß sein PKW ein paar kleine Veränderungen erführe, die in einer Werkstatt in Ludwigsfelde vorgenommen würden. Zu diesem Zweck solle er mit dem Wagen im Transit nach Ost-Berlin fahren, und zwar während der Abend- oder Nachtstunden. Er solle nicht über den zweiten Kontrollpunkt fahren, sondern am vorletzten Parkplatz vor Michendorf auf Roland warten.

Ein Weihnachtspaket hatte er für seine Eltern von Ost-Berlin abgesandt, sie würden es inzwischen erhalten haben und sicherlich überrascht gewesen zu sein. Er hatte fast ausschließlich Genußmittel eingepackt, die er im Intershop erworben hatte, darunter sechs Pfund Kaffee, ein Pfund Kakao, zwanzig Tafeln Schokolade, zwei Stangen Zigaretten, Zitronat, Orangeat und viele andere Kleinigkeiten, die die Eltern in Dessau nicht kaufen konnten. Für die Genußmittel konnte die Mutter vieles eintauschen oder schneller bekommen: der Fleischer rückte für ein paar Schachteln Zigaretten einen geräucherten Schinken oder ausgesuchtes Bratenfleisch heraus, beim Lebensmittelhändler gab es Butter, der Grünwarenhändler gab Obstkonserven, Kartoffeln und Edelgemüse, ja selbst der Weihnachtsbaum war ein Prachtexemplar, wenn er nicht nur mit Geld bezahlt wurde. Nicht nur für das leibliche Wohl waren westliche Genußmittel das ideale Tauschmittel, auch der Schneider oder Schuhmacher führte (wie fast alle anderen Handwerkssparten) Neuanfertigungen oder Reparaturen ohne die sonst üblichen wochenlangen Wartefristen aus. Wie schrieb Mutter in einem Brief? Für eine Tafel Schokolade und eine Schachtel Zigaretten habe der Schuhmacher ihre und Vaters Schuhe an einem Tag besohlt, normalerweise dauerte das 6–8 Wochen! Für Ost-Westreisende sind das keine Neuigkeiten, aber Dieter war immer wieder von der Naivität vieler Bundesbürger überrascht, denen die tatsächlichen Gegebenheiten im Osten völlig unbekannt waren.

Dieter hatte für Weihnachten einen Vier-Tage-Trip nach England gebucht, denn Roland hatte ihm abgeraten, über die Feiertage einen Besuch in Dessau zu machen. Eine Begegnung mit seinen Eltern sollte er bis Ostern verschieben und dann gleich eine Woche bleiben. Geplant war, daß er die Osterwoche mit seinen Eltern in Prag verbringen solle, der Boß hatte zugestimmt, ein Appartement für drei Personen in der Goldenen Stadt zu besorgen (so daß seine Eltern meinten, er hätte alles arrangiert). Dann könne er mit seinem PKW in die ČSSR reisen und auch gleich das Angenehme mit dem Nützlichen verbinden, denn es sollten in der Zukunft einige Treffs in Prag stattfinden, und so sei es gut, er würde sich mit allen Örtlichkeiten vertraut machen. Seinen Eltern könne er sagen, ihr Sohn habe ihnen ein Osterfest in Prag geschenkt. Mit dem Wagen durfte er nicht offiziell als Besucher nach Ostdeutschland. –
Dieter hatte kurz entschlossen für Weihnachten London gewählt, einmal um seine Sprachkenntnisse zu testen, zum anderen war es gerade zu Weihnachten interessant, die Mentalität eines anderen Volkes mit dem der Heimat zu vergleichen.

Dieter hatte sein Funkgerät an der ausgebauten und vereinbarten Depotstelle im Keller des Hauses untergebracht. Was heißt ausgebaut, was heißt vereinbart? Normalerweise hat ein Funker der unsichtbaren Front sein Gerät niemals im

Hause, geschweige denn in seiner Wohnung. Das soll zum einen verhindern, daß bei einer Hausdurchsuchung das Gerät in die Hände des Gegners fällt und der Funker in Verdacht gerät; zum anderen muß die Zentrale jederzeit die Möglichkeit haben, an das Gerät zu kommen, um es vor dem Gegner in Sicherheit zu bringen. Der Funker könne beispielsweise einen Verkehrsunfall haben, in einem Krankenhaus liegen, was bedeutete, Dritte würden in seine Wohnung gehen müssen, sie könnten durch Zufall das Gerät entdecken – oder der Funker hätte einen Zusammenstoß mit der Polizei, es käme zu einer tätlichen Auseinandersetzung mit anderen Bürgern (Wirtshausstreit, Frauen, usw.), man könne ihm irgend etwas vorwerfen, etwa Diebstahl, und es fände eine Hausdurchsuchung statt, in allen Fällen müsse also verhindert werden, daß das Funkgerät in der Wohnung sei. Es muß von anderen MfS-Mitarbeitern sichergestellt werden können, ohne daß diese Gefahr laufen, mit dem Gegner konfrontiert zu werden.
Dieter hatte nun den Vorschlag unterbreitet, da er nur Mieter war und laut Vertrag nur Nutzung einer Wohnung ohne Nebenräume hatte, unter einer Bodenplatte des Gerätekellers einen Depotraum zu schaffen, um dort das Gerät unterzubringen. Nachdem Rolands Boß die Zeichnungen gesehen hatte und einen Schlüssel der Haustür erhielt, war er damit einverstanden, da dann bei Bedarf jederzeit das Gerät sichergestellt werden konnte.
Dieter hatte die Bodenplatte geschickt hochgestemmt, eine Sauberkeitsschicht und gestampften Boden entfernt und so einen Hohlraum erstellt, in den das Gerät paßte; der 5-cm-Auflagerand nahm die Bodenplatte ohne Schwierigkeiten wieder auf, so daß sie sich von den übrigen Platten nicht unterschied. Er konnte sie mit einem dünnen Drahthaken jederzeit anheben und so an das Gerät kommen, ein Eingeweihter konnte das gleiche tun. Soweit war das Gerät sicher untergebracht, jederzeit erreichbar und konnte für den Funker nicht als Belastungsmaterial in die Hand des Gegners fallen.

Nachdem Dieter von seinem England-Trip zurückgekommen war, bereitete er sich auf seine erste Fahrt mit dem PKW nach Berlin vor. Er besorgte sich den im Osten (auch für Transit-Reisende) vorgeschriebenen Feuerlöscher, denn die Ostverkehrspolizei verlangt bei Kontrollen nahe der Zonengrenze dieses Utensil zu sehen. Hatte man nichts Derartiges an Bord, mußte man ein ostdeutsches Fabrikat für 80–90 DM-West erwerben.
Am Sonntag hatte er noch einen Funkspruch mit der Nachricht erhalten, daß es beim Trefftermin zu den vereinbarten Bedingungen bleibe. Dieter fuhr also Donnerstag abend gegen 19.00 Uhr von Aachen ab, nachmittags hatte er noch einen Treff mit Jack und der teilte ihm mit, daß er ab Freitag mittag in West-Berlin jederzeit erreichbar wäre.
Trotz Januar waren selbst im Gebiet des Teutoburger Waldes und der Porta Westfalica vom Winter nichts zu spüren, und das konnte ihm nur recht sein. In Helmstedt zeigte er kurz seinen Ausweis, teilte als Endziel West-Berlin mit und konnte seine Fahrt fortsetzen. Am ostdeutschen Kontrollpunkt Marienborn mußte er wie jeder sein Fahrzeug parken und es verlassen, um in dem Kontrollgebäude seine Papiere abzugeben. Sein DPA, seine Zulassung und sein Führerschein verschwanden in einem Schlitz der Wand hinter der Kontrolltheke.
Roland hatte ihn auf die Bedeutung hingewiesen: hinter dieser Wand mit den Durchreicheschlitzen befand sich das eigentliche Kontrollteam für die persönlichen Dokumente. Hier wurde in Fahndungslisten nachgesehen, ob gegen die betreffende Person in der DDR oder den übrigen Ostblockstaaten etwas vorlag – hier wurden die Papiere der Person und des Fahrzeugs fotokopiert, die Siegelstempel der Städte und Kfz-Zulassungsstellen wurden durch ein Sonderteam auf Besonderheiten wie z. B. Siegelabweichungen, Datum und Ort der Ausstellung, Randabsätze, unvollständige und beschädigte Buchstaben überprüft, was für Laien unverständlich, für Insider aber von großer Bedeutung ist. Hat Düsseldorf z. B. 1956 im Oktober Pässe ausgestellt, wo der

Buchstabe D angerissen ist, so hat das MfS bei Herstellung von Agentenpapieren die Möglichkeit, diese besonderen Merkmale zu verwenden und damit die »Echtheit« der betreffenden Fälschungen deutlich zu machen. Bei Überprüfungen durch unsere Dienststellen wird bei Dienstsiegeln auf den Termin und eine absichtliche Stempelabweichung geachtet.
Die genauen Kopien aller Dokumente waren wichtig für die Nachrichtendienste des gesamten Ostblocks. Beispiel: KGB braucht einen Paß und Führerschein, die im Jahre 1956 ausgestellt sind. Mit Hilfe des DDR-Grenzarchivs ist es möglich, die Dienstsiegel, die zu dieser Zeit von der Stadt Mainz verwendet wurden, inclusive der Paßseriennummern dieser Zeit für die Agentenpapiere zu fälschen, um so den Anschein der Echtheit eines Reisepasses zu erwecken. So werden auf gleiche Weise Ein- und Ausreisevisen aller möglichen Länder gefälscht, auch hierbei kommt das DDR-Archiv seinen Bruderländern zu Hilfe. Bei den Kontrollen werden nicht nur Ausstellung und persönliche Daten kopiert, sondern alle Seiten des Reisepasses, die irgendwelche Bemerkungen oder Visen aufweisen. Die Ausbeute der ostdeutschen Grenzstellen liegt natürlich höher als in irgendwelchem anderen Land Europas, da West-Berlin als Tagungs-, Kultur- und Messestadt von Staatsbürgern aller Länder besucht wird und diese zu 85% auf den Transitstrekken durch die DDR nach Westberlin reisen. Der Rest reist auf dem vom Osten nicht kontrollierbaren Luftweg.
An diese Tatsachen dachte Dieter, als seine Papiere in dem Schlitz verschwanden. Nun ging er zum Kassenschalter, bezahlte seine Transitgebühren und konnte dann mit der Quittung zur Endkontrolle gehen, wo er den Transitschein erhielt, nachdem auf diesem sein Bargeld und die mitgeführten Wertgegenstände eingetragen worden waren. Man mußte das mitgeführte Bargeld bis auf den Groschen genau angeben; stimmten diese Angaben bei einer Prüfung mit dem vorhandenen Betrag nicht überein, gab es im günstigsten Falle eine Verzögerung der Weiterfahrt um einige Stun-

den, im ungünstigen Fall ein Bußgeld wegen falsch angegebener Devisenbeträge, im allerungünstigsten Fall konnte es einige Jahre Gefängnis wegen Devisenvergehens einbringen – das war Ermessenssache der ostdeutschen Dienststellen, die dabei die jeweilige politische Lage der innerdeutschen Beziehungen berücksichtigte.
Dieter erhielt also seinen Transitschein, setzte sich in seinen PKW und fuhr langsam zum Schlagbaum. Er mußte nochmals den Motor abstellen, Motor- und Kofferraumhaube, ebenfalls das Handschuhfach öffnen; er mußte die hintere Sitzbank entfernen, und nachdem diese Prozedur überstanden war, erhielt er den Zeitstempel. Die Endabfertigungszeit wurde eingestempelt, um in Michendorf-Drewitz verglichen zu werden, ob der Reisende a) zu schnell, oder b) zu lange auf der Transitstrecke war – beides bedeutete wiederum neue Verzögerung, denn bei a) hatte er die Höchstgeschwindigkeit von 100 KMh überschritten, mußte also erstmal 50–150 DM West Buße zahlen, oder b) mußte er nachweisen, warum er länger als normal auf der Transitstrecke war; wobei es passieren konnte, daß sein Wagen von einem speziell dafür bereitstehenden Kontrollteam in einem Werkstattraum total auseinandergenommen wurde. Man suchte dann irgendwelche Dinge, die ihm von dritten Personen auf der Transitstrecke übergeben worden waren, (z. B. Schmuck, Porzellan etc. von Verwandten). Das alles waren eben die Besonderheiten, wenn man von einem Teil Deutschlands durch den anderen fuhr.
Die Weiterfahrt vom Schlagbaum verlief ohne Probleme, und Dieter erreichte gegen 1.00 Uhr den Parkplatz vor Drewitz, wo ihn Roland und Siegfried schon erwarteten. Sie begrüßten sich, und Siegfried holte zwei Nummernschilder, die er vorn und hinten an Dieters Wagen befestigte. Es waren ostdeutsche Kennzeichen, und Roland stieg zu ihm in den Wagen. Sie bogen von der E 6 auf die E 8 ab und fuhren von einer inoffiziellen Abfahrt nach Ludwigsfelde ab. Sie kamen zu einem Einzelgehöft, wo Siegfried das Tor aufschloß und sie beide Wagen auf dem Hof abstellten.

Sie verließen die Wagen und betraten den Gebäudekomplex, etwa eine halbe Stunde später erschien ein Vier-Mann-Team, welches sich Dieters Wagen vornahm, um zwei Containerhohlräume zu schaffen, die besonders geschützt waren und von anderen nicht entdeckt werden können (Werkstatt, TÜV etc.). Nach weiteren fünf Stunden konnte Dieter seinen Wagen wieder in Augenschein nehmen, und Roland erklärte ihm die Funktion der speziellen verdeckten Verschlüsse. Beide Containerräume waren in den hinteren Kotflügeln hinter den Rücklichtern angebracht. Sie konnten nur über die Rückleuchten geöffnet werden, wenn zwei verdeckte Sperriegel mit einem Schraubenzieher oder Messer zurückgeschoben wurden. Geschah das nicht, konnte man die Abdeckschale der Rückleuchten normal entfernen, um beispielsweise eine defekte Birne auszuwechseln, ohne daß der Containerraum freigelegt wurde. Dieter hatte den Mechanismus sofort begriffen, und somit waren die Containerräume für ihn einsatzbereit.
Roland übergab ihm einen anderen Transitschein mit einem neuen Zeitstempel, sie fuhren zurück auf die Gegenbahn der E 8, und hinter der Einfahrt zum letzten Parkplatz wurden die ostdeutschen Kennzeichen wieder entfernt. Als er auf die E 6 einbog und zum Kontrollpunkt fuhr, um nach West-Berlin zu fahren, sah er Roland und Siegfried, die die Strecke mit erhöhter Geschwindigkeit durchfuhren, um seine Abfertigung in Drewitz zu programmieren. Er war eine halbe Stunde später in Dreilinden beim westdeutschen Zoll- und Paßdienst.
Dieter fuhr über die Avus, bog bei Halensee auf den Kurfürstendamm, dem er bis Tauentzien folgte und dann rechts in die Nürnberger Straße einbog. Am *Nürnberger Trichter* und der berühmten *Badewanne* vorbei, gegenüber der *Delfter Kachel,* hielt er. Dort war seine Pension *Nürnberger Eck.* Er nahm sein Gepäck aus dem Wagen und brachte es in sein Zimmer. Es war ein ziemlich geräumiges Zimmer mit einem Erker und er konnte auf die belebte Nürnberger Straße schauen. Er sah die Lichtreklame der Lokale; gerade in der

*Badewanne* hatten in den fünfziger Jahren fast alle Jazzgrößen gastiert. Hier waren James Stewart, Armstrong, die berühmte Ella gewesen, um nur einige zu nennen. Sie verewigten sich mit Riesenautogrammen an den Wänden, zu denen Künstler noch gekonnte Porträts malten. Es war immer für jeden Besucher ein Erlebnis, hier hautnah mit den Künstlern zusammenzusein. Hier trafen sich Musiker verschiedener Bands, die nach ihrem Abendprogramm herkamen, um ihren Whisky, Wein oder Bier zu trinken, und wenn die Hauskapelle ein Thema vorgab, keilten sie sich dann mit ihren eigenen Instrumenten ein, und es wurde eine regelrechte *Jam* daraus. Die Zuhörer kamen voll auf ihre Kosten, obwohl sie meist nur noch auf Coca-Cola-Kisten Platz fanden. Die *Badewanne* ist nicht groß, aber alles in ihr stimmte, die Kellnerinnen waren nett und wurden von fast allen Dauergästen, ob ihres fortgeschrittenen Alters wegen, liebevoll Muttchen genannt. Die Preise waren zivil, die 2,00 DM Eintritt galten als Verzehrbon. Westberlin hatte sich etwas aus dem alten Weltstadtfluidum gerettet, und Dieter war sehr gern hier.

Nachdem er sich geduscht hatte, zog er sich um und fuhr mit der S-Bahn nach Ostberlin. Seinen Wagen hatte er in das nahe Esso-Parkhaus gestellt. Beim heutigen Treff sollte er genauere Informationen über seine künftigen Aufgaben erhalten, die sich aufgrund seiner neuen Fähigkeit beträchtlich erweitern würden.
Dieter wird seinen Kampf an der unsichtbaren Front weiterführen, wenn auch nicht im Sinn seiner östlichen Mentoren, sondern für den Fortbestand der Demokratie, der menschlichen Würde und Freiheit.

## 8.

# Man trifft sich im Hotel Rossija

In geheimer Mission fuhr Jack wieder als Dieter Merkel nach Ost-Berlin, um einen Treff mit einem ostdeutschen Mitarbeiter seines Dienstes wahrzunehmen. Am frühen Morgen hatte er noch eine Arbeitsbesprechung mit seinem Chef in Frankfurt am Main, bei der ging es um die Zielsetzung, die Aufklärung über die Sowjetarmee in der DDR zu intensivieren. Jack sollte nach dem Treff mit seinem ostdeutschen Mitarbeiter in einem Report neue Vorschläge erarbeiten.

Im Flugzeug hatte er sich schon die ersten Gedanken zu den Vorschlägen gemacht, die er seinen Mitarbeitern in Ost-Berlin unterbreiten würde. Er kannte die Schwierigkeiten, und die Möglichkeiten seiner östlichen Mitarbeiter wußte er konkret einzuschätzen. Sie waren in keiner Weise vergleichbar mit der breiten Palette, die dem Gegner im Westen zur Verfügung stand. Bei gutem Legendenaufbau waren für östliche Nachrichtendienstmitarbeiter in der Industrie und bei Behörden im Westen Tür und Tor offen. Der Grund ist, es gibt keine zentrale Kaderkartei, wo sich der Personalchef im Westen erkundigen kann, ob die vorgelegten Referenzen den Tatsachen entsprechen, und es gibt kein Arbeitsbuch, in dem die gesamte Ausbildung und alle Arbeitgeber lückenlos eingetragen sind. Dem Ostagenten genügen einige Briefköpfe führender Unternehmen, und sein technischer Dienst erstellt ihm die besten Zeugnisse und Referenzen, die recht oft sogar eine ordentliche, nachprüfbare Abdekkung erhalten. Beispielsweise werden Mitarbeiter der östlichen Geheimdienste, die als einfache Bürokräfte oder simple Archivbearbeiter in westlichen Firmen tätig sind und von ihren offiziellen Funktionen her sowieso in ihrer Wichtigkeit unterschätzt werden, von Kollegen kaum beachtet. Nach dem Motto, der ist ja nur ein Aktenschlepper oder

Bürodiener wird nicht zur Kenntnis genommen, daß er Duplikate gefalschter Zeugnisse oder einer anderen Referenz gemäß dem Ausstellungsdatum in den Archivakten abheftet, meist auch andere auf die Person X bezogene Unterlagen, so daß eine Rückfrage, wie sie bei befreundeten Firmen stattfindet, ergibt, Frau X war ›laut Archivakte‹ aus dem Jahr 1960–1963 bei uns als Büroleiterin tätig und erhielt folgendes Zeugnis . . . Dieser Vorgang zeigt, daß eine aufgebaute Legende damit sogar durch Unbeteiligte, genauer gesagt, über jeden Verdacht erhabene Personen, nachprüfbar ist. – Bessere Möglichkeiten kann sich ein Nachrichtendienst nicht wünschen!

Es gibt sehr viele Schläfer an der unsichtbaren Front, die für irgendeine Kleinigkeit, eine begangene Ordnungswidrigkeit dem MfS verpflichtet sind. Das kann 5–15 Jahre zurückliegen, zum erforderlichen Zeitpunkt wird man sie pünktlich wecken. Es gibt sehr viele Genossen, die der Partei schon seit Jahrzehnten treu dienen, sie warten auf den Vertrauensauftrag und erledigen ihn sehr gewissenhaft. Sie haben zu irgendeinem Zeitpunkt einmal eine Spezialausbildung erhalten, sie laufend immer wieder geübt, und der schläfrige Nachtwächter, der abends seinen Rundgang durch die Chefetage und Entwicklungsabteilung macht, der sich hundert Mal für eine Flasche Bier bedankt, dieser Trottel, der kaum bis drei zählen kann, macht plötzlich Aufnahmen mit der Minox oder Mikratkamera, die jeden Profi vor Neid erblassen lassen! Er erledigt seinen Parteiauftrag, er weiß, heute ist es wichtig und alles andere zählt nicht für ihn, er arbeitet für seine Überzeugung und es bereitet ihm Genugtuung, daß er heute allen ein Schnippchen schlägt, die ihn täglich so sehr unterschätzten und von oben herab behandelten. Jahrelang mußte er sich alles gefallen lassen, sein Licht unter den Scheffel stellen, heute aber ist sein großer Tag, der ihn für alle erlittenen Kränkungen in der Vergangenheit entschädigt. Morgen wird er wieder der biedere, brave und unterwürfige Nachtwächter oder Hausmeister sein, aber mit der Genugtuung im Herzen, etwas Wichtiges für seine Partei, für den Kommunismus getan zu haben. Der einzige Wermutstropfen in seiner Freude ist, seinen Sieg nicht hinausschreien zu können, nicht allen »I'm the Hero!« sagen zu können.

Jacks Mitarbeiter in Ostdeutschland und den Ostblockstaaten hatten das gleiche Feeling wie ihre ideologischen Gegner. Jack kannte sie zum Teil aus der Zeit, wo sie ihm als Studenten vorgestellt wurden, inzwischen hatten sie eine TH oder Uni besucht, waren Ingenieure oder Doktoren mit Auszeichnung geworden, hatten zum Teil Auslandssemester in der SU absolviert, hatten dort wieder ein paar Gleichgesinnte getroffen, mit denen sie in Verbindung blieben. Sie alle verband das gleiche Ziel: den Drang der Kommunisten nach der Weltherrschaft zu stoppen, der unterdrückten Bevölkerung die Ketten zu lösen, dem politischen Terror Einhalt zu gebieten. Sie waren nicht auf Gelder angewiesen, ob Ostgeld oder Devisen, für sie war es viel wichtiger, Jack brachte ihnen die Luftpostausgaben eines Nachrichtenmagazins oder ein neues technisches Hilfsmittel für ihre konspirative Tätigkeit mit. – Da konnte man ein Leuchten in ihren Augen sehen, das nur vergleichbar war mit dem Feuer in den Augen der Liebenden.
Jacks Maschine landete pünktlich, und sein Berliner Kollege holte ihn mit dem Wagen vom Flughafen Tempelhof ab, um gleich mit ihm Richtung Übergang/Heinrich-Heine-Straße zu fahren. In der Nähe des Anhalter Bahnhofs fuhren sie zu einem Parkplatz, wo Jack noch mit dem Berliner Sektionschef sprach, um einige technische Dinge zu koordinieren, dann setzte er seine Fahrt allein in dem PKW fort, der ein Stuttgarter Kennzeichen hatte. Vorsorglich hatte Jack auf dem Rücksitz einen Blumenstrauß sowie Schokolade, Kaffee und Zigaretten drapiert, um den Zweck eines Privatbesuches zu unterstreichen. Der Posten des Bundesgrenzschutzes in der Prinzenstraße winkte ab, als Jack halten wollte, und so näherte er sich der geschlossenen Schranke

im Mauerloch. Der ostdeutsche Grenzposten zog die Schranke hoch und gab den Weg zur Slalomfahrt vorbei an den Hindernissen frei. Jack hielt vor der Kontrollbaracke und stieg aus, um seine Personal- und Wagenpapiere abzugeben.

Der ostdeutsche Zollbeamte nahm alles in Empfang, fragte nach vorhandenem Bargeld und notierte den Betrag, bevor er alles fürsorglich in einen Schlitz steckte. Nach etwa 10 Minuten kamen die Dokumente wieder durch einen anderen Schlitz zurück, und Jack ging zum Schalter der Notenbank der DDR, um seinen offiziellen Tagesumtausch zu tätigen. Nun ordnete er sich wieder mit seinem PKW in die Kontrollschlange ein und rückte entsprechend langsam vor. Hier teilten sich vier Genossen die Arbeit, einer sah sich nochmals die Papiere an; während Jack den Kofferraum und die Motorhaube öffnen mußte, schob ein zweiter einen Spiegel unter sein Fahrzeug, um Haftmagneten oder bauliche Veränderungen festzustellen. Der dritte maß mit einem Stab durch den Benzineinfüllstutzen die Tankgröße und blickte in eine Typenliste, ob seine ermittelte Zahl mit der Normzahl übereinstimmte; der vierte ließ Jack die hintere Sitzbank anheben und das Handschuhfach öffnen. Nach einer viertelstündigen Prozedur konnte dann Jack endlich zum Innenschlagbaum fahren, wo noch einmal eine kurze Endkontrolle stattfand, um dann über die Köpenickerstraße in die Alexanderstraße einzubiegen.

Er fuhr über den Alexanderplatz zur Schönhausener Allee und bog dann an der Pankower Kirche links ab zum Ratskeller in Pankow. Dort hatte er seinen ersten Sichttreff mit dem ostdeutschen Mitarbeiter. Er stellte seinen Wagen auf den Parkplatz gegenüber vom Eingang ab und ging in das Restaurant. Er nahm Platz, bestellte beim Kellner ein Kännchen Kaffee. Ein Mann zwei Tische weiter faltete sorgsam indessen seine Zeitung, das *Neue Deutschland*, zusammen und steckte sie in seine Kollegmappe; dann zündete er sich eine Zigarette an und trank seinen Kaffee aus, um die Lokalität zu verlassen. Es war Jacks Treffpartner. Das

Zusammenfalten der Zeitung bedeutete: keine besonderen Vorkommnisse; das Einstecken in die Tasche: keine Observation festgestellt; das Anzünden der Zigarette: Ich begebe mich zum Treffort.

Genau vierzig Minuten nach dem Sichttreff fand wie vereinbart der Treff in der Frankfurter Allee im Café *Warschau* statt. Jack hatte einen günstigen Tisch ausgesucht und bereits die Bestellung für zwei Personen aufgegeben. Sein Gesprächspartner kam, und beide begrüßten sich sehr herzlich. Der DDR-Bürger schilderte kurz seine Fahrt von Magdeburg nach Berlin und erwähnte, daß die Russen im Raum Dessau-Magdeburg in der Elbniederung Spezialmanöver durchführten, scheinbar um sich mit neuen Amphibienfahrzeugen vertraut zu machen, die mit neuen Brückenbausegmenten bestückt waren. In der Garnison in Stendal waren zwei Abschußlafetten eingetroffen, ebenso in Bernburg an der Saale. Er arbeitet als Entwicklungsingenieur bei Sket in Magdeburg (hinter diesen Buchstaben verbirgt sich der Name Schwermaschinen Kombinat *Ernst Thälmann*, ein ehemaliges Werk von *Krupp)* und wohnt in der Alten Neustadt in der Rogätzerstraße in einer kleinen Siedlung. Er hat einen Schrebergarten in der Nähe der Elbe bei der ehemaligen Schokoladenfabrik *Portola* gepachtet, die jetzt *VEB-Rotstern* genannt wurde, und von seinem Garten aus kann er in das Übungsgebiet der Sowjetarmee blicken. Wenn es sein mußte, konnte er mit dem Teleobjektiv ganz passable Schnappschüsse von der Manöver- und Übungstätigkeit machen. Die Militärinformationen waren ein Nebenprodukt seiner Industrieinformation, jedenfalls betrachtete er es so. Durch seine Tätigkeit kam er in das gesamte sozialistische Ausland und hatte einen erstklassigen Überblick zum Machbaren und Unmöglichen in der sozialistischen Planwirtschaft.

Vor vier Tagen war er aus der SU zurückgekommen, wo er im Donezgebiet und im Industriegebiet am Ural war. Er kannte Taschkent genausogut wie Wladiwostok oder Sotschi, wo er schon einige Male seinen Urlaub verbrachte. Er sprach fließend russisch, französisch und englisch und so mußte er bei jeder Hundehochzeit dabeisein, da die lieben Genossen nie in Versuchung gekommen sind, *Lenins* Werke im Originaltext zu studieren. Sie kannten außer »sto-gram, nastarowje und towarrischtsch« nichts von dieser Sprache, nur die Älteren kannten noch »woina kaputt« und »jup twoija match« (ein russisches Schimpfwort, das besagt: »Mach es mit deiner Mutter« – es stellt aber keineswegs die Aufforderung zum Inzest dar oder hängt mit dem Ödipuskomplex zusammen, sondern bildete sich in russischen Kriegen heraus, wo die Krankenschwestern, die die Verwundeten betreuten, von ihnen match = Mutter genannt wurden. Da sich meist eine Beziehung zwischen dem Verwundeten und seiner Krankenschwester ergab, kam es bei Rivalitäten der Soldaten zu der dann sprichwörtlich gewordenen Aufforderung, doch bei seiner zuständigen match zu bleiben).

So ergab es sich, daß er zu vielen Dingen Zugang und Einblick hatte, was ihm offiziell nicht zugestanden hätte. Doch egal, ob die Russen, die Rumänen oder Bulgaren anriefen, alle wollten per Telefon nicht seinen Genossen Chef, sondern ihn sprechen, sie verlangten Albert. So hatte er sich dank seiner Intelligenz einen Nimbus aufgebaut, der ihn frei von allen Verdächtigungen machte und der ihm die Freiheit gab, Termine ohne lange Erklärungen im gesamten Ostblockraum wahrzunehmen, nur das KA, was auch Reisen in westliche Länder gestattet, hatte er noch nicht, doch war er auf dem besten Wege, das begehrte Zertifikat zu erhalten.

Von seiner SU-Reise hatte Albert sehr interessantes Material mitgebracht, das schon fachgerecht im Container untergebracht war, und so übergab er Jack einen ganz normalen Füller zum Schreiben, den dieser in Gedanken einsteckte, nachdem er eine Notiz gemacht hatte. Er besann sich jedoch gleich wieder und gab den Füller zurück – es war zwar äußerlich kein Unterschied zu entdecken, doch war dieser

Container ohne Inhalt. Albert war es gewöhnt, schnelle Entscheidungen zu treffen und zügig zu arbeiten. Als er von Moskau nach Ost-Berlin zurückflog, hatte er zu Hause auf seine Siesta verzichtet, alles gleich fertiggemacht und Jack informiert. Schon in seinem Moskauer Hotel hatte er einen Teil des Materials präpariert, da er diese Unterlagen nur in der SU einsehen konnte. Er hatte ein gutes Auge für das Wichtige und eine präzise Spezialkamera für das Besondere. Wenn Albert Jack zu einem Treff rief, der außerhalb der turnusmäßigen Trefftermine lag, so nicht, um mit Jack ein paar Stunden angeregt zu plaudern, sondern dann hatte er in seiner Kollektion ein paar ganz besonders ausgesuchte Steine, die danach verlangten, schnell und gut bearbeitet zu werden. Jack hatte aufgrund dieser Erfahrung den Technikern für heute schon einen Spätzusatzdienst angekündigt, denn er konnte erst nach 18.00 Uhr in West-Berlin sein, das hieß, die Dienststelle in Frankfurt erreichte er frühestens gegen 21.00 Uhr

So wie heute im Café *Warschau* in Ost-Berlin hatten sie vor einem Jahr im Hotel *Berlin* in Moskau zusammen gesessen. Es war das frühere Hotel *Savoy*, das man aufgrund der laufend dort absteigenden deutschen Genossen 1959 ihnen zu Ehren auf den jetzigen Namen umtaufte. Moskauspezialisten sagen zwar immer, das hätte man nur gemacht, weil *Berlin* und *Kanonen* zusammengebracht werden sollten, denn die Querstraße, die am Hotel verläuft, trägt ihren alten Namen seit fast 300 Jahren *Puschetschnaja Ulitsa* (die Kanonenstraße), da dort zu jener Zeit Kanonen gegossen wurden. Das Hotel hat eine sehr günstige Lage, man erreicht zu Fuß sehr schnell das *Bolschoi*-Theater, das Kaufhaus *GUM*, den *Kreml* und das *Lenin*-Mausoleum am Roten Platz. Das Kaufhaus GUM (Gosudarstwennyj-Universalnyj-Magazin) ist ein riesiger, dreistöckiger Bau aus der Jahrhundertwende (fast 100 m breit und 250 m lang), es hat täglich durchgehend von 8.00–21.00 Uhr geöffnet, außer sonntags (das muß erwähnt werden, denn andere Kaufhäuser und Lebensmittelhandlungen haben auch sonntags bis 18.00

Uhr geöffnet), hier werden täglich über 140 000 Kunden von über 4000 Angestellten bedient. Es verkauft fast alles, was geliefert werden kann, nur müssen die Verkäuferinnen ebensooft sagen: »Es ist nicht vorhanden, bitte, fragen Sie noch einmal nach.« Man kann die nettesten Sachen erleben, z. B. kam nachmittags um 17.00 Uhr eine große Containerladung mit BH's. Keine pfiffigen Sachen, wie sie bei uns oder in den Exquisitläden Ostdeutschlands gehandelt werden, sondern eine Art Atlasstoff in schmutzigem Rosa – die Verkäuferinnen brauchten die Ware gar nicht einzusortieren, denn sie ging in 5er- und 10er-Päckchen weg, wie die sprichwörtlichen warmen Semmeln. Eine Viertelstunde später waren BH's wieder ausverkauft. (Übrigens gute ›schmackhafte‹ BH's gibt es auch in Moskau, doch nur im Birkenladen, dem Berjozka-Laden am Kutuzowskij Prospekt 9 beispielsweise, doch dort kann man nur mit Westwährungen bezahlen, wie im Intershop in Ost-Berlin!)
Ein anderes nettes Moskauer Erlebnis war der Einkauf von Quark in einem Lebensmittelladen: Claudia hatte eine Glasschüssel im Netz und bat die Verkäuferin, den losen Quark einzufüllen. Starkes Kopfschütteln und die Beteuerung, in mitgebrachte Gefäße darf ich aus hygienischen Gründen den Quark nicht einfüllen! – Mit etwas Zorn knallte Jack die *Prawda* (das offizielle Parteiorgan) auf die Ladentheke, und die plötzliche Reaktion der Verkäuferin war: Da, da – Papier karascho! Sprach's, faltete die *Prawda* auseinander, legte sie in die Waagschale und knallte den Quark darauf – eine kurze, aber demonstrative Belehrung in Sachen Hygiene und Verkaufskultur! Diese Reihe ließe sich fortsetzen, und so manches wäre bei uns selbst in der Zeit der Warenbewirtschaftung nicht möglich gewesen! Nur von der DDR kennen wir ähnliche Verhältnisse, wo es bei losen Konserven, Salzheringen oder Gurken immer hieß »Ham'se ein Gefäß mit?« Ohne dem gab es nichts, da packte die Hausfrau dann eben auch mal Sauerkraut in die Kapuze ihres Regencapes; denn erst nach Hause gehen, hieße Gefahr laufen, keine Ware mehr zu erhalten. Aber diese

Mißstände werden sich genausowenig beseitigen lassen wie das Organisationstalent mancher Leute, die sich ganz den Verhältnissen angepaßt haben; und die Ordnungskräfte des Staates sind machtlos trotz höchster Bestrafungen.
Auch dafür ein Beispiel zum Schmunzeln und Erkennen russischer Mentalität! Claudia hatte einen Treff in Leningrad wahrzunehmen und den Flug Moskau-Leningrad gebucht; Jack machte die Absicherung des Treffs in Leningrad. Die Zeit war knapp und sie mußten noch zum Moskauer Flughafen Wnukowo fahren. Glücklicherweise hatte Jack schnell einen Taxifahrer erwischt und dem klargemacht, daß sie bis 10.00 Uhr in Wnukowo sein müßten. Jack hielt ihm eine 5-Dollarnote als Zielprämie hin und versprach ihm, sie zu verdoppeln, wenn sie die Maschine noch erreichten. Ein breites Lachen und ein begeistertes Nicken zeigte Jack, daß er die richtige Stimulans gewählt hatte. Der Russe holte aus dem Wagen heraus, was möglich war und hatte Glück, daß gerade keine Milizstreife ihren Weg kreuzte. Kurz vor dem Flughafen zog Jack noch eine 5-Dollarnote heraus und zahlte 15 Rubel, den 3fachen Preis dessen, was die Taxometeruhr anzeigte. Taxigebühren in der SU sind übrigens mit den unseren verglichen sehr günstig. Man unterscheidet zwei Arten von Taxis, die, die den Fahrgast individuell befördern, oder die Marschruttaxis, ein Gemeinschaftstaxi, das bis 8 Personen aufnehmen kann und eine feste Route innerhalb der Stadt fährt. Der Russe war sehr zufrieden, und als Jack sagte, sie kämen heute abend gegen 18.00 Uhr mit der Leningrader Maschine zurück, sagte er: »Ich hole euch ab, Gospodin!«
Als sie dann abends aus der Maschine stiegen, war ihr Taxifahrer auch prompt zur Stelle und fuhr sie mit einem kleinen Umweg zurück, und das ist es, was die Sache erwähnenswert macht! Er fuhr mit ihnen in ein kleines Waldstück, entschuldigte sich, es würde nur ein paar Minuten dauern, und dann geschah folgendes: Im Strauchwerk verborgen war ein Faß und eine Pumpe. Unser Russe steckte das Schlauchende in den Tank des Taxis und

pumpte wie ein Weltmeister, dann schloß er alles wieder, versteckte es sorgfältig und die Rückfahrt nach Moskau ging zügig voran. Als Claudia ihn nach dem Grund fragte, kam seine Erklärung: Sein Freund habe einen PKW und sie machten viele gute Geschäfte zusammen, offizielles Tanken für den Freund sei sehr teuer, doch mit seiner Hilfe bekäme er den Sprit zum »Selbstkostenpreis«, denn er kann an jeder Tankstelle gegen einen Berechtigungsschein sein Taxi volltanken, doch keiner kann ihm vorschreiben, wie viele Kilometer er mit einer Tankfüllung fahren muß. So hatte er heute morgen in der Stadt getankt und die erste Rückfahrt über das Waldstück gemacht, auf der Herfahrt hat er das ganze wiederholt, und da alle guten Dinge drei sind, hat er jetzt nochmals in Wnukowo getankt und sein Reservoir aufgefüllt. Mit dem verbliebenen Rest fährt er jetzt die Herrschaften zum Hotel und den Wagen auf den Bereitschaftshof, wo der Dienst den Wagen für morgen früh wieder auffüllt. Verstehen Sie? So einfach ist es, von Väterchen Staat ein kleines Nebengehalt zu beziehen –, denn das Leben ist teuer, vor allem in Moskau, und man muß dem persönlichen Glück schon etwas auf die Sprünge helfen, so lange das sozialistische Paradies noch in der Ferne liegt.
Das waren ein paar kleine Episoden aus dem großen Moskau mit all seinen Widersprüchen in Politik, Planwirtschaft und den kleinen menschlichen Schwächen, die es für den Reisenden (den Touristen, Geschäftsmann und, last not least, den Nachrichtenmann) so interessant und liebenswert machen! Mag auch ein Russe bei der ersten Begegnung noch so reserviert sein, vor allem im offiziellen Umgang, hat man mit ihm erst einmal zusammen gesessen, gegessen und getrunken, zeigt sich unter der spröden abweisenden Schale der gute Kern. Doch nach diesem, zum besserem Verständnis notwendigen Abschweifen wieder zurück zu Jack und Albert im Hotel *Berlin*.

Albert weilte zu einem wissenschaftlichen Symposium in Moskau, und seine Kollegen aus allen Teilen der SU kamen natürlich auch mit all ihren Plänen und Unterlagen zu ihm, um seinen Rat oder seine Vorschläge zu hören. Albert hatte deshalb mit Jack schon vorher einen Trefftermin in Moskau abgesprochen, da wichtige Informationen so sehr schnell an die richtige Adresse gelangten und vor allem die nötige Sicherheit gewahrt blieb, denn Moskau ist nicht nur die Metropole der SU, sondern auch die Zentrale der sowjetischen Abwehr und Aufklärung, der GRU und des KGB. Einen allumfassenderen Geheimdienst wie die SU besitzt kein anderes Land, seine zentrale Steuerung in der militärischen, wirtschaftlichen und politischen Spionage ist die Basis seiner Erfolge. Ohne Geheimdienstarbeit hätte die SU nicht bis in die 60er Jahre Bestand gehabt, genau, wie historisch verglichen, ohne die *Ochrana* der Zar längst verjagt worden wäre. Im Geheimdienst blickt Rußland auf eine Tradition von einigen hundert Jahren zurück, seit Peter dem Großen hatte der Geheimdienst immer eine staatstragende Funktion. Wer den Geheimdienst hinter sich hatte, saß im festen Sattel. Als die zaristischen Ketten durch die sozialistischen ersetzt wurden, blieb auch diese Tradition bestehen und die Partei, die immer recht hat, glorifiziert den Geheimdienst und seine Mitarbeiter. Aus der *Ochrana* wurde die *Tscheka* (Außerordentliche Kommission zur Bekämpfung von Konterrevolution und Sabotage), ihr erster Führer war der Pole *Felix Edmundowitsch Dscherschinsky,* der über eine uneingeschränkte Macht verfügte. In seinem Hauptquartier im *Smolnij*-Institut wurde die erste Auslandsabteilung aufgebaut, für die innere Sicherheit wurden -zigtausende von Russen zu Spitzenleistungen gepreßt. Bis 1922 blieb es bei der Bezeichung *Tscheka,* von 1922 bis 1934 erhielt sie den Namen *GPU,* dann wurde daraus der *NKWD* und der *NKGB,* beide Namen wechselten 1954, und es entstand der *KGB* und die *GRU.* Der KGB ist verantwortlich für die gesamte Spionage im In- und Ausland, die GRU betreibt die militärische Spionage (Aufklärung) und zwar mit dem legalen Netz, das die Militärattachés der diplomatischen Vertretungen im Ausland bilden, und dem illegalen Netz, dem

u. a. Spitzenspione vom Schlage eines *Rudolf Abel, Gordon Lonsdale, Valentin Gubitschew* und *Klaus Fuchs* angehörten.
Die GRU befindet sich in der Gnamenskij Ulitsa 19 und gliedert sich in vier Hauptabteilungen:
a) Einsatzplanung,
b) Nachrichtenauswertung,
c) Ausbildung,
d) Hilfsdienste.
Die Abteilung a) umfaßt den Einsatz von Agenten im Ausland und gleichzeitig auch ihre Überwachung. Die Abteilung a) wird auch das Zentr genannt und besteht aus vier Formationen für Westeuropa, mittlerer Osten, ferner Osten und Amerika; vier Formationen für USA, Deutschland, Großbritannien und Frankreich, einer Formation für technische Hilfsmittel und Falschdokumente, einer Formation für konspirative Verbindung (Funk- und Chiffreabteilung) und der Formation für die Geheimdienstleitung innerhalb der Sowjetarmee.
Der Aufgabenbereich des KGB mit seinem Sitz in unmittelbarer Kremlnähe, den Karree Dscherschinsky-Kusmezkij-Most-Ogarewaubsa-Ulitsa, umfaßt den politischen Grenzschutz, die Kreml-Garde, die Überwachung des Nachrichtenverkehrs (inklusive Medienkontrolle), die Spionageabwehr und Sicherungskontrollen. Die wichtigste Abteilung ist die INU, sie leitet unabhängig von der GRU die Auslandsspionage, bildet Geheimkommandos aus und setzt sie entsprechend zu Spezialeinsätzen weltweit ein.
Hier, wenige 100 m von diesen gewaltigen Hochburgen der Sowjetnachrichtendienste, zu arbeiten, war gleichbedeutend damit, im Raubtierkäfig der Manege zu stehen. Doch ist gerade das nicht ohne Reiz für die gesamte Arbeit gewesen.

Alle technischen Arbeits- und Hilfsmittel hatte Claudia von Kischinjow abgeholt, wo sie von einem rumänischen Mitarbeiter pünktlich deponiert worden waren. So konnte Jack mit wenigen, sehr gut in Containern versteckten Hilfsmitteln die Flughafenkontrollen passieren, ohne durch Sondergepäck mit seinem holländischen Paß aufzufallen. Jack war im Hotel *Rossija* untergekommen, dem zur damaligen Zeit größten Hotel der SU, ja Europas. Es hat rund 3200 Zimmer und kann über 6000 Gäste aufnehmen, sein Konzertsaal faßt 3000 Personen, zwei Restaurants können je 1000 Gäste fassen; Café, Bars und Konferenzhallen vervollständigen das Ganze. Eine riesige Einkaufsstraße sowie Post und Telegrafenamt vollenden den Service.

Jack wohnte in der 18. Etage (ein Restaurant mit herrlichem Weitblick befindet sich in der 21. Etage), und hatte einen Rundblick auf Moskau und – was am wichtigsten war, er konnte mit einem kleinen Spaziergang um den Kreml direkt zum Hotel *Berlin* gelangen, um Albert aufzusuchen. So konnte Jack in aller Ruhe bei Albert im Hotelzimmer die Unterlagen und Pläne mit seinen Spezialkameras fotografieren und jeweils mehrere Ablichtungen pro Aufnahme machen. Das belichtete Material packte er dann in seinem Zimmer im Hotel *Rossija* in entsprechende Container, so daß er eine Gesamtkollektion in einem Container für sich unterbrachte, die zweite Kollektion mit den gleichen Ablichtungen nahm Claudia mit, um sie wieder in Kischinjow zu deponieren. Sollte es eine Panne geben, so war eine Kollektion gesichert und erreichte das Ziel.

Besonders interessant waren unter vielen anderen Dingen die Pläne für die neuen Industriekomplexe im asiatischen Teil der SU, für die Erschließung Sibiriens mit seinen ungeheuren Möglichkeiten. Überhaupt wird jenseits des Urals in der Sowjetunion das große Geld verdient; ein Schweißer, ein Schlosser oder Maschinist jenseits dieser natürlichen Grenze lacht nur über die Gehälter der Ärzte im europäischen Teil der SU, denn die Handwerker verdienen fast das dreifache. Dieser Lohnanstieg soll vor allem junge Arbeitskräfte und Jungfamilien veranlassen, jenseits des Urals ihr Domizil aufzuschlagen. Die Partei, vor allem die alten Funktionäre, stöhnen über Verhandlungen mit den jungen Genossen, den *Sibiriakern*, wie sie sich selbst stolz nennen. Die rauhe Natur verlangt einen zähen Menschentyp, und dieser ist nicht bereit, den alten Parteifunktionären irgendwelche Konzessionen zu machen oder ihnen Sonderrechte einzuräumen; sie nennen Mißstände beim Namen und verlangen sofortige Änderungen. So ist es oft so, daß Dinge, die selbst in Moskau schwer zu beschaffen sind (wie z. B. Möbel aus der DDR-Produktion), dort immer zur Auswahl stehen, für einen Bewohner Sibiriens ist das beste eben gerade gut genug. Der Staat weiß warum, denn am Angara und Jenisej entstehen die größten Wasserkraftwerke der Welt, die BAM ist die längste Eisenbahnstrecke, und Nowosibirsk, Swerdlowsk sind die gewaltigsten Industriezentren. Albert erhielt von Konstrukteuren die Pläne zur Einsicht, um von seiner Warte her Verbesserungen vorzuschlagen. Ihn kannten sie von gemeinsamen Verhandlungen im Comecon-Gebäude, von Symposien in Charkow, Rostow, Leningrad, Kiew, Prag, Budapest, Ost-Berlin und Leipzig. Sie hatten keine Bedenken, ihrem alten Freund die Pläne für eine Nacht zu überlassen, denn meist hatte der Kamerad Albert aufgrund seiner großen Erfahrung einen guten Verbesserungsvorschlag oder eine Änderung, die ihnen wieder Planzeit und Geld einsparte, ihnen Auszeichungen einbrachte und anderes mehr. So hatte Albert manche Nacht vier bis fünf prall mit Zeichnungen gefüllte Konstruktionsmappen zur Beurteilung in seinem Zimmer; und so arbeitete er auch heute mit Jack durch. Während dieser die Pläne sorgfältig ablichtete, machte Albert gleich seine Bemerkungen, so daß beim Tagungsbeginn alle Seiten zufrieden gestellt waren.

Jacks Techniker hatten gute Arbeit geleistet, sie hatten eine Krimsektflasche zum Container verarbeitet, in der sie den Boden trennten und durch eine Art gesonderter Innenflasche einen Leerraum schufen. Zwischen der dickwandigen eigentlichen Sektflasche und der Innenflasche wurde der rote Sekt gefüllt und abgesiegelt, so daß sie wie eine volle Flasche erschien, man hätte schon diesen Spezialcontainer sehr genau prüfen müssen, um seinen eigentlichen Zweck feststellen zu können. Die Flasche kam noch in eine

geschmackvolle kleine Geschenkkiste, wie sie im Original im *Berjozka*-Laden des Hotels *Rossija* speziell für Touristen angeboten wurde.
Der zweite Container war eine Kaviardose in einer Geschenkpackung. Jack packte in seinem Hotelzimmer das Produkt der 4tägigen Arbeit fest in den Flaschencontainer, denn er durfte sich durch Bewegung nicht lösen. Mittels einer Spezialmasse klebte er dann den Originalboden wieder auf die Flasche. Am Ende war er mit seiner Arbeit ganz zufrieden. Nun kam nochmals eine schwierige Bastelarbeit: er hatte heute vormittag die Geschenkpackung komplett im *Berjozka*-Laden geholt und war nun dabei, zum Austausch beider Flaschen die Umhüllung sorgfältig zu trennen. Mit Zuhilfenahme eines Skalpells und zweier Pinzetten gelang ihm das auch, und er tauschte die beiden Flaschen aus. Dann schloß er wieder den Geschenkkarton, schob die Papierverpackung darüber und klebte den kleinen Spezialverschluß des Birkenladens darüber. Jetzt unterschied sich die Packung äußerlich nicht von denen, die im Laden des Hotels gehandelt wurden.
Mit der Kaviardose war es einfacher, die Techniker hatten eine Original 200-g-Dose so präpariert, daß sie aufgeschraubt werden konnte. Er verpackte das belichtete Filmmaterial in die Dose und sicherte alles mit Hilfe von Watte und Plastikmodelliermasse. Er verschraubte den Boden wieder und stellte beide Dosen auf die kleine Waage. Die Originaldose mit Kaviar hatte das gleiche Gesamtgewicht wie die Containerdose. Die zeitraubende Modellierarbeit war damit erfolgreich beendet, und Jack war sicher, daß es auf dem Rückflug von Moskau nach Amsterdam keine Schwierigkeiten bei der Zollkontrolle des Handgepäcks geben würde.
Claudia hatte inzwischen ihre Container mit der zweiten Kollektion der Ablichtungen fertiggemacht, um sie 1500 km westwärts, in Kischinjow, zu deponieren. Sie flog am Abend von Moskau nach Odessa, wo sie ein Mitarbeiter abholte und sie etwa 150 km zum Depotort mit dem PKW

brachte. Die Stunden, die Jack und Claudia noch bis zur Abfahrt verblieben, verbrachten sie gemeinsam. Claudia hatte Moskauer Brot eingekauft (ein ganz dunkles, fast süß schmeckendes Vollkornbrot), Butter, saure Gurken und Pilze, dazu aßen sie Kaviar und tranken eine Flasche roten Krimsekt sowie *Sibirskaja*-Wodka. Das Essen war der Bedeutung der Tagesleistung angepaßt und sie genossen es genauso wie den wunderbaren Ausblick vom *Rossija* auf den Kreml, die *Basilius*-Kathedrale und die Moskwa mit ihren Brücken, auf die vielen Kirchen mit ihren Türmen und Kuppelbauten. Im Hintergrund ertönten leise Balalaikaklänge aus dem Lautsprecher und es tat gut, Kraft für den bevorstehenden Einsatz zu sammeln. Sie hatten geduscht und beide trugen der Bequemlichkeit halber nur ihre Bademäntel, um genau zu sein: Claudia hatte ihre Strümpfe und hohe Pumps darunter an. Der *Sibirskaja*-Wodka und der rote *Krimskoje* hatten sie in nette lockere Stimmung gebracht, dazu kam noch die gute Materialausbeute. So intensiv sie bei der Ausführung des Dienstes waren, so intensiv kosteten sie nun auch die Gefühle ihrer Körper aus!
Jack und Claudia fuhren dann nach Wnukowo. Claudia flog eine halbe Stunde vor Jack ab, und so brachte er sie zur Maschine nach Odessa. Sie würde etwa drei Stunden fliegen, dann zwei Stunden mit dem PKW fahren, ihre Arbeit erledigen und morgen früh von Odessa nach Moskau zurückfliegen. Mittags startete ihre Maschine dann nach Wien. In Wien sollte Claudia wieder mit dem rumänischen Mitarbeiter zusammentreffen, der ihr die zweite Kollektion aus dem Depot bei Kischinjow über Rumänien, Ungarn nach Österreich brachte, so daß sie zwei Tage darauf in Frankfurt am Main eintreffen würde.
Jack flog nach Amsterdam und nahm von dort eine Maschine nach Frankfurt.
Bei der Zollkontrolle in Wnukowo mußte Jack die Tasche und den Flugkoffer öffnen. Die Zollbeamten sahen sich alles sehr genau an, als Jack, hilfsbereit für die Exekutive, wie er nun einmal war, das Geschenkpapier von dem »Original

Rossija verpackten« Sekt lösen wollte. Die Genossen winkten mit einem »njet, eta karascho!« ab. Was soviel heißen sollte, nein, das ist schon in Ordnung – dieser Meinung konnte sich Jack nur anschließen, und er packte lächelnd alles wieder ein.
An Bord der Maschine, einer Tu 104, kredenzte die russische Stewardeß *Tscheburcki* (Fleischpasteten) mit Pilzen und danach *Blintschiki* (eine Art Pfannkuchen) mit süßer Rahmsoße und Früchten, dazu armenischen 5-Sterne-Kognak und grusinischen Tee. So wurde die Flugzeit bis Schiphol angenehm überbrückt und Jack kam ausgeruht zum Abflugschalter der PAM-AM, um seine Bordkarte für den Flug nach Frankfurt am Main in Empfang zu nehmen. Die Zeit bis zum Abflug benutzte Jack, um sich telefonisch beim Chef zu melden. Der teilte ihm mit, daß er gerade die Passagierliste vom Flug Moskau-Amsterdam erhalten habe und daher wisse, daß alles gut abgelaufen sei. Jack würde vom Flughafen in Frankfurt abgeholt werden und der Treff fände im Hotel *Frankfurter Hof* statt; die Techniker seien in Bereitschaft.

Zwei Stunden später bedankte sich der Chef im Appartement des *Frankfurter Hofes* für die gute Arbeit und sein Begleiter nahm die Container in Empfang, um sie gleich den Technikern zur Auswertung zu bringen. Jack hatte nun bis zum kommenden Mittag frei, wo er Claudia vom Flughafen abholen sollte. Dann fand die gemeinsame Arbeitsbesprechung und Auswertung der Unterlagen statt, nun – die Techniker waren in dieser Nacht nicht zu beneiden, sie mußten entwickeln, vergrößern, vervielfältigen, übersetzen, einordnen und katalogisieren.
Jack und Albert hatten ihre reichliche Mahlzeit beendet und alle Arbeitsthemen durchgesprochen. Sie konnten sich jetzt allgemeinen und privaten Dingen zuwenden und Albert erzählte eine nette Episode von der letzten Party. Zu seinen Gästen zählte auch der Kaderchef aus dem *VEB-Röstfein* ehemalige Kaffeerösterei von *Kathreiner)* mit seiner besseren

Hälfte. Ganz im Gegensatz zu seiner Frau machte der verkonsumierte Alkohol den Funktionär müde, so daß er trotz des Partylärmes auf dem Sessel am Kachelofen eingeschlafen war. Seine Frau hatte gerade ein tolles Tanzsolo dargeboten, bei dem sich ihr durchgeknöpftes Kleid fast ganz öffnete, sie ließ sich, ohne den »Schaden« zu beheben, ein neues Glas Kognak einschenken und fing an zu erzählen.
»Solche Sachen passieren dem jetzt am laufenden Band! Stellt euch vor, letzte Woche von Freitag bis Sonntag war für die Betriebskampfgruppe Übung angesetzt und mein Gerhard mußte dabei ein fiktives Tanklager in einem Waldstück bis zur Ablösung bewachen. Sonntag morgen kamen alle um 9.00 Uhr nach Hause, nur nicht mein Parteifunktionär. Ich rief seinen Gruppenführer an und der sagte plötzlich: ›Verdammt noch mal, sollte der etwa noch im Wald sein?‹ Ich holte den Gruppenführer ab und fuhr mit ihm zum bewußten Waldstück. Was soll ich euch sagen, mein Gerhard stand noch treu und brav und naß wie eine Katze an dem Platz, an dem es ihm befohlen war, Wache zu stehen. So ist es nun mal mit ihm, wo ihn die Partei hinstellt, bleibt er stehen . . .«
Dieser nette Satz wurde seit dieser Zeit vom gesamten Partykreis bei jeder sich bietenden Gelegenheit zitiert. Am schönsten war es immer, wenn sie von ihm im Normalzustand für irgendwelche ganz ordinäre Situationen Erklärungen forderte. Beispielsweise hatte sie ihm die Frage gestellt, wieso man beim Verhältnis Ost-Westmark vom Schwindelkurs spricht, wenn doch in den Exquisitläden die Schuhe mit etwas Schick den vierfachen Preis kosten? Er erklärte ihr etwas von Luxusimporten, faselte etwas von Abschöpfung des Kaufkraftüberangebotes und . . . und . . .; sie hatte darauf erwidert, das ist dann ein Irrtum vom Genossen *Walter* und der Partei, worauf Gerhard ihr erklärte: »Wenn wir irren, dann irren wir alle!«
Auch diese Erklärung wurde im internen Kreis zum geflügelten Wort. Den härtesten Schock in seiner Funktionärslaufbahn erlitt er aber bei einem Urlaub in der ČSSR. Ger-

hard und Inge waren nach einem Spaziergang durstig und hungrig und sie besuchten ein schön gelegenes Ausflugsrestaurant an der Moldau. Kaum hatten sie Platz genommen und wollten ihre Wahl treffen, als ein westdeutscher Touristenbus hielt, und seine Insassen sich laut gestikulierend im Restaurant breitmachten. Die zwei Kellnerinnen und ein Ober wurden plötzlich sehr aufmerksam, deckten die Tische neu ein und nahmen direkt die Bestellungen auf. Gerhard winkte einer Kellnerin, doch sie fand nicht die Zeit, zu ihnen zu kommen. Inge sagte spöttisch zu Gerhard: »Siehst du, Schatz, hättest du statt unserer stabilen Ostmark die westlichen Inflationsscheine, so wären wir schon mit dem Essen fertig!«
Gerhard stand daraufhin auf, ging zum Geschäftsführer und sagte, er sei Genosse und nicht damit einverstanden, hier als Mensch zweiter Klasse behandelt zu werden. Der Geschäftsführer zeigte ein breites Grinsen, rief auf tschechisch den Kellner heran und sprach mit ihm. Der Kellner fragte Gerhard, was er eben zu seinem Chef gesagt habe, denn leider würde sein Chef kein Wort Deutsch verstehen. Gerhard wiederholte seine Kritik und scheinbar übersetzte der Tscheche die Worte seinem Chef. Gerhard wartete nun gespannt auf eine Veränderung im Verhalten des Geschäftsführers, doch da geschah etwas für ihn Unerwartetes. Der Chef sagte frech grinsend: »Ich wollte nur mal sehen, ob du deine Unverschämtheit noch einmal wiederholst, du eingebildeter Fatzke. Meinst du, für deine wertlose DDR-Mark reißen wir uns ein Bein aus? Geh in ein staatliches Automatenrestaurant, oder warte, bis wir Zeit finden, so etwas wie euch zu bedienen, Herr Genosse!« Sprach's, klopfte seinem Kellner auf die Schulter und verschwand.
Inge hatte das alles mit Gelassenheit verfolgt und sagte zu ihm: »Nun reg dich nicht auf, wenn *Mercedes* erst ein *VEB-Werk* ist, wird dir so etwas nicht mehr passieren. Doch bis zu dem Zeitpunkt übe dich in Geduld und diene deiner Partei, schon wegen der internationalen, brüderlichen Anerkennung!«

Das war für Gerhard zuviel, sie verließen das Restaurant und gingen in der Nähe des Marktplatzes in ein staatliches Lokal. Aus lauter Trotz bestellte Gerhard keine Knödel, sondern verlangte Wiener Schnitzel und Salzkartoffeln. Nach dem Essen hatte er sich wieder soweit gefangen, daß er Inge erklären konnte: »Das ist das Schmarotzertum als Relikt überalterter Erziehung und Überlieferung, so etwas kann man nicht mit Argumenten beseitigen, sondern nur mit Taten.« Inge hatte auch diese Anekdote bei einer Party zum besten gegeben, und wenn irgendein Mißstand oder eine Angebotslücke war und Gerhard irgendwelche Gründe anführte, sagten alle: »Keine Argumente – Taten wollen wir sehen!«

Albert und Jack plauderten noch gut eine Stunde zusammen, bevor sie sich herzlich verabschiedeten. Während Jack in die U-Bahnstation ging, um zwei Haltestellen weiter zur Schillingstraße zu fahren, wo er seinen Wagen abgestellt hatte, ging Albert zum Parkplatz am Frankfurter Tor, um mit seinem Wartburg nach Magdeburg zurückzufahren.
Jack hielt noch einmal am Alexanderplatz und stellte seinen Wagen hinter dem *Centrum*-Warenhaus ab, um in die Buchhandlung zu gehen. Er kaufte gegen Westwährung zwei Wörterbücher und eine LP von den Leningrader Sinfonikern mit Ballettmusiken von Glinka und Tschatschaturian. Dann fuhr er zurück zum Übergang Heinrich-Heine-Straße, und es begann wieder die übliche Prozedur.
Doch hatte Jack Glück, da um diese Zeit die Tagestouristen noch nicht wieder nach West-Berlin zurückkehrten, sie kommen zwischen 22.00 Uhr und 24.00 Uhr. Der diensthabende Offizier kontrollierte selbst, und Jack machte ihn darauf aufmerksam, daß der deklarierte DM-Betrag sich geändert hat, da er zwei Bücher und eine Schallplatte gekauft habe. Er wies dafür die Quittungen vor. Sehr freundlich erklärte der Offizier, daß es normalerweise verboten sei, Schallplatten auszuführen. Doch Jack sagte, leider bekäme er diese Aufnahmen im Westen nicht, und der

Offizier erwiderte, er dürfe Ausnahmen machen und da er die LP ordnungsgemäß gemeldet habe, dürfe er sie auch mitnehmen.
Durch dieses absichtlich von Jack herbeigeführte Wortgeplänkel kam sich der Offizier vom Dienst wie ein kleiner Zar vor, nahm den Tagespassierschein zurück und winkte dem Schrankenposten, die Durchfahrt für Jack frei zu machen. Eine Stunde später saß er in seiner Maschine nach Frankfurt/Main.

## 9.

## Kurier Hans erhält von der Zentrale einen Sonderauftrag

Herbert Pfaffe hatte gerade seinen Anruf bei der Zentrale beendet und die Mitteilung gemacht, daß ein Kurier einen Brief und eine Ansichtskarte abholen kann, als der Telegrammbote bei ihm Sturm klingelte. Er nahm das Telegramm in Empfang und las: »Lieber Herbert – ich komme Sonnabend früh in Berlin an – herzliche Grüße – Tante Anette.«

Das Telegramm und die beiden anderen Postsachen waren jedoch keine Privatpost, sondern Mitteilungen von Kundschaftern, die in der Bundesrepublik für das MfS ihre Aufgaben erfüllten, und Herbert hatte einen der unzähligen privaten Briefkästen, die der Staatssicherheit als Tarnung dienten. Es ist immer unverdächtiger, wenn Privatanschriften die Briefadresse sind, als wenn eine Postschließfachnummer mit Namen den Empfänger darstellen.

Herbert Pfaffe wußte nicht, wer diese Personen waren, die ihn so freundlich oder auch sehr intim ansprachen. Er wußte nur, daß die Vornamen Dieter oder Anette zu Mitarbeitern des MfS gehörten, und er konnte feststellen, daß sie zeitweise aus den verschiedensten westdeutschen Städten schrieben, quasi von Hamburg bis München und von Hannover bis Mühlhausen, so manchesmal kam die Post auch aus dem Ausland, wie vor vierzehn Tagen aus Holland und England. Einige Male kamen auch Pakete und Päckchen, und wenn er seinen entsprechenden Meldeanruf pflichtgemäß bei der Zentrale erledigte, verging meist keine Stunde, bis die Post durch einen MfS-Mitarbeiter abgeholt wurde.

So ging es nun schon seit 1952, damals wurde er in seiner Dienststelle in der Sternwarte Treptow von einem Parteigenossen zu einem Abendessen im Ratskeller in Pankow eingeladen. Als er gegen 20.00 Uhr den Ratskeller betrat, nahm kurze Zeit später ein Mann am Tisch Platz, wo neben seinem Parteigenossen scheinbar noch ein Kollege saß. Sie sprachen über den Deutschlandvertrag, der zwischen der Bundesrepublik und den westlichen Alliierten am 26. Mai abgeschlossen worden war, und der der Bundesrepublik innerhalb der Europäischen Gemeinschaft volle Gleichberechtigung gab. Der Freund des Parteigenossen sagte, daß damit Adenauer endgültig die Einheit Deutschlands verhindert habe und Westdeutschland in völlige Abhängigkeit von den USA geraten sei. Die Bemühungen von *Walter Ulbricht*, die Deutschen an einen Tisch zu bringen, sind damit vom westdeutschen Kapital und den westlichen Imperialisten für immer vereitelt. Das hieße für die junge, aufstrebende Republik, der Friedenskampf müsse intensiviert werden und das geschehe am besten in der Höhle des Löwen, nämlich in Westdeutschland und dem gesamten westlichen Ausland.

Somit kam er nahtlos zum eigentlichen Kern des abendlichen Zusammentreffens. Er sprach nun Herbert Pfaffe direkt an und sagte: »Sie erhalten aufgrund Ihres Berufes sehr viele Post aus westlichen Staaten und Westdeutschland; dieser Vorgang wird wahrscheinlich schon lange vom Gegner observiert und kontrolliert (von der eigenen Zensur und Postkontrolle sprach er dabei geflissentlich nicht), und wie wir annehmen, wird das Interesse des Gegners nicht mehr groß sein, da es reine naturwissenschaftliche Informationen sind. Wir, Genosse, das ist das MfS, wir haben beschlossen, dir vorzuschlagen, daß über deine Adresse einseitige konspirative Verbindungspost von dir empfangen wird, dein Einverständnis setzten wir dabei voraus. Der Ablauf soll folgendermaßen geschehen: Patrioten, die für uns Kundschafterdienste leisten, werden ihre postalischen Mitteilungen für uns über deine Adresse leiten, so, als ob sie Bekannte von dir seien. Sie reden dich also brieflich in familiärem Ton an, und damit ist eine gute Sicherheit gegeben, daß uns die Nachrichten schnell erreichen und vom Gegner nicht ausgewertet werden können. Du hast nur die

Pflicht, uns unverzüglich Mitteilung zu machen, sobald irgendeine Sache auf dem postalischen Weg eingetroffen ist. Das kann alles sein, ein Einschreibebrief oder Päckchen, Postkarte oder ein Telegramm oder auch ein Anruf, im letzteren Fall hast du alles mitzuschreiben, dein Gesprächspartner wird langsam genug sprechen. Einer unserer Mitarbeiter wird sofort die Post oder den bei telefonischer Nachricht von dir aufgenommenen Text abholen. Du brauchst keine Befürchtungen zu haben, daß irgendeine Mitteilung unserer Zusammenarbeit offenbar würde, denn alles ist selbstverständlich verschlüsselt oder beispielsweise in Päckchen und Paketen konspirativ untergebracht, so daß ein Außenseiter oder der Gegner nichts mit der Post anfangen kann.

Etwa drei Tage darauf traf er nochmals mit dem MfS-Genossen und einem sogenannten Instrukteur zusammen. Er erhielt die beiden Namen Dieter Merkel und Anette Rudnik als Unterzeichnernamen und ihm wurde erklärt, daß die Post beispielsweise mit: »Dein Dieter, Dein DM, oder Dein Dieter und Fritz unterzeichnet sein können, analog dazu Deine Anette, Deine AR etc.« Seine Verpflichtung ist dann, die Nummer 555332 in Ost-Berlin anzurufen und Mitteilung zu machen.
Herbert fragte die Genossen, warum sie die Post nicht schon auf dem Postamt durch einen Mitarbeiter selektieren lassen. Die Antwort war kurz und präzise: »Deine Adresse muß das bleiben, was sie ist, unauffällig, selbst gegenüber unseren anderen Mitarbeitern. Denk an *Lenins* Worte: ›Vertrauen ist gut, Kontrolle ist besser!‹ Es darf also keine Rückschlüsse auf andere Personen geben, weder im negativen noch im positiven Sinn, daß deine Post irgend jemand interessiert, außer dich selbst. Die beiden, die deine Adressen erhalten haben, sind ausgebildete Kundschafter, die an exponierter Stelle ihre wichtigen Aufgaben erledigen und sie haben deine Adresse im Kopf. Betrachte dich als das bewußte kleine Rädchen, ohne das sich die gewaltige

Maschine nicht dreht, also bitte unterbewerte nicht die Aufgabe, die wir dir zugedacht haben und die du erfüllen wirst.«

Schon in der darauffolgenden Woche erhielt Herbert eine erste Ansichtskarte aus Düsseldorf, die mit »Dein Dieter« unterzeichnet war. Aus reiner Neugier las er sich den Text ein paarmal durch, doch konnte er nichts Auffälliges daran feststellen. Nachdem er die Zentrale informiert hatte, verging keine knappe halbe Stunde und eine 250er EMW hielt vor seiner Haustür. Ein junger Mann im blauen Monteuranzug stieg ab und klingelte kurz lang kurz! Das war das vereinbarte Zeichen für den Abholer. Er öffnete die Tür, und der junge Mann grüßte in echtem Dresdner Dialekt und stellte sich als Horst vor. Nach der Übergabe sagte Horst grinsend zu ihm, im kommenden Halbjahr versehe ich hier den Kundendienst. Schon ein paar Tage später lieferte der Postbote bei Herbert ein Päckchen ab, das in Mainz abgestempelt war und als Absender die Adresse ›Dieter Merkel, Mainz-Gonsenheim, Am Gonsenheimer Spieß 15‹ trug.

Nach seinem Anruf bei der Zentrale kam sein Sachse Horst wieder. Er sah sich das Päckchen an und machte es auf. Den Inhalt kippte er einfach auf den Wohnzimmertisch, den leeren Wellpappkarton jedoch steckte er in seine mitgebrachte Monteurtasche. Lachend sagte er zu Herbert: »Nu, Genosse, jetzt werden wir erstmal eine gute Tasse Westkaffee trinken!« Er gab Herbert die 500-g-Packung Kaffee, öffnete eine Tafel Schokolade, auch eine der Zigarettenpakkungen brach er auf und bot Herbert einen Weststengel an. Dann kochten sie eine große Kanne Kaffee und begeisterten sich beide an dem herrlichen Duft der dunklen Brühe. Nachdem Horst mit Herbert die Kanne geleert hatte, steckte Horst die angebrochene Schachtel Zigaretten und eine volle in seine Jackentasche mit den Worten, alles andere kannst du für dich verwerten. Nachdem sich Horst verabschiedet hatte, rätselte Herbert, wieso dieser sich nicht weiter für den Inhalt des Päckchens interessierte, sondern nur den leeren Pappkarton einsteckte.

Was Herbert nicht wissen konnte und auch nie erfuhr, war, daß Horst die Funktion eines Führungsoffiziers des Kundschafters Dieter Merkel innehatte, also keineswegs immer in blauer Monteurkluft herumlief, sondern in dieses Kostüm nur zur Abdeckung seiner Tätigkeit geschlüpft war.

Horst fuhr zu einer KW und zog sich um. Er nahm seine Aktentasche und verließ die Wohnung in der Eintrachtstraße in Pankow, um zu seinem PKW zu gehen, den er am Marktplatz abgestellt hatte. Er stieg in den EMW und fuhr zur Dienststelle. Nachdem er in seinem Zimmer war, entnahm er der Tasche die Kartonage und trennte mit einem Messer vorsichtig die Wellpappe. Fast unsichtbar, selbst für Eingeweihte, förderte er mit seiner Pinzette kleine dünne, durchsichtige Scheiben zutage, die wie auf ein bestimmtes Maß zugeschnittene Cellophanstücke wirkten. Er legte sie in einer flachen Glasschale ab, holte aus seinem Schrank zwei Fläschchen, ließ in eine weitere Glasschale Wasser einlaufen, stellte alles auf seinen Schreibtisch und begann nun mit seiner speziellen Aufgabe. Er goß auf die »Cellophanstücke« Entwicklerflüssigkeit und schon bald zeigten sich dunkel werdende Flecken, die immer deutlichere Konturen annahmen. Die ominösen Blättchen waren entwickelte Filmstücke, die nach der Entwicklung gebleicht wurden und von dem Filmträger abgelöst worden waren. Horst wässerte die konturenscharfen Negative und praktizierte sie auf die Gläser des Objektträgers seines Mikroskopes. Auf den so unscheinbaren Blättchen waren unter dem Mikroskop zwei beschriebene Schreibmaschinenseiten in DIN-A4-Größe sichtbar, auf den 10 Blättchen waren also 20 DIN-A4-Seiten untergebracht, deren Inhalt nun ohne Mühe gelesen werden konnte. In diesem Fall war also nicht der Inhalt des Päckchens als Container genutzt, sondern das Verpackungsmaterial. Ein normaler Mensch würde nie auf die Idee verfallen, in der Kartonage irgend etwas zu suchen, somit gelten derartige Verstecke als sehr sicher. Päckcheninhalte können aus vielen Gründen Interessenten finden (Diebstahl, Postkontrolle usw.), aber keiner wird an der Verpakkung interessiert sein, es sei denn, er gehört zu den Insidern!

Mit dem Inhalt war Horst sehr zufrieden, sein Agent hatte ihm das Arbeitsprotokoll einer Klausurtagung der CDU zugesandt und eine Informationssendung bei Hildegard in der Marchlewskistraße angekündigt. Horst hatte seinem Spitzenmann drei Anschriften gegeben, dadurch vermied er, daß an die gleiche Anschrift im Bedarfsfall zuviel Post ging. Er wußte, daß Hildegard im Dienst war und erst gegen 17.00 Uhr nach Hause kam, doch hatte er einen Schlüssel für die Wohnung und so fuhr er gleich zur Marchlewskistraße und öffnete Hildegards Briefkasten im Hausflur. Eine Ansichtskarte aus Bad Nauheim steckte er in seine Tasche, schloß den Briefkasten wieder ab und fuhr zurück zu seiner Dienststelle. In seinem Zimmer nahm er wieder Karte, Pinzette und Lupe zur Hand und begann vorsichtig mit seinem Skalpell die Ansichtskarte an den beiden unteren Ecken aufzutrennen. Schnitt für Schnitt ließ er das Skalpell tiefer eindringen und Millimeter für Millimeter achtete er aufmerksam auf die Papierstruktur. Da! Jetzt war er etwa 12 Millimeter eingedrungen und erkannte den schimmernden Glanz vom Film. Vorsichtig trennte er weiter, und mit Hilfe der Pinzette legte er 10 dünne, durchsichtige runde Blättchen ab. Dieselbe Prozedur wiederholte er auf der anderen Seite und so hatte er 20 belichtete und entwickelte Filmscheiben mit je 10 Aufnahmen. Es waren Aufnahmen mit einer Spezialkamera und die kaum stecknadelkopfgroßen Negative gaben jeweils eine DIN-A4-Seite wieder.

Horst ging hinüber zu seinen Technikern und in kurzer Zeit hatten diese in seinem Beisein die ersten vergrößerten Abzüge hergestellt, die man ohne jedes Hilfsmittel lesen konnte. Horst ließ gleich zwei Kopien je Negativ herstellen, um seinem Chef zur speziellen Auswertung das wichtige Material zu übergeben. Er tat das nicht ohne Stolz, denn der erfolgreiche Agent war seine eigene Entdeckung, sie fiel in

die Zeit, als er noch in Dresden in der Königsbrücker Straße 125 arbeitete.
Ein Mitarbeiter der Meldestelle des MdI hatte ihn vormittags angerufen und ihm mitgeteilt, daß ein Hans Mädger um eine Aufenthaltsgenehmigung nachgesucht habe, um seine Freundin Uschi Weihnachten heiraten zu können. Der MdI-Mitarbeiter fragte nun bei Horst an, wie die Entscheidung getroffen werden solle, denn dieser hatte der Meldestelle eine Liste von Personen übergeben, die als jugendliche Flüchtlinge die Republik verlassen hatten, ohne in irgendeiner Weise gegen die Gesetze der Republik verstoßen zu haben. Es waren Jugendliche, die nach Beendigung ihrer Ausbildung, wie er sich ausdrückte, bei West-Berlin-Besuchen den Versuchungen dieser Scheinwelt des Glanzes verfallen und erlegen waren.
Auch seinem Instrukteur für die KPD in der Bundesrepublik hatte er eine Liste mit Namen gegeben; der sollte zuverlässige Genossen beauftragen, zu dem Personenkreis Recherchen vor Ort anzustellen. Dazu gehörte quasi alles, was über die Personen bekannt war oder erfragt werden konnte, ohne daß die betreffenden Personen selbst davon den geringsten Wind bekamen. Dem KP-Genossen konnte er nur ein Lob ausstellen, er hatte sehr gut gearbeitet und hatte über 100 Dossiers angelegt. Eines davon auch zu Hans M., der im Zentrum des Ruhrgebietes, in Essen, wohnte.
Sein erstes Domizil war in dem früher sehr berüchtigten Ortsteil Segeroth, dort war er mit einem Hallenser bei einer älteren Schlummermutter untergekommen und mußte für Unterkunft und Kost im Monat 250,00 DM bezahlen. Das war ein stolzer Preis für eine Bude, die knapp 8 qm groß war und die er sich mit einem Kumpel teilen mußte, denn sein Verdienst als Geselle betrug nur etwas über 500,00 DM. Er blieb auch dort nur 4 Monate und zog dann mit einem anderen Kumpel nach dem Ortsteil Essen-Steele. Sie bezahlten zwar den gleichen Preis, aber das Zimmer war etwas größer und die Toilette war im Haus und nicht mehr auf dem Hof.

Hans M. lebte sehr sparsam und sandte seiner Mutter, die noch in Dresden wohnte, regelmäßig Pakete mit Lebensmitteln, ebenso seiner Freundin, mit der er sich in Leipzig zur Frühjahrsmesse getroffen hatte, um sich zu verloben. Beide planten, sich ihre Zukunft im Westen aufzubauen und Hans hatte Uschi mitgeteilt, daß sie als Schneiderin Arbeit erhalten würde

Horst ließ sich von der Meldestelle die neuesten Daten kommen und stellte fest, daß Hans M. inzwischen wieder eine neue Anschrift hatte, die ihm noch unbekannt war. Es war nur Routinesache, alles auf den neuesten Stand zu bringen, denn sein Instrukteur mußte heute abend sowieso nach Mülheim/Ruhr fahren, um dort mit einem Genossen zusammenzutreffen. So konnte er gleich die Recherchen zum Wochenende mitbringen. Er gab dem MdI-Mitarbeiter den Auftrag, die Aufenthaltsgenehmigung für Hans M. auszustellen und alle Fragen über Einladungen etc. mit ihm abzusprechen.

Die ehemaligen DDR-Bewohner wurden bei ihren Besuchsaufenthalten in Ostdeutschland von allen möglichen Stellen zu Kontaktbesuchen eingeladen, so z. B. zu einem Gespräch mit Schauspielern am Theater, zur Besichtigung von Museen, von der sogenannten Nationalen Front usw. Hier fanden sie als Gesprächspartner gut präparierte und geschulte Leute vor, die meist sogenannte IM's waren, d. h. inoffizielle Mitarbeiter des MfS. Sie operierten bei diesen Gesprächen zum Teil sehr geschickt, so daß man den Flüchtlingen niemals ihre Flucht vorwarf, sondern ihnen mehr oder weniger zu verstehen gab, daß sie noch dazugehören, daß sie die DDR noch als Stammheimat behalten sollen und ihr derzeitiger Aufenthalt im Westen nur von begrenzter Dauer ist. Bei diesen Begegnungen wurde ein kleiner Imbiß mit Getränken gereicht und Diskussionspartner, die nach Meinung der IM's besonders objektiv urteilten, d. h. die den Ansichten des Ostens am besten entsprachen, erhielten dann meist eine mündliche Einladung zu einer weiteren Begegnung.

An diesem folgenden Gespräch nahm dann einer der hauptamtlichen MfS-Mitarbeiter teil, der sich dem Besucher gegenüber natürlich nicht als solcher zu erkennen gab, sondern nur ein interessanter Gesprächspartner war, der über Mißstände in der DDR genauso ungezwungen seine Erklärung abgab, wie über Dinge, die »im Westen besser seien.« Rein zufällig kam man dann darauf zu sprechen, daß man sich leider zu wenig sieht, um gründlich Ansichten austauschen zu können.

Das war für den ehemaligen DDR-Bewohner ein willkommenes Stichwort, um von sich aus zu sagen, daß dazu ja leider immer die Aufenthaltsgenehmigung notwendig sei und somit die eigenen Wünsche, öfter zu kommen, automatisch reduziert würden. Auf diese Argumentation hatte der MfS-Mitarbeiter nur gewartet, denn nun konnte er einen Trumpf ausspielen, indem er erwiderte, das ließe sich von Fall zu Fall ändern. Wenn er als »Mitarbeiter der Nationalen Front«, der »Demokratischen Sportbewegung«, des »Kulturbundes« etc., je nach dem jeweiligen Treffpunkt der Zusammenkunft, darum ersuchen würde, so könnte man sich öfter sehen.

Das ließ sich ein Ex-Republikaner nicht zweimal sagen, sondern bat seinen Gesprächspartner sich dafür stark zu machen – irgendein Angehöriger hatte in den nächsten Wochen bestimmt Geburtstag oder es gab einen anderen Anlaß zum Feiern; und somit war für das MfS eine günstige Ausgangsbasis geschaffen. Da alles sehr geschickt gemacht war, ahnten die Besucher selten, mit wem sie ihre Gedanken austauschten oder welcher Art der Gesprächspartner war. Passierte der Besucher bei seiner Ausreise wieder den Kontrollpunkt und hatte sich auf eine gründliche Gepäckkontrolle usw. schon seelisch vorbereitet, wurde er meist angenehm enttäuscht, denn die Grenzkontrollorgane behandelten ihn sehr zuvorkommend. Sie kontrollierten seinen Ausweis, nahmen lediglich die Aufenthaltsgenehmigung zurück und wünschten angenehme Weiterreise.

Bei der nächsten Einreise war es das gleiche, keine Leibes-

oder Gepäckkontrolle, sondern nur die Erledigung der notwendigen Formalitäten, und die Reise konnte fortgesetzt werden. Nach zwei bis drei Tagen kam dann eine Einladung für den Besucher, und diese Begegnung war sehr gut vorbereitet. Man kannte die Arbeitsstelle, kannte den Umgang und die Wohnverhältnisse des Besuchers und ging sehr gezielt in der Fragestellung vor. Das Erstaunen war dann ganz auf seiten des Besuchers, der nicht begreifen konnte, woher sein Gegenüber die gesamten Informationen hatte. Er konnte ja nicht ahnen, wie zuverlässig die KP-Genossen ihre Ermittlungen im Westen durchführen. Wichtig war, daß sie dem MfS keine harten Devisen kosteten, denn sie arbeiteten im Auftrag der Partei und meist nicht allein, sondern mit allen Familienangehörigen. Dabei wurde keine Kleinigkeit vergessen. Die Genossen fragten nicht, warum sie die Recherchen anstellten, sie hatten den Auftrag ihrer Partei erhalten und den führten sie brav aus. Sie gaben ihre Informationen dem Instrukteur weiter; ein Lob aus seinem Munde für die fleißigen Genossen war dann schon eine Art höherer Auszeichnung.

Zu diesen Amateurinformationen kamen dann der Endcheck eines Profis, der unabhängig von den KP-Genossen seine Informationen suchte. Die Zentrale hatte so die Möglichkeit, die Angaben gegeneinander abzuwägen und zu bestätigen. Somit wußte man über die betreffenden Personen und deren Angehörige alles: wo sie arbeiteten, wie hoch ihr Einkommen war, welche Kredite sie haben, was die Frau im Durchschnitt einkauft, welche Wein-, Bier- oder Zigarettensorte die Personen konsumieren, welche Kultur- oder Sportveranstaltungen sie bevorzugen und alles Wissenswerte.

Hans M. freute sich sehr, denn schon Ende November erhielt er von seiner Schwester die Aufenthaltsgenehmigung für die Zeit vom 20. Dezember bis zum 10. Januar, also hatte es sich doch ausgezahlt, daß er im September bei seinem Besuch in Dresden auch einer Einladung der Nationalen Front gefolgt war. Seine Schwester hatte erst Beden-

ken geäußert, und gesagt: »Die wollen dich dort nur aushorchen und dir Vorwürfe machen, weil du abgehauen bist.« Doch die Befürchtungen hatten sich nicht bestätigt. Vier Mitarbeiter der Nationalen Front hatten ihn und zwei andere Westbesucher, ein Ehepaar, getreu dem Motto herzlich willkommen geheißen: »Wir sind froh, daß wir als Deutsche an einem Tisch kommen und uns über alles unterhalten können, nur so finden wir den richtigen Weg, die Einheit unseres geteilten Landes wiederherzustellen!«
Anhand von Schautafeln demonstrierten die Gesprächspartner den Wiederaufbau Dresdens, den selbstlosen Einsatz großer Teile der Bevölkerung in freiwilligen und unbezahlten Aufbauschichten des sogenannten Nationalen Aufbauwerkes, kurz NAW genannt. (Das einzige, was man sich damit als Beteiligter erwerben konnte, waren die Leistungspunkte, die bei einer späteren Wohnungsverteilung berücksichtigt wurden.) Sie schilderten auch die großen Schwierigkeiten bei der Beschaffung von Baumaterialien und von Großgeräten, man habe nun einmal keinen Marshallplan, sondern müsse alles aus eigener Kraft erreichen. Man beschönigte nichts, urteilte objektiv und bekannte sich auch zu Fehlern, die sich bedingt einschlichen (ohne natürlich damit die geringste Kritik am System anklingen zu lassen) und die man bestrebt ist, zu beseitigen. Alles in allem war Hans mit seiner Teilnahme an dieser Zusammenkunft zufrieden, und er hatte auch anklingen lassen, daß man sich leider zu wenig sieht, um solche sachlichen Gespräche führen zu können. Man würde ja nur ein bis zwei Aufenthaltsgenehmigungen pro Jahr erhalten. Nun hatte es also doch geklappt, und Hans war fest entschlossen, sollte er aus Dresden wieder eine Einladung erhalten, dieser unbedingt Folge zu leisten.

Er war inzwischen nach Steele in ein möbliertes Zimmer gezogen, daß er sich mit einem Norddeutschen aus Flensburg teilte. Der Vermieter war Bäcker, und sie wohnten in einem ca. 12 qm großen Raum und zahlten pro Person für Kost (nur Mittagessen) und Schlafen 250,00 DM. Zum

Duschen ging er freitag abends oder samstag vormittags in das öffentliche Stadtbad in Steele, denn zum Zimmer hatten sie nur ein kleines Handwaschbecken im Treppenhaus zur Verfügung.
Seit Monaten bemühte er sich um ein Leerzimmer, denn wenn er Uschi mitbrachte, so wollte er wenigstens ein abgeschlossenes Zimmer haben, wo sie ungestört waren. Wenn es klappt, so sollte er ab Januar ein teilmöbliertes Zimmer mit separatem Eingang und Kochgelegenheit im Lohmühlental erhalten. Damit könnten sie sich zumindest das erste Jahr behelfen und einiges Geld sparen, um dann eine Wohnung mieten zu können.
Manchmal widerte ihn das Gehabe der Hausbesitzer an. Sobald er erwähnte, daß er mit seiner Frau ein Zimmer haben wollte, kam das ablehende Argument, in einer jungen Ehe seien Kinder zu erwarten und man könne ihm das Zimmer nicht geben. Das waren Momente, da wünschte er östliche Verhältnisse herbei, wo der Hauseigentümer keine Rechte hatte, über seinen Wohnraum und über die gesamte Hausfläche frei zu bestimmen. Er hielt einen derartigen Zustand für gerechter.
Als er mit seinem Kumpel über diese Dinge sprach, pflichtete der ihm nicht bei, sondern erwiderte, die meisten Hausbesitzer hätten in einigen Generationen hart gearbeitet und Entbehrungen auf sich genommen, um sich das Eigentum zu schaffen, und so sei es nur ihr Recht, darüber auch voll bestimmen zu können. Außerdem warf er Hans vor, er sei in vielen Dingen zu vorbelastet, er solle sich erstmal selbst etwas schaffen, dann würde er auch andere Ansichten gewinnen. Hans schluckte das immer, er stammte aus ärmlichen Verhältnissen und wollte nicht laufend daran erinnert werden. Auch Uschi stammte aus bescheidenen Verhältnissen, und so wollten sie einen vollständigen, eigenen Neubeginn im Westen versuchen, da die wirtschaftlichen Möglichkeiten viel besser als im Osten waren. Also mußten sie auch in Kauf nehmen, daß die Verhältnisse auf dem Wohnungsmarkt grundverschieden waren.

Hans hatte im November und bis zum 15. Dezember sehr viele Doppelschichten gemacht, denn er wollte sehr viel einkaufen und mindestens 500,00 DM West zum günstigen Kurs in Ost tauschen. Er hatte vor, wie man so schön sagt, vor der Verwandtschaft »auf den Putz zu hauen!« Sie wollten die Trauung in einem HO-Lokal feiern. Uschi schrieb ihm, daß das rund 1500 Mark Ost kosten würde. Also wollte er 3000 Mark Ost mitnehmen, das war zwar verboten, aber er hatte ein todsicheres Versteck, das sich schon öfters bewährt hatte. Er teilte ein Doppelbrötchen recht weit oben, höhlte den unteren Teil aus, klemmte die in Stanniolpapier gerollten Geldscheine hinein und bestrich das ganze mit Butter und Wurst, anschließend legte er die Oberhälfte darauf. Kurz vor dem Grenzkontrollpunkt nahm er dann die Brötchen aus der Tasche, legte sie vor sich hin und tat so, als ob er seinen Imbiß machen wollte. In der Regel lief es dann so ab, daß erst ein Kontrolleur der Deutschen Notenbank kam und fragte, ob jemand BDL-Mark (Bank Deutscher Länder) gegen MDN (Mark Deutscher Notenbank) tauschen wolle. Auf Rat eines guten Freundes, der reichlich Erfahrungen im Ost-Westverkehr gesammelt hatte, tauschte er immer 30,– bis 50,– DM im Verhältnis 1 : 1 gegen Ostmark, erstens wurde von den Beamten ein Rasterstempel auf die Aufenthaltsgenehmigung gedrückt, und die folgenden Beamten sowie der Grenzdienst beurteilten den Reisenden schon positiver, denn er war ja Devisenbringer. So lächerlich das klingt, aber es war nun einmal ein Faktum und auch die Bankbeamten hatten eine Art Monatssoll zu erbringen.
Nach dem Bankbeamten kam eine Beamtin vom Zoll und fragte, ob jemand Handelsware mitführe oder Geschenke habe. Hans gab an, daß er zwei Pfund Kaffee als Geschenk bei sich habe, sowie Kakao, Schokolade und Zigaretten und stand auf, um seinen Koffer und seine Reisetasche herunterzunehmen. Doch überraschenderweise sagte die Beamtin kurz, danke, ich wünsche Ihnen einen angenehmen Aufenthalt.

Sie kontrollierte dann eine ältere Dame im gleichen Abteil und stellte die gleichen Fragen. Als die Dame verneinte, etwas Verzollbares mitzuführen, mußte sie ihre Reisetasche öffnen. Als erstes holte die Beamtin zwei Illustrierte heraus und sagte, die Einfuhr von Druckerzeugnissen sei verboten, und sie beschlagnahmte die beiden Zeitungen. Als die Dame mit den Worten protestierte, das seien reine Modezeitschriften ohne Politik, erwiderte die Zollbeamtin: »Das merken Sie schon gar nicht mehr, wie Sie im Westen manipuliert werden! Hier«, sie blätterte in den Zeitungen, »ist zum Beispiel ein Modell Danzig, doch diesen Stadtnamen gibt es nicht mehr, oder, sehen Sie hier, hergestellt nach ostpreußischer Art – das ist doch alles nur offene Hetze!« Dann förderte sie noch sechs originalverpackte Strumpfhosen und zwei Nylonhemden aus dem Koffer und fragte, warum diese Ware nicht angegeben sei. Als die alte Dame erklärte, sie dachte, derartige Geschenke brauche sie nicht anzugeben, erwiderte die Beamtin kurz und schnippisch: »Gut, nehmen Sie Ihr gesamtes Gepäck und kommen mit in das Kontrollabteil.« Als ein anderer Mitfahrer, der im Alter von Hans war, der alten Dame helfen wollte, fuhr ihn die Beamtin an: »Sie können auch Ihr Gepäck gleich mitnehmen zum Kontrollabteil!«
Hans wußte, was jetzt mit der alten Dame geschah. Sie mußte sich total ausziehen und wurde gründlich gefilzt, und wehe, man findet dann noch Ostgeld oder Geschenke bei ihr, die das Limit übersteigen. Im günstigsten Fall beschlagnahmt man die Mitbringsel z. B. für Friedenskämpfer in Asien und Afrika, ähnlich wie man mit Geschenkpaketen, die per Post kamen, verfuhr, so daß westdeutsche Paketabsender plötzlich eine Nachricht aus Vietnam oder Korea erhielten, wo man sich für die gute Spende bedankte. Im anderen Falle beschlagnahmte man die Dinge und schickte die betreffende Person mit dem nächsten Zug zurück (beschlagnahmt wurde natürlich auch die Aufenthaltsgenehmigung). Im ungünstigsten Falle hieß es »Beschlagnahme und Verhaftung wegen Devisenverge-

hens«, es folgt eine entsprechende Verurteilung durch ein DDR-Gericht und dic »Besuchsdauer« kann sich von zwei bis zehn Jahre ausdehnen. In dieser Beziehung handelte man oft sehr großzügig.
Kurz vor Magdeburg betrat der junge Mitreisende recht blaß geworden wieder das Abteil, er sagte kein Wort und kein anderer im Abteil stellte eine Frage – »Kommentar überflüssig« oder – Deutsche reisen in Deutschland!
Hans dachte sich seinen Teil und war glücklich, selbst nicht kontrolliert worden zu sein. Er hatte seine schwarze Ostmark und seine reichlichen Mitbringsel, freute sich auf das Wiedersehen mit Uschi und bereitete sich auf das Verlassen des Interzonenzuges vor, denn in Magdeburg mußte er in den Dresdner-Zug umsteigen und hatte etwa eine Stunde Aufenthalt. Er stieg mit seinem Gepäck aus und ging durch den langgestreckten Unterführungstunnel zur Bahnhofshalle vor. Er wollte dort zum Mitropa-Restaurant gehen. Er fand auch noch einen günstigen Eckplatz, bestellte sich Kartoffelsalat und zwei Bockwürste und trank dazu Magdeburger Bördebier. Jetzt konnte er auch sein Ostgeld aus dem Brötchen nehmen und in seine Brieftasche stecken. Für diese Manipulation war der Platz bei dem Betrieb, der hier herrschte, gut geeignet.
Lange hielt er sich in dem Mitropa-Schuppen nicht auf, der getränkte Fußboden roch nicht nur, er stank; es war der gleiche Geruch, der in sämtlichen Behörden, Verkaufsläden herrschte, von Cap Arcona bis zum Fichtelgebirge roch es gleich, denn überall in der Republik wurde das gleiche Fußbodenpflegemittel benutzt und gleichzeitig als Desinfektionsmittel verwandt. Er ging wieder in die Bahnhofsvorhalle, die stark renovierungsbedürftig war, und gelangte durch die Unterführung wieder auf den Bahnsteig.
Da der Zug in Magdeburg eingesetzt wurde, konnte sich Hans einen guten Fensterplatz aussuchen und sein Gepäck in aller Ruhe verstauen. Er hatte noch die Illustrierte *»Freie Welt«* gekauft und blätterte in dem vielversprechenden Titel; es war eine Zeitschrift der Sowjets, die speziell für

DDR-Bewohner hergestellt wird. Von den ostdeutschen Publikationen unterschied sie sich nur darin, daß in jeder Ausgabe das Bild einer unbekleideten Schönen gezeigt wurde.
Hans blätterte darin, war mit seinen Gedanken schon bei Uschi und der weiteren gemeinsamen Zukunft. Als Schneiderin würde sie schnell einen guten Job erhalten und, bei ihrem Fleiß, könnten sie sich dann bald eine Wohnung einrichten und größere Anschaffungen machen. Er bedauerte etwas, daß Uschi keine Kinder bekommen würde, doch daran ließ sich nun mal nichts mehr ändern. Sie hatte mit 16 Jahren Pech gehabt und war zu einer »Engelmacherin« gegangen, doch ergab es arge Komplikationen und anschließend das Aus für künftige Geburten. Sie hatten es beide verkraftet und sich geschworen, in Zukunft zusammenzubleiben und sich niemals gegenseitig Vorwürfe zu machen.
Trotz pünktlicher Abfahrt lief der Zug mit fast einstündiger Verspätung in Dresden ein, sehr viele Streckenaufenthalte waren daran schuld. Trotzdem hatte Uschi gewartet, und sie begrüßte ihren Hans mit zärtlichen Küssen und Umarmungen. Sie erzählte ihm, daß es bei den Behörden keine Schwierigkeiten wegen der Vorbereitung der Hochzeit gegeben habe, und daß sie nun gemeinsam alles wie geplant machen könnten. Eine Einladung für ihn sei auch schon gekommen, und zwar wurde er ins *Zoo*café eingeladen, vormittags um 11.00 Uhr. Hans schilderte Uschi, wie vorzüglich die Grenzkontrolle für ihn war, und daß damit ihrer Feier auch finanziell nichts im Wege stehe.

Horst saß mit Gert und Marianne im *Zoo*café; auf ihrem Ecktisch stand der Wimpel der Nationalen Front und es lagen einige Broschüren und ein neu erschienener Bildband von Dresden aus. Alle drei unterhielten sich über neu beschlossene Wiederaufbaumaßnahmen. Hans holte die Einladung aus der Tasche, als Marianne auf ihn zuging und ihn im Namen der Nationalen Front begrüßte. Er wurde

gefragt, ob er eine angenehme Reise hatte und daß man sich freue, ihn in Dresden begrüßen zu können. Ein Ehepaar, das man ebenfalls eingeladen hatte, mußte leider absagen, und somit sei er heute der einzige Gast. Hans war beeindruckt von der Herzlichkeit seiner Gesprächspartner, die sich als kommunale Angestellte ausgaben. Er verglich insgeheim ihr Verhalten mit dem der Beamten in Westdeutschland, und dieser Vergleich fiel nicht gerade schmeichelhaft für die westdeutschen Beamten aus. Er vergaß bei seiner recht einseitigen Beurteilung, daß man ja von ihm etwas wollte und daß der hiesige Publikumsverkehr im allgemeinen auch nicht immer in freundlichen Bahnen verläuft.
Horst fragte, wie der Zeitplan von Hans aussähe, und als dieser versicherte, daß er gegen 17.00 Uhr seine Verlobte von der Arbeitsstelle abholen wollte, schlug Horst vor, daß man erst gemeinsam zu Mittag essen solle, um dann die Zeit optimal nutzen zu können. Sie bestellten Entenbraten, Rotkraut und Thüringer Klöße und tranken dazu Pilsener Urquell; zum Abschluß kam noch für jeden ein Kännchen Mocca-double. Marianne entschuldigte sich mit wichtigen Terminen und verschwand, so daß die drei Männer nun allein am Tisch die Unterhaltung führten.
Von allgemeinen kam Horst sehr schnell zu speziellen Themen. Er fragte Hans darüber aus, welche Arbeitsmöglichkeiten und welche Berufschancen er habe, was er in seiner Freizeit treibe etc. Hans bemühte sich, konkrete Fragen objektiv zu beantworten, egal, ob sie nun ganz persönliche Dinge betrafen oder allgemeiner Art waren. So machte er keinen Hehl daraus, daß er wöchentlich regelmäßig 60 Stunden arbeite, manchmal auch mehr. Seine einzige Entspannung sei der Sportverein, er betreibe zweimal in der Woche Judotraining, mittwochs und samstags, und am Sonntag unternahm er meist einen Kinobesuch, dabei bevorzugte er amerikanische Spielfilme.
Als Horst nach den Landsmannschaften fragte, antwortete Hans, daß er ein einziges Mal zu den Mitteldeutschen Landsmannschaftstreffen gegangen sei, aber über das Pro-

gramm und das Publikum gleichermaßen enttäuscht war. Die Mitglieder waren zumeist ehemalige Geschäftsleute, Beamte oder Akademiker; sie hatten mit Hans sehr hochnäsig gesprochen, als sie feststellten, daß er nur Arbeiter war. Horst tat sehr erstaunt und erwiderte, er habe immer geglaubt, daß die Leute, die ihre Heimat verlassen hätten, nun in der Fremde ohne Standesdünkel zusammenhielten. Doch da berührte er bei Hans eine wunde Stelle, denn dieser sagte kurz und knapp, das seien alles eingebildete Gecken, die von der Bundesregierung reichlich Entschädigung für ihren ehemaligen Besitz erwarteten und zum Teil hohe Pensionsansprüche hätten. Mit diesen Figuren fände er keine gemeinsame Wellenlänge. Ja, wenn er auf Baustellen und in Betrieben mit Landsleuten zusammenkäme, gäbe es genug Unterhaltungsstoff und keiner nähme ein Blatt vor den Mund. Er habe schon viele Altersgenossen gesprochen, die sehr vieles im Westen kritisierten und recht objektiv über ihr früheres Leben in der DDR berichteten. Sie fühlten sich in vielen Dingen zurückversetzt, weil sie eben »von drüben« sind. Sie müßten sich Hänseleien ihrer westdeutschen Arbeitskollegen gefallen lassen, wer in diesem Punkte empfindsam sei, der habe es besonders schwer und viele trügen sich mit dem Gedanken, auszuwandern; sie wollten nach Kanada oder Australien. Meist seien es nur verwandtschaftliche oder familiäre Gründe, die das verhindern, so daß sie diesen Schritt erst später vollziehen werden. Sie sind zum großen Teil nur aus materiellen Gründen in den Westen gegangen, weil sie einfach schneller vorankommen und sich Anschaffungen machen können, die in der DDR noch nicht oder eben nicht möglich sind. Fast jeder hat den Wunsch, seiner zurückgebliebenen Verwandtschaft ein Foto zu senden, das ihn mit dem erworbenen Auto zeigt oder aber zumindest beim ersten Auslandsbesuch in Paris, London oder Amsterdam. Doch ist dieses Ziel gar nicht leicht zu erreichen, denn die Trauben hängen sehr hoch und viele bleiben auf der Strecke.

Horst und Gert blickten sich an und lächelten verständnis-

voll. Sie kannten diese Problematik nur zu gut, sie machte ihnen auch die Arbeit im nachrichtendienstlichen Bereich einfach. Sie wußten, sie hatten den Mann vor sich, den sie sich erhofft hatten. Nicht einen kleinen Schönfärber, für den im Westen alles Gold und im Osten alles Scheiße war, sondern einen objektiven Wanderer der Einheitsschule, der seiner Kritik in der Beurteilung beider Teile Deutschlands freien Lauf ließ.
Diese Typen sind formbar und einsatzfähig, man braucht sie nur an ihrem Ehrgeiz und an ihrer tiefverwurzelten Heimatverbundenheit zu packen. Keinesfalls das Kind beim Namen nennen, und auf gar keinen Fall die DDR hochjubeln! Im Gegenteil, kritisieren, daß es in Dresden zur Messezeit keine Butter gibt und sich an den Taxihaltepunkten Schlangen bilden, weil alle Wagen nach Leipzig abkommandiert sind. Daß die Qualität der Kleidung schlecht ist und modische Kleider für Frauen gar nicht zu haben sind, daß die Zigaretten furchtbar schmecken und . . .
Dann kann man zu positiven Dingen übergehen, z. B. die geringen Mieten, die preiswerten Nahverkehrsmittel, die Stillung der kulturellen Bedürfnisse (Theater, Konzerte, Sonderveranstaltungen), sportliche Erfolge, so etwas kommt an und man hat die Festung schnell sturmreif geschossen, ohne ein Risiko einzugehen.
Horst fragte Hans naiv: »Also ist es nicht übertrieben, wenn unsere Presse über die Landsmannschaft anders urteilt, als Ihre Westpresse; denn nach Ihren Worten urteilen ja auch viele DDR-Bürger, die z. Z. in Westdeutschland leben, ebenso, nur scheuen sich diese Bürger öffentlich die Sache zu diskutieren, um keine beruflichen oder privaten Nachteile zu haben?« Hans antwortete mit einem klaren Ja. Horst erwiderte, er verstehe nur eines nicht, warum so wenige unserer in Westdeutschland lebenden DDR-Bürger bereit seien, »mit den fortschrittlichen Kräften bei uns zusammenzuarbeiten, z. B. bei der Unterstützung unseres Friedenskampfes? Wir können ja in vielen Anschauungen verschiedener Meinung sein, jedoch muß uns allen in Ost und West

doch daran liegen, daß der Frieden erhalten bleibt und daß wir Deutschen miteinander sprechen.«
Hans erklärte, das hinge wohl damit zusammen, daß viele ehemalige Ostdeutsche befürchten, man würde ihnen den Schritt nach Westdeutschland nicht verzeihen und sie würden beim ersten Besuch in der Heimat mit Repressalien rechnen müssen. Wenn sie dann zu Gesprächen eingeladen würden, so hätten sie Angst, daß ihre Äußerung gegen sie verwendet würde. Auch er wäre zur ersten Begegnung mit gemischten Gefühlen gegangen, doch sei er der Meinung, die Gemeinsamkeiten seien größer als das Trennende, was sich ja auch bestätigt habe. Er sei der Ansicht, daß ohne Frieden nichts mehr in Europa erhalten bleibe, denn er möchte heiraten, möchte etwas schaffen und möchte nicht, daß alles durch einen Krieg in Frage gestellt würde. Er freue sich, daß man ihm nicht übelnimmt, daß er sich dafür einen günstigeren Ort ausgesucht hat, wo die derzeitigen Bedingungen besser sind.
Horst und Gert nickten, und Gert stellte nun ganz konkret die Frage: »Wären Sie bereit, für den Frieden zu arbeiten? Also nicht nur ein Lippenbekenntnis abzulegen, sondern beispielsweise in westdeutschen Friedensinitiativen zu arbeiten, am Ostermarsch teilzunehmen, die Arbeiterkonferenzen in Leipzig während der Messe zu besuchen, Unbelehrbare und Revanchisten zu bekämpfen, der Gewerkschaft beizutreten und sich dort mit fortschrittlichen Kräften im Kampf zu vereinen?«
Hans antwortete, daß er im Grunde das alles gern tun würde, nur böte seine Arbeitszeit kaum Gelegenheit, denn nur an ein- oder zwei Wochentagen käme er zeitig, d. h. vor 20.00 Uhr, nach Hause. Ehe er sich dann gewaschen und umgezogen habe, wäre es schon 21.00 Uhr, dann sei er meist so müde, daß er nichts mehr unternehmen möchte. Auch sonntags und an Feiertagen arbeite er oft, das ließe sich nun einmal als Elektriker nicht anders einrichten und in seinem Quartier könne er ja nichts Bedeutendes für die Gesamtproblematik tun.

Darauf sagte Horst zu ihm: »Wo ein Wille ist, gibt es auch einen Weg; dem Frieden ist es gleich, wo man für ihn arbeitet; Hauptsache, man ist von Herzen dazu bereit, für ihn und die Völkerverständigung zu arbeiten, das kann man zu beliebiger Tag- oder Nachtzeit machen und auch zum Teil in den eigenen vier Wänden.« Hans blickte etwas verständnislos und fragte erstaunt, wie er das verstehen solle?
Nun, hätte Horst statt Frieden das Wort MfS und Spionagearbeit gesetzt, so hätte sein Gegenüber wohl weniger Zweifel gehabt, aber durch die vorsichtigen Umschreibungen drang man sehr langsam zu des Pudels Kern vor. Doch Horst war zu lange im Job, um vorzeitig die Katze aus dem Sack zu lassen. Er wußte, der Bann war gebrochen und die Bereitschaft, sich für ihre »Freundlichkeit« erkenntlich zu zeigen, war vorhanden. Beides zusammen war eine gute »Ausgangsbasis« für eine künftige Zusammenarbeit.
Sie hatten gut zweieinhalb Stunden diskutiert und ein Blick von Gert zeigte Horst, es hätte sich gelohnt; beim nächsten Zusammentreffen würden sie ohne Umschweife auf das Ziel losgehen und Schwierigkeiten würden nicht auftreten. Er fragte also Hans, ob er bereit wäre, sich in zwei Tagen noch einmal mit ihnen zu treffen oder ob seine Zeit zu knapp bemessen wäre. Als Hans zusagte, teilte Horst ihm mit, daß Gert ihn übermorgen um 10 Uhr früh mit dem Wagen abholen und sie sich dann in Gerts Wohnung über alles noch einmal ausführlich unterhalten wollten. Er überreichte Hans den Dresden-Bildband (er war öffentlich nicht erhältlich, da er nur in begrenzter Auflage für Repräsentationszwecke erschienen war. Er stellte ein Stück Heimat für einen echten Dresdner dar.), und bestellte unbekannterweise herzliche Grüße an seine Braut Uschi.
Hans durchdachte auf dem Weg zu Uschi noch einmal die Begegnung, und er konnte sich nicht anders entscheiden, als seine Zustimmung zu den Themen und den Gesprächspartnern auch im nachhinein zu geben. Diese Leute waren weit gebildeter als er, aber kein Hauch von Einbildung oder

Überheblichkeit! Sie interessierten sich für seine Probleme wie gute Kumpels, sie hatten an so vielen Dingen in der DDR Kritik geäußert, zu solchen Leuten konnte man Vertrauen fassen, denn sie wollten ja das, was auch sein Wunsch und der aller vernünftigen Menschen war: keinen Krieg und gutes Verstehen miteinander! Wie sie darüber spotteten, daß Manfred von Ardennes Töchter mit einem Horch zur Schule gefahren und mit Komteß angesprochen würden, da sagte der Gert: »Ja, bei uns sind alle gleich, nur einige sind eben gleicher!«
Auch zu Uschi sprach er über den interessanten Nachmittag und sagte ihr, daß er sich auf die kommende Begegnung freue, es würde gewiß auch ihre Ziele leichter erreichbar machen.

Nach zwei Tagen, pünktlich um 10.00 Uhr, klingelte Gert bei Hans und stand mit einem *Pobeda*-PKW vor dem Haus. Er begrüßte Hans, und sie fuhren nach dem Norden, nach Hellerau. Dort hielten sie vor einem Einzelhaus mit Vorgarten, und Gert ging mit Hans in das Haus hinein. Sie wurden drinnen von Horst begrüßt, der an einem Schreibtisch saß und schriftliche Arbeiten verrichtete. Hans stellte nur fest, daß rundherum aufgeschlagene Bücher mit Zettelnotizen, alte Zeitungsabschnitte und Statistiken lagen.
Horst erzählte, daß er zur Zeit an einer Ausarbeitung zum Thema: »Wiedervereinigung und europäische Sicherheit« arbeite, und zu diesem Zweck sehr viel Quellenmaterial sichten und verarbeiten müsse. Er sagte zu Hans: »Zweimal war Europa in unserem Jahrhundert der Hauptschauplatz verheerender Kriege, und beide Male lösten die deutschen Imperialisten die Katastrophe aus. Nicht die Teilung Deutschlands und die unterschiedlichen Gesellschaftssysteme seien eine Bedrohung des Friedens in Europa und der Welt, sondern die Wiedererrichtung der ökonomischen, politischen und militärischen Macht des Monopolkapitals in der Bundesrepublik. Unter dem Deckmantel der »Wiedervereinigung« betreibe die deutsche Monopolbourgeoisie

nichts anderes, als eine systematische Expansionspolitik gegenüber den anderen europäischen Staaten, wie z. B. gegenüber der ČSSR, der SU und Polen. Auch Hitler habe Grenzberichtigungen und die Vereinigung aller deutschsprachigen Menschen in Europa als eine Voraussetzung für die Ruhe und Ordnung in Europa gefordert – diese Politik führte zum Zweiten Weltkrieg; eine Wiederholung müssen wir mit allen Mitteln und mit Hilfe aller friedenswilligen Menschen verhindern. Wie ist Ihre Meinung dazu?«
Hans antwortete, daß er ja schon seine Meinung offenbart habe, aber er könne sich nicht vorstellen, daß ein einzelner viel unternehmen könne, oder ob es überhaupt einen Nutzen habe. Da warf Gert ein: »Weißt du. Oh, entschuldigen Sie, aber im Eifer der Sache habe ich Sie jetzt geduzt . . .«
Hans sagte schnell, das sei kein Grund zur Entschuldigung, von ihm aus, als Arbeiter, sei er sowieso gegen das trennende »Sie«. Ein Grund für Horst, sich vom Schreibtisch zu erheben und zum Schrank zu gehen. Er zauberte eine Flasche russischen 5-Sterne-Kognak und 3 Gläser auf den Tisch, und sie tranken auf das einigende »Du«!
Gert fuhr nun mit seinem begonnenen Vortrag fort: »Weißt du, Hans, man soll niemals die eigenen Möglichkeiten überschätzen, aber auch niemals unterschätzen. Wenn deine Kräfte im einheitlichen Ganzen mitwirken, so wirken sie wie das für sich bedeutungslose Zahnrad im Getriebe, ohne das die gesamte Maschine stillstehen kann; es ist also alles nur eine Koordinierungsfrage. Schau, für uns ist es beispielsweise interessant, wie denken einzelne Bevölkerungsschichten tatsächlich über die Lage Deutschlands, über die Politik der Russen, der Amerikaner, der Engländer, d. h. ehrliche Meinungsäußerungen, die immer nur im kleineren Kreis gemacht werden, z. B. im Sportklub, in der Arbeitspause, an der Theke oder am Stammtisch. Du hast uns sehr gut deine Beobachtung beim Treffen der Landsmannschaft mitgeteilt, hast uns berichtet, wie der einfache Mann über die ostdeutschen Arbeiter und die Flüchtlinge denkt, das alles ist für uns von großer Bedeutung und wir

sind an solchen Informationen interessiert. Würdest du dich bereit erklären, in dieser einfachen Form mit uns zu kooperieren? Z. B., ein- bis zweimal im Monat einen Brief zu schreiben, in dem du über die Unterhaltungen berichtest, über bestimmte Versammlungen und Demonstrationen und ähnliches? Selbstverständlich werden dir deine Kosten ersetzt, z. B. Fahrgelder, Porto, Eintrittsgelder usw., oder wir treffen uns mal in Berlin oder Leipzig, wenn du ein Wochenende frei hast. Klar, daß du keinen Arbeitsausfall haben sollst, doch wenn du entschuldigt fehlen kannst, nehmen wir auch gern einen anderen Tag wahr und ersetzen dir den Verdienstausfall.
Hans sagte ohne lange zu zögern ja, aber bei schriftlichen Dingen habe er doch Bedenken wegen seines unmöglichen Stils, doch Horst winkte ab. »Wir wollen ja von dir nichts Druckreifes für Veröffentlichungen, sondern lediglich unverfälschte Meinungen für unsere Arbeit, also Fakten, die wir verwerten und die uns als Basismaterial dienen. Du brauchst niemals zu befürchten, daß dein Name als Quelle auftaucht. Wenn auf einer Veranstaltung oder einer Parteidiskussion gesagt wird, die DDR ist ein KZ-Staat oder ein Scheißstaat, so mußt du auch derartige Kritiken schonungslos mitteilen, auf keinen Fall eine eigenständige Auswahl treffen. Du sollst dich selbst nicht an Diskussionen beteiligen, sondern möglichst alles lückenlos in dich aufnehmen, die großen W's sind wichtig: *Wer* sagt es, *was* wurde gesagt, *wie* wurde es gesagt und *wo* wurde darüber gesprochen. Von derartigen Mitteilungen können wir uns eine objektive Analyse machen und politische Schwerpunkte im Friedenskampf und für die Unterstützung westlicher Friedenskämpfer festlegen.«
Hans stimmte nach kurzer Überlegung zu und meinte, für ihn sei es auch gleichzeitig eine Möglichkeit, sich wieder intensiver mit der Politik zu beschäftigen, denn leider herrsche allgemein in der Bundesrepublik ein politisches Desinteresse. Für den Durchschnittsbürger sei es wichtiger, was Soraya oder Prinzessin Margaret zu Mittag äßen, oder wie sich eine Fußballgröße vor einem Länderspiel amüsierte.

Seine beiden Gesprächspartner nickten und Horst sagte: »Leider ist es so, daß ganz bewußt eure Bevölkerung von der tatsächlichen Tagespolitik abgelenkt wird und die Medien sie mit belanglosen Dingen manipulieren. Nur so kann das Monopolkapital seine Ziele jetzt und in naher Zukunft durchsetzen; wie derartiges endet, hat man in jüngster Vergangenheit erlebt.« Hans war in gewisser Weise begeistert und in gehobener Stimmung, denn er wurde mit seinen Äußerungen ernst genommen und man unterhielt sich mit ihm auf einem Niveau, daß er vergeblich in seiner neuen Heimat gesucht hatte.
Als Horst ihm jetzt einen Vertrag vorlegte, unterzeichnete er die vorher getroffene mündliche Abmachung, und nochmals wurden die Gläser für eine gute Zusammenarbeit gefüllt.
Hans hatte sich mit seiner Unterschrift verpflichtet, zu keinem Dritten über den Vorgang etwas zu erzählen, oder sich einer westdeutschen Behörde zu offenbaren. Einzige Ausnahme bildete seine künftige Frau Uschi, denn unter gleichgesinnten Eheleuten sollte es kein Geheimnis geben.
Horst zückte darauf eine Brieftasche und entnahm dieser 5 Hundertmarkscheine Ost und 5 Hundertmarkscheine in Westwährung und sagte zu Hans, »die 500 DM West sind für dich ein Polster, das du für deine Informationstätigkeit verwenden sollst; die 500 Mark Ost sind dafür gedacht, dir und deiner Braut die Tage etwas zu verschönen, denn du hast freiwillig trotz deiner knappen Zeit im Interesse der Sache auf einige Stunden verzichtet, die du mit uns zusammen warst. Wir hoffen für die Zukunft auf eine gute und fruchtbare Zusammenarbeit!«

Hans war überwältigt, dachte jedoch an die Zugkontrollen bei der Ausreise und sagte, er dürfe doch nicht mehr Bargeld ausführen, als er laut Aufenthaltsgenehmigung mitgebracht habe. Doch Gert erwiderte auf seine Bedenken: »Wir ziehen alle an einem Strang und unsere Kontrollorgane erhalten den Auftrag, dich ungehindert passieren zu lassen, d. h. du wirst nicht kontrolliert werden und somit keine Schwierigkeiten bei der Ausreise haben.« Hans war rundherum zufrieden, er erhielt noch eine Telefonnummer von Dresden, wie er Gert oder Horst telefonisch erreichen konnte, falls er noch eine Auskunft oder einen Wunsch habe; dazu kam noch eine Dresdner Adresse, an die er die Informationen senden konnte.

Horst mahnte nun zum Aufbruch und nahm Hans mit zurück nach Dresden, nachdem sie sich herzlich von Gert verabschiedet hatten.

Hans holte Uschi ab und erzählte einiges von dem, was er heute erlebt hatte. Sie gingen in ein kleines HO-Café, um noch einiges ohne die Angehörigen bereden zu können. Sie fanden ein ungestörtes Plätzchen, und Hans erzählte nun alles, sprach über das erhaltene Geld und die Zusicherung, bei der Rückfahrt nicht kontrolliert zu werden. Uschi war begeistert. Wer das nun von hier auch ist, meinte sie, ob *Nationale Front* oder »*Weiße Flotte*« (so wird in Teilen Dresdens und Ostberlins die »Staatssicherheit« genannt) ist egal, Hauptsache, du kannst auf der Rückfahrt eine Menge Sachen mitnehmen, und wir wissen, du kriegst sie sicher nach Essen! Das Geld kommt uns auch recht, es ist genausoviel, als ob ich einen ganzen Monat gearbeitet hätte. Ich finde es gut, solche Kontakte kann man immer gebrauchen. Auf alle Fälle habe ich jetzt weniger Befürchtungen für unsere Reisen.

Nach der gelungenen Hochzeitsfeier und ein paar Urlaubstagen packte Hans seine Koffer und bereitete sich auf die Rückfahrt vor. Er rief die Telefonnummer an, um sich zu verabschieden. Eine Frauenstimme meldete sich und verband ihn mit Gert. Der dankte für seinen Anruf und sagte, er würde Uschi über einen neuen Termin unterrichten, er erwarte bald die erste Post und wünsche ihm eine angenehme Rückfahrt.

Hans saß im Interzonenzug und wartete auf die Grenzkontrolle. Bei seiner Abmeldung auf der Meldestelle in Dresden hatte die VP-Dame nicht aufgepaßt und ein roter Tintenfleck zierte die Ecke, wo der Abmeldungsstempel saß. (Er konnte in seiner Naivität nicht ahnen, daß das eine absichtliche Kennzeichnung seiner Ausreisepapiere war, die Gert angeordnet hatte und an die Grenzkontrollorgane weiterleitete.)

Der Grenzbeamte nahm von Hans die Aufenthaltsgenehmigung, warf einen Blick darauf und fragte, ob Hans direkt nach Essen weiterführe. Als dieser das bestätigte, wünschte ihm der Beamte gute Fahrt, steckte die Genehmigung in seinen Kontrollkasten und damit war für Hans die Grenzkontrolle beendet. Zählte sein Gepäck bei der Herfahrt einen Koffer und eine Tasche, so waren es jetzt bei der Rückfahrt drei große Koffer und eine Reisetasche. Er hatte zwei Klöppeltischdecken sowie Porzellan und Bleikristall nach der Devise, ›Jetzt oder nie!‹ mitgenommen. Hätte er nicht die Begegnung gehabt, so hätte er oder Uschi ab und zu ein Stück mitgenommen, auf keinen Fall die Menge, die er jetzt bei sich hatte, denn die Ausfuhr dieser Dinge war streng verboten; sie wurden meist konfisziert und zum anderen gab es dafür zusätzliche Strafe. Nun, er hatte es geschafft, und zwar ohne riskante Fahrten Uschis nach West-Berlin.

Gegen 19.30 Uhr traf der Zug in Essen-Hauptbahnhof ein und Hans nahm sich ein Taxi, um nach Steele zu fahren.

Er beobachtete von nun an die Umwelt mit größter Aufmerksamkeit; er achtete auf Plakate und Anzeigen zu politischen Veranstaltungen, machte sich Notizen über Pausengespräche und Diskussionen an Trainingsabenden. Bereits nach 10 Tagen schrieb er einen drei DIN-A4-Seiten starken Brief an die Dresdner Adresse. Er hatte sich sogar einen Duden zugelegt, um orthographische Schnitzer zu vermeiden und staunte selbst, wie schnell er die Sätze zu Papier brachte. Er stellte erst jetzt fest, wie viele Organisationen, Gruppen und Parteien allein in Essen und Umgebung vorhanden waren und wie viele Veranstaltungen stattfanden. Er sammelte Propagandaschriften der Rechtsparteien, der

Soldatenvereinigungen, der Jungen Union, der Jung-Demokraten, der IdK und der DFU, so daß nach weiteren acht Tagen schon wieder ein Brief abging.
Uschi hatte eine Aufenthaltsgenehmigung für Essen beantragt uns schon vier Tage später erhielt sie den Bescheid, daß positiv entschieden sei. Sie wurde von Gert im Betrieb angerufen, der mit ihr eine Zusammenkunft vereinbarte. Er wartete in einer Nebenstraße mit seinem Dienstwagen auf sie und fuhr mit ihr in ein HO-Restaurant. Er lobte den Fleiß von Hans und erklärte Uschi, daß er auch für sie viele Aufgaben hätte. Natürlich müsse sie sich ebenso wie ihr Mann verpflichten, zu keinem Dritten darüber zu sprechen. Als Uschi sagte, das sei in Ordnung, holte Gert einen schriftlichen Vertrag hervor, den sie unterzeichnete. Gert übergab ihr die Aufenthaltsgenehmigung und einen Umschlag mit 1000 DM West, die sie ihm quittierte. Er teilte ihr mit, daß Hans sich für das Geld einen guten Fotoapparat zulegen sollte, damit er zusätzlich zu seinen Berichten auch ein paar Illustrationen machen könne. Hans sollte am Sonnabend, dem 1. März 1958 in Leipzig sein, er würde ihn im *Continental*-Hotel im Foyer erwarten, etwa eine Stunde nach Eintreffen des Interzonen-Messezuges. Er solle sich bei der Industrie- und Handelskammer in Essen einen Messeausweis besorgen.
Uschi fand Gert recht sympathisch, und da sie nun auch Westgeld erhalten hatte, wußte sie, daß auch ihr Gepäck nicht kontrolliert würde. So plante sie schon in Gedanken, was sie alles mitnehmen wollte. Sie unterhielten sich noch über allgemeine Dinge, dann verließen sie die Gaststätte, Gert brachte Uschi bis kurz vor ihre Wohnung und verabschiedete sich freundlich.
Uschi hatte zwei Koffer und eine Reisetasche. Ihr Onkel hatte sie zur Bahn gebracht und die Koffer gleich im Abteil verstaut, denn sie selbst hätte bei dem Gewicht einige Schwierigkeiten gehabt. Ein Glück, daß Hans sie in Essen abholen konnte. Auch bei ihr verlief die Kontrolle an der Grenze ohne jede Schwierigkeit, obwohl eine ältere Dame

im gleichen Abteil sowie ein Ehepaar im Nebenabteil alles auspacken mußten. Das Ehepaar hatte zwei Kristallrömer bei sich, die beschlagnahmt wurden.
Die westdeutsche Seite kontrollierte nicht einmal die Ausweise an diesem Tag, und Uschi legte ihre Handarbeit zur Seite und machte erst einmal bis Hannover ein kleines Nickerchen. Dort hatte der Zug 10 Minuten Aufenthalt und sie holte sich ein paar Illustrierte und etwas zu naschen. Beim Studium der Zeitschriften verging dann die Zeit bis Essen sehr schnell, und als sie aus dem Abteilfenster schaute, hatte sie ihren Hännes sofort entdeckt. Er kam ins Abteil, holte die Koffer heraus und auf dem Bahnsteig lagen sie sich glücklich in den Armen. Auch die zweite Ladung hatten sie ohne Schaden nach Essen gebracht!

Uschi war zufrieden, als sie das möblierte Zimmer betrat. Sie sagte zu Hans, Gott sei Dank, keiner, der mich um 22.00 Uhr rausschmeißt, sondern eine ruhige Insel, wo wir erstmal verschnaufen können. Dann erzählte sie von ihrer letzten Begegnung mit Gert und von den Aufträgen, die sie erhalten habe. Hans berichtete ihr, daß er sich alles viel schwieriger vorgestellt habe als es in Wirklichkeit sei. Die Arbeiten wären für ihn sehr interessant, und vor allem sei er jetzt politisch wieder auf richtigem Kurs. Als sie ihm den Märztermin nannte, war er hellauf begeistert! Endlich mal wieder zur Messe nach Leipzig, das hatte er sich seit einigen Jahren gewünscht.
Hans kaufte sich eine preiswerte Spiegelreflexkamera und machte sich mit seiner Neuerwerbung schnell vertraut. Groß war seine Freude, als er die Abzüge der ersten beiden Probefilme abholte und feststellte, daß die Bilder seine Erwartungen übertrafen. Er hatte sich auch sehr viel Mühe gegeben und die Einstellungen exakt beachtet, nur die Bewegungsaufnahmen, die er beim Training gemacht hatte, waren teilweise unscharf geraten, da mußte er in Zukunft kürzer belichten. Die Standaufnahmen von Uschi waren sehr gut geworden, und mit Stolz machte er einen Brief an

Uschi fertig. Die 10 Tage, die Uschi in Essen war, waren wie im Fluge vergangen, und er wartete mit Sehnsucht auf den März, denn dann wollten sie sich in Leipzig treffen und kurz darauf würde Uschi dann für immer nach Essen kommen. Mit dem Betrieb hatte er schon gesprochen und erhielt noch drei Tage Resturlaub für den März, so daß er fünf Tage in Leipzig bleiben konnte. Da würden sie reichlich Zeit für sich haben und gemütlich in den *Ratskeller* und die *Postkutsche* gehen.
Den Messeausweis holte er sich bei der Bundesbahn zusammen mit der verbilligten Fahrkarte; auch eine Platzkarte hatte er noch bekommen. Diesmal wollte er nur seine Reisetasche und den Fotoapparat mitnehmen, um möglichst unbeschwert reisen zu können.
Als am 1. März der Sonderzug um 8.30 Uhr im Leipziger Hauptbahnhof zum Stehen kam, war Hans einer der ersten, die ausstiegen. Uschi flog ihm entgegen. Sie begrüßten sich stürmisch und gingen erst einmal in das kleine Restaurant im Bahnhof, um eine Tasse Kaffee zu trinken. Rasiert hatte sich Hans so gut es ging im Zug, so daß er sich unter Menschen wagen konnte. Zu seinem Verabredungspunkt im *Continental* waren es von hier nur fünf Minuten, und er hatte noch eine gute dreiviertel Stunde Zeit, um mit Uschi zu plaudern. Kurz vor halb zehn ging er dann zum Foyer des *Continental*-Hotels, Uschi wollte noch eine halbe Stunde im Restaurant bleiben und dann zum Bahnhofsfrisör gehen. Hans bewegte sich sehr unsicher im Foyer und setzte sich in einen Sessel. Die Gäste, die zwischen Rezeption und Sesseln hin und her eilten, sahen aus wie westliche Geschäftsleute und das Hauspersonal machte einen Bückling nach dem anderen. So hatte er sich das nicht vorgestellt. Doch ehe er seine Gedanken über »Knechte im Kapitalismus« (so hatte sein Pauker die Hotelangestellten im Westen bezeichnet) – und »tätige Mitarbeiter im Sozialismus« vergleichen konnte, trat Horst an seinen Tisch und begrüßte ihn. Er fragte, wie die Reise war, ob er seine Frau schon begrüßt habe und so weiter. Als Hans ihm sagte, daß Uschi drüben

im Bahnhof sei, meinte Horst kurz entschlossen: »Paß auf, hol deine Frau ab, und wir treffen uns hinter dem Bahnhof. Von da nehme ich euch beide in meinem Wagen mit in eine Privatwohnung nach Mark-Kleeberg.«
Hans holte Uschi ab, und sie gingen zum anderen Ausgang, um dort mit Horst zusammenzutreffen. Für Uschi kam das etwas überraschend, doch blieb ihr keine Zeit für Gegenargumente. Sie stiegen beide in Horsts PKW, einen EMW mit Dresdner Kennzeichen, und Horst fragte, wo beide übernachten wollten, ob lieber in einem Hotel oder in einer Pension. Als Hans sagte, daß er erst zum Zimmernachweis gehen müsse, um das zu klären, winkte Horst ab und erklärte: »Ich mache euch einen Vorschlag: die Wohnung, zu der wir fahren, ist für ein paar Tage frei, da der Inhaber, ein Freund von Gert, zum Skilaufen nach Zakopane gefahren ist. Er hat gern Gäste.«
Uschi blickte Hans an und erwiderte, das wäre ja prima, dann sparen wir doch einige Kosten.
Als sie in Mark-Kleeberg ankamen, hielt Horst vor einem kleinen Einfamilienhaus, und Gert öffnete die Tür und empfing die Ankömmlinge. »Ist ja wunderbar, Hans, daß du deine Frau mitgebracht hast, da haben wir gleich jemand, der für unser leibliches Wohl sorgen kann, während wir Schularbeiten machen.«
Uschi meinte in netter Art: »Wenn's weiter nichts ist! Ich werde euch schon etwas vorsetzen, wenn ich eingekauft habe.« Doch Gert winkte ab, es sei alles vorhanden, was gebraucht würde, und noch ein wenig mehr.
Nachdem sie ihre Mäntel abgelegt hatten, zeigte ihnen Gert erstmal das Haus und ihr Schlafzimmer, so wie Bad und Küche. Das Schlafzimmer war eine Treppe höher und es schloß sich gleich WC und Bad an. Uschi war begeistert über die geschmackvolle Einrichtung und sagte, ach, wenn wir erstmal eine derartige Wohnung haben, aber das wird wohl noch einige Zeit dauern. Als ihr die Küche gezeigt wurde, wies Gert gleich auf die zahlreichen Gläser mit vorbereiteten Gerichten hin. Sie könnten sich mit allem

versorgen, doch jetzt wollten sie erst einmal Kaffee trinken. Somit gingen sie wieder ins Wohnzimmer, wo Gert schon für vier Personen mit Kaffee und Kuchen gedeckt hatte.
Horst klärte gleich das »technische« (wie er es nannte), er ließ sich den Messeausweis von Hans mit dem Personalausweis geben, von Uschi den Personalausweis, und sagte ihnen, er führe nachher zur Meldestelle und erledige alles, so daß sie dafür keine Zeit opfern müßten. Dann brachte Horst zum Ausdruck, daß sie mit den drei Briefen sehr zufrieden waren, die lückenlosen Informationen seien für sie sehr wichtig und sie könnten auch daran seinen Fleiß erkennen und wie ernst es ihm mit der Aufgabe sei. Das sei alles sehr, sehr gut!
Uschi warf ein, »wenn ich erst bei Hans bin, können sicher die Berichte noch ergänzt werden, denn ich würde auch über meinen Wirkungskreis berichten, je nachdem, ob ich in einem größeren oder mittleren Betrieb arbeiten werde.«
Die beiden »Kämpfer der Nationalen Front« blickten sich vielsagend an und (ohne ihre wirkliche Firma schon zu nennen) erklärten, »es sei begrüßenswert und wichtig, daß sie beide sich zum Frieden nicht nur verbal bekennen, sondern echt und aktiv etwas dafür tun wollen; und eine Ehe, gegründet auf einer so gesunden Basis, die muß einfach gut werden und Erfolg haben!«

Ein weiteres sehr interessantes Thema sei das Verhältnis der Westdeutschen zum Algerischen Befreiungskampf! Wie denkt die Masse darüber, wie spricht sie über algerische Emigranten oder Algerier, die z. Zt. in der Bundesrepublik ihren Wohnsitz haben? Das ist genauso wichtig, wie die Behandlung der ausländischen Arbeitskräfte, die jetzt so schön ›Gastarbeiter‹ genannt werden. Die Stimmung der Arbeiter und Jugend dazu –, wie betitelt man die Ausländer im trauten Kreis und im normalen Umgang?
Hans begann sofort über die Stimmung in den Verkehrsmitteln und auf den Arbeitsstellen zu berichten, daß der überwiegende Teil der Mitbürger, egal ob Arbeiter oder Ange-

stellte, meist nur von den Makkaronis, den Triko-trakos, Ziegenfickern oder Papagallos sprechen, wenn sie Italiener meinten; die Araber werden meist mit Kameltreiber und Linkswichser bezeichnet, die Spanier als Hungerleider und die Holländer als Käseköpfe. Sie müssen auf den Baustellen die Dreckarbeit verrichten, werden bei Akkordarbeit und Prämienzahlung meist benachteiligt und schamlos ausgenützt. Dabei haben die Niederländer und Belgier meist einen besseren Stand aufgrund der Sprachenähnlichkeit und der gemeinsamen Eßgewohnheiten.

Hans erzählte, daß Italiener auf einer Baustelle zur Pause trockenes Brot und schwarze Oliven äßen, sie müßten sich gefallen lassen gefragt zu werden, ob das getrocknete Esel- oder Ziegenscheiße sei, die sie zu dem trockenen Karo fräßen. Eine derart diskriminierende Behandlung sei nicht etwa die Ausnahme, sondern fast die Regel. Sehr oft belege man die ausländischen Kollegen auch mit den Attributen doof, faul und geil usw., und das meist von Leuten, die den Wochenlohn fast vollständig versaufen, bei denen die Ehefrauen freitags zur Baustelle oder in die Kneipen der näheren Umgebung kommen, um wenigstens ein paar Mark zum Leben für die Familie zu retten. Da würden sich manchmal schreckliche Szenen abspielen, aber gerade das seien die schlimmsten Störer, die den Ausländern vorschreiben wollten, wie sie zu leben hätten und wieviel gescheiter sie doch selbst seien. Sie seien neidisch darauf, daß der größte Teil der Ausländer sparsam lebe und regelmäßig einen großen Teil des Lohnes an die Familie in die Heimat schicke.

Horst und Gert gaben sich als interessierte Zuhörer, und als Hans jetzt eine Pause einlegte, meinte Gert, das sei es, was sie konkret verarbeiten wollten. Denn es stehe doch zu der propagierten angeblichen Gleichberechtigung ausländischer Arbeitnehmer im krassen Gegensatz und ließe sich von den Bruderparteien gut verwenden, um Arbeiter, die derartige negative Erfahrungen gemacht haben, für sich zu gewinnen. Auch bei den Arbeiterkonferenzen in Leipzig

würden ausländische Arbeitskräfte der Bundesrepublik intensiver betreut und sie hätten sehr positive Erfahrungen gemacht, die zeigten, daß die Arbeiter nur motiviert werden müßten, um für den Fortschritt sowohl in Westdeutschland wie auch in ihren Heimatländern zu kämpfen.
Hans kam noch einmal darauf zu sprechen, wie er häufig von Arbeitskollegen, Sportkameraden und Bekannten angepflaumt wird, einmal weil er »von drüben« ist und dann wegen seiner sächsischen Mundart. Anfangs hätte ihn das fast zur Rückwanderung bewogen, doch in seinem Inneren hätte er geschworen, es all den Ignoranten einmal heimzuzahlen und sich durchzusetzen. Für die Ohren von Horst war diese ergänzende Äußerung natürlich Musik, und lachend fügte er hinzu, nun, die Gelegenheit »hast du spätestens dann, wenn *Krupp, Thyssen* und *Stinnes* ein *»VEB«* vor ihren Firmenzeichen haben und auf der *Villa Hügel* die Flagge mit Hammer, Zirkel und Ährenkranz weht; nur wird bis zu diesem Zeitpunkt noch viel Wasser die Ruhr hinabfließen. Aber die Zeit arbeitet für uns und wer auf der richtigen Seite steht, wird auch die Früchte für seine Entbehrungen eines Tages genießen können!«
Hans erwiderte, er habe sich nun einmal entschlossen etwas zu tun, denn er sei ja im Grunde nicht abgehauen, weil ihm die Politik der DDR nicht gefalle, sondern weil es im Westen in materieller Hinsicht einfacher ist vorwärts zu kommen. Er habe gar nichts dagegen, daß Schmarotzer und Ausbeuter entschädigungslos enteignet werden, wie es zu Hause geschehen sei. Seine und Uschis Eltern hätten auch nichts verloren, im Gegenteil, wenn er an Großmutters Erzählungen denke, die aus dem Erzgebirge stamme, so ist ihm klar, daß gerade diese Menschen mit dem jetzigen Staat eng verbunden sind. Wenn er selbst beispielsweise an den Sport denkt, als FDJ-Mitglied habe er ganze zehn Pfennige bezahlt als Unkostenbeitrag pro Monat! Dafür konnten sie die Sporthalle und alle Geräte kostenlos benutzen, fuhren kostenlos mit der Reichsbahn zu Sportwettkämpfen in andere Städte, erhielten dort für einen Spottpreis Verpfle-

gung! Hier könnte er sich den Sport nur mit größten Entbehrungen leisten, die Mitgliedsbeiträge seien hoch und für die Benutzung der Geräte gingen die Kosten aus eigener Tasche, die Sportkleidung sei sehr teuer und die Teilnahme an Wettkämpfen würde fast unerschwingliche Kosten verursachen. Durch die Vereinsmeierei und dazu noch die wahnsinnige Überheblichkeit der Einheimischen, die schon schief gucken, wenn der andere nicht die gängigen Reklamemarken trägt, sondern auf namenlose billige Erzeugnisse zurückgreifen muß, kommt es meist gar nicht auf die sportliche Leistung an, sondern nur auf den ganzen Nebenzirkus. Das alles jucke ihn einfach in den Fäusten.
Horst entgegnete sehr ernst: »Jetzt hast du dir einmal alles von der Leber geredet, und ich kann dich sehr gut verstehen, aber bestätigt es nicht im Grunde unsere Politik? Es zeigt doch, daß du im wesentlichen die Richtigkeit unserer Ziele durch deine eigene Erfahrung bestätigen mußt. Wir haben dir ja oft genug aufgezeigt, wie viele Mängel noch bei uns vorhanden sind, sie sind jedoch nicht alle grundlos entstanden, sondern meist auf die alte Ordnung zurückzuführen, auf bewußte Sabotage durch das imperialistische Kapital; jedoch haben wir alle ehrlich das große Ziel vor Augen: eine Gesellschaftsordnung zu errichten, die keine Klassenunterschiede kennt, und in der die Stellung jedes einzelnen von seiner Leistung für die Gesellschaft abhängig ist. Dafür zu kämpfen ist eine wichtige Aufgabe unserer Generation, und sie verlangt den ganzen Menschen, sie fordert Mut und Ausnützung der Erkenntnisse des politischen Kampfes, ein konkretes Beherrschen der Lehren aus der Vergangenheit und die richtige Anwendung einer klugen Taktik. Der Weg ist nicht immer gerade und ohne Hindernisse, und oft muß auf einen Teil des Weges unnötiger Ballast mitgenommen werden oder man muß einen Teil des Weges mit Leuten zusammengehen, die nicht das gleiche Ziel haben. Das ist ein altes Prinzip *Lenins,* das wir immer zu unserer Richtschnur machen.«
Hans hatte zwar nicht alles verstanden, was Horst von sich

gab, doch den Sinn hatte er begriffen und rein gefühlsmäßig nickte er Uschi zu und sagte: »Also ist es egal, wo wir unseren Beitrag leisten, die Hauptsache, wir tun überhaupt etwas Positives und wir können es zusammen tun.«
Horst sagte, das sei gut und »eine korrekte und freiwillige Entscheidung von euch beiden, die uns zeigt, daß ihr die Zeichen der Zeit erkannt habt!«

»Wir beide fahren jetzt kurz zur Meldestelle«, fuhr Horst dann fort, »um für euch die Formalitäten zu erledigen. Vor allem, wenn ihr heute abend noch ausgehen wollt, muß ja alles seine Ordnung haben. Ihr könnt es euch in der Zeit schon einmal gemütlich machen. Falls das Telefon läuten sollte, laßt es klingeln; auch die Haustür braucht ihr nicht zu öffnen. Tut so, als sei niemand da.«
Als die beiden Vertreter der Nationalen Front abgefahren waren, inspizierten Uschi und Hans erst einmal das gesamte Haus vom Keller bis zum Dach. Im Keller fanden sie 3 Kästen Budweiser und eine Batterie Rotkäppchen-Sekt, Wodka und Krimwein, sowie eine große Zahl Industriegläser mit Fertiggerichten, Fleisch und Wurst. Im Kühlschrank der Küche war die Auswahl nicht geringer, von den ungarischen, polnischen und einheimischen Wurstsorten über Schinken, Speck und Eier war alles vorhanden, genauso wie Gurken, Paprika und eingelegte Pilze. Als sie die Musiktruhe öffneten, fanden sie auch viele westliche Schlager- und Jazzplatten. Hans probierte gleich, ob der Plattenspieler funktionierte und bestückte ihn mit Jazz- und Schlagerplatten. Da meinte Uschi: »Weißt du was, Hännes, wir gehen heute abend nicht aus, sondern machen uns hier eine nette Party!«
Der Gasdurchlauferhitzer für die Badewanne funktionierte auch und so beschlossen sie, ein Bad zu nehmen, zu essen und dann gemütlich ein paar Flaschen bei schöner Musik zu leeren. Uschi bezog das Doppelbett und packte ihre Tasche aus. Sie war glücklich über diese unerwartete Lösung, denn sie hatte sich schon Gedanken über das Zimmerproblem

gemacht. An eine derartig tolle Lösung hatte sie nicht im Traum gedacht. Oh, sie wußte, wie sie heute ihrem Hännes einheizen würde, und keine Mutter oder dusselige Tante käme unerwartet ins Zimmer!

Nachdem sie oben fertig war, ging sie in die Küche und bereitete einen kleinen Imbiß vor. Sie machte Schälchen mit Gurken, Paprika und Selleriesalat fertig, eine Platte mit Aufschnitt und Käse, schnitt Brot auf und stellte ein paar Flaschen Budweiser in den Kühlschrank. Als sie mit ihren Vorbereitungen fertig war, hörte sie den PKW, und die beiden Experten kamen zurück. Doch Gert kam allein herein, Horst blieb draußen im Wagen. Das war für Uschi das beruhigende Zeichen, daß die Störung nur von kurzer Dauer sein konnte und sie recht daran getan hatte, schon alles andere vorzubereiten.

Gert brachte ihnen ihre Messeausweise mit den Eintragungen der Meldestelle zurück und sagte, daß er leider mit Horst noch einen dringenden Termin wahrnehmen müsse, sie würden erst morgen früh um 9.30 Uhr wieder hier sein, und dann könnten sie weiter zusammen sprechen. Er übergab ihnen noch die Schlüssel und sagte, sollte sich noch irgend etwas in der Zeit ändern, so würde Horst oder er anrufen, und zwar sollten sie darauf achten, wie die Rufzeichen ertönen. Sie würden zuerst dreimal das Rufzeichen klingeln lassen, dann nach einer Minute nochmals zweimal und nach einer weiteren Minute sollten sie den Hörer beim dritten Rufzeichen abnehmen. So könnten sie sichergehen, daß nur Horst oder er am anderen Ende sei.

Als sie ihm sagten, daß sie heute abend zu Hause bleiben wollten, meinte er, sie sollten auf jeden Fall ein paar gute Flaschen leeren, zu diesem Zweck seien die Dinger ja im Keller! Er wünschte ihnen einen netten Abend, und so schnell er gekommen war, so schnell verschwand er auch wieder. Hans brachte ihn noch zur Haustür, schloß diese dann gleich ab und ließ den Schlüssel von innen stecken. So waren sie vor Störungen sicher und konnten es sich gemütlich machen.

Uschi deckte schnell den Tisch, während Hans den Zehner-Plattenspieler aus einem Sortiment von guten amerikanischen Rhythmen neu bestückte. Sie langten beide gut zu; Uschi hatte die Wodkagläser bis oben hin gefüllt und sagte zu Hans: »Weißt du noch, auf dem Basteifelsen vor drei Jahren? Als wir auch ex getrunken haben? Also prosit, mein Hännes, endlich können wir uns mal ganz ungestört gehen lassen und tun, was uns gefällt.« Hans staunte, wie Uschi in einem Ansatz das Wodkaglas leerte; ihm machte es Mühe, ihr zu folgen, denn viel sprach er alkoholischen Getränken nicht zu. Er wollte aber vor Uschi nicht kapitulieren und wußte, daß ihre Arbeitskolleginnen in der Näherei laufend Gründe fanden, täglich ihre Flaschen zu leeren. Sie tranken zum Essen noch jeder eine Flasche Budweiser und noch einen Wodka, bevor Uschi ins Bad ging. Hans räumte in der Zeit den Tisch ab, steckte ein paar Kerzen an und löschte das große Licht. Er stellte Sektgläser parat, Pralinen und Salzgebäck, und sortierte noch ein paar weitere amerikanische Schallplatten aus. Er war über die tolle Auswahl begeistert. Uschi rief jetzt, daß er in die Wanne könne, sie würde sich im Schlafzimmer umziehen. Er solle schon einmal eine Flasche Rotkäppchen öffnen, sie hätte einen Riesenbrand!

Nachdem Hans alles erledigt hatte, ging er ins Badezimmer und stieg in die Wanne. Er rasierte sich noch einmal, zog dann seine Badehose und seinen Bademantel an, weil das so wunderbar bequem war. Als er die Badezimmertür öffnete, hörte er Uschi schon laut singen, und er freute sich auf den heutigen Abend. Er ging hinunter und sah Uschi sekttrinkend im Sessel sitzen. Sie hatte ihren Bademantel an, doch Hans mußte auf die übereinandergeschlagenen Beine schauen, denn Uschi trug schwarze Strümpfe und ihre hochhackigen neuen Pumps.
»Na, Hännes, wie gefalle ich dir?« fragte sie und gab ihm das gefüllte Sektglas. Hans blickte in ihre leuchtenden Augen und auf ihr rotes Lippenpaar, er zog sie in seine Arme und küßte sie heiß. Uschi flüsterte ihm zu: »Die

Antwort gefällt mir!« Er wollte ihren Bademantel öffnen, doch sie entwand sich ihm. Ihm war, als ging eine heiße Welle durch seinen Körper. Uschi drehte sich um den Tisch, trank ihr Glas Sekt dabei aus und forderte Hans durch eine Geste auf, das Glas wieder zu füllen. Sie ließ ihre Hände über ihren Körper gleiten, öffnete dabei den Bademantel oben etwas, so daß ein Teil ihres üppigen Busens sichtbar wurde. Wie gewollt wechselte der Plattenspieler zum richtigen Zeitpunkt und einige Tangos erklangen, allen voran *»Ramona«*.

Uschi tanzte an Hans vorbei und drehte ihm dann den Rücken zu. Gekonnt wie eine Profistripperin warf sie ihren Bademantel ab, und Hans sah seine Frau im Minislip mit Schleifchen an der Seite und die Strümpfe wurden durch zwei Rosenbänder gehalten, ihr BH zeigte mehr als er verbarg. Nun kam er voll auf Touren. Im Rhythmus von *›Olé Guapa‹* streifte sie ihren BH ab und stellte sich vor Hans in Positur, indem sie ein Bein über die Sessellehne legte und mit ihren Fingern ihre Brustwarzen liebkoste. Hans stöhnte auf, als er das Bild der Lust sah und beobachten konnte, wie eine Hand Uschis von hinten in ihren Slip drang, um ihr zärtliches Y zu liebkosen. Hans hatte seinen Bademantel schon lange geöffnet, und Uschi stellte fest, daß dem Geliebten alles stand, was er trug; und ehe sich Hans es versah, kniete sie vor ihm nieder und ihre Lippen umschlossen das Ergebnis ihres tollen Strips.

In einem Garant-Lieferwagen, der scheinbar leer in der Nähe des Hauses abgestellt war, wurde es trotz der nächtlichen Kühle einem Mann auch ohne Heizung warm, als er den Mitschnitt von der kleinen netten Party machte. Es war der Techniker Horst, dessen Aufgabe es war, rund um die Uhr alles aufzunehmen, was im Hause gesprochen wurde. Nur eines bedauerte er, nämlich keinen Blick auf das dolce vita der beiden werfen zu können. So mußte er seiner Phantasie freien Lauf lassen – d. h., ein paar Bildchen dieser netten Party würde er morgen sehen, wenn er die Filme aus der versteckten Kamera holte und entwickelte,

denn alle sechs Minuten wurde automatisch eine Belichtung geräuschlos ausgelöst. Somit tröstete er sich mit der schönen Beruhigung: Vorfreude ist die schönste Freude!
Besonders interessant für seinen Boß war bestimmt das Schlafzimmergespräch, das die beiden später im erschöpften Zustand führten. Im Laufe des Dialoges sagte sie zu Hans: »Was meinst du, ob die beiden gar nicht allein für die Nationale Front arbeiten, sondern ganz für den *Stasi?* Ich meine, weil sie soviel Möglichkeiten haben. Nehmen wir die Zugkontrollen, überhaupt die Ausstellung der Aufenthaltsgenehmigungen, die Gelder in West und Ost! Hast du gesehen, wie viele 100-Markscheine der Gert in der Brieftasche hatte? Das waren gut 30 Stück und alle nagelneu!«
Hans erwiderte: »Ich habe auch schon daran gedacht, besonders wegen der polizeilichen Anmeldung, ohne daß unsere Anwesenheit nötig war. Du weißt doch, wie kleinlich die sonst in solchen Dingen sind. Dann die gesamten Speisen und Getränke hier, die Fertiggerichte sind offiziell im HO gar nicht zu erhalten, da bekommst du doch keine Rouladen oder Hühnerfrikassee mit Spargel. Weißt du noch, wie Mutter extra nach Meißen gefahren ist, um Bienenhonig und sechs Flaschen Budweiser Bier zu holen? Dazu mußte sie sich noch in zwei verschiedenen Läden anstellen, weil es pro Person nur drei Flaschen gab. Ja, die Genossen können alles kastenweise kaufen; schau in die Küche, da hast du sogar echten grusinischen Tee, keine Mischung aus Radebeul! Da stehen drei Sorten Bienenhonig, genau wie die verschiedenen Konfitüren. Normalerweise erhältst du nur 85% Mischmarmelade und an Konfitüren mal Erdbeer oder Kirsch, aber keine Quitten- oder Aprikosenkonfitüre. An allem kannst du erkennen, sie gehören zur Führungsklasse.«
Uschi meinte: »Egal, wie es ist – was sie von uns verlangen ist nichts Unmögliches und hilft uns auf jeden Fall, schneller zu einer guten Wohnung zu gelangen und ein angenehmeres Leben zu führen. Außerdem haben wir die Möglichkeit, jederzeit unsere Angehörigen zu besuchen und es ist

auch gut so, daß man sich nicht ganz nach den Vorschriften bewegen muß. *Stasi* hin, *Stasi* her, wenn sie uns helfen, werden wir auch tun, was sie vorschlagen. Ich kann mich noch gut an deine verzweifelten Briefe erinnern, wo du mir schriebst, wie satt du den ganzen Kram im Westen hattest, weil der Mensch allein so gut wie nichts gilt, wenn er mit seinen Händen arbeiten muß, um leben zu können; oder wie deine Kameraden Überstunden machen und ihre Frauen jede Arbeit annehmen, nur damit sie sich einen Wagen anschaffen können.«

Hans nickte zu Uschis Äußerungen und sagte: »Ich meine, es ist einfach sicherer für unsere Zukunft. Sollte es im Westen nicht klappen, so haben wir uns auf alle Fälle den Rückweg gesichert, wir können dann jederzeit wieder nach Dresden gehen und haben auch noch ein gutes Plus im Rücken, da wir ja etwas für den *Stasi* getan haben. Wir werden mal sehen, was die kommenden Tage uns bringen.«

Als Horst am nächsten Morgen die Mitschnitte im Beisein des Generals und Gerts abhörte, grinsten sie sich alle drei an. Was Horst vorbereitet hatte, war verhältnismäßig schnell gelungen und gleichzeitig hatten sie die Bestätigung, daß die beiden Neuerwerbungen die Sache recht realistisch betrachteten und, was die Hauptsache ist, daß sie zur Fahne stehen. Das waren keine verbalen Beteuerungen, sondern sie hatten miteinander gesprochen ohne ahnen zu können, daß ihre Worte festgehalten und ausgewertet würden. Nach der Analyse gab der General den Auftrag, die Verpflichtungsverträge mit den beiden heute nachmittag zu unterzeichnen und sie gleichzeitig in die Anfangsphasen ihrer künftigen Aufträge einzuführen. Den Test hatten beide bestanden, wieviel Nutzen sie dem Organ bringen, würde die Zeit ergeben.

Uschi und Hans hatten bis halb neun geschlafen, dann ein ausgiebiges Frühstück gemacht und Punkt zehn erhielten sie den Besuch von Gert und Horst. Die beiden fragten, ob sie sich einigermaßen eingelebt hätten und das übliche Blabla, bevor sie in medias res gingen: »Ihr habt euch beide entschlossen, etwas für den Frieden zu tun und in der Nationalen Front, als deren Mitarbeiter ihr uns kennengelernt habt, tätig zu werden. Doch war das nur eine Seite der Medaille, denn wir sind beide Mitarbeiter der Sicherheitsorgane unserer Republik, nämlich der Staatssicherheit, des MfS. Seid ihr beide gewillt, mit uns einen entsprechenden Mitarbeitervertrag zu unterzeichnen, um das, was wir alles bisher verarbeitet und besprochen haben, für das MfS zu machen?«

Hans erwiderte, daß sie heute nacht noch beide darüber gesprochen hätten, da sie beide zu dem Schluß gekommen wären, daß die Kompetenz der Nationalen Front doch normalerweise nicht so weit reichen könne. Doch wären sie überzeugt gewesen, daß es im Grunde genommen egal sei, da der Staat durch alle Organisationen verkörpert werde und alle mehr oder weniger am gleichen Strang zögen.

Die beiden *Stasi*-Leute nickten und sagten, im Prinzip sei das richtig, »aber wer für uns, für das Organ arbeitet, leistet mehr, als unsere Organisationen mit viel Fleiß leisten können. Denn wer sich entschlossen hat, mit uns zu kämpfen, der hat viele Verpflichtungen, er erhält aber auch ebenso viele Rechte und Sondervergünstigungen, die weitreichender als die aller anderen Organisationen sind. Wir arbeiten in Dresden oder Leipzig genausogut wie in Düsseldorf oder Hamburg, in Warschau oder Budapest ebensogut wie in Amsterdam oder London. Wichtig sind einmal die Verstärkung des Friedenskampfes und zum anderen der Schutz unserer Republik und des gesamten sozialistischen Lagers in Zusammenarbeit mit den Bruderorganen. Diese Aufgaben kann man nicht nur auf dem eigenen Gebiet erledigen, sondern an der gesamten unsichtbaren Front, und die ist überall, wo sich die beiden Weltideologien gegenüberstehen. Alles, was zu dem Kampf und seinem Endziel dient, ist wichtig. Das kann oft eine Eigenbewertung nicht einschätzen, was für das Ganze geleistet wird, darum hütet

euch davor, euren Einsatz zu unterschätzen, egal wo ihr ihn leistet, wenn ihr ihn weisungsgemäß ausführt.« Nun nahm er die vorbereiteten Verträge aus der Aktentasche mit der Erklärung, sie hätten keine Einzelverträge für jede Person gemacht, sondern zwei gleichlautende für beide zusammen.
Hans und Uschi lasen nun, daß sie sich mit der Unterzeichnung des freiwillig geschlossenen Vertrages mit dem Ministerium für Staatssicherheit verpflichten, zu keinem Dritten, weder Angehörigen, noch Verwandten, noch Freunden, noch Behörden (Polizei etc.) über die Zusammenarbeit zu berichten. Nicht über Aufgaben zu sprechen, keine Trefforte, PKW-Kennzeichen, Adressen, Tarn- oder Deckbezeichnungen an andere Personen mitzuteilen. Sie verpflichten sich, sämtliche Erkenntnisse, zu denen sie bei ihren Aufgaben gelangen, an die Mitarbeiter des MfS weiterzugeben.
Nachdem sich Hans alles durchgelesen hatte stellte er die Frage, ob dieser Vertrag jährlich erneuert würde oder mehrere Jahre liefe. Gert schaute Horst an und lächelte, als dieser sagte: »Ihr unterzeichnet keinen Mitgliedsvertrag eines Kegelklubs oder ähnliches, sondern ihr trefft eine politische Entscheidung nach unserer Weltanschauung, mit anderen Worten, der Vertrag hat keine zeitliche Begrenzung, da sich die Zeit niemals ändern wird. Einmal mit dem Organ verbunden heißt für euch, immer mit ihm verbunden zu sein, bis der Sieg des Sozialismus erreicht ist!«

Nachdem beide den Vertrag unterzeichnet hatten, wurde er von allen Beteiligten mit einem Glas Wodka besiegelt. Gert öffnete die Schreibmappe und entnahm ihr zwei Umschläge, aus dem einen nahm er 1500 Mark Ost und gab sie Hans. »Ihr könnt euch dafür noch ein paar Wünsche erfüllen und nett ausgehen«, war sein Kommentar. Dann entnahm er dem anderen Umschlag 2500 DM West und sagte, »das sei als ›Polster für kommende Aufgaben‹ gedacht, als sogenanntes Operativgeld, und weitere 1500

DM West seien zur persönlichen Verwendung, quasi als Prämie für die gute Arbeit, die du in der sehr kurzen Zeit schon geleistet hast.«

Man ist sehr freigiebig in der ersten Phase, denn man weiß, die Leute können sich sehr schnell an das große Geld gewöhnen; um so leichter erledigen sie dann in der Folgezeit auch gefährliche Aufträge, wenn sie kurz bei Kasse gehalten werden.

»Am Nachmittag kommt noch ein anderer Genosse vorbei«, sagte Horst weiter, »der euch mit einigen Möglichkeiten der konspirativen Verbindung vertraut macht. Das wichtigste ist auch, in allen Situationen den Kontakt unter verschiedenen konspirativen Bedingungen aufrechterhalten zu können. Er wird euch in die Anfänge der Chiffrierung einführen; das hört sich alles schwieriger an, als es in Wirklichkeit ist, aber es ist absolut notwendig. Von mir erhaltet ihr jetzt eine Deckadresse, an die ihr künftig alle Post von Hans senden werdet, und zwar in der Form, als ob ihr die betreffende Person persönlich kennt, so wie ihr an eine gute Bekannte oder Verwandte schreiben würdet.« Hans erhielt den Namen *Herbert Pfaffe, Berlin NO 55, Wendenschloßstraße 10.* Er sollte alle Post mit dem Absender *Dieter* oder *Dietlind* versehen, auch mit seiner tatsächlichen Anschrift, und den Brief entsprechend unterzeichnen.

Dann informierte er die beiden darüber, daß Hans bis zum nächsten Treff, oder, wenn er es kann, schon jetzt einen Punkt festlegt, den er täglich ohne Risiko anlaufen kann, d. h. der auf seinem täglichen Arbeitsweg liegt. Dort soll ein vereinbartes Warn- oder Treffzeichen ohne Schwierigkeiten erkannt werden können. Er nannte dafür einige Beispiele, z. B. der Verbindungsmann im Ruhrgebiet muß Hans unbedingt sprechen, ohne daß er eine schriftliche oder mündliche Benachrichtigung vornehmen kann, so wird in einer öffentlichen Telefonzelle eine Kennzeichnung vorgenommen, die nur ein Eingeweihter erkennt. Oder, an einer Haustür wird ein bestimmtes Zeichen an einer ganz bestimmten Stelle (das kann ein kleiner Faserstiftstrich sein

oder auch ein Bleistiftstrich) angebracht, das bedeutet dann, daß am selben Tage zu einer vorher bestimmten Zeit und an einem vorher bestimmten Ort ein Treff stattfindet.
Nach der Durchsprache der technischen Probleme mit den nötigen Beispielen sprachen sie noch kurz über die bevorstehende Ausreise von Uschi. Sie sollte für eine Aufenthaltsgenehmigung den Antrag stellen und damit beim Besuch drüben bleiben. Später würde ein offizieller Abmeldungsvermerk von seiten des MfS vorgenommen, so daß ihre Angehörigen und sie selbst keine Schwierigkeiten bei Besuch oder Transitreisen hätten. »Merkt euch immer, die Staatssicherheit kann alles, man kann mit ihr Pferde stehlen; doch die Hand, die sich *gegen* sie erhebt, wird abgeschlagen!«

## 10.

## In London werden die Minis immer kürzer

Die Schlagerparade im Rias Berlin klang aus, und Maria war glücklich, daß sie heute den Text vom Schlager »Unser Chef ist nicht da, das haben wir gern . . .«, vollständig mitschreiben konnte, denn morgen wollte sie mit Renate und zwei Klassen- und Tanzstundenkameraden an den Neugatterslebener See zum Baden gehen, und die Schlagerparade war am Dienstag Gesprächsthema Nummer eins. Wer einen kompletten Text hatte, konnte einen anderen erhalten, denn ein Teil der Klassenkameraden konnte Rias nicht empfangen, ein anderer durfte ihn nicht hören. Maria lebte in Bernburg an der Saale, einer 1000jährigen Stadt mit 60 000 Einwohnern, einem architektonisch schönen Schloß mit Bärenzwinger, einer herrlichen Umgebung, die nur einen Nachteil hatte: sie lag auf der falschen Seite der Demarkationslinie. Hier regierte die sowjetische Besatzungsmacht, und ihr halfen treue Vasallen, die bestrebt waren, alles zu verändern und neu zu gestalten. Dazu gehörte, daß sie in der Schule beim Gegenwartskundeunterricht darauf hingewiesen wurden, keinen Westsender zu hören, keine Westzeitungen zu lesen, keinen Briefaustausch mit westlichen Schülern durchzuführen. In den FDJ-Schulgruppen wurden sie darauf hingewiesen, in ihrer Freitzeitbeschäftigung neue Wege zu beschreiten, die hießen Studium des *Marxismus-Leninismus*, das Lesen fortschrittlicher Literatur (damit war die sowjetische Revolutions- und Kriegsliteratur von den sogenannten Vaterländischen Kriegen gemeint), sogenannte unbezahlte Aufbauschichten zu leisten, Sekundärrohstoffe zu sammeln, in den Kulturgruppen der DSF mitzuarbeiten und sich in der GST vormilitärisch ausbilden zu lassen. Da die Noten und Prüfungen in der Schule maßgebend vom gesellschaftspolitischen Verhalten des Schülers abhängen und Maria mit

ihren Freunden und Freundinnen das Abitur machen wollte, absolvierten sie brav ihre politischen Pflichtübungen. Sie wurden Mitglieder der FDJ, der GST, des DF, der DSF und blieben sich aber nach der schönen, alten deutschen Volksweise selber treu: »Die Gedanken sind frei, kein Mensch kann sie erraten!«
Sie waren intelligent genug, mit den zwei Seelen in ihrer Brust zu leben, und alle vier hatten das Ziel vor Augen: Wenn wir unser Abitur haben, wechseln wir die Seiten, studieren im Westen und bauen uns dort unser Leben auf.

Maria kam schweißgebadet zum ehemaligen Schützenplatz, dem heutigen Platz der Jugend, wo sie von den drei anderen schon erwartet wurde. Sie hatte Pech, denn gerade vor ihrer Haustür ging die Luft aus einem Reifen, und sie mußte ihn selbst wieder flicken. Sie hatte sich förmlich überschlagen, um noch einigermaßen pünktlich zu sein. Die beiden Jungen hatten nur jeder eine kleine Aktentasche mit, sie hatte die Einkaufstasche der Mutter auf dem Gepäckträger und Renate die Segeltuchtasche ihres Vaters. Es war schönes warmes Sommerwetter, und so waren sie in blendender Stimmung, als sie die Umgehungsstraße nach dem Ortsteil Waldau fuhren, um die Neugattersleber Chaussee zu erreichen. Sie fuhren auf der Straße jeweils zu zweit nebeneinander, denn Autoverkehr gab es so gut wie nicht; es waren nur Nebenstraßen.
Im Kriege wurde diese Straße sehr gut ausgebaut, da sie der Zubringer für den Versuchsflughafen der *Junkers*-Werke war. Da die Rollfelder und Gebäude durch die dauernden Bombenangriffe stark zerstört waren, hatten die Russen kein Interesse am Wiederaufbau gezeigt, und so wurde hier eine landwirtschaftliche Versuchsstation errichtet.
Hinter dem Versuchsgelände bogen die vier auf einem schmalen Feldweg ab, und nach einer halben Stunde lag die Idylle der ehemaligen Kiesgrube vor ihnen, die nur Eingeweihten und guten Schwimmern ein Begriff war, denn sie war von Buschwerk und Kornfeldern umgeben; nur zum

Wochenende waren ein paar Menschen mehr hier, da die Anfahrtswege zu weit waren. Ihre Altersgenossen zogen es vor, sich am Ufer der total verschmutzten Saale zu vergnügen. Gerade deshalb waren sie hierhergefahren, um ungestört zu sein, hier konnten sie singen, Ballspiele machen und sich im Wasser richtig austoben.
Sie breiteten zwei Wolldecken aus, die für diesen Zweck noch gut geeignet waren, und Heinz pumpte einen alten LKW-Schlauch auf. Maria hatte einen einteiligen Badeanzug ihrer Mutter an, der oben schon langsam für sie reichlich eng wurde. Renate hatte von ihrer Schwester, die schon seit drei Jahren im Westen lebte, einen Bikini bekommen, den sie nun mit Stolz vorführte.
Nach allen Vorbereitungen stürzten sie sich erst einmal mit viel Juchzen und Geschrei ins kühle Wasser, und der Kampf um den Autoschlauch begann. Die Erfrischung wurde ausgiebig genossen, anschließend jagten sie sich gegenseitig, um sich dann auf den Decken zu sonnen. Renates Vater hatte am vergangenen Sonntag Geburtstag, und nun holte sie aus der Segeltuchtasche ein großes Kuchenpaket heraus, denn ihre Mutter hatte alle Reste eingepackt, und sie waren hungrig wie die Wölfe. Sie sprachen über den bevorstehenden Ball der Tanzschule, und Hans erzählte, daß er seine Tante sogar erweichen konnte, ihm den Smoking ihres gefallenen Sohnes zu leihen. Anprobiert hatte er ihn schon, und er saß, wie für ihn geschneidert. Auf diese Weise war er dem Tüllkleid Renates, das auch wieder ein Geschenk ihrer Schwester Gisela war, ebenbürtig. Mit dem gleichen Eifer, mit dem sie noch zwei Jahre vorher über die feingemachten älteren Schulkameraden gelästert hatten, schwärmten sie nun, wie toll der Ball würde, wenn sie so ›in Schale‹ auftreten könnten. Heinz holte aus seiner Tasche noch zwei Westillustrierte, und bäuchlings betrachteten sie die Reportagen und die Anzeigen für Gebrauchsgüter. Dazu verzehrten sie den köstlichen Kuchen und waren bester Laune. Zwischen ihnen gab es keine Probleme, sie hatten die

letzten Kriegsjahre und vor allem in den ersten Nachkriegsjahren sehr harte Zeiten kennengelernt.
In den letzten beiden Kriegsjahren hatten sie fast gar keinen regelmäßigen Unterricht, ihre Schulen waren umfunktioniert zu Lazaretten, und die Ausweichräume für die Schule waren in der Kreissparkasse, einigen Gasthäusern und größeren Versammlungsräumen. Meist meldete der Großdeutsche Rundfunk schon in den Morgenstunden Luftgefahr 15 (das hieß, es wurden Luftangriffe erwartet und bei dieser Gefahrenstufe konnten die Schüler gleich zu Hause bleiben), eine Entwarnung kam meist erst gegen Mittag; wenn sie also Glück hatten, war einmal in der Woche für drei oder vier Stunden Unterricht.
Mit ihren Vätern waren sie gut beraten, denn Marias und Renates Väter hatten schon als Kriegsfreiwillige im I. Weltkrieg gedient, wurden damals verwundet und waren somit kriegsuntauglich. Beide arbeiteten im RLSB in der Stadt, und sie hatten genug zu tun. Sie kontrollierten die Anweisungen, die an Hausbesitzer ergangen waren, Kellerdurchbrüche zu machen, um bei Verschüttungen von einem Hauskeller in den anderen gelangen zu können und Ausschlupfbunker zu bauen (d. h. Kellerfenster, Lüftungslöcher wurden zu Ausstiegen erweitert und mit einem Betonschutz versehen, um so einen Notausgang zu schaffen). Spottete auch ein großer Teil der Bevölkerung darüber, so wurden durch die Behelfsbauten doch viele Menschen vor dem sicheren Tod bewahrt.
Dann erlebten sie in den letzten Wochen des Krieges die totale Mobilisierung, auch ihre Väter wurden zum sogenannten Volkssturm, dem letzten Aufgebot, eingezogen. An der Waffe wurden sie nur notdürftig ausgebildet, in der Regel mußten sie Panzersperren bauen. Dazu wurden in den Straßen und Alleen der Stadt riesige alte Bäume gefällt, zersägt und ihre Stämme in die aufgerissene Straße von Häuserfront zu Häuserfront gerammt. Dann wurden zwischen den so entstandenen Hohlräumen Kies und Steine aufgefüllt. Es war eine schwere körperliche Arbeit, die bis

zu 16 Stunden pro Tag geleistet werden mußte, und doch waren alle die Mühen umsonst, denn diese Sperren konnten die schweren Alliiertenpanzer nicht aufhalten. Ihren Nutzen brachten die Panzersperren erst ein paar Monate nach der Kapitulation, als das Brennmaterial knapp wurde und die Bevölkerung die Stämme als Brennholz ausgrub. Auch die Stubben der gefällten Bäume wurden als Brennholz mühselig gerodet, doch war es in dieser Notzeit eine gute Hilfe, und die harte Arbeit wurde von keinem gescheut.
Maria und ihre Freundin mußten nach der Kapitulation in ihrer schulfreien Zeit sehr harte Arbeit leisten, vor allem in der Erntesaison. Sie erwarben eine Genehmigung zum Ährenlesen bei der Stadtverwaltung und gingen über die Stoppelfelder. Sie sammelten die abgefallenen Ähren auf oder hackten die gerade gerodeten Kartoffelfelder nach; jede mußte auf diese Weise zur Familienernährung beitragen. Überall konnte man auf öffentlichen Wiesen- oder Parkanlagen Menschen sehen, die die gesuchten Ähren in Säcken mit Stöcken droschen, um die Körner zu erhalten. Für die Körner bekam man in der Mühle Mehl und Kleie und konnte so die Zuteilungsraten oder die Lebensmittelkarten etwas aufbessern. Oft wurden die Getreidekörner auch nur in der Kaffeemühle gemahlen und mit Wasser zu Brei gekocht, der mit etwas Süßstoff zur Delikatesse wurde. Zuckerrüben wurden gestoppelt und in langwierigen arbeitsreichen Prozessen zu Rübenkraut verarbeitet, ein sehr begehrter Brotaufstrich zur damaligen Zeit! Alles in allem im Rückblick betrachtet: es war noch nicht einmal die ungesündeste Kost und man hatte den Wert des Brotes schätzen gelernt.
Die vier Freunde hatten in den Nächten mit Fliegeralarm und Luftangriffen im Hauskeller Erfahrungen gesammelt, bei Reisen in überfüllten Zügen wurden ihnen Türen geöffnet, die besser noch ein paar Jahre verschlossen geblieben wären. Sie wurden Zeugen des Schwarzhandels, der Liebe und des Hasses.

Als Marias Eltern zur Beerdigung eines nahen Verwandten 1944 in die Lausitz fuhren, blieb sie für die zwei Tage bei einer Mieterin im Hause. Deren Mann erhielt in dieser Zeit gerade vier Tage Fronturlaub, und so wurde Maria im Schlafzimmer Zeugin des Lebenshungers, denn sie stellte sich schlafend. Renate, Hans und Heinz hatten ähnliche Erlebnisse, und sie tauschten sie als Kinder aus, das alles hatten sie niemals vergessen.
Sie fühlten die Ungerechtigkeit der sowjetischen Besatzungssoldaten und ihrer abgerichteten Helfershelfer, und sie lernten sehr frühzeitig eines kennen: Man kann alles sehen und hören, muß aber dann schweigen; muß so tun, als habe man nichts gesehen oder als sei man gar nicht in der Lage, soweit denken zu können. Mit dieser Einsicht zum Leben kamen sie schon in die Einheitsschule. Sie hatten gelernt, nur das zu erkennen, was sie erkennen durften oder sollten. Sie wußten, was die sogenannte politische Linie vorschreibt und sie lernten von den Erwachsenen die Verhaltensweisen in der ausgeprägten Form nach dem Motto kennen: »Die Welt will betrogen sein und muß betrogen werden!«

Heute genossen sie ihren Nachmittag am Wasser und machten ein paar nette Aufnahmen zur Erinnerung. Bei Anbruch der Dämmerung zogen sie dann los, um zum Abendessen pünktlich zu Hause zu sein. Am Donnerstag hatten sie die letzte Tanzstunde vor dem großen Abschlußball im Gewerkschaftshaus, wo die Tanzschule RA-Hesse gelandet war, nachdem man den wunderbaren Parkettsaal des Schützenhauses zu einer Lagerhalle gemacht hatte.
Die Partei hatte gefordert, daß Vergnügungsstätten nur noch in begrenzter Zahl zur Verfügung stehen, und der Großteil wurde anderen Zwecken zugeführt, Restaurants wurden zu Schulungsräumen der Partei, zu Ausbildungsräumen für die vormilitärische Ausbildung, zu Büros sogenannter demokratischer Organisationen und zu Lagerräumen. Das Gewerkschaftshaus galt im Volksmund als

›Bumsladen‹; ein vernünftiger Bürger konnte dort unmöglich sein Bier trinken, es kam fast jeden Abend zu Raufereien mit Verletzten. Vielleicht war gerade das der Grund, daß man einer Tanzschule, die als bürgerlich verschrieen war, diese und keine anderen Räumlichkeiten zur Verfügung stellte. Doch die Entwicklung war positiv auf der einen Seite, denn den Stammgästen gefielen erstens nicht der Umgangston, und zweitens nicht die Kleidung der neuen Gäste, der Tanzschüler und der Tanzzirkelteilnehmer. An den Abenden, wo die Tanzschule oder der Turniertanzkreis sein Pensum abhielt, blieben die Stammgäste ihrer Restauration fern.
Der Objektleiter (wie der Wirt in den VEB-Gaststätten genannt wird) war nicht böse darüber, denn der Verzehr an Getränken und Speisen der Tanzschüler erhöhte seinen Umsatz beträchtlich, so daß er sein Monatssoll immer übererfüllen konnte. Er lief auch keine Gefahr, daß er durch zerschlagenes Inventar oder ähnliche Dinge Einbußen erleiden mußte. So waren die ›Bourgeois‹ wieder unter sich. Man schickte einen Kulturfunktionär der SED, der darüber wachte, daß während der Tanzstunden das Liedverhältnis von vier zu eins gewahrt wird (vier Ostschlager, ein Westschlager). Außerdem hatte er darauf zu achten, daß die Tanzenden keine dekadente Kleidung trugen. Ja, der Arbeiter- und Bauernstaat hat schon seine Sorgen, daß niemand aus der Reihe tanzt.

Marias und Renates Mutter hatten schon entsprechend an Lebensmittelkarten gespart, um für den Ball ein paar leckere Dinge für die Kinder zuzubereiten, denn die Auswahl der Restauration war den Umständen entsprechend sehr schlecht; wenn man Glück hatte, gab es Streuselkuchen oder Amerikaner und das ostdeutsche Standardessen: Bockwurst! Also griffen die braven Mütter zur Selbsthilfe, buken Kuchen und fertigten leckere Salate an. Die Girls waren stolz auf ihre Mütter, brauchten sie doch deren Fähigkeiten zu allem. Um ein schönes Ballkleid tragen zu können, änderten die Mütter ihre alte Gala-Kleidung, die den Krieg und die Nachkriegszeit überdauert hatte, da aus ihnen keine Gebrauchskleidung für den Alltag hergestellt werden konnte. Im Gegensatz zur Männerkleidung: der Frack, der Smoking und der Stresemann waren längst zum normalen Alltagsanzug umfunktioniert; die Mutter konnte aber schlecht im Tüll oder schulterfreien Kleid ihre täglichen Besorgungen machen oder gar zur Arbeit gehen. Also überlebte die Luxuskleidung der Damen und kam nun den Töchtern abgeändert zugute.

Heinz hatte einen Gärtner kennengelernt, für den er Filme entwickelte und Abzüge machte. Der Gärtner hatte bei sich zwei Schwestern aus Ostpreußen aufgenommen und lebte mit ihnen zusammen, sie halfen ihm bei der Arbeit und bei der ›Feierabendgestaltung‹, und da er die dabei gemachten Fotoaufnahmen schlecht zu einem Fotografen bringen konnte, erledigte die pikante Aufgabe Heinz. Dafür erhielt er von dem Gärtner Gemüse und bei besonderen Gelegenheiten – wie dem Ball – auch eine Rarität: Treibhausblumen! Damit konnte er und sein Freund der Kavalierspflicht Genüge tun! Auf diese Weise hatten sie mit der nötigen Eigeninitiative die wichtigsten Probleme zum Gelingen des Festes gelöst und sie freuten sich sehr darauf.

Oft sagt man, was sehr gut vorbereitet wird und worauf man sich sehr freut, das mißlingt. Doch dieser Ball bildete eine Ausnahme von der Regel. Die Tanzkapelle Fritz Fricke spielte auf, die Polonaise erklang und die Herren forderten ihre Damen zur heiligen Zeremonie, der Eröffnung, auf. Die Mütter wetteiferten mit ihren Blicken, und man sah allen Beteiligten an: Jetzt hatte man alles andere vergessen, nur der Ballsaal existierte noch! Die triste Umwelt gab es nicht mehr, man genoß die herrlichen Stunden und war in einer anderen Welt. Als viel zu früh der Rausschmeißer erklang, machten sich auch die Freunde auf, denn die Mütter hatten schon vorher den Nachhauseweg angetreten, um ihre Töchter nicht zu stören.

Der Weg durch die klare Nacht war herrlich, und so

beschlossen sie, gemeinsam erst Renate nach Hause zu bringen, da diese den weitesten Weg hatte. Jede Bank auf der Straße wurde natürlich zu einer kurzen Rast genutzt, als sie an der Schloßterrasse standen und auf das Saaletal herabsahen, war es Renate, die plötzlich sagte: »Kinnings, genießt diese Nacht und diesen Ausblick, das halbe Jahr ist bald um, dann haben wir unser Abitur in der Tasche und die Tage dieses Ausblickes sind vorbei. Wer weiß, wo wir in zwei Jahren in einer solchen Nacht stehen! Eigentlich schade, daß wir das alles aufgeben müssen, denn im Grunde haben wir ein herrliches Städtchen mit einer schönen Umgebung. Denke ich an einen Abschied, macht mich das ein bißchen traurig.«
Heinz war es, der plötzlich den Vorschlag machte: »Egal, wo und wie, in genau zwei Jahren wollen wir uns drüben wiedertreffen, auf der anderen Seite des Bahndammes! Oder – machen wir es ganz konkret aus, wir treffen uns in zwei Jahren an diesem Tag in Düsseldorf bei Renates Schwester Gisela.« Alle waren damit einverstanden und versprachen, daß sie es unter allen Umständen einhalten werden, das Versprechen wurde mit einem Kuß zwischen ihnen besiegelt. Man bummelte den Schloßberg hinunter, und Renate lud alle drei morgen zu einer kleinen Abendparty ein, da ihre Eltern für drei Tage nach Westberlin führen, um dort mit Gisela zusammenzutreffen. Auch dieser Vorschlag wurde mit Hallo begrüßt.
Heinz ging als letzter seinen Weg zum Elternhaus und war gerade dabei, die »Alte Bibel‹ zu überqueren, da hatte er eine nicht alltägliche Begegnung. Etwa zwanzig Schritte vor ihm torkelte ein Mann, Heinz dachte bei sich, Junge, Junge, hat der einen geladen, da, jetzt stolpert der Mann am Rande des Weges auf die Wiese und bleibt stöhnend liegen! Heinz wollte schon mit einer spottenden Bemerkung vorbeigehen, als der Mann nochmals aufstöhnte. Da stutzte Heinz, denn er sah auf dem Boden dunkle Flecken, und das helle Hemd, das der Mann trug, hatte auch einen gewaltigen Fleck. Heinz trat heran und entzündete ein Streichholz. Was er

sah, ließ ihn mit einem Schlag nüchtern werden. Der Mann vor ihm blutete und war bewußtlos.
Heinz überlegte. Er könnte schnell zum Tor des ehemaligen *Solvay*-Werkes rennen, dort gab es einen Sanitäter und eine Bahre, kurzum, das war die beste Hilfe. Als er gerade im Begriff war das zu tun, kam der Mann röchelnd zu sich: »Wenn Sie etwas für mich tun wollen, so helfen Sie mir zu dem Gebüsch dort, ich kann nicht in ein Krankenhaus . . . keinen Arzt, bitte.« Heinz sagte: »Mensch, Sie brauchen einen Arzt, Sie sind verletzt und können verbluten«. Ein flehendes Röcheln: »Keinen Arzt, bitte. Die Russen erschießen mich sonst, nehmen Sie meine Brieftasche und . . . «
Heinz verstand. Er verstand, wie nur einer verstehen kann, der täglich mit zwei Gesichtern, zwei Hirnen und zwei Weltanschauungen leben muß. Er erkannte, dem Mann muß sofort geholfen werden. Er mußte genauso handeln, wie sein Onkel Karl damals in den letzten Kriegstagen, als ein Ami mit Fallschirm aus seiner brennenden Maschine abgesprungen war, und sein Onkel den Offizier in einer Gartenlaube unterbrachte und bis zur Kapitulation heimlich pflegte.

In der Friedrichstraße wohnte seine Tennisclubkameradin Annemarie. Sie war zehn Jahre älter als er, aber eine sehr liebe Freundin. Sie hatte ihn zum Mann gemacht und . . . und . . . Zu ihr wollte er, und dann wieder zu dem Verwundeten. Er zog ihn vom Grasrand in ein Gebüsch und jagte los.
Sein Vierkant paßte für das Schnappschloß an Annemaries Haustür und weil noch nicht abgeschlossen war, stürzte er förmlich zu ihrer Wohnungstür und klopfte sein altes Zeichen. Annemarie kam und öffnete ihm fast nackt die Tür. »Mein Gott, Heinz, wo kommst du jetzt her? Du blutest ja und bist verletzt.« Heinz klärte mit ein paar Worten Annemarie auf, sie war auch erst eine halbe Stunde vorher nach Hause gekommen, aber sogleich bereit zu helfen. Sie zog sich ihren Trainingsanzug über, holte für Heinz einen Roll-

pulli und eine Trainingshose vom Bestand ihres verstorbenen Vaters und sagte, zieh das an, sonst versaust du dich total.
Beide stürzten dann los, und als sie zu dem Gebüsch traten, wurde der Mann sofort wieder wach. Heinz sagte ihm, daß sie ihn zu seiner Freundin bringen wollten, ihn erstmal waschen und die Wunden verbinden und morgen dann woanders hin. Röchelnd kam ein langgezogenes »ich danke euch«. Heinz war kräftig, und Annemarie machte sich stark, und so brachten sie den halb leblosen Verletzten gut in ihre Wohnung. Sie legten ihn auf ein Sofa, auf das Annemarie vorher eine alte Wolldecke gebreitet hatte. Laut stöhnte der Mann, doch Annemarie nahm kurz entschlossen die große Schneiderschere und schnitt Jacke und Hemd in Stücke, um dem Mann so wenig wie möglich weh zu tun. Er hatte zwei Einschüsse in der Schulter.
Heinz konnte es nicht fassen. Doch Annemarie holte eine Flasche Primasprit (98 %iger Trinkalkohol zur Herstellung von Likören), machte Wasser heiß und sagte zu Heinz: »Hole zwei Pinzetten und den Zellstoff aus dem Schrank.« Der Verletzte verlangte ein Taschentuch oder Handtuch; als es ihm gereicht wurde, machte er davon einen Knebel und steckte ihn in den Mund. Er deutete an, die beiden sollten versuchen, die Projektile herauszuholen.
Heinz preßte den Mann auf das Sofa und Annemarie, die mit Alkohol die Pinzetten steril gemacht hatte, versuchte ihr Glück. Das erste Projektil bekam sie schnell zu packen, einige Drehungen, ein lautes Aufstöhnen, und sie schaffte es, das Projektil nach draußen zu bringen. Das zweite saß tiefer, und der Verletzte war inzwischen ohnmächtig geworden. Heinz nahm Annemarie die Pinzette aus der Hand, kippte aus der Flasche etwas Sprit auf die Wunde und führte die Pinzette tief hinein. Da, er hatte festen Metallkontakt und lockerte das festsitzende Projektil. Mit ein paar weiteren Versuchen beförderte er es langsam nach oben. Er goß nochmal Sprit über die Wunde und tupfte alles mit Zellstoff ab. Annemarie behandelte die Wundränder mit

Sepsotinktur, und dann verbanden sie gemeinsam den Verletzten.
Heinz nahm die Brieftasche des Verletzten: ein Personalausweis mit einer Adresse von Halle/Saale, Kleine Ulrichstraße 14, und 3000 Mark Ost (soviel durfte man offiziell in Bargeld gar nicht in der Tasche haben). Dann förderte Heinz aus der Jacke noch sechs goldene Zwanzigreichsmarkmünzen und . . . eine Walter-Pistole, die noch durchgeladen war (Heinz entnahm das Magazin, aus dem 5 Schuß fehlten), sowie ein Fallschirmjägermesser.
Der Verletzte schlief und sie betrachteten ihn. Annemarie fragte: »Heinz, bleibst du bei mir?« Heinz sagte nur, das sei doch wohl klar. Sie setzten sich zusammen in einen Sessel neben dem Sofa, etwa drei Stunden später wurde es hell, und Annemarie setzte Wasser auf, kochte Kaffee und erneuerte den durchbluteten Verband. Der Verletzte wurde wach, er sah beide an und seine Blicke verfolgten das Kaffeeaufbrühen.
Langsam trank er dann mit ihrer Hilfe ein paar Schluck Kaffee und bat um eine Zigarette. Annemarie steckte sich und Heinz Zigaretten an und ließ den Verletzten ziehen. Er inhalierte ganz tief und langsam stieß er den Rauch aus. Dieser Vorgang wiederholte sich noch einige Male, bevor er mit leiser Stimme mehr flüsterte als sprach: »Ihr habt mir geholfen, ich hatte mir nur einen Platz gesucht, um meine Sachen ordnen zu können, nun bin ich euch eine Erklärung schuldig. Ich bin vor 42 Jahren in Bernburg geboren und im 22. Lebensjahr nach Manchester in England gegangen, und ich lebe noch dort. Ich bin englischer Spion und hatte eine wichtige Mission erhalten, die über Dessau, Magdeburg auch nach Bernburg führte. Ausgerechnet am Schluß hatte ich auf dem Feldweg nach Neugattersleben einen Zusammenstoß mit einem Doppelposten der Roten Armee. Ich war in das Munitionsdepot an der Feldscheune eingedrungen, uns war der Plan in die Hände gefallen, der unbedingt überprüft werden mußte. Da ich die Gegend sehr genau kannte, kam nur ich für die Aufklärung in Frage. Ich

gelangte durch einen Notausstieg, der als normaler Gully getarnt war, in die unterirdischen Räume, auf denen die Feldscheune steht. Gerade als ich diesen Weg zurück wollte, wurde ich gestellt. Die Russen schossen sofort auf mich ohne Anruf. Ich habe in diesem Moment das Eindringen der Projektile gar nicht wahrgenommen, sondern handelte ganz automatisch. Ich zog meine Pistole, traf den einen genau in den Mund, der zweite erhielt einen Bauchschuß. Beide blieben liegen, und ich flüchtete. Ich stieg den Schacht wieder nach oben. Erst oben stellte ich meine Verwundung fest, denn ich konnte meinen Arm nicht mehr bewegen. Ich schleppte mich zum Kalksteinbruch, ging am Felsenkeller hinunter, den Weg bin ich früher mit meinen Schulkameraden immer gelaufen, wenn wir Räuber und Gendarm spielten, dann entlang der Seilbahn zur Saale. Dort habe ich einen Angelkahn losgemacht und bin dann zu diesem Ufer rüber. Dann immer am Ufer entlang bis zur Annenbrücke, da mußte ich die erste längere Rast machen, dann den Rodelberg hoch, und auf der Alten Bibel brach ich erneut zusammen, als du mich fandest.«

Heinz steckte neue Zigaretten für alle an, und sie tranken ihren Kaffee weiter. Annemarie ließ den Verletzten langsam trinken und er berichtete weiter, er heiße Joachim, werde aber von allen Freunden Jo genannt. Er müsse unbedingt die Grenze auf Schleichwegen erreichen, um Kontakt zu seiner Dienststelle aufzunehmen. Er zeigte auf seine Schuhe und bat Heinz, einen Schraubenzieher oder ein Messer zu nehmen und den Absatz, der abschraubbar wäre, zu lösen. Heinz war mit Eifer bei der Sache und handelte nach Jos Weisungen. Er machte die Innensohle los und sah vier Schraubenköpfe. Er drehte die Schrauben heraus und konnte den Absatz abnehmen. Er sah einen Hohlraum und entnahm ein Ding, das wie ein Miniatur-Verbandspäckchen aussah. Jo sagte, er solle es vorsichtig auftrennen. Heinz hatte jetzt einen kleinen Ausweis der Britischen Armee in der Hand, der tatsächlich auf den

Namen Jo Snider ausgestellt war, sowie ein kleines Metallplättchen.
Jo erklärte den beiden, das sei eine Erkennungsmarke und sein Dienstausweis, er habe den Dienstrang eines Majors und jeder, der ihm hilft, kann mit einer hohen Belohnung Großbritanniens rechnen.
Annemarie sah ihn an und erwiderte, wir wollen helfen, das machen wir aus innerem Antrieb und Überzeugung, denn deine Feinde sind auch die unseren, mein Vater wurde drei Tage nach Kriegsschluß in Berlin von einem Russen erschossen, weil er SS-Offizier war, also dürfte klar sein, was ich von den Roten halte. Du bleibst bis morgen abend hier, und dann werden wir dich zur Grenze bringen. Den Weg kennen wir, und du bist somit sicher vor denen.
Jo sagte, bitte, nehmt das Geld und versucht damit ein paar Sachen für mich zum Anziehen zu bekommen. Annemarie antwortete, du ziehst den Rollkragenpullover von meinem Vater an, eine seiner Hosen wird dir auch passen und dazu den Trenchcoat, auch Unterwäsche reicht für dich bis drüben.
Jo erzählte ihnen weiter, daß in dem unterirdischen Teil jede Menge »*Katjuscha*-Munition« lagere, sowie Panzer- und Infanteriegranaten mit Spezialköpfen. Der unterirdische Stollen verliefe bis zum Kalksteinbruch, dieses Ausmaß war ihnen nicht bekannt. Die Armee war alarmiert, da aus sehr zuverlässiger und sicherer Quelle die Zahl der LKW-Transporte genannt wurde, die innerhalb von zwei Monaten in die Feldscheune fuhren. Selbst wenn jeder LKW nur eine Granate abgeladen hätte, wäre die Scheune total überfüllt gewesen. Jetzt wäre das Rätsel gelöst, denn nun wußte man, daß hier ein sehr großes Munitionsdepot errichtet worden war. Seine Aufgabe war es, die Depots in dem Raum aufzuklären, und er hat es geschafft. Kommt er nun auch noch mit ihrer Hilfe gut in den Westen, so wird sich seine Dienststelle nicht kleinlich zeigen.
Heinz ging erstmal schnell nach Haus, aber nur um die Wäsche zu wechseln und seinen Eltern mitzuteilen, daß er

voraussichtlich erst wieder am Montagfrüh zum Schulbeginn zurück sein wird. Dann ging er von seinem Elternhaus zu Renate und Hans und erklärte, warum er am Abend nicht zur Party kommen könne. Hans machte einen guten Vorschlag: Annemarie hat ihren Führerschein, sein Onkel muß morgen in Völbke zwei Pumpen abholen, der Fahrbefehl der Kreisverwaltung ist schon ausgestellt, man könnte also den Lieferwagen des Onkels nehmen und alle zusammen könnten nach Völbke fahren. Von dort aus bis zur Zonengrenze sei es nur ein Katzensprung nach Harbke, und es wäre auch einfacher und unauffälliger, mit mehr Personen zu fahren. Heinz fand den Vorschlag gut, und so gingen sie zusammen zu Renate. Das Glück war ihnen hold, denn sie trafen auch Maria bei ihr. In knappen Worten schilderte Heinz sein Erlebnis und beide Mädchen waren mit dem Vorschlag einverstanden. Sie ergänzten den Plan noch, indem sie vorschlugen, FDJ-Kluft anzuziehen, das wäre eine gute Tarnung. Sie machten aus, daß sie sich mittags auf der Alten Bibel an den Kriegergräbern treffen wollten.
Als Heinz eine Stunde später wieder bei Annemarie war und ihr die Vorschläge machte, sagte sie, mal sehen, was Jo dazu meint, wenn er aufsteht. Ich finde, alles wäre auf diese Weise sehr gut getarnt und man könnte Jo notfalls sogar das Stück über die Grenze tragen. Er war inzwischen wach geworden, und Heinz machte ihm den Vorschlag. Anfangs wollte Jo nichts davon wissen, es seien zu viele Personen. Doch als Heinz auf die Verkleidung bezüglich der FDJ-Kluft zu sprechen kam, sagte er zu.
Der Onkel von Hans gab den Lieferwagen, besonders, weil er dadurch den Fahrer wieder anderweitig einsetzen konnte. Er dachte, daß sein Neffe wieder ein kleines Schiebergeschäft vorhabe, und er fand nicht schlecht, daß der Junge immer erst über Geschäfte sprach, wenn sie geklappt hatten. Da Hans nun mit Annemarie ankam, um den Oldtimer abzuholen, wünschte er ihnen gute Fahrt.
Annemarie hatte für Jo fünf Eier mit Rotwein und Zucker

gequirlt, und er hatte noch gute drei Stunden geschlafen. Sie hatte ihm beim Anziehen geholfen und nun halfen sie ihm in den Wagen. Er sagte, er fühle sich prächtig, die Schmerzen seien zu ertragen.
Bis Magdeburg klappte die Fahrt ohne jede Unterbrechung, sie hatten blaue FDJ-Kluft an und fuhren zu einem »freiwilligen Arbeitseinsatz«. In Magdeburg bogen sie auf die Autobahn ein, da stand ein Vopo und kontrollierte alle Wagen. Unsere Sechs sangen das »Aufbaulied«, und als Annemarie im Begriff war auszusteigen, um die Fahrzeugpapiere vorzuweisen, winkte der Vopo mit den Worten ab »ihr fahrt zum Arbeitseinsatz, ihr könnt durch!« Bei Eisleben fuhr Annemarie wieder von der Autobahn ab und bog auf die 245, die nach Völbke ging. Es war schon dunkel, als sie den Ort erreichten. Unbemerkt konnten sie ihre Vorbereitungen treffen. Von hier bis zur Zonengrenze waren es knappe 10 km, und Jo fühlte sich stark genug, diese letzte Hürde zu überwinden.
Heinz und Annemarie waren hier schon öfter über die Dörfer gewandert, um nach Hohnsleben zu gehen. Auf dem Feldweg begegneten ihnen drei Personen, die Rucksäcke und Koffer trugen, es war klar, welches Ziel sie hatten. Nach einer guten Stunde zeigte Heinz auf eine schmale Landstraße und erklärte Jo, wir müssen über diese Straße und das angrenzende Feld, dort ist ein Wassergraben, über den eine starke Versorgungsleitung führt, das ist genau die Grenze, es waren knapp 100 Meter.
Hans hatte das Prismenglas seines Vaters mitgenommen, und er blickte nun in alle Richtungen, doch konnte er keine Bewegungen feststellen. Sie überquerten die Landstraße und das Feld bis zum Graben, Heinz ging als erster über das Rohr, schmiß dann eine Leine rüber, die Hans festhielt, und die Mädchen gingen zur anderen Seite. Jo atmete noch einmal gut durch und ging dann, ohne das Seil anzufassen, ebenfalls hinüber. Hans folgte ihnen, und während Jo sie anerkennend auf die Schulter klopfte, flammte plötzlich ein Scheinwerfer auf und eine Stimme

befahl: »Stehenbleiben, Ausweiskontrolle des Bundesgrenzschutzes!«
Jo polterte sofort los: »Macht gefälligst eure Funzel aus, ich bin Major der Britischen Armee und brauche sofort einen Wagen. Die Leute gehören zu mir und sind o. k., das ist alles nur Maskerade!«
Die Lampe ging sofort aus, obwohl die Schimpfkanonade in englisch auf die BGS-Leute niederprasselte, von denen einer jetzt sagte, »entschuldigen Sie, Sir, aber die Blauhemden haben uns irritiert«. Sie befanden sich auf einem Stück Landstraße, das parallel zur Grenze verlief. Jo fragte, ob sie ein Feldtelefon hätten, und der Postenführer sagte nein, aber 100 Meter weiter sei eine Holzhütte, dort ständen zwei Telefone, eines für die interne Leitung und eins für normalen Sprechverkehr. Sie gingen gemeinsam bis zur Hütte und Jo verhandelte kurz am Telefon.
Eine gute Viertelstunde später kamen zwei Jeeps und holten die Gruppe ab. In schneller Fahrt ging es nach Helmstedt zur britischen Armeestelle, dort wurden sie direkt von zwei Zivilisten empfangen. Während Jo mit ihnen sprach, blickten sie anerkennend die fünf Freunde an, eine Ordonnanz kam und forderte alle auf, mit in einen Konferenzraum zu kommen. Drei Soldaten stellten gerade die letzten Platten auf den Tisch, und Jo sagte, ich möchte euch zu einem kleinen Abendessen einladen. Alle langten kräftig zu, denn die Aufregung der letzten vierundzwanzig Stunden hatte sie das Essen vergessen lassen. Jetzt war die Spannung vorbei, und man hatte großen Appetit.

Nach dem Essen mußte sich Jo entschuldigen, denn er wurde zum Lazarett geholt. Man wollte ihn eigentlich gleich nach seiner Ankunft untersuchen, doch hatte er darauf bestanden, erst mit seinen Rettern zu speisen. Jos beide Kollegen waren wiedergekommen, sie waren bepackt wie die Weihnachtsmänner. Sie hatten für jeden drei Stangen Zigaretten, drei Dosen Kaffee, zehn Tafeln Schokolade und drei Dosen Tee. Dann setzten sich die beiden hin und

sagten, für ihren selbstlosen Einsatz erhält jeder von euch 3000 Ostmark. Auf das Konto einer Bank in West-Berlin werden 30 000 DM eingezahlt, die könnten sie dann bei West-Berlin-Besuchen beliebig abheben. Als weiteres erhalte jeder einen Gutschein für eine 14tätige Reise nach Großbritannien, die sie jederzeit antreten könnten, wenn sie sich einmal im Westen befänden. Außerdem wurde ihnen zugesichert, daß ihnen jederzeit bei einem Grenzübertritt alle Hilfe zuteil würde; sollte einer von ihnen die Absicht haben, in England zu studieren, werde ihm auch da Vermittlung und Hilfe zuteil.
Annemarie als Älteste sprach quasi für alle und sagte nochmals, »wir halfen, weil wir es einfach als menschliche Pflicht verstehen, so zu handeln. Wir kommen alle aus sogenannten bürgerlichen und Beamtenfamilien, also ist einfach unsere Herkunft und Erziehung verantwortlich, daß wir nicht mit den Sowjets paktieren oder mit ihren Vasallen arbeiten. Wir haben nur unsere Pflicht getan und werden sie, wenn es notwendig ist, immer wieder tun.«
Das beeindruckte die beiden Tommys sehr. Heinz war es, der hinzufügte: »Wir halten Augen und Ohren offen und wollen gerne mehr tun. Geben Sie uns die Möglichkeit, oder machen Sie einen Vorschlag. Wenn sie einen von uns zu irgendeinem Zeitpunkt brauchen, so genügt es, uns ein Stichwort zukommen zu lassen, und wir sind dabei!«

Nach gut einer Stunde kam Jo zurück und lobte Annemaries Einsatz bei seiner Wundbehandlung. Das Entfernen der Projektile hätte auch durch ein Ärzteteam nicht besser gemacht werden können, wie ihm aus berufenem Munde mitgeteilt wurde. »Ich lasse es mir nicht nehmen, euch persönlich noch bis zur Grenze zurückzubringen und hoffe, daß ihr gut wieder in Bernburg landet. Eure Adressen habe ich, ihr erhaltet von mir eine Telefonnummer in West-Berlin und eine von Hannover, wenn ihr einen erfüllbaren Wunsch habt oder in den Westen kommt, Jo ist immer für euch da! Ich habe zwei Leute vorausgeschickt, sie geben

Nachricht, ob alles klar ist, dann könnt ihr gefahrlos bis zu eurem Wagen zurück. Ihr könnt euch noch mit Südfrüchten eindecken, wenn sie euch dann auf der Autobahn kontrollieren, sieht es so aus, als hättet ihr nur eine Hamsterfahrt unternommen.«

Sie stiegen in zwei PKWs und fuhren wieder zur alten Übergangsstelle zurück. Das Licht wurde ausgeschaltet, und Jo reichte Heinz einen Feldstecher, er solle rüber in Richtung der Straße im Osten schauen, wo sie gestanden und ihre Blicke nach dem Grenzgraben geworfen hatten. Heinz war überrascht, trotz der Dunkelheit ein so klares Bild vor sich zu haben. Er sah die Umrisse einer Gestalt, die sich jetzt bewegte. Jo ließ kurz eine Taschenlampe aufblinken und die Gestalt antwortete in gleicher Weise.

Jo drehte sich um und sagte, der Weg ist frei, das ist einer unserer Männer. Zu Hans gewandt fuhr er fort: »Dieser Feldstecher ist ein spezielles Nachtglas und mein persönliches Geschenk für dich, halte dich gesund bis zum nächsten Wiedersehen und vor allem bleibt alle so, wie ihr seid.«

Damit verabschiedeten sie sich, die Fünf schnappten sich ihr reichliches Gepäck und gingen los. Als Heinz an der Stelle stand, wo er vorhin die Gestalt beobachtet hatte, nahm er noch einmal das Glas und blickte zurück auf die Wagen. Dann gingen sie ihren Weg zurück nach Völbke. Sie verstauten ihre Sachen im Wagen, danach ging Hans mit Heinz zu dem Kunden, um die Pumpen abzuholen, zwei Stunden später waren sie wieder unbehelligt in Bernburg.

Als der Onkel von Hans sie auf den Hof fahren sah, war er sehr erfreut, sie schon zu sehen. Er lud die Pumpen mit aus, und Heinz drückte ihm eine Stange Zigaretten, Bananen und Apfelsinen in die Hand. Der Onkel sagte, mir war doch klar, daß ihr nur eine Schieberfahrt machen wolltet. Ich gebe euch jetzt den Fahrer mit, damit ihr euch zu Hause schnell umziehen könnt und in die Schule kommt, denn sonst gibt es da noch Ärger.

Zu Beginn der zweiten Unterrichtsstunde waren sie in der Penne, den Kunstunterricht bei Mätzchen Moor, einem

Leipziger, der schon etwas vertrottelt war, hatten sie versäumt. Jetzt hatten sie im Physiksaal Unterricht bei Kersten, bei dem wäre es nicht passiert, das Fehlen einiger Schüler zu übersehen. Alle vier waren total müde und klapperten mit den Augenlidern, die Klassenkameraden dachten sich ihren Teil, sollten sie –, das, was die vier erlebt hatten, werden ihre braven Mitschüler nicht in zehn Jahren erleben. Nach dem Unterricht wieder zu Hause, legten sie sich erst einmal ein paar Stunden aufs Ohr, sie hatten sich zum Abend in der *Kugel* verabredet, wo Kurt Wilhelm, ein gutes Bartrio aus Wernigerode, zum Tanz aufspielte. Doch blieben sie nur bis 22.00 Uhr, kauften sich noch drei Flaschen Wein und gingen dann zu Renate, deren Eltern erst morgen von West-Berlin zurückkamen. Dort konnten sie sich wenigstens ungestört unterhalten.
Bei Wein, Schokolade und Gebäck hörten sie Jazz und Schlagerplatten und sprachen über ihre Erlebnisse. Sie hatten jetzt genügend Taschengeld und das schönste war, beim nächsten West-Berlin-Besuch konnten sie von ihrem Konto Westgeld abheben und kaufen! Ein paar neue Schuhe, einen schönen Rock, ein tolles Sakko . . . sonst mußten sie immer das preiswerteste nehmen, denn der Kurs war mit 1 : 4 oder 1 : 5 sehr hoch. Kostete ein paar Schuhe 60 DM West, so mußten die Eltern dafür 300 Mark Ost hinlegen, und da konnte man sich dann eben nur ein Teil kaufen.
In nächster Zeit würden sie verdammt gut auf die Bewegungen der sowjetischen Besatzungstruppen und der Kasernierten Volkspolizei achten, sich Kennzeichen und Typen der Fahrzeuge aufschreiben. Sie wollten nicht mit leeren Händen vor Jo stehen, wenn sie sich in West-Berlin trafen. Er hatte sie mit seinem Beispiel inspiriert, das letzte Jahr auf der Penne sollte in jeder Weise ein erfolgreiches werden.

Beim Jahrestag der Oktoberrevolution verkündete das ZK im Dezember 1951 den allmählichen Übergang vom Sozialismus zum Kommunismus. Im gleichen Monat trafen sich

die beiden Vorsitzenden *Ernst Lemmer* (CDU-West) und *Otto Nuschke* (CDU-Ost) und führten Gespräche über die Möglichkeit Deutschlands, in die UNO zu kommen. Im Jahr 1951 beantragten über 200 000 SBZ-Bewohner als Flüchtlinge das Notaufnahmeverfahren in West-Berlin.
Im Dezember 1951 fuhren unsere vier Freunde mit dem Zug nach West-Berlin, um Weihnachtseinkäufe nach ihren Wünschen zu tätigen. Sie kamen im Ostbahnhof an und fuhren mit der S-Bahn weiter zum Bahnhof Zoo. Von der dortigen Poststelle riefen sie die Telefonnummer an, die sie von Jo erhalten hatten. Ein »hallo, who is calling« überraschte sie etwas, doch Renate war auf Draht und antwortete: »sorry for my english – but we got just from the Sovjetzone to visit Mister Jo.« Ein kurzes »just a moment please« ertönte und dann dauerte es ein bis zwei Minuten, und es meldete sich eine deutsche Stimme. »Hallo, seid ihr die Fünf aus Bernburg?« Renate: »Ja, nur Annemarie konnte nicht mitkommen, und wir sind zu viert.« Antwort: »o. k., geht bitte rüber zum *Zoo-Palast* und wartet vor dem Haupteingang, ich hole euch ab. Jo kann erst heute abend kommen.«
Sie gingen auf den Bahnhofsvorplatz und hinüber zu dem Kino *Zoo-Palast*. Dort sahen sie sich die Vorschau- und Filmbilder an. Es war ein reger Betrieb und sie hatten Befürchtungen, daß sie in dem Gewühl gar nicht erkannt werden. Doch als sie gerade beratschlagten, was zu tun sei, kam ein etwa 40jähriger Mann auf sie zu und rief: »Hallo, ich bin der Freund von Jo, und ihr seid seine Freunde vom anderen Stern. Kommt, wir gehen schnell eine Tasse Kaffee trinken und besprechen kurz den Tagesverlauf.« Sie gingen in ein kleines Café, das Richtung Tauentzien lag, und bei Kaffee und Kuchen stellte sich der Mann vor. »Ich bin Bill, ich habe euch euer Girokontobuch mitgebracht, denn ich nehme an, ihr wollt Geld haben, um Weihnachtseinkäufe zu machen. Hebt soviel ab, wie ihr braucht, und gebt das Buch heute abend Jo wieder mit.«
Für Annemarie sollten sie nur ein paar Stangen Zigaretten, Kaffee, Schokolade, zwei Flaschen Whisky und fünf paar

Strümpfe mitbringen. Sie versprachen Bill, daß sie gegen 17.00 Uhr anrufen würden, aber Hans schlug vor, da sie dann sowieso zu seiner Tante nach Tempelhof wollten, Bill die Adresse zu geben und Jo einfach dorthin kommen zu lassen.
Sie gingen zur Dresdner Bank, legten das Buch vor und hoben 4000 DM ab. Nun zogen sie zum Einkaufsbummel, und ihr erster Weg führte sie ins KadeWe am Wittenbergplatz. Heinz und Hans kauften sich je eine tolle Kombination, enge graue Hose und ein dreiviertel langes Sakko mit Golffalten, dazu jeder zwei Oxfordhemden und Strümpfe mit einem bunten Muster. Maria und Renate holten sich zwei schicke Strickwollkleider und einige Nylongarnituren, dazu noch jede einen Wickelpulli und einen Wickelrock. Sie kauften noch die Strümpfe für Annemarie und für sich und als sie an der Sammelkasse den Gesamtbetrag bezahlten und fragten, ob man das alles in ein oder zwei Kartons verpacken könnte, sagte der in der Nähe stehende Geschäftsführer, sie brächten das auch gern in die Wohnung, Renate fand den Vorschlag gut. Sie gaben die Adresse der Tante in Tempelhof an und informierten sie gleich über Telefon. Dann gingen sie Schuhe kaufen. Naturlederschuhe mit starken Kreppsohlen; dazu holten sie sich noch vier Kollegmappen und ließen auch diese Sachen zur Tante bringen. Kundendienst wurde noch hier in Berlin großgeschrieben.
Eßwaren, Obst und Genußmittel wollten sie dann am kommenden Vormittag einkaufen, und sie waren rundherum happy. Als guten Abschluß des Einkaufsbummels gingen sie ins Café Kranzler und verzehrten jeder einen großen Früchtebecher. Danach nahmen sie am Ku'damm ein Taxi und fuhren zur Tante nach Tempelhof; einen großen Blumenstrauß für sie hatten sie schon erstanden. Die Tante war ganz aufgeregt, als sie klingelten, und sagte: »Menschenskinder, ick globte, det war schon widder een Lieferante!«
Sie begrüßten sich erstmal recht herzlich, und Hans stellte seine Freunde vor. Die Tante fand natürlich alle nett und

hatte zum Empfang eine Kirschtorte gebacken. Außerdem sagte sie gleich, »schlafen könnt ihr heute nacht hier, die Mächens schlafen bei mir und ihr Lulatsche pennt im Zimmer uf dat Sofa un die Kautsch.« Damit hatte die liebe Tante schon alles geklärt, was man ihr erst schonend beibringen wollte, nämlich, bei ihr zu schlafen! Jetzt begann das große Umziehen, ihre alten Sachen verschwanden in einem noch älteren Koffer, sie zogen ihre neuen Sachen an und renommierten damit voreinander. Die Mädchen zeigten ihre schönen nylonbestrumpften Beine, und die Tante sagte: »Nu, macht'se man nich irre, sonst kann ick se nachher nich ofhalten und mir kriejen se wechen Kuppellei dran.« Das Telefon klingelte, und Jo war am Apparat. Er ließ alle grüßen und bestellen, in einer halben Stunde sei er da und hole sie ab.

Jo kam in einem Jaguar und fuhr mit ihnen raus nach Tegel in eine nette Villa. Jo hatte ein kleines Buffet aufgebaut, wo sich jeder bedienen konnte. Er bedauerte es, daß Annemarie nicht mitgekommen war. Seine Wunden seien sehr gut verheilt, und das verdanke er ja vor allem ihr und Heinz. Doch nun wollte er einmal ihre Pläne kennenlernen. Was wollten sie nach dem Abitur machen, welches Studium und wo wollten sie es aufnehmen? Hans fing an, daß er Chemie studieren wolle, und zwar an der FU in Berlin, dann hätte er die Möglichkeit, jederzeit mit seinen Eltern in West-Berlin zusammenzutreffen. Heinz wollte in West-Deutschland Journalistik oder Wirtschaftswissenschaft studieren und erst bei Verwandten in Essen unterkommen. Renate wollte Dolmetscherin werden und Germanistik studieren, wo, wußte sie noch nicht, auf alle Fälle wollte sie erst zu ihrer Schwester nach Düsseldorf, und Maria endlich wollte Slawistik studieren, wo, wußte sie noch nicht, da sie keine Verwandten in West-Deutschland oder West-Berlin hatte.

Jo hatte sich alles angehört und erklärte: »Eure Ziele sind sehr gut, und ich habe keine Bedenken, daß es mit eurem Abitur nicht klappen sollte, ihr seid in einer Zeit aufgewachsen, wo Anpassungsfähigkeit und Klugheit die Grundlagen

für ein sicheres Weiterbestehen sind, und ich kann euch testieren, daß ihr die besten Voraussetzungen habt. Du, Hans, kannst gewiß sein, daß dein Platz an der Freien Universität gesichert ist, das gleiche trifft auf Renate zu. Dir würde ich vorschlagen, in Köln zu studieren. Heinz, wenn du erst bei deinen Verwandten bist, wird es nicht schwierig sein, einen geeigneten Studienort zu finden, es gibt für Journalistik und Publizistik in Münster eine hervorragende Uni. Für dich, Maria, da du keine Verwandtschaft im Westen hast, hätte ich einen Vorschlag, den du dir in aller Ruhe überlegen solltest. Ich könnte dich bei meiner Schwester in Coventry unterbringen, und du könntest an einer englischen Universität Slawistik studieren, wir haben erstklassige Exilprofessoren aus Rußland, Polen, der Tschechei und Rumänien an unseren Universitäten. Du hast alle Möglichkeiten, es liegt an dir, sie zu nutzen. Eine genügende Zeit der Vorbereitung habt ihr alle.«
Sie bedankten sich für die guten Vorschläge und wollten jetzt natürlich mehr von Jos Job hören. Wie man daran kommt und ob auch Frauen dort gute Chancen hätten? Jo erzählte ihnen, daß die Grundvoraussetzung eine erstklassige Ausbildung und eine gute körperliche Konstitution seien. »Täuscht euch aber nicht«, fuhr er fort, »es ist mit der härteste Beruf der Welt. Ihr habt es an mir selbst erleben können. Daß es noch verhältnismäßig gut ablief, habe ich Heinz zu verdanken und meinem guten Ortsgedächtnis.«
Auf die Frage, wie man daran kommt, antwortete Jo: »Nun, wenn ihr eure Ausbildung beendet habt könnt ihr euch bewerben oder aber man wird auf euch aufmerksam und heuert euch an. Es gibt so viele Varianten, daß ich gar nicht alle schildern kann, aber wenn ihr später mal den Wunsch habt, so können wir jederzeit darüber sprechen. Guter, überzeugter Nachwuchs ist immer gesucht; doch macht euch um Gottes willen keine Illusionen über diesen Beruf!«

Sie unterhielten sich noch über die Politik im allgemeinen, ob Aussichten beständen, daß die Russen einmal Mitteldeutschland verließen . . ., aber Jo winkte mit den Worten ab, »was einmal zum sowjetischen Machtbereich gehört, d. h. kommunistisch ist, das wird niemals wieder freiwillig aufgegeben! Ich glaube eher, daß sich die Fronten weiter verhärten und die Möglichkeiten einer Lockerung immer geringer werden. Schaut euch nur die Flüchtlingszahlen, die sich fast täglich erhöhen, an! Die Kommunisten müssen irgendwelche Maßnahmen ergreifen, diese Fluchtbewegung zu drosseln. Das kann durch zweierlei Mittel geschehen, a) sie machen die Lebensbedingungen für die Bürger so hervorragend und sind politisch so tolerant, daß die Bürger keinen Grund zur Flucht haben – um das verwirklichen zu können, fehlt es ihnen an den wirtschaftlichen Voraussetzungen und am Willen; bleibt also nur die Lösung b) und die heißt, mit Gewalt die Fluchtmöglichkeit unterbinden. Durch Einschränkung der Reise- und Verbindungsmöglichkeiten, durch härtere Strafbestimmungen und durch zusätzliche Kontrollmöglichkeiten aller Bürger! Es ist ganz unmöglich, daß irgendwelche Verbesserungen im Verhältnis Ost-West eintreten, daran können nur Idealisten oder Träumer glauben. Eine gewaltsame Änderung ließe sich nur von innen erreichen, doch es wird sehr lange dauern, bis dafür eine günstige Basis vorhanden ist. Eine gewaltsame Änderung von außen würde zu einem Dritten Weltkrieg führen und dieser würde aus Europa und sicher aus manchem anderen Teil der Welt eine elende Atomwüste machen. Unser Kampf gilt in erster Linie dem Ziel, dieses Chaos zu verhindern, denn die Nachrichtendienste machen die Kriegsvorbereitungen eines Gegners transparent und verhindern so die Ausführung bestimmter Pläne. Sie schützen also in erster Linie den bestehenden Zustand und verhindern eine kriegerische Auseinandersetzung.«

Sie diskutierten fast bis Mitternacht und leerten dabei manches Glas und manchen Teller, es war für beide Seiten eine fruchtbare Begegnung, und sie hatten den Wunsch, bald wieder so nett zusammenzusitzen. Auf ihren Wunsch brachte Jo sie noch in den Jazzkeller »*Badewanne*« in der

Nürnberger Straße in Charlottenburg, denn sie wollten unbedingt Joe Glaser mit seiner Band erleben. Sie wollten guten Jazz hören und dafür gern noch ein paar Stunden Schlaf opfern.
Nachts um zwei Uhr kamen sie erst wieder bei der Tante an. Sie war noch auf und hatte Verständnis für das junge Volk. Sie sagte »bei euch inne Provinz is ja sowieso nichts los.« Damit schwirrte sie ab ins Schlafzimmer und durch die offene Tür hörten sie bald laute Schnarchgeräusche, sie schauten sich an und lachten über ihren ›Anstandswauwau‹. AFN brachte noch gute Musik und so erzählten sie noch weiter und tranken dazu noch ein paar Whisky, bis sie dann brav schlafen gingen, wie es die holde Tante bestimmt hatte, was nicht etwa ihrer Vernunft zuzuschreiben war, sondern allein ihrer Müdigkeit. Der Tag mit all den Erlebnissen und die fast 8stündige Bahnfahrt hatten sie total geschlaucht.
Am nächsten Morgen stand Heinz zeitig auf und kochte Kaffee, während Hans Schrippen holte. Dann deckten sie den Tisch und weckten ihre Freundinnen und die Tante. Letztere kommentierte lachend: »Mensch, Mächens, die müßt ihr euch warm halten! Mein Oller, Jott hab ihn seelich, hat det fast nie jeschafft, ihr seid joldrichtig.« Sie hielten ein gemütliches Frühstück und gingen dann zum weiteren Einkauf. Am Nachmittag wollten sie ins Kino gehen und am Abend noch einmal in die Badewanne. Am nächsten Morgen mußten sie dann um 10.00 Uhr zurückfahren. Als sie der Tante ihre Pläne mitteilten, sagte diese: »Jut, dann jehe ick heute um achte ins Bette un mache euch morjen Friestick, amiesiert euch man, mer is bloß eenmal junk!« Die Vier machten sich nach dem Frühstück auf zum zweiten Einkaufsbummel.
Sie kauften die Genuß- und Lebensmittel und Südfrüchte wieder im KadeWe und ließen die reichliche Ladung wieder zur Tante bringen, so konnten sie unbeschwert weiterbummeln, Mittag essen gehen und anschließend das Kino besuchen. Sie fühlten sich wohl in ihrer neuen Kluft, denn man

konnte ihnen nicht ansehen, woher sie kamen, und das machte sie stolz. Sie verlebten noch einen sehr schönen Tag in West-Berlin, übergaben abends Jo wieder ihr Kontobuch und der Tante das restliche Westgeld. Ihre Rückfahrt nach Bernburg verlief ohne Probleme, obwohl sie sich mächtig plagen mußten, um alles gut nach Hause zu bekommen. Die Eltern staunten nicht schlecht, ihre Sprößlinge ›total neu‹ zu begrüßen, doch stellten sie keine Fragen. Sie hatten eines recht deutlich gemerkt: ihre Kinder mußten ein Erlebnis gehabt haben, das in ihnen eine sehr positive Wirkung hinterlassen hatte. Sie waren in ihren Urteilen noch bestimmender und strotzten von Selbstbewußtsein.
Ihre gründliche Vorbereitung für das Abitur ließ sie die mündlichen und schriftlichen Prüfungen spielend überwinden, so daß sie alle das Abitur bestanden; Maria und Renate sogar mit Auszeichnung. Maria hatte in russisch einen tollen Aufsatz zum Thema »Die russischen Dichter und die Oktoberrevolution« geschrieben. Geschickt hatte sie das Leben der damals herrschenden Klasse an Beispielen von *Gogol, Puschkin, Tolstoi, Turgenjew* und *Tschechow* geschildert, das zum größten Teil aus Dummheit, Brutalität, Verschwendungssucht und Rechtlosigkeit bestand. Als Gegensatz sprach sie von der Liebe des einfachen russischen Menschen zu seiner Heimat und war dann auf den Wandlungsprozeß, die gewaltige Entwicklung der Industrie, der Landwirtschaft und Wissenschaft eingegangen. Als Schluß hatte sie *Lenins* These vom »Lernen, Lernen und nochmals Lernen« mit einem gekonnten Lob auf *Stalin*, den sie als den ›Weltbannerträger des Fortschritts und des Friedens‹ bezeichnete, verwendet. Das brachte ihr eine glatte Eins mit Auszeichnung ein, außerdem eine Ehrung durch die DSF. Einen Monat nach dem Abitur saßen alle Vier im Zug und fuhren nach West-Berlin.
Sie hatten nicht viel Gepäck bei sich, denn was irgendwie möglich war, hatten sie zur Tante geschickt, oder Eltern und gute Bekannte hatten es vorher nach Westberlin mitgenommen. Hans meldete sich noch am selben Tage polizeilich an,

er wollte das erste halbe Jahr bei seiner Tante wohnen. Renate telefonierte mit ihrer Schwester Gisela und teilte ihr mit, daß sie in drei Tagen zu ihr käme. Heinz rief seine Verwandten in Essen an und avisierte gleichfalls sein Kommen. Maria, die Zeugin aller Telefonate war, fühlte sich etwas verloren und sagte traurig zu Heinz, wer weiß, wo ich lande, ich bin ganz froh, daß ich erstmal hier eine Bleibe habe.
Doch am späten Nachmittag ließ Jo alle zur Villa nach Tegel abholen. Eine Dame von etwa 45 Jahren öffnete ihnen und stellte sich als Waltraud vor, es war Jos Schwester. Sie sagte ihnen, daß Jo gleich aufkreuzen würde. Sie stellten sich erst einmal vor. Als die Reihe an Maria war, sagte Waltraud: »Also du bist Maria, meine künftige Gasttochter! Wir freuen uns nun schon sehr, dein Zimmer ist seit zwei Monaten fertig, und wir hoffen, es gefällt dir. Ein wenig Geduld mußt du noch aufbringen, denn wir fahren erst in einer Woche nach England.«
Maria standen die Tränen in den Augen und sie konnte nichts anderes tun, als die ihr auf den ersten Blick sympathische Waltraud zu umarmen und ihr zu danken. Doch von Dank wollte Waltraud nichts wissen. Sie sagte, für das, was ihr für meinen Bruder getan habt, ist es nur selbstverständlich, mit gleichen Taten zu antworten. Fühle dich nur nicht wie ein Mädchen, das aus Samaritergründen aufgenommen wird. Es ist alles nur ein geringes Äquivalent für eure Leistung.« Maria war glücklich; hatte sie noch vorhin gedacht, ihr Los sei das schwierigste, so hatte sie jetzt das Gefühl, den Vogel abgeschossen zu haben.

Bei der Beschaffung aller Papiere war ihnen Jo behilflich, so daß sie innerhalb weniger Tage ihre Ausweispapiere hatten. Maria hatte ihren Reisepaß mit dem Visum für Großbritannien und war nach Tegel, zu Jos Schwester gezogen. Heinz und Renate waren bereits nach Düsseldorf geflogen. Vorher hatten sie noch eine Abschiedsparty gemacht und viele Bilder geschossen. Sie wußten, daß sich nun ihre Wege trennten und daß der neue wichtige Lebensabschnitt begann.

Maria dachte, sie beherrsche einigermaßen die englische Sprache, doch die ersten Wochen in England brachten manchesmal Situationen, wo sie mit Händen und Füßen und starker Mimik versuchte, sich verständlich zu machen. Doch jetzt, ein halbes Jahr danach, war alles o. k. und sie dachte englisch, wie Waltraud ihr das so nett sagte. Seit nunmehr drei Wochen besuchte sie das Slawische Institut, nachdem sie eine Aufnahmeprüfung mit Bravour meisterte. Es machte ihr sehr viel Spaß, und sie war mit Leib und Seele dabei. Sie beschränkte sich nicht auf die Ausbildungstexte, sondern las auf Anraten von Jo auch sowjetische Zeitungen und Literatur, hörte Radio Moskau, und wo sie konnte, sprach sie mit Exilrussen. Sie hatte schon ein nettes Erlebnis mit einem Gesprächspartner im Hotel, der dort Portier war. Er wollte eine Wette eingehen, daß sie eine Landsmännin von ihm aus der Gegend von Kiew sei. Das machte sie sehr stolz.
Auch Jo war von Marias Sprachgefühl begeistert, und als er wichtige Dinge zum Übersetzen hatte, stellte er Maria seinem Chef vor und der hatte keine Einwände, Maria mit der Arbeit zu betrauen. Sie hatte sich noch ein Fachlexikon für militärische Übersetzungen zugelegt, um auch diese Spezialausdrücke zu beherrschen. Ein Arbeitsvertrag wurde mit Jos interessanter ›Firma‹ abgeschlossen, und sie konnte täglich im Archiv des Dienstes arbeiten. Auf diese Weise erarbeitete sie sich ein enormes Spezialwissen auf dem militärischen und Geheimdienst-Sektor, die nun einmal ihre eigene Sprache besaßen.
Eines Tages saß sie in der Subway in London und hatte eine französische Modezeitung, die sie intensiv betrachtete, als auf den Nebenplätzen zwei Männer sich hastig russisch unterhielten. Sie wurde ganz Ohr und ließ, scheinbar voll in ihre Zeitung vertieft, den Minirock noch etwas höher rutschen. Die Russen sprachen im Klartext, und die Redewen-

dungen hatte sie sehr gut im Gedächtnis. So sagte der Ältere zu dem Begleiter: »Ich habe den Treff mit den Kontaktleuten um eine Stunde verschoben, denn auf diese Weise kann der Kurier heute abend noch die neuesten Sachen mitnehmen, die die Kontaktleute aus den TBK's mitbringen.« Sie hätten also noch gut zwei Stunden Zeit, bis die Treffs stattfinden. Eine Stunde danach wollten sie sich dann wieder in New Malden-Station treffen, so daß er eine Stunde später mit einem belgischen PKW zum Fährschiff zurückfahren könne.

Maria wurde von Heinz, den sie durch Zufall nach Jahren auf einer Nato-Tagung wiedergetroffen hatte, von der nächsten Station abgeholt. Er arbeitete im gleichen Genre wie Jo, nur bei einer ›befreundeten Firma‹. Maria war jetzt in der gleichen Stimmung wie damals, als sie Jo über die Grenze brachten. Als erstes mußte sie blitzschnell ihre Dienststelle informieren und Hilfe anfordern. Heinz empfing sie in Wimbledon und wollte mit ihr bummeln gehen. Als sie ihr Erlebnis kurz schilderte, war er sofort wie umgewandelt und sagte: »Paß auf, ruf an und laß die Boys mit allem nach Epsom kommen, da fällt eine kurze Lagebesprechung nicht auf, und außerdem ist es bis zu dem Treff- und Übergabeort Sutton nicht weit. Die Observation in New Malden werde ich mit einer Kollegin übernehmen, wir brauchen nur noch einen Wagen, denn wir waren in meinem Wagen gekommen, um eine Operation in der Fleetstreet zu machen, die inzwischen positiv beendet wurde.«

Maria informierte ihr Departement und hatte ein unverschämtes Glück, gleich ihren Boß an der Leitung zu haben. Sie schilderte ihm die Sache, erklärte auch, daß Heinz mit seiner Mitarbeiterin die Observation von New Malden nach Dover und weiter nach Ostende übernimmt. War auch sonst das Konkurrenzdenken groß, in einem solchen Fall war ihr Chef sofort bereit, das Angebot anzunehmen, er kannte das Paar und hatte erst gestern für sie eine kleine Amtshilfe bei ihrer Aktion in der Fleetstreet geleistet. Da hatte er gesehen, wie clever sie vorgingen. O. k., sie sollten die weitere Beschattung übernehmen.

Colonel Gravesend fuhr mit seinem Stab und dem gesamten Einsatzteam nach Epsom, eine Dreiviertelstunde blieb noch Zeit bis zu den Übergabetreffs. Er begrüßte Heinz und Claire, (er hatte die beiden auch schon unter anderen Namen kennengelernt, aber Namen in diesem Genre sind tatsächlich Schall und Rauch), und Heinz machte ihm den Vorschlag, die beiden Übergabetreffs zu beobachten, die Übergabe nicht zu stören, sondern nach der Übergabe den Kurier zu observieren und am Zielort zu verhaften, das gleiche beim Übergabetreff in Putney zu machen. Dann sollte der Treff in New Malden von beiden beobachtet werden und Gravesend sollte den zweiten Russen, der in England blieb, nach Möglichkeit erst acht bis zehn Stunden weiter beschatten, so daß die Observation des nach Belgien fahrenden Russen nicht durch eine Warnung vereitelt würde. Claire und Heinz wollten diesen Mann dann bis Ostende und weiter verfolgen. Gravesend sollte zu diesem Zweck eine Nachricht an den Residenten in Amsterdam und Brüssel senden, daß dort auf Abruf für Heinz alles zur Verfügung stehe.
Die ganze Besprechung dauerte knapp eine Viertelstunde, während dieser Zeit liefen alle Vorbereitungen für die Beobachtung der Trefforte in Putney und Sutton. Die Pubs, wo die Übergabe stattfinden sollte, waren bereits durch Gravesend-Leute besetzt, als in Sutton der erste Russe auftauchte. Er fühlte sich sicher, wahrscheinlich war das ein Übergabeort, den er schon oft benutzt hatte, und so war alles zur Routine geworden, was zehnmal klappt, ist eingespielt und gelingt auch das elfte Mal!
Er achtete nicht auf die beiden Streithähne links von sich, die ihren Gin tranken und sich über Fußballmannschaften stritten; ebensowenig interessierten ihn die drei Knobler am Eingangstisch. Anders war es, als jetzt ein etwa 35jähriger Mann hereintrat. Da ging ein Lächeln über sein Gesicht,

beide begrüßten sich und tranken Gin und Bier. Für unaufmerksame Gäste fiel es nicht auf, daß der Neuankömmling seinem Freund etwas in die Manteltasche steckte, und der andere ihm eine Schachtel *Navy-Cut*-Zigaretten gab. Doch dann hatten sie es plötzlich sehr eilig, bezahlten und zogen ab. Während der Russe zur Bahnstation Sutton ging, setzte sich der Überbringer in einen älteren Bedford und fuhr in Richtung City davon. Auch der Treff in Putney vollzog sich in ähnlicher Weise, und der Partner des anderen Russen fuhr nach der Übergabe mit einem Minicooper in Richtung Heathrow.
Beide PKW's waren inzwischen überprüft, sie waren offiziell gemeldet und wurden scheinbar von ihren rechtmäßigen Besitzern gefahren. Das vereinfachte natürlich die weitere Observation und ihre eventuelle Festnahme.
Die beiden Russen trafen sich eine Stunde nach der letzten Übergabe in der Station New Malden, der Ältere nahm von dem Sutton-Mann das Päckchen an und steckte es ein. Sie sprachen noch kurz zusammen, verabschiedeten sich dann lachend. Die Gravesend-Crew übernahm den Sutton-Mann, der jetzt mit dem Zug nach Plymouth fuhr.
Heinz und Claire übernahmen den scheinbaren Boß des Teams, der in Richtung der Londoner City fuhr, doch schon in Clapham den Zug verließ und zwei Straßen von der Station entfernt eine Garage aufsuchte. Er ging auf einen 250er Mercedes mit belgischem Kennzeichen zu, öffnete ihn, warf seinen Mantel rein und ordnete einige Sachen. Zeit genug für Claire und Heinz sich kurz abzusprechen, was nun zu machen sei. Claire fuhr mit dem Wagen, den die Leute von Gravesend mitgebracht hatten, direkt nach Dover; und Heinz folgte dem Mercedes in weitem Abstand und hielt Funkkontakt zu den Wagen von Gravesend-Leuten, die dem Mercedes in Sichtweite wechselnd folgten. Als der Mercedes Canterbury passiert hatte, übernahm Heinz direkt und avisierte Claire per Funk die Ankunft des Russen. So gelang es Claire, sich zwei Wagen vor dem Mercedes in die Fahrzeuggruppe zur Fähre einzuordnen, und Heinz stand direkt dahinter mit seinem Chevrolet.

Noch bevor das Fährschiff ablegte, erhielt Heinz von Gravesend Bescheid, daß in Ostende alles bereit sei, daß die beiden Kuriere identisch sind mit den Wagenbesitzern, darum nicht verhaftet wurden, sondern ab jetzt rund um die Uhr observiert werden. Der zweite Russe wohne in einem Hotel in Woodford und habe einen österreichischen Paß und sei beruflich Vertreter für Trachtenkleidung.
Nun, die Tommys hatten schnelle Arbeit geleistet, mal sehen, als was sich ihr Spezi entpuppte, wenn er belgischen Boden betrat. Bisher hatte Heinz noch keine Nachricht, wo der Mercedes herstammte, ob es ein Leihwagen oder ein Privatwagen war.
Kurz bevor die Fähre ablegte, erhielt Claire die Nachricht, daß das PKW-Kennzeichen von Belgien einem Privatwagen gehöre, einem Mercedes 230, Eigentümerin sei eine Dame, die zur Zeit mit dem Wagen in Südfrankreich wäre. Claire und Heinz blickten sich an. Also fährt der Spezi einen Wagen mit gefälschten Kennzeichen und Papieren!
Sie fuhren vom Fährschiff in Ostende und begleiteten wie gehabt den Mercedes des Russen bis kurz vor Brügge. Hier blieb er auf einem versteckten Parkplatz stehen und ging in einen Schnellimbiß. Die Zeit nützte Claire zum Kostümwechsel, denn ihre Leute waren inzwischen mit einem anderen Wagen für sie da. Sie trug jetzt eine dunkle Perücke und einen grauen Hosenanzug und fuhr einen Volvo. Sie war also nicht erstaunt, daß sie nach Brügge einem 250-er Mercedes mit westdeutschem Kennzeichen folgte, den sie bis Brügge mit einem belgischen Kennzeichen kannte. Über Brüssel, Liège ging es über die Grenze nach Aachen, wo der Mercedes in einem Parkhaus abgestellt wurde. Der Russe ging in das *Lousberg*-Hotel in der Saarstraße, wo er ein Zimmer auf den schönen, seltenen Namen Hans Peter Schmitz gebucht hatte.
Nach kurzer Absprache mit seinem Chef beschloß Heinz, dem guten Schmitz einen kleinen Besuch abzustatten. Claire übernahm die Absicherung. Heinz klopfte an die Tür und ein »Herein« erscholl. Er öffnete und begrüßte sein

Gegenüber mit einem »Hallo, Herr Schmitz, den Reisestaub abklopfen?«
Er antwortete, Reisestaub sei übertrieben, »ich war nur bei einer Bekannten in Brüssel. Aber was führt Sie zu mir?«
Heinz lachte ihn an und sagte: »Genosse, dein Zimmer ist umstellt, wir haben dich die letzten achtundvierzig Stunden keine Minute aus den Augen gelassen, ob Sutton, Putney oder New Malden, wir haben alles aufgezeichnet. Übrigens Kompliment, ihr habt gut zusammengearbeitet, aber Routine geht oft mit Leichtsinn einher, das brach euch nun das Genick. Also bitte, die drei Päckchen, und dann werden wir uns über das Weitere unterhalten. GRU oder KGB?«
Schmitz war total geschockt, er blickte immer noch fassungslos sein Gegenüber an, während Heinz zum Schrank trat und kurz einen Blick hineinwarf. Er lachte ihn an und sagte: »Sag nur, du hast das Funkgerät hier im Schrank gehabt, während deiner Abwesenheit? Oder wolltest du gerade einen Spruch absetzen, daß die Aktion planmäßig verlaufen ist?«
Da begann sein Gegenüber: »O. k., ich bin Serjoscha und Hauptmann der GRU, habe aber im Grunde die Nase voll, denn ich habe tatsächlich eine Freundin in Belgien.« Heinz unterbrach ihn kurz mit den Worten: »Ja, wir wissen es, sie ist zur Zeit in Südfrankreich, du hast ihr KFZ-Kennzeichen benutzt.« »Um Gottes willen ja, aber sie wußte davon nichts und sie hat absolut nichts mit der GRU zu tun; wir wollen heiraten.«
Heinz ging zur Tür und rief Claire herein. Er ordnete an, daß sich alles zurückziehen solle und Claire den Chef Bescheid geben möchte, daß er in cirka zwei bis drei Stunden mit dem Mann in Frankfurt sei.
Zu Serjoscha gewandt, sagte Heinz: »Wenn du bereit bist, alles zu offenbaren, kannst du morgen abend, wie du wolltest, nach Südfrankreich fahren und dich mit deiner Michaela treffen.« Serjoscha holte drei Päckchen heraus und berichtete, daß in einem belichtetes, unentwickeltes Material aus einem britischen Atomphysik-Labor enthalten sei,

in dem anderen sei ebenfalls unentwickeltes Material von einem Rüstungswerk, das dritte Päckchen enthielte US-Transistoren, die noch nicht im öffentlichen Handel seien. Alle drei Sachen wollte er in einen Container packen und morgen mittag einem Kurier, wahrscheinlich einem Diplomaten aus Den Haag, in Rotterdam übergeben. Er mußte dann jetzt einen Funkspruch absenden, daß die Reise nach London o. k. verlaufen sei und der Treff in Rotterdam wie vereinbart stattfinde.
Er übergab Heinz den Funkterminer und zeigte die aufgeführte Sendezeit. Heinz sagte: »O. k., setz den Funkspruch ab, dann pack alles ein und wir starten nach Frankfurt!«
Claire kam inzwischen wieder ins Zimmer und sagte, der Chef bereite alles vor, die Techniker seien dort. Serjoscha traf vor ihren Augen die Vorbereitung zum Funkspruch, er chiffrierte, speicherte ein und sendete. Zehn Minuten später erhielt er die Bestätigung, daß seine Meldung richtig verstanden worden war.

Serjoscha war in der Zukunft sehr hilfsbereit. Durch ihn gelang es, einen Diplomaten in Holland der Spionage zu überführen; durch seine Mithilfe wurde der Gegner noch ein halbes Jahr mit Spielmaterial versorgt, als dann eine große Sache stieg, wurden über acht Mitarbeiter in England, Deutschland und Holland verhaftet und verurteilt.
Serjoscha erhielt einen anderen Namen und reiste mit seiner Freundin, die inzwischen seine Frau und Mutter seines Sohnes geworden war, nach Südafrika, wo er einen normalen Zivilberuf ausübt. Keiner seiner jetzigen Bekannten würde Rückschlüsse ziehen, daß ihr blonder, netter und immer hilfsbereiter Nachbar einst aktiver GRU-Hauptmann war.

## 11.

# Genosse Hans und Amsterdams Radfahrer

Genosse Hans Walther Heintze war gerade von einem Einsatz in Wien nach Ostberlin zurückgekommen, als er sozialistische Hilfe für den großen Bruder leisten mußte und mit einem Auftrag nach den Niederlanden abkommandiert wurde.

Er saß mit seiner Verlobten Gerda Hegebarth im Restaurant *Bukarest* und sie hatten gerade ihr Abendessen beendet, als Gerda zu ihm sagte: »Wieso kommst du morgen nicht mit zu meiner Mutter nach Wolfen? Du weißt, sie wartet nun schon volle drei Wochen auf uns. Vor zehn Tagen hattest du fest zugesagt, ich wartete mit gepackter Tasche; wer nicht kam, warst du. Statt dessen erhalte ich eine Karte aus Budapest, wo der Poststempel um zwei Tage mit dem angegebenen Datum differiert.«

Hans Walther kam ins Schwimmen, er konnte seiner Gerda unmöglich erzählen, daß er in Wien war und die Karte von einer Kollegin in Budapest eingeworfen wurde, denn es war absolut top secret, daß er im kapitalistischen Ausland operierte. Noch nicht mal in seiner Abteilung waren alle Genossen darüber informiert. Sie vermuteten ihn bei Sonderaufträgen in verschiedenen Ostblockländern, und es hatte seinen Grund, daß seine Führungsgenossen so handelten. Somit konnte er das Sicherheitsprinzip nicht durchbrechen und mit Gerda über irgendwelche Dinge sprechen.

Sollte sie ruhig mit ihm knatschen, sie würde sich auch wieder beruhigen, letzthin arbeitet sie selbst für das Organ, ist Genossin und weiß, daß es Dinge gibt, über die einfach nicht gesprochen wird. Sie ist grenzenlos eifersüchtig und war wütend auf Siegrid Stolze, die schon einigemale mit Hans bei gemeinsamen Aufträgen zusammen war. So ein gerissener, vamphafter Typ in ihren Augen, die gar nichts mit einer guten Genossin gemein hat. Darum auch jetzt ihre

Frage: »Fährt die Stolze wieder mit dir nach Warschau?« Hans hatte ihr gesagt, daß er überraschend nach Warschau müßte. Er erwiderte jetzt, nein, ich muß allein fahren. Ein drohend geäußertes, langgezogenes »soooo« war ihre Antwort, und es folgte: »Nur komisch, daß die sich heute mit Koffer und Reisetasche zum Ostbahnhof bringen ließ.«
Es war zum Verzweifeln! Aber er konnte doch nun nicht erzählen, daß Siegrid um diese Zeit wahrscheinlich schon längst ihr Abendessen in Kopenhagen beendet hatte, denn sie war mit einem Sonderauftrag in Dänemark.
Er hatte Gerda eine süße Garnitur aus Wien mitgebracht und statt sich darüber zu freuen, bekam er von Gerda zu hören: »Solche Nuttenkleidung ziehe ich nicht an, die kannst du deinem Flittchen Stolze mitnehmen!« Nun, der heutige Tag zeigte, er muß es seinem Boß melden und die sollen dann mit Gerda mal ein Gespräch führen. Wenn sie die konspirative Arbeit gefährdet, so muß sie auch die sich daraus ergebenden Konsequenzen tragen. Nach seiner Meinung hatte er alles mögliche unternommen, um in Ruhe und Frieden zu leben; mehr lag nicht in seiner Macht, ohne seine Arbeit zu beeinträchtigen.

Seine Maschine startete am nächsten Morgen 8.20 Uhr ab Schönefeld, es war die Kursmaschine der polnischen Luftfahrtgesellschaft LOT nach London, die in Amsterdam-Schiphol zwischenlandete. Kurz nach 10 Uhr würde er in Schiphol sein, sich dann einen Mietwagen nehmen und über die E 10 nach Den Haag fahren. Schade, daß er noch vorher in Amsterdam einen Sichttreff vor der Börse hatte, wobei ihm beim darauffolgenden Treff in der Cafeteria vom Bijenkorf erst das Erkennungszeichen für den Treff in Den Haag übergeben würde. Sonst brauchte er die City gar nicht zu berühren, sondern könnte gleich vom Airport nach Den Haag fahren. Planmäßig landete die Maschine, und er mietete bei Hertz einen Ford. Es dauerte eine Ewigkeit, bis der Angestellte den Mietvertrag fertig hatte und jetzt mußte er auf die Übergabe des Fahrzeuges noch einmal eine Viertel-

stunde warten. Es fuchste ihn, denn die Zeit wurde langsam knapp, 11.35 Uhr war der Sichttreff und die Börse lag unweit vom Hauptbahnhof in einer der belebtesten Straßen. Jack hatte bei einem alten Bekannten in Schiphol gerade im Hinterraum eine Tasse Kaffee getrunken, als die polnische Maschine aus Ost-Berlin landete. Nun konnte er sich auch noch eine zweite Tasse genehmigen, bis sein Kollege von der Konkurrenz auftauchte. Die Vorarbeit war schon geleistet, ein Wagen war präpariert, den der Ostkunde erhalten wird. Eben klingelte der Beamte vom Schalter, und so konnte Jack seinen Konkurrenten durch einen Sehschlitz unter dem Kalender anschauen.
Es war nicht zu leugnen, eine gewisse Ähnlichkeit war vorhanden, wenn sie noch durch die gleiche Kleidung unterstrichen würde, könnte seine Doublerolle heute nachmittag in Den Haag gelingen. Er hatte den Vermieter gebeten, die Sache ein wenig langsam abzuwickeln, so daß er Gelegenheit hatte, seinen Konkurrenten etwas genauer zu beobachten. Sein Bekannter verzögerte die Angelegenheit sehr zu seiner Zufriedenheit.
Jack mußte sich jetzt beeilen, denn das Erkennungszeichen war ihm bereits bekannt, es war das Magazin »*Time*«. Es sollte bei dem Vortreff in Den Haag, der in der Seitenstraße des Ministeriums für *Buitenlandse Zaaken* (dem Außenministerium) am Plain stattfand, einmal sichtbar geöffnet werden, als suche man eine bestimmte Seite, dann wieder zusammengefaltet und geknickt in die Manteltasche gesteckt werden, mit dem Titel nach außen.
Es ging um einen deutschen Atomwissenschaftler, der einige Monate in Delft gearbeitet hatte, als er von einem Arbeitsaufenthalt aus USA zurückkam. Er hatte einen Übergabetreff mit einem anderen MfS-Mitarbeiter vereinbart, der leider durch einen Autounfall verhindert wurde, bei dem sich der Mitarbeiter beide Beine brach. So mußte Hans Walther für ihn einspringen, den der Atomwissenschaftler nicht kannte.
Jacks Aufgabe war, dem MfS-Mitarbeiter Hans Walther

Heintze zu ersetzen. Er sollte zur festgesetzten Zeit zum Vortreff in Den Haag und zum Übergabetreff in Scheveningen, im Hotel *Bali,* erscheinen. Claudia und ein anderer Mitarbeiter sorgten dafür, daß Hans Walther nicht erscheinen konnte.
Hans Walther hatte endlich seinen Leihwagen bekommen und fuhr in die City. In der Nähe der Central Station fand er einen Parkplatz und ging nun zur Börse. Er konnte diesen Vortreff noch in letzter Minute wahrnehmen, was entgegen allen konspirativen Regeln war, denn er hätte zumindestens die Örtlichkeit vorher begehen und prüfen müssen. Doch heute kam er scheinbar aus dem Zeitdruck nicht heraus. Nun, wenigstens im danebenliegenden Kaufhaus Bijenkorf war er pünktlich und saß am Tisch in der Cafeteria, als sein Partner kam und sich zu ihm setzte. Er holte das Magazin *»Time«* heraus und schilderte, was damit zu geschehen habe. Dann trank er sein »seven up« aus und verschwand genauso schnell, wie er gekommen war.
Hans Walther ging wieder zum Wagen und fuhr die Hauptstraße hinunter. Er bog am Denkmal rechts in Richtung des Museums und der E 10 ab. Er hatte anderthalb Stunden Zeit, mußte sich also ein wenig beeilen, wenn er pünktlich in Den Haag sein wollte.
Da schoß urplötzlich ein Radfahrer aus der Seitenstraße vor ihm heraus und, obwohl er sofort stoppte, hörte er das krachende Geräusch von Metall auf Metall. Der Radfahrer erhob sich langsam und schimpfte lauthals. Der Kerl sollte doch zufrieden sein, dachte Hans Walther, daß ihm nichts passiert war, er kam ja aus der Seitenstraße. Auf der anderen Straßenseite hielt ein schwerer Amischlitten und eine junge Frau stieg aus und kam herüber. Sie mußte alles gesehen haben und war für ihn eine wichtige Zeugin. Inzwischen hatte sich viel Volk angesammelt und alles schimpfte auf ihn. Er wollte dem Spiel ein Ende machen und sagte: »Ich bin Deutscher und dieser Dummkopf ist genau in meinen Wagen gefahren!«
Da nahm die Menge sogar eine drohende Haltung gegen

ihn ein, die Polizei kam und man verlangte von ihm eine Erklärung. Der Radfahrer, der vor der Polizeiankunft noch mit Händen und Füßen geredet hatte, humpelte jetzt und sagte, er könne sein rechtes Bein kaum noch bewegen, auch seinen rechten Arm.

Einer der Polizisten sprach mit der Fahrerin des amerikanischen Wagens, und die sagte in einem amerikanisch gefärbten Holländisch aus, daß sie selten eine derartige Rücksichtslosigkeit gegenüber einem Radfahrer gesehen hätte! Sie wäre zwar Amerikanerin, hätte aber bisher nur disziplinierte holländische Radfahrer kennengelernt, dieser Deutsche würde aber fahren, als sei er allein auf der Straße. Die deutsche Besatzungszeit sei doch wohl vorbei!

Die Umstehenden dankten der verständnisvollen Amerikanerin mit Beifall, und Hans Walther bekam seinen Mund nicht mehr zu. Als er jetzt losdonnerte und von Theater und Bullen wettern wollte, geschah etwas Unerwartetes für ihn: Er mußte seine Wagenschlüssel und Papiere abgeben, und als er zu toben beginnen wollte, schlossen sich um seine Handgelenke die Handschellen. Er wurde in dem Polizeiwagen mitgenommen, sein Wagen wurde von einem Abschleppwagen abgeholt.

Die Amerikanerin beeilte sich in ihren Wagen zu kommen, die noch immer dastehende Menge machte ihr bereitwillig Platz, sie drehte an der nächsten Straßenecke und fuhr auf die E 10 nach Den Haag. Es war Claudia, und sie dachte, daß die Sache so gut ablief, konnte man gar nicht voraussehen, aber Jack hatte mit dem Radfahrer den richtigen Tip gegeben. Heute abend werden sie alle drei, Jack, der Mitarbeiter und holländische Radfahrer und sie, zusammen ein Fläschchen Genever leeren.

In den Haag lief alles wie voraus geplant. Beim Sichttreff am Ministerium für *Buitenlandse Zaaken* kam ein schlanker, großer dunkelhaariger Typ mit dicker Hornbrille, beobachtete Jack mit seiner *Times* und steckte dann demonstrativ die Hände in seinen Mantel (das war das vereinbarte Zeichen, daß alles o. k. sei) und verschwand wieder. Jack fuhr darauf

nach Scheveningen, stellte seinen Wagen ab und ging in das Restaurant des Hotels *Bali*.
Er fand einen guten Tisch und pünktlich auf die Minute erschien sein Treffpartner und fragte, ob er am Tisch Platz nehmen dürfe. Diesmal ohne Hornbrille, aber mit gefüllter Kollegmappe. Das Material wechselte seinen Besitzer mit Mappe, und Jack gab ihm 15 Eintausendmarkscheine, die sein Gegenüber in die Brusttasche seines Anzuges steckte. Der gute Doktor B. erklärte, daß er noch einmal die gleiche Menge Material aus seiner US-Zeit habe und daß er bereit sei, in 14 Tagen am gleichen Ort und zu gleichen Bedingungen zu liefern. Der Osten würde damit eine beträchtliche Menge an Forschungskosten einsparen und den vollen Nutzen haben. Jack sagte zu, sie aßen, und tranken danach noch einen Schluck auf die künftige Zusammenarbeit.
Als er aufbrechen wollte, fragte ihn Jack, ob er ihn ein Stück mitnehmen dürfe, er habe seinen Wagen draußen. Natürlich wollte Doktor B., denn so sparte er schon wieder das Taxi bis nach Den Haag, wo er am Parkplatz vor *»Madurodam«* seinen blauen VW abgestellt hatte.
Sie verließen das *Bali*-Restaurant und gingen zu einem Chrysler, Jack öffnete die hintere Tür und bat Doktor B., Platz zu nehmen. Der war sehr erstaunt, daß vorn am Steuer eine Frau saß. Jack sagte ihr, sie möge bitte zum Parkplatz vor *Madurodam* fahren. Claudia sagte zu Jack, die Sache in Amsterdam sei tadellos gelaufen, es wären nicht nur Stunden, sondern Tage gewonnen.
Als sie am Parkplatz vor *Madurodam* angekommen waren, machte Doktor B. ein sehr erstauntes Gesicht, als Jack ihm eröffnete: »Wir sind nicht, wie Sie, Herr Doktor B., denken, Mitarbeiter der ostdeutschen Staatssicherheit, sondern Mitarbeiter der US-Abwehr. Ihr eigentlicher Kontaktmann ist in Amsterdam heute vormittag verhaftet worden. Als erstes geben Sie das Geld zurück, dann habe ich Ihnen einen Auftrag zu erteilen. Doch eins vorweg: Sind Sie gewillt, mit uns zu arbeiten und das MfS der DDR in unserem Auftrage mit Spielmaterial zu versorgen, so werden Sie Ihre Arbeits-

stelle nicht verlassen müssen, die gesamte Sache bleibt intern. Sind Sie nicht bereit, so werden wir Sie jetzt unseren Kollegen vom BfV der Bundesrepublik übergeben, und Sie werden rechtmäßig verhaftet, verurteilt und bestraft.« Die Wahl fiel Dr. B. bei diesen beiden Alternativen nicht schwer.

Der Mitarbeiter des MfS, Hans Walther Heintze, wurde wegen Verkehrsrowdytum mit Folge eines Personen- und Sachschadens zu zwei Monaten Haft, 10 000,00 hfl. Schmerzensgeld und zur Zahlung der Kosten des Verfahrens von 3000,00 hfl verurteilt. Nach 14 Tagen Haft wurde er in Schiphol in eine Maschine gesetzt und zu seinem »Wohnsitz« nach West-Berlin abgeschoben.

Das MfS versuchte nach vier Wochen das erste Mal wieder eine Kontaktaufnahme mit Doktor B., auf die er mit Weisung der Abwehr einging, was zu einer zweijährigen »fruchtbaren« Zusammenarbeit führte.

## 12.

## Eine Sonntagsstory?

Am Sonnabend, dem 15. Juli 1961, hatte Jack gerade die letzten Einkäufe für die Sommerparty getätigt, die abends ab 20.00 Uhr starten sollte. Jetzt war es 17.00 Uhr und herrliches Wetter, als plötzlich auf der Anfahrtstraße zum Bungalowplatz das Quietschen von Bremsen hörbar wurde und Claudia kam. Jack begrüßte sie lachend mit einem »Na, Baby, ein wenig früh, doch bis die Masse kommt, können wir uns noch mal ins Wasser schwingen und ein Fläschchen Bourbon leeren!« Doch Claudia erwiderte: »Daraus wird nichts, du mußt stocknüchtern bleiben, denn in zwei Stunden müssen wir beide los, um 22.00 Uhr mußt du bereits in Halle an der Saale sein. Es ist bestimmt ungeheuer wichtig, denn der Boß läßt seit Mittag schon ein paar Leute an Spezialaufträgen arbeiten.«

Claudia und Jack verließen knapp zehn Minuten später den Bungalow und rasten nach Hannover. In Ohlendorf, einem kleinen Dorf bei Hannover, fuhren sie auf den Hof eines alleinstehenden Bauernhauses und stellten ihr Fahrzeug in einer Scheune ab, die als Garage diente. Die Tür zum Wohnhaus wurde geöffnet, und der Chef winkte Jack herein: »Wir haben ein paar wichtige Neuigkeiten parallel von mehreren Mitarbeitern bekommen, das geht schon ein paar Tage so, jedoch heute morgen erhielten wir konkrete Nachricht von Alexander (Deckname für einen Führungsoffizier der sowjetischen Besatzungstruppen in Ostdeutschland). Folgender Fakt: Innerhalb der nächsten vier Wochen, so hat der sogenannte Nationale Verteidigungsrat der DDR beschlossen, soll die Staatsgrenze West nach West-Berlin und Westdeutschland durch gesonderte Maßnahmen gesichert werden.«

»Schuld daran sind wohl die steigenden Flüchtlingszahlen, allein diesen Monat sind es schon bisher 30 000 Personen.

Doch die genauen Informationen wirst du von Alexander in Halle erhalten. Da wir ein genaues Datum nicht wissen, aber auch nicht davon überrascht werden wollen, habe ich veranlaßt, daß alle unsere Mitarbeiter in dem Gebiet eine Vorinformation erhalten. Damit es im Ernstfall nicht zu einer Panik kommt und dadurch wichtige Positionen aufgegeben werden! Haben sie schon einmal die Information, so sind sie gewarnt und wissen, uns trifft die Sache nicht unvorbereitet.«
»Folgendes zum Ablauf«, fuhr er fort. »Claudia wird dich mit dem Wagen bis nach Magdeburg-Burg-Abfahrt bringen und danach nach West-Berlin weiterfahren. Alexander wird dich an der Unterführung abholen lassen, mit einem Wagen der Roten Armee. Ihr müßt genau 22.00 Uhr an der Abfahrt erscheinen, ist zu diesem Zeitpunkt der sowjetische Armeewagen nicht da, fahrt ihr direkt auf der Berliner Autobahn weiter bis Lehnin, dann übernimmt dich dort ein entsprechender Wagen und bringt dich nach Halle/Saale. Alexander wird mit dir zirka drei bis vier Stunden arbeiten und alles absprechen, dann gibt er über KW-Funk ein vereinbartes Zeichen, und Claudia nimmt dich an einem der Orte mit dem Material wieder auf. Morgen vormittag gegen elf Uhr erwarte ich euch in Frankfurt/Main zur Auswertung. Bei irgendwelchen Konfrontationen mußt du versuchen, dich nach Wernigerode durchzuschlagen und im Rettungsquartier abzuwarten. Auf keinen Fall die Demarkationslinie überschreiten, das Material muß erhalten bleiben!«

Jack hatte begriffen. Er erhielt eine Spezialaktentasche mit einem besonders gesicherten Innenteil, zwei Spezialkameras und reichlich Filmmaterial, Geld in mehreren Währungen, für den Ernstfall Vitamin- und Wachhaltetabletten, sowie Pistole mit Schalldämpfer und dreißig Schuß Reserve. Nachdem er alles übernommen und entsprechend untergebracht hatte, starteten sie von Ohlendorf und befanden sich bald auf der Autobahn nach Helmstedt. Da das Fahrzeug holländische Kennzeichen trug und sie holländische

Papiere hatten, fand in Marienborn nur eine normale Ausländerkontrolle statt, und sie konnten ihre Fahrt ohne Zwischenaufenthalt fortsetzen. Es war halb zehn, als sie einen Parkplatz vor Magdeburg erreichten und eine kurze Rast machten, denn bis zur Abfahrt Burg waren es noch 5 bis 7 Minuten, und zu früh durften sie auf keinen Fall am Treffpunkt sein.
Jack checkte nochmals alles kurz durch, die Pistole hatte er in der rechten Jackentasche, die für diesen Zweck mit Wildlederfütterung versehen war. Claudia wünschte ihm toi-toitoi und fuhr nach einer Viertelstunde los. Zwei Minuten vor 22.00 Uhr bog sie von der Autobahn die Ausfahrt Burg rechts ab und fuhr unter die Brücke. Hier stand mit Tarnlicht ein großer GAS-Jeep der Sowjetarmee. Als Claudia neben dem Jeep hielt, wurde die Tür aufgemacht, und ein Soldat begrüßte sie mit »Guten Abend«. Eine Parole wurde gewechselt, Jack stieg um in den Jeep, Claudia wendete und fuhr wieder zur Autobahn.
Bevor Jack sich in den Jeep setzte, zog er einen Uniformkittel über, der seine Zivilkleidung verdeckte. Der Russe öffnete eine neue Packung Papyrossa, Jack kniff das Hohlmundstück auf russische Art zusammen und inhalierte den süßen Rauch, der typisch für Machorka-Tabak ist. Sie fuhren in den Hof einer Kfz-Werkstatt in Halle, und als sie in der Garage waren, schloß der Russe die Tore. Sie zogen die Uniformen aus, auch der Russe hatte einen Zivilanzug, und verließen die Werkstatt durch einen Ausgang in der Parallelstraße. Zwei Straßen weiter stiegen sie in einen alten Wartburg um und fuhren in Richtung Zoo. Kurz vorher bogen sie in eine kleine Straße, wo nur Einfamilienhäuser standen, sie stoppten vor einem Haus, und der Russe schloß die Tür auf. Er sagte, Alexander werde bald kommen, Jack solle sich schon einmal den Nebenraum ansehen. Es war ein vollkommen abgedunkelter Raum, mit zwei großen Fotostrahlern, wie sie bei Berufsfotografen verwendet werden, Reprostative und anderes mehr stand im Raum. Alexander hatte an alles gedacht. Sie saßen gerade

wieder am Tisch, der Russe hatte eine Schüssel mit Tomaten, eine Hartwurst, eine Flasche Wodka und drei Gläser auf den Tisch gestellt, als Alexander mit einer schweren Aktentasche den Raum betrat. Sie begrüßten sich sehr herzlich, denn sie hatten sich fast ein Jahr lang nicht gesehen.

Alexander öffnete die Tasche und sagte: »Reichlich Arbeit für dich, heute am frühen Sonntagmorgen! Ich helfe dir dabei, und Michail sorgt für das übrige.« Alexander schilderte nun, daß sie gestern, am Freitag, dem 14. Juli, in Potsdam eine zehnstündige Sitzung hatten, dabei ging es um durchzuführende Maßnahmen der Grenzsicherung zur Verhinderung von Flucht, Sabotage und Spionage, und zwar an der gesamten Staatsgrenze West, an der Ostseeküste und in und um Berlin. Die Vorbereitung und Bereitstellung der Materialien läuft auf Hochtouren, dafür müssen 75% aller geplanten Bauobjekte unterbleiben, vorwiegend der Wohnungsbau. Der Tag ist noch nicht festgesetzt, es hängt allein davon ab, wann die Bereitstellung des Materials erfolgt und seine Verteilung abgeschlossen ist. Das kann frühestens in den ersten Augusttagen sein, spätestens in der zweiten Augustwoche. Geplant ist der Bau der Absicherungen in einer Nacht vom Sonnabend zum Sonntag, da dann die gesamten Arbeitspendler zu Hause sind und der Verkehr fast ruht. Ehe die Leute zur Besinnung kommen, ist alles geschehen. Die Sicherung des Ablaufes der Arbeiten übernehmen die VA, die VP und die Betriebskampfgruppen.
Jetzt öffnete er die Mappen und entnahm die zweisprachigen Pläne, Zeichungen und Materiallisten. Es waren drei starke Pakete, und Jack hatte über zweieinhalb Stunden hart zu arbeiten, um alles aufzunehmen. Alexander leistete ihm dabei gute Hilfestellung. Durch die Hitze der Fotolampen arbeitete Jack mit freiem Oberkörper und wischte sich laufend den Schweiß an einem Handtuch ab. Als er die letzten Aufnahmen gemacht hatte, verstaute er das belichtete Material gut und betrachtete noch einmal einzelne Teile der

Mappen. Eines fiel bei den gesamten Sicherungsbauten sofort ins Auge: alle Abwehren, wie Fahrzeugblockierer aus Beton, Panzerhöcker etc. waren nach innen, auf die DDR-Seite geplant. Es war offensichtlich, daß man nur eine Flucht der Bürger mit allen Mitteln verhindern wollte, vor die gesamten Hindernisse zog man Sichtblenden auf.

Jack zog sich wieder an, nachdem er sich im Bad frisch gemacht hatte, und Alexander ließ inzwischen per KW-Funk das vereinbarte Zeichen ausstrahlen. Als es drei Minuten später auf einer anderen Frequenz bestätigt wurde, hieß das, es verläuft alles nach Plan.
Sie aßen noch ein paar Scheiben Wurst und tranken zwei Glas Wodka. Alexander verabschiedete sich und wünschte gute Heimfahrt. Michail fuhr mit Jack eine Viertelstunde später zurück zur Nebenstraße der Autowerkstatt, sie betraten das Haus, zogen die Uniformteile an, Michail öffnete das Tor, und sie fuhren den Weg zurück nach Burg. Der einzige Kommentar, den Michail zur ganzen Sache hatte, lautete: »Ihr armen Deutschen, nun geht euer Land ganz kaputt!«
Sie standen etwa eine halbe Stunde unter der Brücke, als Claudia die Abfahrt herunterkam. Jack zog seinen Uniformkittel aus und verabschiedete sich von Michail. Er stieg zu Claudia in den Wagen und verstaute das Filmmaterial und die Schußwaffe im Geheimsafe des Wagens. Sie setzten die Weiterfahrt zur Zonengrenze fort. Auch die Rückfahrt verlief problemlos, sie wechselten sich beide beim Fahren ab, so daß sie zur vereinbarten Zeit in Frankfurt/Main waren.
Nachdem man die Materialien gesichtet hatte und das Ausmaß überschaubar war, wurden die Mitarbeiter im Osten mit entsprechenden Informationen versehen. So waren sie nicht ahnungslos darüber, was in nächster Zeit geschehen würde.

Der berüchtigte Sonntag, der 13. August 1961, traf sie nicht unvorbereitet. *Ulbricht* baute seine Mauer, obwohl er kurze

Zeit vorher auf die betreffende Frage einer amerikanischen Journalistin antwortete: »Wir hatten und haben nie vor, eine M A U E R zu errichten, weder heute noch in Zukunft!« Es war eine echt sozialistische Wahrheit.

# Anhang

## Wort- und Begriffserklärungen

| | |
|---|---|
| ANT | Sowjetische Flugzeugtypen nach dem Konstrukteur Alexander Nikolajew Tupolew |
| BAM | Baikal-Amur-Magistrale (Weiterführung der Baustelle der Sowjetischen Staatsbahn in Sibirien) |
| BEA | British European Airways |
| BfV | Bundesamt für Verfassungsschutz |
| BGS | Bundesgrenzschutz |
| ČSSR | Abkürzung für Tschechische Sozialistische Republik |
| DFU | Deutsche Friedens-Union (Auffangbecken für ehemalige KP-Mitglieder und äußerste Linke) |
| DPA | Deutscher Personal-Ausweis |
| DS | Deutscher Sportbund (ostdeutscher Sportverband) |
| DSAG | Aus der SAG – Sowjetische Aktiengesellschaft (Uranbergbau in Aue) hervorgegangene sogenannte Deutsch-Sowjetische Aktiengesellschaft |
| DSF | Deutsch-Sowjetische-Freundschaftsgesellschaft |
| EMW | Eisenacher Motorenwerke (ehemaliges Werk der Bayrischen Motorenwerke – führten nach der Enteignung das BMW-Emblem in den Farben Rot-Weiß mit der Bezeichnung EMW und bauten die Original-BMW-Typen, Zweiräder und PKW-V 8 weiter) |
| FDGB | Freier Deutscher Gewerkschaftsbund (Ostdeutsche Gewerkschaftsorganisation) |
| FDJ | Freie Deutsche Jugend – kommunistischer Staatsjugendverband der DDR |
| FKP | Französische Kommunistische Partei |
| FU | Freie Universität Berlin |
| GAS-Jeep | Fahrzeugmarke der SU |
| GST | Gesellschaft für Sport und Technik – paramilitäri- |

| | |
|---|---|
| | sche Organisation, in der schon Kinder und Schüler mit Militärtechnik vertraut gemacht werden – z. B. Fallschirmspringen, Segel- und Motorflug – Pioniertechnik, Funk- und Radartechnik, Seetechnik – alles mit Abschlußprüfungen vor der Einberufung zur Volksarmee – Luftwaffe oder Marine |
| HVA | Hauptverwaltung Aufklärung – MfS |
| IdK | Internationale Kriegsdienstgegner – jetzt »DfG-VK“ Deutsche Friedensgesellschaft und vereinigte Kriegsdienstgegner – kommunistisch geleitete Organisation |
| IHK | Industrie- und Handelskammer |
| IKP | Italienische Kommunistische Partei |
| KGB | Sowj. Komitee für Staatssicherheit |
| MfS | Ministerium für Staatssicherheit |
| MWD | Sowj. Ministerium für innere Angelegenheiten |
| ND | Neues Deutschland<br>Zentrales Presseorgan der Sozialistischen Einheitspartei – SED – und der Regierung |
| NVA | Nationale Volksarmee – DDR-Wehrmacht |
| RFB | Roter Frontkämpferbund, militärische Schutzorganisation der KPD nach dem I. Weltkrieg, Thälmann war der Führer. – Der RFB hatte die Aufgabe, kommunistische Demonstrationen und Versammlungen zu schützen |
| RLSB | Reichs-Luft-Schutz-Bund<br>Organisation zum Schutz der Zivilbevölkerung vor Luftangriffen bei Hitler |
| SBZ | Sowjetische Besatzungszone – Bezeichnung des durch die Sowjets besetzten deutschen Teil |
| SED | Sozialistische Einheitspartei Deutschlands |
| Stasi | populäre Bezeichnung des MfS als Staatsicherheitdienst |
| TBK | Toter Briefkasten – Ablegeort für konspirative Nachrichten und Materialien vom Geheimdienst im operativen Einsatz |

| | |
|---|---|
| TU | Technische Universität Berlin |
| VA | Volksarmee – Kurzbezeichnung der NVA |
| VP | VOPO, Volkspolizei – Polizei der DDR |
| VVN | Vereinigung Verfolgter des Naziregimes – Bund ehemaliger Häftlinge der KZ's und NS-Haftanstalten |
| VVO | Vaterländischer Verdienstorden – hohe Auszeichnung der DDR in verschiedenen Stufen: Bronze, Silber, Gold |
| ZK | Zentralkommitee der östlichen Parteien, Oberstes Führungsgremium, z. B. ZK der SED, ZK der KPdSU |

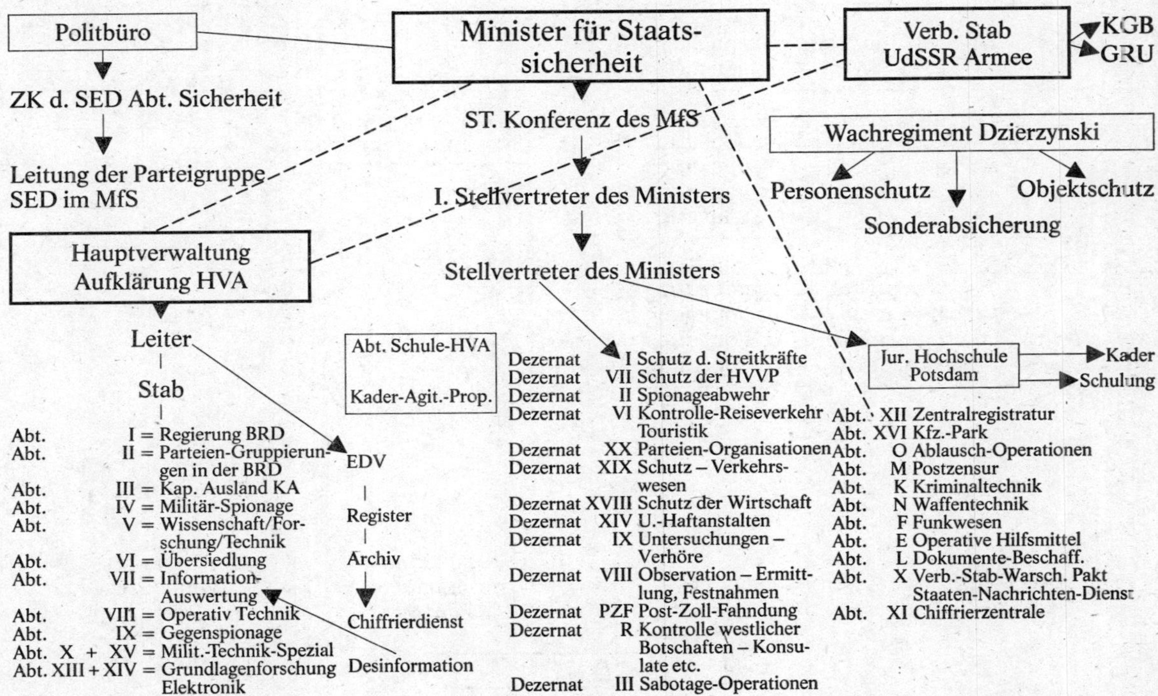
Politbüro
ZK d. SED Abt. Sicherheit
Leitung der Parteigruppe SED im MfS
Hauptverwaltung Aufklärung HVA
Minister für Staatssicherheit
ST. Konferenz des MfS
I. Stellvertreter des Ministers
Stellvertreter des Ministers
Verb. Stab UdSSR Armee
KGB
GRU
Wachregiment Dzierzynski
Personenschutz
Sonderabsicherung
Objektschutz
Leiter
Stab
Abt. I = Regierung BRD
Abt. II = Parteien-Gruppierungen in der BRD
Abt. III = Kap. Ausland KA
Abt. IV = Militär-Spionage
Abt. V = Wissenschaft/Forschung/Technik
Abt. VI = Übersiedlung
Abt. VII = Information-Auswertung
Abt. VIII = Operativ Technik
Abt. IX = Gegenspionage
Abt. X + XV = Milit.-Technik-Spezial
Abt. XIII + XIV = Grundlagenforschung Elektronik
Abt. Schule-HVA
Kader-Agit.-Prop.
EDV
Register
Archiv
Chiffrierdienst
Desinformation
Dezernat I Schutz d. Streitkräfte
Dezernat VII Schutz der HVVP
Dezernat II Spionageabwehr
Dezernat VI Kontrolle-Reiseverkehr Touristik
Dezernat XX Parteien-Organisationen
Dezernat XIX Schutz – Verkehrswesen
Dezernat XVIII Schutz der Wirtschaft
Dezernat XIV U.-Haftanstalten
Dezernat IX Untersuchungen – Verhöre
Dezernat VIII Observation – Ermittlung, Festnahmen
Dezernat PZF Post-Zoll-Fahndung
Dezernat R Kontrolle westlicher Botschaften – Konsulate etc.
Dezernat III Sabotage-Operationen
Jur. Hochschule Potsdam
Kader
Schulung
Abt. XII Zentralregistratur
Abt. XVI Kfz.-Park
Abt. O Ablausch-Operationen
Abt. M Postzensur
Abt. K Kriminaltechnik
Abt. N Waffentechnik
Abt. F Funkwesen
Abt. E Operative Hilfsmittel
Abt. L Dokumente-Beschaff.
Abt. X Verb.-Stab-Warsch. Pakt Staaten-Nachrichten-Dienst
Abt. XI Chiffrierzentrale

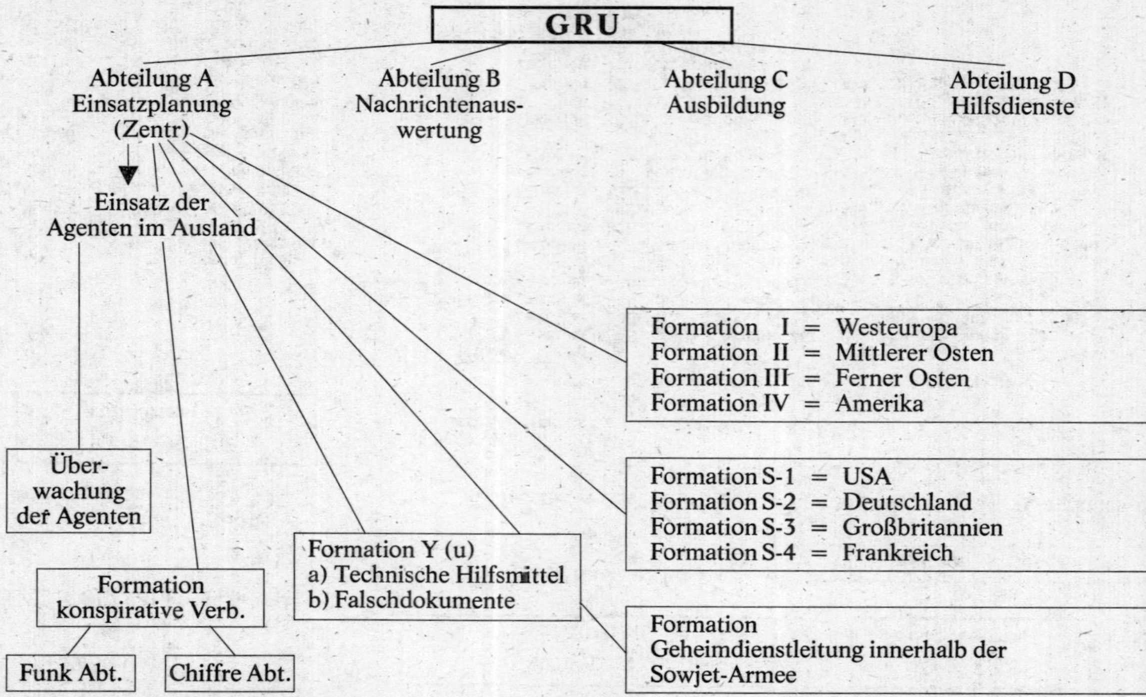
GRU
Abteilung A
Einsatzplanung
(Zentr)
Abteilung B
Nachrichtenaus-
wertung
Abteilung C
Ausbildung
Abteilung D
Hilfsdienste
Einsatz der
Agenten im Ausland
Formation I = Westeuropa
Formation II = Mittlerer Osten
Formation III = Ferner Osten
Formation IV = Amerika
Formation S-1 = USA
Formation S-2 = Deutschland
Formation S-3 = Großbritannien
Formation S-4 = Frankreich
Über-
wachung
der Agenten
Formation Y (u)
a) Technische Hilfsmittel
b) Falschdokumente
Formation
konspirative Verb.
Formation
Geheimdienstleitung innerhalb der
Sowjet-Armee
Funk Abt.
Chiffre Abt.

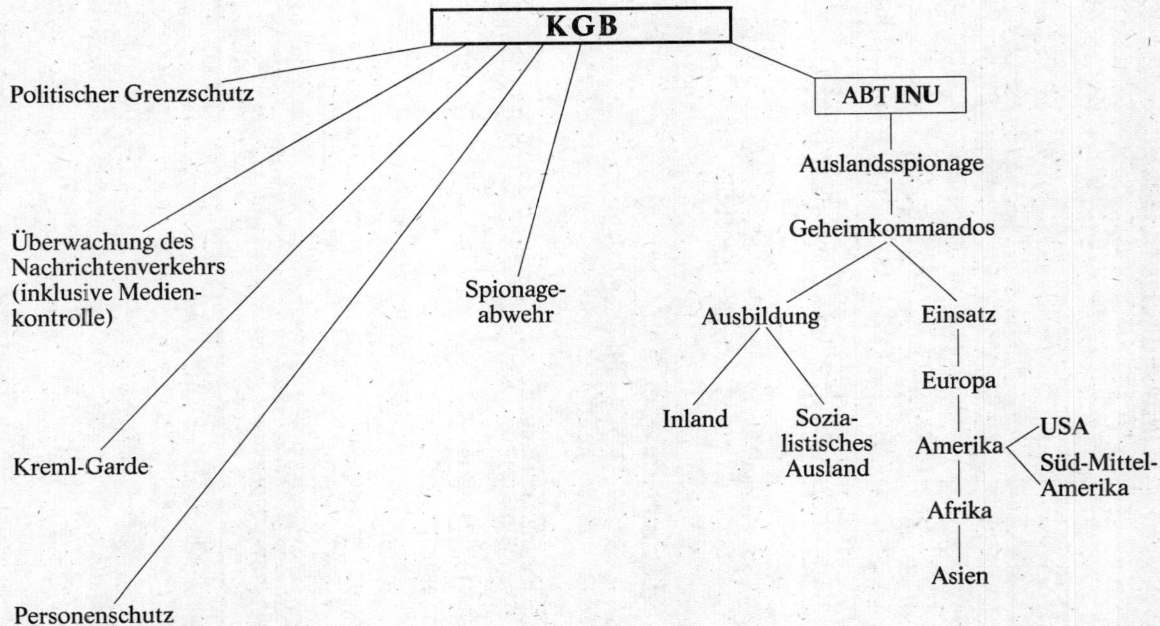
KGB
Politischer Grenzschutz
Überwachung des Nachrichtenverkehrs (inklusive Medienkontrolle)
Kreml-Garde
Personenschutz
Spionageabwehr
ABT INU
Auslandsspionage
Geheimkommandos
Ausbildung
Inland
Sozialistisches Ausland
Einsatz
Europa
Amerika
USA
Süd-Mittel-Amerika
Afrika
Asien

## Umwandlungs-Tabelle

| | 8 | 3 | 2 | 1 | 0 | 6 | 4 |
|---|---|---|---|---|---|---|---|
| 7 | R | I | N | S | T | M | U |
| 1 | W | X | Y | E | A | P | Z |
| 5 | D | L | K | J | O | C | B |
| 6 | Q | H | F | G | Treff | Brief | Tag |
| 3 | – | ? | Abr. | Flug | Beob. | ZS | Tbk. |

z. B. – Abreise am Montag – in Ziffern
32 16 76 76 50 72 64 + Codierungstabelle

## Codierungs-Tabelle

22031 89171 30555 68132 40001
88899 17932 50888 ..... .....

Text chiffriert mit Ziffern

3216767650726 4–
220318917130555

541984672102195

Empfänger-Text

541984672102195
–220318917130555

3216767650726 4– =

laut Tabelle = Abreise am Montag

# ZEITGESCHICHTE

Als Band mit der Bestellnummer 65 059 erschien:

**Franz Kurowski**

**UNTERNEHMEN PAPERCLIP**

Der Report der totalen Ausplünderung eines besiegten Volkes. Die dramatische Jagd auf die technisch-wissenschaftliche Intelligenz der Deutschen am Ende des Zweiten Weltkriegs.

Unter der Bezeichnung »Paperclip« versuchten Großbritannien und die USA, sich die geistige Substanz des Besiegten zu sichern und nach Bedarf zu verwenden. Auch Stalin war versessen darauf: 70000 sowjetische Agenten überschwemmten die okkupierten Gebiete.

Über diese bestgeplanten Entführungsaktionen ist bisher noch nie in dieser Form berichtet worden.

BASTEI LÜBBE